守望者
The Catcher

阅读　你的生活

SOVEREIGN VIRTUE

THE THEORY AND PRACTICE OF EQUALITY

至上的美德

平等的理论与实践

【美】罗纳德·德沃金　著
（Ronald Dworkin）
冯克利　译

中国人民大学出版社
·北京·

献给贝琪（Betsy）

目　录

第一部分　理论

第二部分　实践

导论：平等重要吗？

一

平等是政治理想中一个面临困境的理念。就在几十年前，凡是 1
自称自由主义者甚至中间派的政治家都会同意，真正平等的社会至少是一个理想，即便它带有乌托邦色彩。可是现在，甚至自称中间偏左的政治家也在拒绝平等的理念。他们说自己代表着一种“新”自由主义或政治上的“第三条道路”，并且，尽管他们断然拒绝“老右派”冷冰冰的信条——把人的命运完全交给一个常常是残忍的市场去裁决，但他们也拒绝他们所谓的“老左派”的顽固假想，即公民应当平等地分享他们的国家财富。

我们能够对平等不闻不问吗？宣称对全体公民拥有统治权并要求他们忠诚的政府，如果它对于他们的命运没有表现出平等的关切，它就不可能是个合法的政府。平等的关切是政治社会至上的美德——没有这种美德的政府，只能是专制的政府；所以，当一国的财富分配如同甚至非常繁荣的国家目前的财富状况那样极为不平等时，它平等的关切就是值得怀疑的。因为财富的分配是法律制度的产物：公民的财富大大取决于其社会颁行的法律——不仅包括管理产权、盗窃、契约及民事侵权行为的法律，还有它的福利法、税法、劳动法、民事权利法和环境管理法，和有关任何事情的其他法律。当政府执行或维护这样一套法律而不是那样一套法律时，我们不仅可以预见到一些公民的生活将因它的选择而恶化，而且可以在相当程度上预见到哪些公民将会受到影响。在繁荣的民主国家可以
2 预见，当政府削减福利计划或放慢其扩大的速度时，它的决策将使穷人的生活前景暗淡。对于那些因此而遭受不幸的人，我们一定得准备做出解释：即便如此，他们为什么依然受到了平等的关切——这是他们的权利。我们也许能够做出解释——这取决于真正的平等关切所要求的是什么，此乃本书的主题。但是，假如我们做不出解释，我们就必须行动起来拯救我们的政治美德，我们能够做些什么，然后必须做些什么，同样也是本书的主题。

“新”左派不拒绝平等的关切：当他们拒绝作为一个理想的平等时，他们所要拒绝的仅仅是一种有关平等的关切要求什么的特殊观点。他们强词夺理地说，“老”左派的观念是不管每个人是否选择去工作，或选择了什么工作，他们从襁褓到坟墓始终拥有同等的

财富，如此公民之间才存在真正的平等。所以，政府必须不断从勤快人那里索取东西送给懒汉。但是我想，没有谁会当真把这作为一个政治理想提出：绝对而无差别的平等，不但是一个软弱无力的或容易被其他价值压倒的政治价值，而且根本就没有价值：用勤快人的成果去奖励那些能够工作却选择了游手好闲的人，这样的世界根本不值一提。

如果平等的关切不是指政府必须保证每个人拥有无论什么样的同等财富，那么它是指什么呢？这个问题不存在一目了然、没有异议的答案。平等是个有争议的概念：赞扬或贬低它的人，对于他们赞扬或贬低的究竟是什么，意见并不一致。准确地表述平等本身就是一个哲学难题：哲学家们为种种答案做过辩护，其中许多答案本书也做了讨论。那么，基于这个原因，为何不明智地追随新的时尚，彻底放弃这个理想？比如，对于真正的平等是指机会平等还是收入平等，或是指全然不同的其他什么东西的平等，如果我们无法达成一致，我们何必继续为平等是什么的问题所困扰？为何不直接问一句：公平的社会应当致力的目标，是让公民拥有同等的财富，还是拥有同样的机会，或是让每个人只拥有满足其最低需要的财富？为何不忘掉抽象的平等，专注于这些显然更为准确的问题？

但是，假如平等的关切是政治正当性的一个前提——多数人有权实施法律而不顾那些认为这些法律不明智甚至不公正的人的前提，那么对于平等的关切要求什么这个问题，我们就不能置若罔闻。对于一个社会来说，保证人人有起码的营养、住房和医疗保健，然后对一些公民是否拥有与另一些公民差别很大的巨额财富不

3 再深究，这就足够了吗？我们必须问一句：有的人对于他们的一些同胞视为理所当然的生活连做梦都不敢想，那种政策能够满足给予这些人平等关切的要求吗？

这看上去也许是个不得要领，至少是个不成熟的问题。繁荣的民主国家甚至还远远没有做到为人人提供体面的最低生活水平——虽然有些国家较之另一些国家更接近这个目标。于是，我们也许会乖巧地认为，不如倾全力推进那些要求较低的平等，至少在可预见的将来不去理会那种要求更高的完全平等。然而，人们一旦同意，社会中生活舒适的成员所亏欠于不舒适的同胞的，并不是平等，而是稍微体面一些的最低生活标准，这就是让太多的事情取决于低到什么程度的标准还算体面这个本质上主观的问题，而当代史表明，生活舒适的人是不愿为这个问题提供一个慷慨的回答的。所以，即使在目前令人痛惜的状态下，放弃对这个问题的追问，即有正当性的社会是否必须把平等而不仅是稍许缓解不平等作为目标，是不明智的。

本书认为，平等的关切要求政府致力于某种形式的物质平等，我把它称为资源平等（equality of resources），虽然其他称谓可能同样合适。论证分为两部分。第一部分大体上是从理论问题开始，主要以标准的哲学方式运用一些事例——它们就像是为阐明和检验理论假设而发明的人为事例。相反，第二部分的起点是当代热烈的政治论战，包括保健措施、福利计划、选举改革、种族教育中的优待措施、基因实验、安乐死、同性恋等全民性讨论的话题。这一部分由外及里，从这些尖锐的政治问题到似乎适合于表述它们并有助于对其做出判断的理论结构，都做了深入的讨论。其中一部分讨论，譬如第十一章的内容，论证得相当细致，力图不但提供一个应付特殊问题的架构，而且提供一些在应用这个架构时所需要的事实。另一部分讨论的目的只是展示这一架构，也就是说，展示我们需要什么事实。

这两部分的不同之处在于陈述的方式，而不在于所达到的抽象性或复杂性的整体水平。具体地说，第二部分的内容，不仅仅是对第一部分详尽阐述的理论的应用："由里及外"的几章，对先前"由外及里"的几章做了重要的理论拓展。比如，讨论竞选资金改革的第十章，就使隐含在前几章中关于民主的论述更加充实，涉及医疗保健和福利改革的第八章与第九章，虽然只是第二章所描述的 4
虚拟保险方案的扩展事例，但它们也进一步深化了对这一方案的理论阐述。

我强调政治理论与实践论争的相互依存关系，因为我相信政治哲学的根本意义在于反映政治。我不认为政治哲学家应当避免理论的复杂性，我也没有宣称本书在这样做。我们应当毫不迟疑地沿着以现实政治为起点的论证，进入政治哲学的任何一块抽象园地，在涉及其中更为抽象的内容时甚至进入哲学，在我们找到令自己满意的合理答案或至少我们觉得能够得出的令人满意的答案之前，我们必须探索这些园地。但是，以一般性的哲学作为结束的论证，应当始于我们的生活和经验，这一点非常重要。因为只有这样，才可以有正确的姿态，它最终不仅对我们有所帮助，而且能让我们放心。把我们引入一团迷雾的问题，即使从认知的角度看，也是真实的而非虚幻的。

二

我强调本书由里及外的特点，还有一个原因：我要引入一个更为哲学化的论证层面。在本书中，这一层面总体上说尚不突出，但我打算在下一部著作中给予详细的阐述，它的部分内容是基于1998年秋我在哥伦比亚大学以“刺猬的公正”（Justice for Hedgehogs）为题举办的杜威讲座。我在那些讲座中认为，一种政治道德理论，例如我在本书中提出的理论，应该建立在对人类的伦理和道德价值、价值的地位和统一性、客观真理的性质和可能性的较为全面的解释上。[1]我们应当期盼一个包括所有核心政治价值——不仅是平等的价值，还有民主、自由、公民社会的价值——的言之成理的理论，它表明每一种这样的价值都是从所有其他价值中成长起来并反映在它们身上，即这样一种说明：平等不但与自由相容，而且是珍惜自由者都会予以珍惜的一种价值。此外，我们应当期盼包含所有这些价值的理论，证明它们反映着更为基本的信念，即对人生价值、对每个人在各自生活中实现这种价值的个人责任的信念。

5 这些目标与当代自由主义理论最强大的两股势力——约翰·罗尔斯（John Rawls）的政治自由主义和伊赛亚·伯林（Isaiah Berlin）的价值多元论——在精神实质上正好相反，这种相反的精神实质的结果也呈现在本书之中。伯林坚持认为，重要的政治价值之间存在着剧烈冲突——他尤其强调自由与平等的冲突。但本书的第三章和第五章力求化解这些冲突，把那些价值整合在一起。罗尔斯的社会契约方法，旨在使政治道德脱离有关良善生活之性质的伦理预设和纷争。而本书的论证则没有利用任何社会契约论：它希望发现，这种理论的政治主张所要求的无论什么根据，都不是存在于任何——甚至假设的——全体一致的协议或赞同之中，而是存在于它所诉求的更一般的伦理价值之中——比如第六章所描述的良善生活的架构，和第七、八、九章描述的个人责任原则。第九章对两种福利方案的区分为这种对比提供了具体事例，即罗尔斯的差别原则和虚拟的保险方式，前者拒绝考虑任何个人责任，后者则力求尽可能依靠这种责任。

在我看来，伦理学个人主义的两个原则对于这种完备的自由主义理论至关重要，它们共同影响和支撑着本书所捍卫的关于平等的论述。首先是重要性平等的原则：从客观的角度讲，人生取得成功而不被虚度是重要的；而且从主观的角度讲，这对每个人的人生同等重要。其次是具体责任原则：虽然我们都必须承认，人生的成功有着客观上平等的重要性，但个人对这种成功负有具体的和最终的责任——是他这个人在过这种生活。

重要性平等的原则不主张人在所有事情上相同或平等：不要求他们同等地理性和善良，或他们所创造的人生有相同的价值。这里所探讨的平等不涉及人们的任何特性，而是与他们的人生要有一定的意义而不被虚度这一点的重要性有关。这种重要性对任何人的行为之正确或错误的影响则属于另一个问题。许多哲学家接受经常被称为博爱原则（principle of beneficence）的东西：对于世上每个人的命运，个人总是有义务表现出跟他们对自己或家人和朋友的命运同样多的关切。接受这一原则的一些哲学家断定，人们必须总是最大限度地平均帮助世上所有的人；另一些哲学家则断定，人们必须
6 最大限度地帮助世上生活最差的人。但是，重要性平等的原则虽然与任何这类博爱原则没有矛盾，从前者却得不出这样的原则。事实上，就算我接受重要性平等的原则，我也不能说，我自己的孩子的成功从客观上说比你的孩子的成功更重要，因此我可以更关注自己的孩子而不是你的孩子。但我可以有其他一些理由为我对自己女儿的特殊关爱做出辩护：比如说，她是我的女儿。然而，重要性平等的原则确实要求人们以平等的关切对待处在某种境况下的一些群体。一个统治着其公民并要求他们忠诚和守法的政治社会，必须对其全体公民一视同仁，每个公民都必须投票，它的官员也必须在制定法律、确定施政方针时牢记那项责任。正如我曾经谈到的，平等的关切是施政者特殊的、必不可少的美德。

伦理学个人主义的第二项原则，即具体责任原则，既不是一条形而上学原则，也不是一条社会学原则。它不否认心理学和生物学可以提供令人信服的因果解释，说明不同的人为何会像他们所选择的那样去选择人生，或这些选择受着文化、教育或物质条件的影响。倒不如说，它是一条关联原则（relational principle）：它坚持认为，就一个人选择过什么样的生活而言，在资源和文化所允许的无论什么样的选择范围内，他本人要对做出那样的选择负起责任。该原则不对任何伦理价值的选择表示认可。它不谴责传统而平淡的

生活，也不否定新奇而怪异的生活，只要这种生活不是因为别人断定这是某人自己要过的正确生活而强加于他的。

本书的论证——对平等的关切这一挑战做出的回应——受着这两个相互配合的原则的支配。第一项原则要求政府采用这样的法律或政策，它们保证在政府所能做到的范围内，公民的命运不受他们的其他条件——他们的经济背景、性别、种族、特殊技能或不利条件——的影响。第二项原则要求政府在它能做到的范围内，还得努力使其公民的命运同他们自己做出的选择密切相关。本书所赞同的核心理论和方法——选择非人格资源和人格资源作为平等的尺度；把他人付出的机会成本作为衡量任何人占有非人格资源的尺度；以 7
一个虚拟的保险市场作为再分配税收的模式——可以被看作是由这两个要求所形成的。我没有假设人们可以广泛地选择自己的信念、偏好或个性，这比他们选择自己的种族、体格与智力的范围大不了多少。但是我确实假设有一种伦理观，它认为——就像几乎我们每个人在自己生活中所假定的一样——我们对自己出于那些信念、偏好和个性而做出的选择之后果负有责任。

前面我曾谈到，许多政治家如今热衷于赞成一种他们所谓的“新”自由主义，或一种介于过去左派和右派的两种僵化态度之间的“第三条”道路。时常有人批评说，这些新的称谓只是一些缺乏实质内容的口号。这种批评大致上是正确的，然而这些口号的号召力仍然给我们一些重要启示。老一代平等主义者坚持认为，一个政治共同体负有向全体公民表示平等关切的集体责任，但他们解释平等关切的方式却忽略了公民的个人责任。新老保守主义者都坚信这种个人责任，但他们对个人责任的解释却使集体责任受到了漠视。从这两种错误中进行选择非但没有吸引力，而且没有必要。如果接下来的论证是充分而有力的，我们就能得到一个有关平等和责任的完美说明，它对双方都给予尊重。假如这就是第三条道路，那么它便是我们要走的道路。

三

本书的若干章节过去已经发表过——例如前两章发表于 1981 年。它们一直是人们广泛评论的主题，所以我决定在此只从文字编排或文风上对它们做些无足轻重的修改。但是我从批评中获益匪浅，虽然我只在第七章对其中的一些批评直接进行了讨论，我希望它们的影响会呈现在第二部分的各章中，它们要么是专为本书撰写的，要么是在对前面各章的评论出现之后首次发表的。

注释：

[1] 我本人对道德判断所能要求的客观性的论述，参见 Ronald Dworkin，“Objectivity and Truth：You'd Better Believe It”，*Philosophy & Public Affair* 25 (1996)，p. 87。

第一部分　理论

第一章　福利平等

一、平等的两种理论

平等是一个既受人喜爱，又令人费解的政治理想。人们能够在 11
某个方面变得平等（或至少更加平等），随之而来的是在其他方面变得不平等（或更加不平等）。比方说，假如人们的收入平等，那么他们从自己生活中获得的满意度几乎肯定有所不同。当然，不能就此得出结论说，平等作为一个理想毫无价值。但是，有必要比通常的意义更为确切地阐明，何种形式的平等归根到底都是重要的。

这不是一个语言学甚至概念的问题。它不要求对“平等”一词加以定义，或对这个词在日常语言中的用法进行分析。它要求我们对不同的平等观进行区分，以便确定其中哪一种（或哪一组）观点表达着一个有吸引力的政治理想，假如有这样的理想的话。可以采用一种我在其他文章中做过的区分，对这项工作做出稍有不同的描述。在这样或那样的物品或机会方面平等待人，和把他们当作平等的人对待是不同的。主张人们应在收入上更加平等的人声称，做到了收入平等的社会，才是真正平等待人的社会。相反，主张人们应享有同等幸福的人，对于什么样的社会才是名副其实的平等社会，则提出了另一种与之抗衡的理论。可见问题在于：在诸多有关平等的不同理论中，哪一种理论是最好的？

在本章和接下来的一章，我将讨论这个问题的一个方面，可以把它称为分配平等的问题。假定有个社会必须在向个人分配金钱和
12 其他资源的备选方案中做出选择。在可能的方案中，哪一个是平等待人的方案呢？这只是更为一般的平等问题的一个方面，因为它撇开了一系列的问题，我们不妨用对比的方式把这些问题称为政治平等的问题。按我的描述，分配的平等不涉及比如说政治权力的分配，或涉及除了对一定资源数量的权利之外的个人权利。我想，我仓促拼凑在政治平等这个标签下的这些问题，显然不像那种区分本身可能暗示的那样，独立于分配平等的问题。例如，在决定是否应当保护一个人所珍惜的环境免遭污染时，如果这个人不能起任何作用，他就比在这种决定中起重要作用的人更贫穷。但是，要想得到一个囊括政治平等和分配平等问题的完备的平等理论，看来最好还是同意对这类问题做出一些也许有点儿武断的初步区分。

我将讨论有关分配平等的两种一般性理论。第一种平等（我称

之为福利平等）的要求是，一个分配方案在人们中间分配或转移资源，直到再也无法使他们在福利方面更加平等，此时这个方案就做到了平等待人。第二种平等（资源平等）的要求是，一个分配方案在人们中间分配或转移资源，直到再也无法使他们在总体资源份额方面更加平等，这时这个分配方案就做到了平等待人。就像我刚才说明的，这两种理论中的每一种都非常抽象，因为正如我们将要看到的，对于什么是福利，有许多不同的解释，对于何谓资源平等，也有许多不同的理论。然而，这两种理论虽然具有这种抽象的形式，但显然会在许多具体事情上提出不同的建议。

例如，一个拥有一定财富的人有几个子女，其中一个是盲人，一个是有着奢侈嗜好的公子哥儿，一个是志向远大、将来想成为政治家的人，另一个是需求甚微的诗人，还有一个是采用昂贵的材料从事创作的雕塑家，等等。他应当怎样立遗嘱呢？如果他把福利平等作为自己的目标，他就会考虑到孩子们之间的这些差别，所以他不会留给他们平等的财产份额。当然，他不得不确定关于福利的某种解释，以及在他的计算中，是否应对诸如奢侈嗜好和身体残碍或开销甚大的抱负，用同样的方式予以考虑。但是，如果他把资源平等作为自己的目标，那么他在假定自己的孩子已经有了大致平等的财产时完全可以断定，他的目标要求他平均分配自己的财产。在任 13
何情况下，他接下来都会给自己提出非常不同的问题。

诚然，在一般政治背景中，尤其当官员对每个公民的实际爱好和志向知之甚少时，这两种抽象理论之间的差别并非泾渭分明。如果福利平等主义者对一个庞大的公民群体的这类情况一无所知，他就有可能感性地认定，他的保证福利平等的最佳战略就是落实收入平等。但是由于种种原因，这两种抽象的平等理论之间的理论差别在政治中仍然是重要的。官员对各种爱好和不利条件的分布状况，往往确实掌握着足够的一般信息，如果他们的目标是福利平等，这些信息就使他们能够为资源平等的全面调整（比如用特殊的所得税折扣方式）找到理由。他们即使没有这种信息，也可以事先对他们有可能设计的一些经济结构进行更好的筹划，使其在不确定条件下缩小福利的不平等，使另一些经济结构缩小资源的不平等。不过，我现在提出的问题的重要性主要是理论上的。平等主义者必须确定他们所寻求的平等是资源平等还是福利平等，抑或是两者的某种结合，又或是某种完全不同的东西，以便言之成理地证明平等是完全值得坚持的。

我并不是说，只有纯粹的平等主义者需要关注这个问题。因为即便那些认为平等不是政治道德全部内容的人，通常也承认它是其一部分内容，所以平等至少是一个支持某种政治安排的立足点，尽管它没有决定性的乃至核心的作用，因为它缩小不平等。即使有人认为平等只有一般价值，他也必须确定什么可以算作平等。然而，我必须强调，我将要讨论的两种抽象的平等观念，甚至它们的结合，并没有穷尽所有可能的平等理论。还存在着其他一些重要理论，这两种观念中不管哪一种，都只能很勉强地表达它们。例如，有些哲学家坚持功绩至上的（meritocratic）分配平等理论，其中一些理论诉诸通常所说的机会平等。这种主张采取了不同的表达方式，但其中一个著名的方式认为，人们的福利或资源优势地位被用于在譬如说大学职位或工作竞争中反对他们时，他们的平等就受到了否定。

毕竟，福利平等与资源平等是两种常见而又明确的要求，我所要讨论的也正是这两种要求。在这一章，我将考察前一种主张的各种形式，并从总体上否定它们。在第二章，我将阐述并赞同后者的 14
一种特殊形式。我有可能加上两条或更多条防止误解的说明。人们普遍相信，某些人（譬如罪犯）不配享有分配的平等。但我不想考虑这个问题，尽管在讨论什么是分配的平等时，我确实谈到了一些涉及功绩或劳绩的问题。约翰·罗尔斯（还有其他一些人）曾表示怀疑：当偏离某个平等的基础符合处境最差群体的利益时，分配的平等是否有可能仍不必偏离平等的基础，因此，譬如说，当处境最差的群体拥有的福利比其他人少但比其他情况下更多时，福利平等就得到最好的贯彻。我将在涉及资源平等的下一章而不是这一章探讨这一观点。我在那一章提出，甚至当福利的不平等不会改善处境最差群体的处境时，福利平等也不是一个可取的政治目标。

二、概观

如果说平等是重要的，那么说到底它只能是福利平等，这种观点乍一看很有吸引力。因为经济学家发明或至少采用福利这个概念，恰恰就是为了描述生活的基本要素，而不只是为了描述工具性的东西。实际上，采用这个概念是为了提供一个尺度，以便给资源确定适当的价值：从资源提供福利的角度说，它是有价值的。如果我们决心做到平等，却又从资源与它们所带来的福利无关这个角度来界定平等，那么我们似乎是错误地把手段当成了目的，沉迷于对我们只应作为工具看待的东西的拜物教幻想之中。如果我们真想把人们作为平等的人来对待，我们就必须设法做到，使他们的生活对于他们来说同等地值得欲求，或给予他们做到这一点的手段，而不只是让他们的银行账号上有相同的数字。

福利平等的这种直觉的吸引力，从我所举的家庭事例的一个方面得到了支持。比如，在出现了应当如何在孩子中间分配财产的问题时，那些有严重的身体和智力缺陷的人，用任何公平来衡量，都确实好像有权比别人得到更多。对于为何如此，福利平等的理想看上去可能是个言之成理的解释。盲人身患残疾，所以他们需要更多的资源以享有福利平等。不过，这个家庭的例子也给这个理想至少提出了一个一开始就有些麻烦的问题。因为大多数人会反对这样的结论：那些有着奢侈嗜好的人，有权以这种嗜好为由获得比别人更大的份额。爱喝香槟酒的人（既然我们可以描述他的处境）也需要更多的资源，才可以跟那些选择喝啤酒的人一样达到福利平等。但是基于这个原因他就应获得更多的资源，这看起来好像是不公正的。有志成为政治家的人需要很多钱以实现他做好事的抱负，雄心勃勃的雕塑家比诗人需要更多的昂贵材料，他们两人的情况可能界于以上两种情况之间。他们需要父母资源中较大份额的合理性，似乎比有奢侈嗜好的孩子大一些，比盲人小一些。

由此产生的问题是，福利平等是否能够作为一个理想被部分地接受，让它在完备的平等理论中占有一席之地，但不是唯一的地位。这样的话，作为一个整体的这种理论就可以规定，残疾人必须获得更多的资源，因为不然的话，他们的福利就会低于能够达到的水平，但是爱喝香槟酒的人就不是这样。在平等的观念中达成妥协可以有多种方式。比方说，我们可以同意，社会资源的分配，从原则上说应当使人们在福利上尽可能平等，但特别规定由某种资源引起的福利差异，比如饮酒品位上的差异，不应予以考虑。这赋予了福利平等主导地位，但消除了该理想中某些特殊的和没有说服力的后果。我们也可以走向另一个极端，只赞成应当尽量消除一些有着特定根源——比如残疾——的福利差异。根据这种解释，福利平等在任何一般性的平等理论中都将只起部分作用——也许是非常次要的作用，于是这种一般性的平等理论的主要政治力量，肯定来自另一个十分不同的方面。

这些妥协、结合或限制，在多大程度上是有可能的并且是有说服力的？我将把这个问题推迟到本章稍后的部分探讨；对于奢侈的嗜好和残疾等特殊问题，也将推迟到那时再加以考虑。但我要特别指出并提前打发掉一种反对福利平等有妥协之可能的意见。对于任何这样的妥协，可能有人会反对说，福利概念不够明晰，这使人无法做出必要的区分。例如，我们（有人也许会说）无法分辨，两个有着同等财富的人之间的某种福利差异，实际上有多少可归因于他们的嗜好的成本差别或他们的生理及智力差异。因此，凡是接受福利平等的理论，就必须关注人们的作为整体的福利，而不是由于任 16
何特殊来源而得到或丧失的福利。这种反对意见显然有不少道理，尽管它的力量必须取决于所提议的妥协形式。然而，我要把区分福利来源之可能性的所有反对意见先放在一边。

我还要把另一种更普遍的反对意见放在一边：就算撇开来源方面的差别不谈，福利这个概念本身也过于模糊或不具有实践价值，因而不能为任何平等理论提供基础。前面我说过，对于福利有许多不同的解释或观点，采用其中之一的福利平等理论，与采用其中另一种福利平等理论相比，会得出大不相同的结论，并要求极为不同的理论支持。例如，一些哲学家认为福利是一个愉悦、享受或其他感觉状态（conscious state）的问题，另一些哲学家则认为，它是指实现个人计划方面的成功。下面我们还会对那些主要的福利观加以澄清，并审视它们所支持的各不相同的福利平等观。但我们可以事先指出，人们所熟知的这些福利观中的每一种，都提出了有关检验与比较不同人群之福利水平的突出的认知问题和实践问题。它们都造成了这样的结果：福利的比较往往是不确定的——事情往往是，两种人的福利都不更少，但是他们的福利不会平等。可是不能由此断定，无论怎样解释，福利平等的理想要么缺乏一致性，要么毫无用处。因为该理想表达了一个原则：只要有可能，谁都不应当获得比别人更少的福利。如果这个原则是正确的，那么福利平等的理想也许可以合理地使这个实践问题保持开放性：福利的比较具有意义，但当其结果不明确时，应当如何加以判断？也许还可以明智地承认，在某些情况下这种比较甚至从理论上说也没有意义。假如这种情况不是很多，则这个理想在实践和理论上都将是重要的。

三、福利平等观

在福利是指什么这个领域，存在着若干种理论，因而也存在着有关福利平等的若干种观点。我把我认为最著名、最言之成理的理论分成两大类，不过我没有假定这类文献中的所有理论都可以恰当地归入这一类或那一类。我把第一类称为“福利即成功的理论” 17 (success theories of welfare)。这一类理论假定，个人的福利就是他在实现其偏好、目标和抱负上的成功，因而把成功的平等作为一种福利平等的观点，主张资源的分配和转移应达到进一步的转移无法再降低人们在这些成功方面的差别的程度。但是既然人们的偏好各不相同，那么从原则上说成功的平等就可能具有不同的表现形式。

第一，人们具有我所说的政治偏好，不过我在使用这个术语时所要表达的含义，与人们通常采用的含义相比，既较为狭窄，也较为宽泛。我指的是有关共同体应当如何把各种物品、资源和机会分配给其他人的偏好。这些偏好可能是常见的、正式的政治理论，比如物品应根据功绩或劳绩进行分配的理论；也可能是非正规的、根本算不上理论的那一类偏好，比如许多人都有的一种偏好：希望他们喜欢或特别同情的人应得到比别人更多的东西。第二，人们具有一种我称之为与个人无关的偏好，它们同某些事物而不是同他们自己或别人的生活和境遇有关。比如有些人非常关心科学知识的进步，尽管不是他们（或他们认识的人）在推动这种进步；还有一些人同样深切地关心维护某种他们绝对不会见到的美。第三，人们具有我所说的个人偏好，我用它来指那些涉及他们自己的经历和处境的偏好。（我不否认这些类型的偏好有可能相互重叠，或一些偏好无法归入这三种类型中的任何一种。所幸我的论证不需要相反的假设。）

在我打算讨论的成功平等中，有一种最不加限制的形式认为，只要有可能，在人们所有的各种偏好的实现程度达到平等之前，再分配应一直进行下去。然后我将考虑一种受到更多限制的形式，认为在计算平等时只应考虑非政治的偏好；接下来是受到进一步限制的一种形式，认为只应考虑个人的偏好。当然也有可能存在着更为复杂的成功平等的形式，它们把归入不同类型的某一些而非全部偏好的满足结合起来，虽然我希望自己的论证无须我去确定和考虑这些结合的形式。

第二类福利理论我称为感觉状态理论（conscious-state theories）。与这类理论相关的福利平等认为，分配应当努力使人们在其自觉的生活的某些方面或质量上尽可能达到平等。选择有关这种状
18 态的不同说明或描述，便形成了对于那个理想的不同观点。边沁（Bentham）等早期功利主义者把快乐和避免痛苦当作福利。如果这样理解的话，福利平等就会要求分配应当使人们在其快乐多于痛苦的平衡上达到平等。但大多数功利主义者和福利即感觉状态的观点的支持者相信，“快乐”和“痛苦”过于狭隘，不足以表示应当涵摄于其中的感觉状态的整个范围。比如，表达一种特定快感的

“快乐”，就难以描述令人悲痛的一部戏或一首诗带来的体验，一种尽管如此人们还是时常想得到的体验，此外“痛苦”也不易表达无聊、不适或沮丧的感觉。

我不想讨论这种争议引起的麻烦。相反，我将不加区分地用“享受”（enjoyment）和“不满足”（dissatisfaction）来指称任何福利平等的感觉状态观点都会予以关注的所有称心和不称心的感觉状态或情绪。当然，这种用法赋予了这些词汇比它们在日常用语中更加宽泛的含义，不过我这种宽泛的含义的前提条件是，它们必须指人们为自己的缘故而可能希望得到或避免的感觉状态，并且它们是内心可以确认的感觉状态。

人们常常从性、食物、太阳、寒冷或坚硬物对感官的刺激中直接获得享受或体验到不满足。但他们也从各种不同偏好的实现或落空中获得享受或体验到不满足。因而福利平等的感觉状态观点也有不受限制的形式和受限制的形式，它们与我做过区分的成功的平等观对应。一种形式致力于让人们在享受方面更加平等，但不限制享受的来源；另一种形式致力于让他们在直接感受到的且是从非政治偏好中获得的享受方面达到平等；还有一种形式致力于使直接获得的且是从个人偏好中获得的享受达到平等。就像成功的平等一样，也可以存在更有特色的观点，它们纳入了从这些不同类型的偏好的细分中产生的享受。

虽然讨论十分简略，但我还是会考虑福利平等的第三种观点，我称之为客观的观点。除了我刚才提到的那些划分外，对于这三种观点中的许多细分和进一步的分类，在对可能的福利理论的任何全面阐述中都必须予以考虑，有些理论在这份清单上根本没被提到。但是对于建立分配理论来说，这三种观点似乎是最合适的候选者。
19 然而，我要提一下我们至少应当心中有数的两类复合理论。第一，我区分出的许多观点和立场都会引出一个问题：当人们在这样理解的福利方面达到平等时，他们就达到了那种观点所说的平等吗？或者只有当他们了解了全部相关事实时，他们才达到了平等？就成功的平等这一目的而言，是当一个人相信其偏好已实现到一定程度，还是当他相信只有他了解了那些事实时他才达到了一定的成功水平？在这种问题可能影响到论证时，我将尝试讨论这两种可能性，或设定一种在我看来在这一问题的背景下看起来较为合理的说法。第二，我要讨论的许多观点涉及时间问题。譬如，人们的偏好是变化的，因此一个人的生活偏好在多大程度上得到全面实现的问题，将取决于选定他的哪一组偏好来研究，或取决于他在不同时间持有的不同偏好有哪一种功能。我不认为这些时间因素会影响到我将要证明的各种论点，不过持相反观点的读者，应当思考一下我的论证与其他观点相对照是否能够成立。

不过，还有一个基本问题肯定会更长久地困扰我们。我们可以区分出两个不同的问题。(1) 某人的全部福利——他的实质性幸福(essential well-being)——真的是一个他实现其偏好的成功（或他的享受）程度的问题吗？(2) 分配的平等真的要求让人们在那种成功（或享受）上达到平等吗？其中第一个问题反映着一种有关我所提到的各种福利理论与福利这一概念本身的关系的观点。它假定这种关系类似于公正的理论或观念与公正这个概念本身的关系。我们同意公正是个重要的道德理想和政治理想，我们问自己，在这些有关公正之实际内容的不同理论中，哪一种理论最好。因此，我们也可以设想（为了这样或那样的目的），被理解为人的实质性幸福的福利是个重要的道德概念和政治概念，然后问我们自己，在这些探讨福利究竟是什么的传统理论（我们也可以提出新理论）中，哪一种理论最好。

但是，第二个问题，就其本身而言，并不要求我们正视后一个问题，甚至不要求我们承认它的意义。我们可以认为，真正的平等要求使人们在成功（或享受）方面达到平等，但不必认为正确理解的实质性幸福就是指成功（或享受）。事实上，就算我们对实质性 20
幸福这个概念持怀疑态度，认为它属于另外一个与人有关的更深层的问题，从理论上说与他们的成功或享受无关，我们仍可以认为平等要求成功的平等。也就是说，对于在成功上达到平等的两个人是否也有实质性幸福的平等，即使我们否认这个问题有任何意义，我们仍可以承认成功的平等是个富有魅力的政治目标。而且，即使我们否认这个问题同另一个问题——取得最大限度的平均效用能否使一种制度具有公正性——的相似性，我们仍可以这么认为。

我做上述评论的原因是，对很想捍卫一种特定平等观的人可能采用的两种策略加以区分是非常重要的。首先，他可以接受福利即实质性幸福的观点，然后至少作为其论证的初步前提，提出真正的平等要求人们在实质性幸福上达到平等的主张。接下来他可以证明，某种特定的福利理论（比如成功理论）是有关实质性幸福由什么组成的最佳理论，从而得出结论：平等要求让人们达到同等的成功。其次，他也可以用更直接的方式论证某种福利平等——比如成功的平等——的观点。在福利的平等是否包括成功这个问题上，甚至在该问题是否有意义这个前提性问题上，他可以不采取任何立场。他可以认为，出于公正的原因，或出于同平等的分析——这种分析不依靠有关实质性幸福的含义和内容的任何理论——必然有关的另一些原因，成功的平等是需要的。

那么，在评价有关福利平等的特定观点时必须考虑这两种策略吗？我认为没有必要，因为第二种策略的失败（至少以某种方式）也必须被视为第一种策略的失败。我不打算让自己宣称，既然实质性幸福是一个允许不同观点存在的概念，那么这个概念也没有意义，因而第一种策略失去意义，也就等于第二种策略失去意义。相反，我认为至少在某些背景的限制下，这个概念是重要的，而且一个人的实质性幸福是什么的问题，如果在那些背景下恰当地加以理解，有时是个意义深刻的问题。我也不认为可以根据这种结论，断定不应当使人们达到某种特定的福利观所要求的平等，断定它是一种贫乏的（被理解为实质性幸福的）福利观。倒不如说我打算否定相反的主张：假如有一种福利观很好，那就应当使人们在如此理解
21 的福利上达到平等。这种主张是不合逻辑的。比方说，我可以同意，当每个人在实现自己的某一组偏好上大致取得了平等的成功时，人们在实质性幸福上便达到了平等，但不必因此也承认向这种状态的进展便是向着真正的分配平等的进展。纵然我初步接受这两种主张，如果我认为不能使人们在成功上达到平等有着政治道德上的充分理由，而且不管第一种主张是否正确，这些理由都将成立，

我还是会放弃后一种主张。所以，任何驳倒了第二种策略的论证，如果它证明了在政治道德上有充分的理由不应把人们达到成功的平等作为分配目标，那么也必须把它视为否定第一种策略的有力论证，虽然不能把它视为驳倒了那一策略的暂时性结论——基本幸福在于成功。下面我将力求用这种方式反驳第二种策略。

四、成功理论

现在我要评价根据我所介绍过的各种方式理解的福利平等，首先谈谈我称为成功理论的一组理论。如我所说，我并不想给这些理论或其他平等福利观的应用制造很多实践上的困难。如果有个社会打算做到某种形式的成功（或享受）平等，它充其量只能做到大体如此，而且对于做得如何也只能有个大致的了解。有些成功上的差别是政治措施力不能及的，有些差别虽能消除，但需要采用使其他价值做出太大牺牲的手段。这样理解的福利平等，只能作为平等的理想，只能作为一个标准，用来判断在不同的实际政治安排中，哪一种从以往的趋势上看最有可能促进这一理想。不过，正是出于这个原因，对作为理想的福利平等的不同观点加以检验是重要的。我们的问题是：如果我们能够做到符合这些观点之一的福利平等（这不太可能），那么以平等的名义这样做就是可取的吗？

1. 政治偏好

我首先要讨论我所区分出的最宽泛、最不受限制的意义上的成

功平等，即人们在实现偏好上的平等，它们既包括政治偏好，也包
22 括其他形式的偏好。我们将指出，在有些人自己所持的政治偏好就是这种平等理论的社会里，采用这种平等观时遇到的第一个难题。官员在知道他们的分配是否平等地满足了包括政治偏好在内的每个人的偏好之前，不可能了解这个人的政治偏好是否得到了实现，而且这里存在着循环论证的危险。不过我打算假定，在这个社会里，可以通过试错法达到这样理解的福利平等。对资源可以一再进行分配，直到大家都宣布自己已感到满意，最广义上的成功平等便得以实现。

不过我们还应指出另一个难题：大体上说不难证明，在人们持有十分不同且十分感情化的分配公正之政治理论的社会里，即使采用试错法，也不可能使符合这种观点的平等达到一个合理的程度。对于我们能够做出安排的任何物质分配，出于政治理论的原因而热情坚持另一种分配的群体，不管他们个人获益多少，都有可能表示强烈的不满，另一些人则有可能因为他们所坚持的政治理论赞成这种结果而十分高兴。不过我打算忽略实践中或偶然会发生的难题，所以我要假定存在着这样一个社会，在其中，人们不受限制的偏好在数量上能够大体做到平等，即大体做到这种广义的成功平等，这或是因为人们都坚持大体相同的政治理论；或是因为他们虽有分歧，但每个人基于政治原因而对一种方案的不满能够用他个人处境中的偏爱加以弥补，而没有因为这个原因引起其他人太多的敌意，要去捍卫他们所理解的平等。

这后一种可能性——因为其政治理论被否定而有所失的人们，

能够用补偿的方式给予他们较多的物品——却使这种福利平等观立刻失去了吸引力。即使受到这种福利平等观吸引的人，大概也不愿意让福利上的得失归因于——比方说——种族偏见。因此我假定，几乎人人都希望成功的平等，至少要用如下规定加以限制：偏执的人不应当因为一个事实而比别人拥有更多的物品，这个事实是，除非他自己的有利处境足以弥补差别，他不赞成黑人得到的跟白人一样多。

然而，不十分清楚的是，这种规定为何只适用于种族偏执，而 23
不适用于和成功的平等这个一般理想相冲突的所有政治理论。它应当同样适用于那些认为贵族应比平民拥有更多东西的人，或那些认为更有才干的人应得到更多是个政治道德问题的功绩至上论者。其实，它甚至也适用于一些平等主义者，他们认为人们应在资源或享受上达到平等，或在个人生活的成功上达到平等，而不是在包括政治偏好在内的所有偏好的满足上达到平等。对于接受后一种平等观的官员来说，这些“错误的”平等主义理论当然比偏执的或功绩至上的理论更值得尊敬。然而，以下情况仍然令人不解：甚至错误的平等主义者也应当有额外的资源进入他们的个人账户，以此来对一个事实做出弥补，即如果不这样的话，他们对那种状况的总体赞成的态度就会低于那些所持理论被假定为正确的人，前者对额外资源的任何要求，在某种意义上都必须依靠这种理论。它之所以令人不解，（除了其他一些原因）是因为一个良善的社会是这样的，它对于社会所赞同的平等观，不但把它看作某些人可能持有的偏好，从而也是对另一些被剥夺的人应以其他方式加以补偿的满足之来源，而且把这种平等观看作一个人人都应因其正确而加以接受的公正问题。因此，对于基本政治制度断定其持有错误偏好的人，这个社会不会给予补偿。

为何不应把种族偏见作为给予有种族偏见者更多个人物品的正当理由，原因在于这种政治理论或态度受到正确的平等观的谴责，而不在于偏执者肯定不可敬、没有头脑或个人邪恶。但是这样一来，对其他一些形式的非平等主义政治理论，甚至那些理解不当的平等主义理论，也要大打折扣。进一步说，假设没有人坚持任何形式的非平等主义或错误的平等主义政治理论，但有些人仅仅是有私心，或没有广义上的政治信念，所以他们对分配后形成的状态大体上赞成的态度，只与他们的私人处境有关；另一些人则有仁爱之心，因此使他们大体上表示赞成的原因是——譬如说——社会贫困的消除。除非我们拒绝尊重仁爱之心，不认为对于有仁爱之心的人来说它是他们的整体偏好获得满足的正面根源，我们最后还是得给予自私的人较多的东西，以抵消另一些人在仁爱之心上获得的成
24 功。但是，这肯定是与任何平等观相对立的主张，它所建议的分配方案是，人们越是不赞成平等或对它无动于衷，他们自己所能得到的就越多。

最后谈谈另一种情况。假设没有人极力坚持任何正式的政治理论，但人人都有仁爱心。许多人从我所说的广义政治理论的角度，特别同情一个较之他们本人更为不幸的群体——譬如孤儿——的处境，并有着让他们受到良好照顾的特殊偏好。如果这些偏好得到认可，就必然造成两种结果之一。一是，孤儿由此得到的照顾优于在

没有这种特殊偏好时平等本身所要求的关照，这必然使另一些群体——包括那些在其他方面处境不利的人，譬如说残疾人——付出代价；二是，如果以平等主义为由排除这种做法，对更关心孤儿而不是残疾人的人就要给予额外的资源，以补偿其无法实现这种偏好（然后他们既可以把这些额外的资源送给孤儿，也可以不送给孤儿）。这两种结果都不利于平等主义理论。

可见，我们有充分的理由否定无限制的成功平等观，在对成功加以比较的计算中去掉正式的和非正式的政治偏好，至少对于其成员在政治偏好上有分歧的社会是这样，也就是说，就几乎所有可能与我们有关的社会来说，都应当这样做。对于其他社会来说，我们是否也必须否定这种观点，我们可以暂不考虑。设想有这样一个社会，它的人民大体上持有相同的政治偏好。假如这些共同的偏好赞成包括政治偏好的成功在内的成功平等，则那种理论由于实践上的原因，就会退化为一种受到更多限制的理论，即应当让人们在非政治偏好上取得平等的成功。这是因为，假如一种分配方式得到落实，它大体上得到了每个人同样的赞成，个人的政治信念的力量，按照每个人对于他多么尊重它所做出判断，仅仅是赞成这种结果，因为每个人都平等地尊重它，那么这种分配方式只能是一种使每个人都认为自己的非个人偏好和个人偏好得到平等满足的分配。假设亚瑟对他的非个人和个人处境的满足程度不及贝希。假设亚瑟没有任何政治理论或态度用来论证或要求一种使他得到的满足不及贝希的分配方式，那么亚瑟也没有理由跟贝希一样，把政治的、非个人 25
的和个人的评估结合在一起，通过表示非常抽象的或总体上的赞成来尊重这种分配。

但是，设若共同持有的政治理论不是得到总体赞成的平等理想，而是另一种能够提供这样一个理由的非平等主义理论。设若人人都接受一种种姓理论，因此就算阿马蒂亚比别人更穷，分配方式也会使他的偏好整体上得到平等的满足，因为他相信自己作为较低种姓的一员应当拥有较少的东西，假如他拥有的更多，他的偏好从整体上反而没有得到充分的满足。假如阿马蒂亚拥有的更多，出身于更高种姓的比玛尔的满意度就会降低。在这种情况下，无限制的成功平等观确实推荐了一种其他福利平等观无法提供的分配方式。然而，恰恰是由于那个原因，它是不可接受的。不平等的政治制度不能仅仅因为大家误以为其公正而成为公正的。

只有当人们恰好持有的政治偏好不仅普遍而且正确时，无限制的成功平等观才是可以接受的，这当然意味着它说到底是一种空洞的理想，只有当它认可一种分配方式，而这种方式已经通过某种更受限制的成功平等观或另一种完全不同的政治理想独立地表现出公正性时，它才是有用的。假设有人否定这一点，认为不管一种政治制度是什么样子，只要每个人都同等地大力赞成这种政治制度，它本身就是美好的。这看来过于专断了，而且也大大背离了正常的政治价值，这会让人们怀疑，他是否理解什么是政治理论或它为何而存在。他根本没有提出一种对平等的解释，更不用说有吸引力的解释了。

2. 非个人偏好

可以说，我们必须对成功平等做进一步的限制，从它所建议的计算中至少去掉那些我所说的非个人偏好。因为平等显然不要求人们在所有非政治愿望得到实现的程度上达到平等，即使分配方式能够做到这一点。设若查理发自内心地极其盼望能在火星上找到生命，或在他有生之年能有伟大的美国小说问世，或玛撒葡萄园的海岸不再继续受到海水的侵蚀。平等并不要求把资金从别人——他们对世界有着更易于实现的愿望——那里转移给查理，通过满足他的 26
另一些偏好，使他能够减少他和他们在非政治偏好满足程度上的不平等。

能够通过这里所建立的进一步限制，使非个人偏好得到拯救吗？可以说，我拿来作为例子的那些非个人偏好，都是一些不可能实现的梦想，或是一些政府无论做什么也满足不了的梦想。不过我看不出这有什么关系。如果减少所有真正的非政治目标或偏好上的失望的不平等是正确的，政府就应当在这方面尽力而为，尽管它无法让火星有生命，它至少能够通过让查理在其他事情上更为成功，使他的希望落空得到部分补偿。毕竟，我很容易举出人们的一些愿望作为例子，政府并非不可能实现它们，尽管实现起来特别困难。设若查理希望所有物种都永远不要灭绝，这不是因为他喜欢看到植物和动物的多样性，而是因为他相信任何物种的消失都会使世界变得更糟。他会全力赞成不以蜗牛鹈的消失为代价建造有用的水坝。（他并没有自觉地深入思考自己有关物种重要性的观点。他如果这样做了，则可以认为出现了下面我还会讨论的有关自觉培养奢侈爱好的特殊问题。他只是恰好发现自己持有这种观点。）但是在政治过程考虑了这个问题并做出决定后，水坝还是建起来了。现在查理极为失望（而且他对所有其他事情都极不关心），只有支付一大笔公共开支，使他能够用来进行游说，反对破坏物种的进一步犯罪，才能够使他的被理解为实现非政治偏好的福利恢复到全社会的一般水平。我不认为平等观要求这种转移，我也不相信有很多人，甚至那些觉得福利平等的一般理想有吸引力的人，会这样认为。

当然，平等确实要求查理在我所说的政治过程中有一席之地。他在选举做出决策的官员时，必须享有平等的投票权，对这些官员将要做出的决策，他必须有表达个人意见的平等机会。不过，官员
27 在决定是否应当建水坝时对所有相关因素的成本-收益的全面权衡过程，也要考虑到他的失望，甚至要衡量其强度，他的不满也应当被纳入边沁主义的计算，以抵消水坝给其他人带来的收益，这至少是个可以讨论的问题。我们也许有望超越这一问题，认为假如社会面对一系列在经济效益与物种保护之间发生冲突的决策，则不应通过总会给查理造成损失的单独的成本-收益计算分别采纳这些决策，而是应当把它们作为一个系列，使共同体至少有一次听从查理的意见。但是这些办法无一类似于以下主张：只有当社会以另一种方式承认查理的古怪立场，尽量保证他的成功，使他发现在一系列决策完成时，他在自己的所有非政治偏好得到满足方面的成功机会依然和别人一样大，不管他的非个人偏好是多么特殊，这样他便是得到了平等对待。其实，这种主张不但没有加强政治平等的传统理想，反而会同它发生冲突，因为社会如果承认这种责任，查理的意见所发挥的作用就极有可能大大超过这些传统观念所允许的范围。

不过，仍然会有人反驳说，我的论证取决于给人们指定一些非

个人偏好，在那些条件下它们是不合理的，或者说，期待社会以补偿的方式去鼓励它们是不合理的。有人可能说，我的论证并未表示对合理的非个人偏好不应以那种方式加以赞扬。然而，这是把一种十分不同的观点引入了讨论。因为我们现在所需要的，是一种有关非个人偏好在何时是合理的或补偿这种偏好在何时是合理的独立理论。这种理论似乎会做出假定，应把社会资源的某种公平份额用于对每一个人的关切，因此当他事实上没有拥有这个公平份额时，补偿的要求可能是恰当的，但是，假如他所希望的决策或他的失望得到的补偿侵害了别人的公平份额，这种要求就是不恰当的。我们在这一节的后面还会讨论以这种方式在成功平等的理论中运用公平份额概念的后果。现在只要指出一点就够了：在任何非个人偏好有资格纳入成功平等的计算以前，有必要做出这种重要的细致区分。

把福利平等观局限于实现个人抱负上的成功，似乎也不是没有道理，这种抱负有别于一切政治的和非个人的抱负。从另一些角度看这种区分是有吸引力的。当然，人们确实关心并且经常十分关心他们的政治偏好和非个人偏好。不过，如下说法似乎也能说得通： 28
如果政府有权利或责任使人们达到平等，那么它也有权利或责任使人们在包括其政治权力在内的处境或环境方面达到平等，而不是使他们在自己不同的政治信念被社会接受的程度上或他们有关理想世界的不同观点的实现程度上达到平等。比较而言，对于自由的国家来说，受到更多限制的平等目标才是恰当的目标，虽然仍然需要理解的是，使人们在个人处境上达到平等意味着什么。

3. 个人成功的平等

相对成功。因此，我们应当谈谈我将要讨论的成功平等的最严格的形式，它要求对分配做出的安排是，在分配能够使每个人的生活和处境的偏好得到满足的程度上，使人们尽可能接近于平等。这种福利平等观是以一种特殊的但言之成理的哲学心理学理论作为前提。它假设人们是能动的主体，他们一方面在个人做出的选择和决定中区分出成功与失败，另一方面区分出对这个世界的总的赞同或不赞同的态度，然后他们根据自己有关什么事情会使生活更好或更糟的观点，努力使自己生活得尽可能有价值，同时大概还会承认在追求该目标以及来自他们的非个人偏好的有吸引力的目标时受到的道德限制。在这幅画面中无疑有一定的理想化成分，它也许根本不是对任何个人行为做出的完全准确的描述，在许多情况下或许必须对它做出重大的限制。但是与那些主流的、大概更为常见的理论相比，它也许是据以描述和解释人们的实际情况的一个更好的模式。

因此，我不会与这种心理学理论过不去。但是我们必须同时注意到如下建议中存在着一定的困难，即社会资源应尽可能这样进行分配，使人们在他们自己所认为的人生价值的实现上达到平等。人们选择某种生活，是以他们可以利用的资源类型和数量的某些假设作为背景，这些资源可以让他们过上不同类型的生活。他们在思考为某一类经验、人际关系和成就而放弃多少另一类经验、人际关系
29 和成就时，会考虑到这种背景。因此，对于在各种选择中自己能够支配什么资源，他们需要有一定的了解，然后他们才能制定某种生

活计划，即这种有限的成功平等观假定他们至少大体上已经实现了的生活计划。这些资源中有些是自然的：人们需要对自己的预期寿命、健康、才干、能力以及在这些方面与他人相比如何有所预设。但他们也需要对自己确实能从社会根据任何福利平等方案进行的分配中得到的资源——财富、机会等等——有所预设。然而，假如人们在选择某种生活之前，需要对自己在这种生活中能够利用什么财富和机会有一定的了解，那么财富分配方案就无法通过计算他所选择的生活的开支，来简单地确定他应当得到什么。

可见，这里再次出现了一种致命的循环危险。我打算把这个问题作为我不想谈及的那类技术问题的又一个事例存而不论。因此，我将再次假定，这个问题能够用试错法加以解决。假设存在着一个人们确实拥有平等资源的社会，而且发现有些人对自己当前的生活比另一些人满意得多，那么根据试错法，一些人的资源将被取走交给另一些人，直到实现这样一种状况：假如人们充分了解自己处境的全部事实，那么在问及每个人认为自己根据现有的资源水平所制定的计划取得了多大成功时，每个人都表示达到了大致同等水平或程度的成功。

但是，对我所描述的实践性难题的这种“解决”，却导致了这一实践性难题所指出的一个理论问题。人们赋予个人的成败不同的价值，这不仅因为他们这样做时会对照自己的政治信念、道德信念以及非个人目标，而且因为他们把这种成败作为他们个人处境的一部分。他们的成败至少具有某种含义。所以，我们现在必须提及迄今为止一直被我忽略的一种区分。人们（至少按刚才谈到的方式加以理解的话）是在他们可以利用的自然和物质资源的背景中，选择自己的生活计划和方案，他们据此确定各不相同的目标，做出各不相同的选择。他们选择这样而不是那样的职业或工作，居住在这个而非那个社区，挑选某一类情人或朋友，认同某一个或某一类群体，发展某些技能，培养某种爱好和兴趣，等等。当然，甚至最接
30 近于那种理想模式的人，也不是根据某个完整的方案自觉地做出所有这些选择，也许其中没有一个选择是完全自觉做出的。运气、机遇和习惯会发挥重要作用。不过，一旦他们完成了自己的选择，这些选择就界定了一组偏好，我们就可以问：某人在实现自己以那种方式确定的无论什么偏好方面，在多大程度上成功或失败了？这（我要说）就是他的相对成功的问题——他在实现这些自我设定的分立目标上的成功的问题。

但是，人们做出这些选择，形成这些偏好，是根据另外一种更全面的抱负，一种使他们唯一的人生有价值的抱负。我认为，把这种更全面的抱负说成只是人们持有的另一种偏好是错误的。抱负更具基础性，放在偏好这个名称之下是不恰当的，并且它也太缺乏具体内容。偏好表示一个决定的结果、一个使人们所要求的东西更为具体的过程的结果。但是，从人生中发现价值的抱负，不是从不同选择对象中选出来的，因为这里不存在通常意义上的不同选择。抱负不会使计划更加具体；它仅仅是制定计划的条件。一旦某人为自己的人生制定了一个哪怕是尝试性的或不完整的计划，一旦以这种方式确定了他的特殊偏好，他便可以通过使自己的处境与计划相符，以相对机械的方式来衡量自己的相对成功。但是，他不能简单

地以这种方式使自己的成就符合任何既定目标，来说明自己的人生在寻求价值方面的成败。他必须从整体上评估自己的人生以发现它所蕴含的价值，而这是一种肯定会导致某些信念的评价。不管这些信念多么不易表述，不管他可能多么不愿意称它们为信念，我们最好都把它们称为对什么东西能赋予任何具体的人生意义和价值的哲学信念。我将把人们以这种方式赋予自己人生的价值，称为人们对自己人生的总体成功的评价。

相对成功对于达到总体成功有多么重要，人们意见不一。有人可能认为，他在某种特殊职业（或爱情、体育运动和其他活动）上很可能非常成功这个事实，强烈地支持他选择和追求这种职业。如果他拿不准自己应当做艺术家还是做律师，但相信自己可以成为一名出类拔萃的律师，但只能成为一个不错的艺术家，他就有可能将这种考虑视为选择法律业的一个决定性理由。另一个人可能很不重视相对成功，在同样的条件下，他可能宁愿成为一个不错的艺术家而不是一名出类拔萃的律师，因为他觉得艺术比律师从事的任何事情都重要得多。

这个事实——人们如此不同地评价相对成功——由于下面的原
因而与这里的讨论有关。我一开始做过描述的抽象形式的福利平 31
等，它的首要的、直觉上的吸引力在于这样一种看法：福利对于人们有着实实在在的重要性，它不同于因为有助于导致福利而对人们只有工具意义的钱和物。就是说，福利平等的目标是，在对于所有人都真正至关重要的事情上使人们达到平等。我们先前的结论——在任何情况下，政治偏好和非个人偏好的实现，都不应被纳入旨在使人们通过分配达到福利平等的任何计算之中——很可能被认为有损于那种吸引力。因为它把人们希望在同等程度上实现的偏好，限制在我所称为的个人偏好的范围之内，而人们对于和他们的政治信念及非个人目标相对立的他们的个人偏好的实现，并不是给予同等程度的关切。相对于自己的其他偏好，有些人会比另一些人更加关心自己的个人偏好。但是我所描述的直觉的吸引力的实质内容依然存在，尽管现在的重心将略有不同。现在可以这么说，福利平等使人们在关系到他们的个人处境或环境的那些他们赋予同等重要价值的东西方面达到平等。

但是，如果把福利平等解释成在分配所能做到的范围内使人们的相对成功达到平等，即在他们完成为自己所确定的目标的程度上达到平等，那么甚至连原来那个主张也站不住脚了。根据这种观点，钱给了这个人而不是那个人，或从此人手中取走送给别人，以便达到某个方面的平等，对于这个方面，这人比那人更加看重，当然也有人把它看得无足轻重，其代价是在某些人更为看重的方面的不平等。由于在某个方面取得成功是如此重要，所以天资非常有限的人有可能因为有很好的成功前景而选择非常有限的人生。而另一个人会选择几乎不可企及的目标，因为对他而言挑战才是有意义的。相对成功的平等是这样来分配资源的，它——很可能分给这两者中的前者很少，后者很多——使每个人在实现这些极为不同的目标时都有同等的成功机会。

现在假设有人回答说，福利平等的吸引力不在于我说的那个方面。它的目的不是使人们在他们为了自己的人生而非常重视的方面达到平等，而是使他们在他们应当非常重视的那些方面达到平等。但是，对支持福利平等的主张做这样的修正，不会产生任何作用。这是因为如下设想未免太荒谬：人们应当只在相对成功中寻找价 32
值，不必考虑他们取得了相对成功的人生的内在价值与意义。有些人——那些身患严重残疾的人——在自己能够做到的事情上也许受到很大限制，所以他们只能做十分有限的选择，以便能够在某些方面取得最低限度的成功。但是，大多数人应当有更高的目标，应当超越他们相对而言最成功的作为。

总体成功。可以认为，这些讨论暗示了对福利平等的一个更好的解释，即总体成功的平等，而非相对成功的平等。但是，我们如果想探讨这种平等观中的福利平等，就必须做出一个在比较相对成功时没有必要（或至少没有十分明显的必要）做出的区分。我们必须把一个人本身对其总体成功的评价（或者，如果我们愿意这样说的话，假如他对日常的种种事实完全了解，他便会做出的判断）与他实际上多么成功的客观判断区分开。一个人自己的评价（即便对事实完全了解）反映着他本人对于什么使人生有价值这一问题的哲学信念，而站在客观评价的立场上，这些信念可能是混乱的和不准确的，甚至是错误的。这里我将假定，总体成功的平等，是指人们从各自的、可能各不相同的哲学信念出发，由自己做出判断的总体成功的平等。我将在后文“客观的福利理论”这个标题下，谈谈以更为客观的方式加以评价的、主张人生成功平等的各种观点。

那么，我们现在不妨改变一下我们所想象的这种练习。我们在能力许可的范围内重新安排资源，使得当我们完成工作之后，每个人至少在掌握充分信息的情况下，对自己在过一种有价值的人生方面的总体成功，而不是在完成自我选择的目标方面的相对成功，得出相同的评价。但是我们在理解前一种观点的含义时必须谨慎。因为存在着各种不同的信念，它们都有可能被认为可以用于评价某人的总体成功，确定其中的哪一种——如果有的话——应当在平等名义下的重新安排资源的过程中发挥作用，具有决定性的意义。我们也无法从福利经济学或功利主义这些自然而然会顾及的文献中获得许多指导。因为大多数论证或假定福利即偏好之实现的作者，想到的似乎都是相对成功而非总体成功，至少他们没有讨论过在区分出
33 这两种观念之后，由后者引起的一些问题。他们使用的语言——偏好（或要求、欲望）的语言——似乎过于浅陋，无法表达对人生整体价值的特殊的全面评价。

我们首先可以区分出两类问题，一是某人认为自己的人生从整体上看有多大价值，二是他在多大程度上希望自己生活继续如此。这确实是两个不同的问题。可以肯定，有些人认为自己的人生是一次失败，因此希望结束自己的生命，或至少不太在乎是否继续活下去。而另一些人愿意死亡，却是因为他们认为自己的人生如此辉煌，不应当因缓慢的衰老而黯然失色。还有一些人认为，通过及时采取作为一种创造性行为的自杀，能够使成功的人生变得更加成功。也就是说，人有可能希望结束他为之骄傲的生命。我们是否至少可以说，如果某人想死，他一定是认为再活下去的话，将来的生活将没有或几乎没有价值。大多数情况下可能确实如此，但我以为这前后之间的关联是偶然的。他可能只是觉得，尽管他未来的人生

仍将十分成功，但如果就此结束，他的人生作为一个整体会更加成功。从某人非常希望继续活下去，其寿命就像他想象的一样长这个事实中，也不能推断他认为他的人生甚至他未来的人生将特别成功。相反，他可能认为自己的人生并不成功，需要更多的时间去做值得做的事情，因此希望活得更长久，尽管更有可能的是，他不过是惧怕死亡而已。对于我打算做出的区分也许可以这样来总结。某人对自己的寿命长短的偏好是这样的偏好，如同对工作和情人的选择一样，它是主导性决定——在有关资源的假定的背景下，对什么样的人生总体上最有价值的决定——的固有内容。它们本身并非对总体成功或失败的评价。

我们能够进一步区分出某人从自己的生活中发现的价值和他相信它对于他具有的价值吗？我不能肯定后一种说法作为这种对比的一部分意味着什么。当我们所要表达的意思是，一个人不是不对他现在和将来的生活而骄傲，而是他认为与他赋予自己的工作或别人的生活的价值相比较，他自己的人生价值不高，这时我们会说他对自己的人生价值评价较低。但我们现在考虑的是不同的事情，不是人们对照自己的道德价值或非个人价值而赋予自己人生的价值，而是他作为对他个人处境之评价的一部分而赋予自己人生的价值。

也许，“某人的人生对于他本人的价值”，仅仅是指他希望自己 34
继续生活下去这一偏好的强度。如果是这样的话，某人从自己的生活中发现的价值与这种生活对于他的价值之间的区分，就是我们已经讨论过的区分。但是采用这种说法的人头脑中所想到的，可能远比这复杂、难以捉摸。他也许是想把如下两种评价加以区分，其一是某人对任何个体的人生（或一般人生）对整个宇宙的价值所做的评价，其二是对使自己的生活具有一定价值负有责任的人的内在的、从他自己的立场中产生的评价。如果是这样的话，我们现在所关注的就是后一种评价。或者，他可能想加以区分的，是某人鉴于自己的才能和机会对自己在那种分配中的成功的评价，和拥有那些才能、机会和信念——这使他如果那样生活的话，就会成为一个人生最有价值的人——对他是不是件好事的评价。想象一种表现出我们如此理解的区分的人生并不困难。实际上就有这样的老生常谈：一些大艺术家常常不是出于享受（甚至最广义上的享受）而工作，毋宁说是处在持久的痛苦中工作，因为对他们而言不去写诗、作曲或绘画是不可能的。一个说这种话的诗人很可能认为，他用任何其他方式度过人生，都将是一种最根本意义上的失败。但是他很可能认为，造成这种状况的才华和信念的结合对他是件坏事，这仅仅意味着倘若他缺少这些才华或无论如何都难以动摇的信念，他的生活将更加愉快；在思考对于他来说最有价值的人生时，在痛苦与绝望中进行诗歌创作就是一切。假设我们接下来向他提出一个只有哲学家和多愁善感的小说家才会提出的晦涩的问题：如果你根本没有出生，这对你是否更好？假如他在某种心境下回答“是的”，我们也明白他的意思，他并不是说自己没有做过任何对他的生命有价值的事。如果这样来理解某人对自己人生价值的评价与他对生命对于他的价值的评价之间的区别，那么我所说的他对自己的总体成功的评价就是指前一种评价。但是，如果不能以这种方式或我考虑过的任何其他方式来理解这种区分，我便无法理解这种区分了，并且怀疑它也许根本就不存在。

这些东拉西扯的评论，是为了澄清当我们主张人们应在总体成功上达到平等时我们必须进行的比较。仅仅找出两个人各自确定的偏好，然后把他们的境况与这些偏好相对照，我们还不能进行这种比较。这只是对他们的相对成功的比较。我们必须请他们做出（或 35
我们自己根据他们的观点做出）总体的而不是相对的评价，其中确定的偏好是评价对象的一部分，而不是评价的标准。然而，我们如果要求他们自己做出这种评价，然后试着去比较每个人做出的这些评价，就有可能发现以下困难。假设我们要求杰克和乔分别对各自生活的总体成功做一评价，而且我们通过种种区分，明确了我们所说的有别于相对的成功、享受以及他们在多大程度上希望自己继续活下去等等事情的总体成功是指什么。我们将一组标签提供给他们，从“完全失败”到“非常巨大的成功”，其间还有几个过渡性标签，让他们从中做出选择。我们没有把握说，每个人在使用其中任何一个标签时做出的评价，与另一个人在使用同一标签时做出的评价是相同的。杰克可能用一个或多个标签来表达不同于乔使用它们时所表达的意思，而且他们在判断这些标签之间的距离时，可能使用不同的标准。比如，杰克可能认为“巨大成功”和“非常巨大的成功”之间有重大差别，而乔可能认为这些概念之间只有一种无关紧要的差别；因此他们两人可能都使用后一个标签来表示他们的评价，但根据同他们的深入交谈，我们会渐渐相信实际上这些是大不相同的评价。我们这样表述出来的这个困难是一个诠释的困难，不过我将假定，至少对于操我们自己语言的人来说，通过刚才提到的深入交谈，从理论上说我们能够克服这个困难。

当然，所有这些做法的前提是，确实存在着我们要求杰克和乔做出的有关总体成功的明确评价，并且它实际上是关于人生内在价值的评价，因而它不同于相对成功的评价，不同于对一个人在多大程度上希望自己继续活下去的评价，也不同于对在生活中寻找到多少乐趣的评价。当然，很多人对我们如此阐释的这种评价持怀疑态度。如果他们是正确的，那么我们要求杰克和乔做出的评价就是毫无意义的。但这样一来，成功的平等本身也会因此而变得毫无意义。[尽管可能仍会有人出于我们不必深究的原因而提议说，还是应当让人们在各自的幻想的性质（character of each's illusion）上达到平等。］然而，如果我们假定这种怀疑论是错误的（即使幻想的平等是个真实的目标），那么总体成功的平等肯定会立刻就变成一个特殊目标，至少在下列情况下是如此。

36 假设杰克和乔有平等的资源，除了我就要谈到的信念之外，他们在其他所有方面都大致相同。他们两人都身体健康，从未经历过挫折，在各自选定的职业上都获得了适当的成功，都没有突出的成就或创造。他们在日常生活中有着大致相同的享受。但是杰克［他一直深受风俗画（genre painting）[①] 的影响］认为，完全按部就班的日常生活就是有价值的生活，而乔（也许因为她一直心仪尼采）则要求更高。例如杰克会认为，一个终日忙碌的农民，生前无所成就，死后也无传世之作，他的一生充满价值，而乔会认为这是完全

① 风俗画（genre painting）：以写实手法描绘日常生活的画派的作品。——译注

失败的人生。假如让他们两人分别就各自生活的总体价值进行评价，杰克会对自己的生活有很高的评价，而乔对自己生活的评价则会很低。不过就这个事实来说，无疑不能把杰克的资源转移给乔，理由仅仅是：这样一来乔在总体上虽然仍不成功，但她对自己生活的评价将会略高一点儿。

这个例子中暴露出的难题，可能完全是来自这样一个事实：我们的办法试图加以比较的价值判断，是在关于赋予人生价值的是什么的大异其趣的理论基础上做出的，这无异于对苹果和橘子进行比较。有人可能反对说，假如我们要求杰克和乔各自运用他们自己的每种比较的标准做出比较性评价，然后采用可以使他们在哲学信念上的分歧中立化的方式，对这些比较性的评价进行比较，我们就会做得更好一些。我认为这是个错误的说法，不过我们仍然要考察这个建议。比如，我们可以要求杰克用自己的眼光，对他目前生活的价值和另一种生活——如果他具有自己理想中的生理能力、智力条件、物质资源和机会，他就能拥有的生活——的价值进行比较。或者，我们可以要求杰克以这种方式对他目前的生活与他认为自己在最差的条件下大概会过的生活进行比较。我们可以问他：他目前的生活比他没有或只有极少资源和机会的生活要好多少？然后我们向乔提出同样的问题。或者，我们可以向每个人提出另一种类型的问题，不要求他们去想象不同的物质条件，而是请他们拿目前的生活与他们发现根本没有价值的生活进行比较。[1]我们可以分别问他们各自的人生价值在多大程度上超过了那种生活的价值。如此等等。一旦这些问题中的某一个（也可能是其中颇为重要的一组问题），

由于某种特别适合于这里的目的的原因而被选中，作为一种政治理
37 想的总体成功的平等，就会建议进行再次分配，直到假设性的回答所告知的比例或明确数量能够像这种方式所能达到的那样在所有情况下都接近于相同。

我要立刻说明，至少存在着一种怀疑的余地：所有这些不同的问题，甚至有可能是其中的任何一个，实际上是否能够得到回答；或只能由那些最有哲学倾向的回答者来回答。不过我将忽略这种怀疑，假设人们通常对价值理论充分了解，有能力明智地回答这些问题。但是，如果把这些不同问题导致的不同比较分别用来促进总体成功的平等，它们就有可能导致不同的再分配建议。例如，假设杰克认为自己目前的生活大大好于他能想象的最差的生活，但比最好的生活还差得多，乔则认为她的生活比最差的生活强不了多少，比最好的生活也差不了多少，那么再分配的方向就取决于人们认为这两种比较中的哪一种对于总体成功水平的比较更为非常重要。即使对于我们能够设计出的所有问题的所有回答都给再分配指明了同一个方向，我们仍要证明，至少这些问题中的一个问题是正确的。

然而，当我们更为细致地观察我列出的这些问题时，它们会变成一些非常错误的问题。比如，假设杰克和乔（按我的想象，在资源、享受以及在他们自己选择的生活的相对成功上，他们大致平等）对于他们如果拥有他们能够拥有的一切，他们的生活会在多大程度上更有价值所做的判断存在着严重的分歧。杰克相信，若是拥有所有这些资源，他就能揭开宇宙起源的奥秘，而这是人类所能想象的最伟大的业绩。乔则认为不可能解开那个奥秘，也没有与之相

当的梦想。因此，杰克相信他目前的生活同其理想状态相比微不足道，而乔则认为她目前的生活与可能过上的生活相比差不了多少。确实，这里我们没有平等方面的理由，把资源从乔转移给杰克，即使这种转移会使杰克把自己新的人生评价为有点儿更接近于他的揭示奥秘的理想人生。

假设杰克觉得，他目前的生活比他认为全然没有价值的生活有价值得多，而乔基于生活中平常的价值尺度，觉得自己的生活比起她认为绝对没有价值的生活强不到哪里去，但这是因为已经提到的那个原因。杰克认为，凡是跟他的生活有着同样多日常享受的、充 *38*
实而积极的人生，都有无穷的价值，都值得珍惜、保护和追求。他能够想象一种毫无吸引力的生活，但那是一种如此贫乏的生活，因此他可以毫不费力地说明自己的生活比它好得多。乔大致上有同样多的日常快乐和享受。她并不消沉，而是在能够把什么样的人生视为真正成功的人生的看法上，她对自己有极高的要求。当严肃地请她怀着哲学家的心情思考这个重大问题时，尽管她的生活看起来很富足，她却不能说她认为自己的生活确实具有不少真正的价值；她能够很容易想象出一种她认为绝对没有价值的生活，却不能说她真诚地认为自己的生活大体上确实比那种生活有价值得多。要求把资源从杰克那里转移给乔的平等看来还是没有道理。

所有这些比较性的问题，为什么显然是错误的呢？因为事实上我们在从单纯的问题转向比较性问题的过程中，没有摆脱在前者中发现的困难。因为我们注意到的杰克和乔之间的差异，仍旧是两人信念的差异而非生活的差异。是对他们的人生在极为不同和反常的情况下会多好或多坏的想象上的差异，或是在他们关于什么能够赋予人生巨大价值的哲学信念上的差异；所以说，这不是他们目前的生活状态的差异。在回答我们向他们提出的不同问题时，杰克和乔做出的每一种评价，都可被看作对其生活价值与总体成功的评价。然而，它们并不是相同的评价，并且在我们迄今为止提到的这些评价中，没有一个适合总体成功的平等理论。

现在我打算建议一种对人生总体成功的比较，它非常不同于所有这些问题所提议的比较。它至少跟分配平等的问题有一定的关系。只有当人们对他们的生活总体上有多好的评价的差异不是想象的和信念上的差异，而是成果上的差异，这种差异才是他们的人生之间的差异而不是想象中的差异。我认为，这是一个用应然的标准而不是用自以为应然的标准去衡量个人成败的问题。对我而言，这才是重要的、就目前而言恰当的比较。人们对生活中未能做什么事情的合理遗憾越多，其生活的总体成功就越少。

39 当然，“合理”在这里十分重要，而且也十分必要。没有人可以因为自己没过上有着超自然的体格和智力的生活，或没有像玛士撒拉（Methuselah）① 那样长寿而合理地遗憾。总之，没有谁可以仅仅因为从哲学角度看这种生活的价值无限地高于自己的生活，便说自己的人生不太成功。但人们对于自己没有大多数人所享有的正常能力或正常寿命，则可以合理地表示遗憾。谁也不能合理地表示遗憾说，他没有过上一个拥有不公正的世界资源份额的人所过的生

① 玛士撒拉（Methuselah）：《圣经·创世记》中的人物，传说他活了 969 岁，也泛指高寿者。——译注

活。所以，如果有人认为他的生活在那种情况下会有价值得多，而另一个人不这样认为，也不能说前者的生活不如后者的成功。但是人们对于自己没有得到他们有权得到的那份物质资源，可以合理地表示遗憾。

现在要点大概已经清楚了。任何关于总体成功的平等的建议，如果不让“合理遗憾”这个观点（或类似的观点）以这种方式起到关键作用，它便与合理的分配平等理论无关。它可以提出适用于某种目标的总体成功观，却不适用于这个目标。然而，任何使合理遗憾的观点起关键性作用的建议，在其有关总体成功的平等的表述中，一定包含着有关应当如何进行公平分配的假定，这意味着总体成功的平等不能用来为公平分配的理论辩护，也不能用来建构这种理论。我的意思不仅是说，在某些情况下若没有一个独立的公平分配理论作为其补充，成功的平等就无法应用。倘若事情仅限于此，也只是证明了总体成功的平等不能成为分配理论的全部内容。事情远比这重要。如果不把合理的遗憾概念置于中心地位，就根本不能把总体成功的平等说成一个有吸引力的理想。但那个概念需要一个有关社会资源公平份额的独立的理论（比如，它可能是一个有关人人有权得到一份平等的资源份额的理论），后者不仅在某些情况下，而且完全跟总体成功的平等矛盾。

假设某人用下述方式反驳这一重要结论。他承认，得到恰当理解的成功平等，其目的是使人们在有着合理遗憾的事情上达到平等。但他相信能够用某种方式来解释合理遗憾的观念，这种方式除了某种形式的或精致的成功平等理论本身，不需要任何有关资源之

40 公平份额的理论。他可以提出如下建议。人们不能合理地遗憾自己没有过上某个有超自然能力者的生活，或一个成功的虐待狂的生活，或他们拥有某些资源的生活，利用这些资源他们能够享有一种合理遗憾少于那些只拥有给他们的资源的人的生活。然而，这种建议是不能成立的。我们的目标是使人们在他们有着合理遗憾的方面达到平等。假设（和前面的例子一样）杰克和乔拥有平等的资源。杰克（如我们所知）雄心勃勃，而且他虽然不认为自己有权拥有更多的东西，但却总是对自己没有比实际上拥有的更多而遗憾。我们想知道杰克和乔是否在他们有合理遗憾的方面仍然平等。根据提议中的检验，我们必须问一下杰克（或根据他的观点问我们自己），他现在的生活比假如他拥有一定数量的资源（除了其他东西外）——假如他拥有这些资源，他的合理遗憾就会和当时的其他人相等——后能过上的生活还差多远。杰克不能回答这个问题（我们也不能）。他可以随意选择某种不同的分配——比如说，他有100多万美元，其他人总共不到100万美元。但是，在不清楚他拥有100多万美元时感到的合理遗憾，是否不比其他人对自己拥有的钱财感到的合理遗憾更多的情况下，他无法说明他这种重新分配后的生活是不是衡量他目前生活的恰当底线，而且，在没有随意选择某种进一步的再分配（也许在这种分配中，他有200万美元）作为参照，来计算他对100万美元的生活有多少遗憾的情况下，他也无法说明这一点。这样一来就会陷入一个无限倒退的过程。当然，我们无法通过某种试错法来纠正这种失败（像我们试图去纠正其他失败那样）。因为问题不在于我们不能为达到一种用来检验的初步分配提供一种非循环算法，而在于我们无法提供对无论怎样获得的任何分配的检验办法。[2]

我的结论是，决定某种遗憾是否合理要根据分配的假设，所以不能把合理的遗憾本身纳入这些假设。我也无法想象有关总体成功的平等的任何其他观点和精致解释能充当这一角色。如果这是正确的，那么使人们在有合理遗憾的方面达到平等的目标，从我描述的那个方面看就是自相矛盾的。我并不是说对成果的比较——在不同的人自己看来，他们在多大程度上能够使自己的生活获得成功的比较——在平等的讨论中没有地位。总体遗憾——在许多情况下，人们对自己没有做的事只能适当地表示遗憾——的许多差别，来自各种挫折、厄运、意志薄弱或人们对自己确实珍爱的东西的感受力的 41
突变——除了遗憾之外，一切都已太迟。但是，也许正是资源的真正不平等的分配这个最根本的罪恶，使某些人有理由对一个事实感到遗憾：他们被剥夺了别人所拥有的使生活变得更有价值的机会。成就人生和合理遗憾的观点能够用于这种反对不平等的最后论证，仅仅是因为在它们的假设中反映着独立地看不平等是什么。

我当然无法证明，没有人可以发明一种总体成功的检验标准或尺度，它既适用于平等，又独立于有关分配平等的预设。由于这个原因，我对人们提议的很多不同检验方式做了思考，希望证明我为什么认为不太可能找到一个这样的检验标准。就我所知，在现有的文献中肯定没有任何东西能够做到这一点。但是现在不妨假设，有个人捍卫总体成功的平等，他承认找不到这种独立于分配的检验标准。我一直以为，他接下来只能承认，总体成功的平等作为一个明确的政治目标没有用处，因为既然它建议对它假定为公平的独立分配做出改变，它必定要推荐被它谴责为不公平的分配。这个结论是否过于草率？

假定他认为，我们必须对达到总体成功平等的衡量标准和手段加以区分。比如他可以提议，为计算某人当前的总体成功这一目的而进行的公平分配，是资源的平等分配。我们可以问一下杰克和乔，在他们看来，较之资源在社会中进行平等分配时他们各自能过上的最好生活，他们目前的生活在多大程度上不够成功，以此来计算他们的总体成功。如果这样衡量的结果是杰克的总体成功大于乔的，我们就把杰克的资源转移给乔，这样我们就能缩小这种差距。诚然，杰克和乔因此将不会拥有同等的资源。乔的资源会多于杰克的。但若以恰当的方式，即从适当的合理遗憾的角度来衡量，他们将在总体成功上达到（更加）平等。按照确定总体成功的尺度内在地运用平等资源的观念，然后进行实际分配以达到总体成功的平等而不是资源平等，这两者之间并不存在矛盾。

但是这种回答是不得要领的。用来确定总体成功的合理遗憾的尺度做出有关什么样的分配公平、人们有资格得到什么分配的假定。如果这种尺度假定公平分配是指资源平等的分配，但是给予乔
42 的那一份资源多于平等的份额，给予她的那一份，就会多于假定为给资源转移做辩护的理论论证所说的她的公平份额。当然，乔不会因为自己得到的资源多于假设中她有资格得到的而抱怨。但杰克却会因为自己的资源少于正当理由表明他有资格得到的数量而抱怨，

并且给乔的资源多于那个份额的唯一办法，就是给杰克（或其他人）的资源少于那个份额。

五、享受的平等

现在我打算探讨我一开始区分出的福利平等的第二类观点，这些观点认为，福利平等是指一种感觉状态（conscious state）的数量或程度上的平等。我在开始时曾经说，我要用享受这个概念来表示这里所论及的一种有关感觉状态的特别宽泛的观点，以此简化我的讨论。幸运的是，也可以用另一种方式来简化这种讨论，因为我在讨论成功的平等之无限制的形式时采用的许多论证，也适用于享受的平等之无限制的形式。

我说过，人们不但从他们的个人偏好中获得享受，也直接从他们的政治偏好和非个人偏好的满足中获得享受；当他们的政治偏好和非个人偏好落空时，他们就会感到不满。但是赞成成功的平等之受限制形式的观点——它们不把实现这些偏好的成败纳入那种理论所提议的计算——也赞成对享受的平等做类似的限制。因此，我将假定，享受的平等作为一种分配平等的理论，坚持资源的分配应尽可能使人们在直接得到的享受和因相信自己实现了个人偏好而得到的享受上达到平等。

我反对这种享受的平等之受限制形式的第一个论证，与我反对相对成功的平等时的论证类似。享受的平等之受限制的形式，其最主要的吸引力在于，它主张使人们在关系到他们的个人处境时他们同等看重的东西上达到平等。但这种吸引力不能持久，因为事实上人们赋予享受的重要性是各不相同的，甚至当这个术语在最宽泛的意义上表示感觉状态时也是如此。当他们在一个方面达到平等时，他们在许多人更加看重的其他方面变得不平等。

几乎所有的人都认为，痛苦或不满足是一种不幸，它降低了生
43 活的惬意程度和价值。几乎所有的人也都认为，愉悦或某些其他形式的享受具有价值，它们对生活的惬意程度有所增益。这种形式的感觉状态，不管是正面的还是负面的，都表现为每个人的良善生活观的组成部分，但仅仅是其中的一部分，因为几乎没有人只追求享受，或为了避免小小的痛苦而大量牺牲他所看重的其他东西。并且，即便是这些感觉状态，不同的人的重视程度也极为不同。比如，两个学者可能都重视创造性工作，但其中一个可能愿意放弃更多的东西，比如社交的快乐和名望的享受，完成一项研究后产生的满足感，而去做实际上更有独创性的工作。

现在可能有人反对说，第一个学者并非不太重视享受，而是从不同的来源中寻找享受——不是从社交的快乐或虚名中，而是从追求真正发现的过程之更深层的满足中获得享受。但是这显然不存在必然性，甚至一般情况下都不是如此。一些最具雄心的学者（艺术家、政治家、运动员）沿着一个他们预计注定只会给他们带来失败的方向起步，而且他们从目标太高这个事实中知道，自己所能找到的不是快乐和满足，而是自己有太多的欠缺的痛苦。他们也许会真诚地说（就像我前面谈到过的诗人的观点一样），他们希望某些目

标或计划没有出现在他们面前或他们的人生道路上，或他们不具备使自己必须追求这种目标的才能，因为这样的话，从所有的方面看他们都会生活得更满足更快乐。说他们确实从自己的生活中获得了更多的享受，是在篡改他们的说法，曲解他们的复杂处境。因为他们的确切意思是，他们不是因为这种生活给他们带来的对生活质量的感觉而过这种生活，而是尽管它会带来那种感觉，他们还是过着这种生活。

当然，现在以特别吃苦耐劳的方式献身于某种抱负的人不是太多。可是我认为，我们中间的大多数人致力于从事的事情，其价值都不是目标实现后带给我们的享受所能穷尽或概括的，一些人以那种方式致力于更多的事情，或是比别人更热情地致力于自己的事情。甚至当我们确实享受着自己的所得或自己的工作时，我们也常常是因为我们认为它有价值而感到享受，而不是相反。有时我们会像最具雄心的学者一样，尽管达不到他们那样的强度，选择一种我们认为带来较少享受的生活，因为它在其他方面是一种更美好的生活。我认为，在一个心理学事实中这一点是很明显的，它以某些方式阐明了一个有所不同但相关的论点。假设你有着真正的机会在两 44
种生活中做出选择（你一旦做出就会忘记的选择）：一种生活是，你实际上达到了对你很重要的目标，尽管你没有意识到这一点；另一种生活是，你错误地相信自己已经达到那个目标，并因为这种相信而获得了享受与满足。[3]如果你像很多人一样选择了前一种生活，那么无论怎么说，你都是把享受看得不如其他事情重要。

然而，假设现在有人说，享受的平等是个有吸引力的政治目标，并非因为人们在确定什么对自己重要时同等地极为看重那种状态，而是因为他们应当那样做。他说，我提到的那个雄心勃勃的学者，其实并不看重享受，倒不如说他错了，甚至可以说他是不合理的，因为他不看重享受。也就是说，提出这种反驳的人放弃了我说的那种使福利平等的观点中具有直接吸引力的东西，即让人们在他们同等地和从根本上看重的方面达到平等的主张。他认为，那种政治理想的吸引力，倒不如说在于使人们在他们应当同等地和从根本上看重的方面达到平等。

我认为我们有两种回答。第一，他对人们应该看重什么的见解是错误的。他错误地假设，最有价值的生活就是享受最大化的生活，不管对那种感觉状态的描述是多么铺张；或人人都应当持有那种什么是最美好生活的见解。第二，这种有关人们应当看重什么的理论，即使听起来比我认为的更有道理，即使它确实正确，建立在这种良善生活观基础上的有关平等的政治理论，对于一个社会来说也是没有吸引力的，因为这个社会中即使不是大多数人，也有许多人会拒绝那种观点，并且有些人拒绝它，是因为它违反了他们关于自己生活之美好性质的最深刻的信念。

此外，我们也可以从我们反驳总体成功的论据中，找到反对享受的平等之受限制的形式的第二个论证。虽然我曾强调，以为有抱负的人从他们紧张的生活中获得享受，或他们追求那种生活是为了它会带来享受，这种观点是错误的，然而如下观点却是正确的：有抱负的人确实经常从他们远大志向的失败、他们为没有更多的才华和工具资源——这使他们更有可能取得成功，不管他们是否持有认

为他们有资格得到更多东西的政治理论——而产生的遗憾中感到不
满。虽然这不属于我那个有关杰克和乔的故事的内容，但我们可以 45
修改一下那个故事。比如说，假设杰克从自己没有破解奥秘的才华和手段这一事实中感到失望以及日复一日的不满。但是，以这种较大的不满为由而转移资源给他，就像根据由此确定的他的较低的成功率而转移资源给他一样错误。我认为，除了从合理的遗憾中发现的不满外，没有人还会把别的事情也作为衡量的因素。但是，如果我先前提出的论证是正确的，那么为了做出这种限制而引进合理遗憾这个概念，也就是援用与它相左的另一种分配理论来阐述和维护享受平等。

六、客观的福利理论

以上我们讨论的福利平等观，都是下述意义上的主观观点。在落实这些平等观时，可以不去理会人们有关自己在多大程度上达到了福利标准的一贯而知情的评价是否正确。当然，赞成选择这种或那种福利平等观的论证可以假定，人们有关什么东西重要的看法是错误的，甚至他们在完全了解相关事实后有关什么东西重要的观点也是错误的。比如，我们来考虑一种赞成享受平等的论点——人们应当把享受看作对他们的生活非常重要，尽管事实上有很多人不这样认为。但是，即使以这种方式捍卫感觉状态的观点，仍可以不对这里所说的享受做出评价就采用它。它要求官员进行这样的分配，使每个人在各自的生活中获得同等的享受，而不问人们在这种分配之后获得这种享受是否正确。

我们讨论过的那种总体成功的平等形式，就此而言也是主观的。这种平等形式的目标是，使人们在（我们现在应当说）合理遗憾的数量或程度上达到平等，他们是因为未能过上自己认为价值更大的生活而有这种合理遗憾。这种判断从某些方面看当然不是主观的。比如，它对合理遗憾做出了有可能被当事人本人拒绝的一些限制。如果一个人在其一生中对赋予生命价值的东西是什么的评价有所变化，这种判断就要对他的不同判断进行某种合并或选择。但是
46 这种判断不允许在计算某人的合理遗憾时，以他完全陌生的、他在完全了解日常事实后仍会拒绝的那种生活的价值评估作为基础。

我现在还要提一下在这个方面较为客观的一种总体成功的平等观。有人可能提议使人们在对目前生活应有的遗憾程度上达到平等。比如说，某人实际上不看重友情，尽管生活很孤独，缺少关爱，他仍然认为这种生活很好，而且即使他事实上意识到别人从友情中得到温暖和快乐，他仍然这样认为。那么，根据这种修正过的检验标准，官员就必须问一下这个人是不是搞错了。如果是，就可以把资源转移给他，或是直接转移，或是通过对他进行友谊价值的专门教育，其理由是他的总体成功较低（即使他看得很高），至少在采取专门教育之前是这样。

这里我们有充分的理由反对说，官员在财富的再分配中，无权根据自己的判断去确定赋予生活价值的是什么。我们可以认为，这种再分配方案侵犯了人的自主权，或在其他方面违背了正确的自由

主义原则。但我们不必考虑这些反对意见，因为这种更为客观的总体成功的平等观，符合我们用来反驳更主观的观点的论证。关于某人对自己实际生活的应有遗憾的任何检验标准，即使它所根据的是有关什么赋予生活价值的最佳理论而非当事人本人的理论，也必须依靠一些有关个人无论怎样生活都有权拥有并自由支配的资源的假定。因此，和主观论证一样，客观论证也必须设定一个有关公平分配的独立的理论，并且它没有权力对给予某些人的数量多于、某些人的数量少于根据那种理论人们有资格得到的数量进行辩护。这两种论证如果建议改变已被其他理论独立证明为公平的分配，就否定了自身。

虽然只能十分简略，但我还是应该提到另一种得到公认的福利平等观，它也可以被视为一种客观的观点。这种观点假定，一个人的福利在于他可以利用的资源，广义地理解，这不仅包括物质资源，还包括体能、智力、教育和各种机会；或者按某些更为狭义的观点，它实际上只包括人们认为最重要的东西。这种观点认为，如果有两个人，即使一人由于某种原因而感到不满，即使他获得这些资源的数量比另一人少得多，只要他们两人都身体健康、智力健全，都受过良好的教育，同样富有，他们两人就达到了同样的福利 47
水平。这种观点拒绝承认个人对福利的评价，坚持认为确定一个人的福利至少要根据他可以自由支配的某些基本资源。从这个意义上说，这是一种客观的理论。

根据这样的解释，福利平等只要求人们在一些规定的资源上达到平等。因而这种形式的福利平等无异于资源平等或至少是某些资源方面的平等。它更像是一种用（导致误解的）福利语言对资源平等的阐述。当然，如我所说，对资源平等的这种抽象表述仍存在一些问题，比如：应当把什么看作资源？如何衡量资源平等？这些复杂的问题将留待第二章讨论。但是没有理由认为，只要我们给资源平等的理想附上下面的条件，这些问题就更容易回答：假如人们的资源平等，那么根据对那种理想的正确认识，他们就达到了从某种客观的福利观角度所说的平等。

七、一条具有普遍意义的建议

现在我必须谈谈一条似乎既聪明又具有普遍性的建议。也许能够发现一种有吸引力的福利平等观，但它不是完全来自我们正在考察并摒弃的各种不同观点中的这个或那个，而是来自它们的某种审慎而复杂的综合。这样的话，我在前三节中采用的战略就可能是有误导性的、虚妄的分而克之的战略，因为它假定除非一种观点能够解决所有问题，不然的话就可以根本不去理会它，从而也否定了所有的福利平等观点。也许，只有通过把成功平等和享受平等的每一种受限制的和无限制的形式，看作一个复杂整体中的线索而不是孤立的理论，才能公正地看待福利平等的理想。

事先便断言根本无法描述一种使那一理想具有吸引力的新福利平等观，这未免愚蠢。我们必须静待新观点的提出。但是，如果认为即使把我们讨论过的观点看作一个更大的整体方案的组成部分，仍不能形成一种成功的观点，这也许算不上愚蠢。毕竟，我的论证是为了削弱对那种方案的信心。我不是在简单地论证我所讨论的各种观点中没有一个具有自足性，或假如不受其他观点的制约，它们 48
都会导致没有吸引力的结果。假如我的论证具有这种性质，它们确实有可能让人情不自禁地认为，可以把这些观点结合在一起，使得它们互相补充或对各自具有的缺陷形成制约。我打算支持一种更激进的批评：我们没有理由同意这些福利平等观中的任何一种是分配平等的理论，无论怎么说都是如此。

当然，至少在某种意义上，提高人们的总体成功是值得欲求的，虽然当这个目标的主观解释和客观解释发生冲突时，哲学家和政治家对于是否应对它们进行限制可能意见不一。不过，由于已经解释过的理由，这两种观点除了无聊的和自我否定的平等分配原则外不能提供任何东西。基于同样的原因，它们也不能成为一种福利平等观的复杂整体方案中有用的组成部分。就总体成功的平等的作用而言，即使作为众多组成部分之一，它能起作用也是因为设定了某种公平分配的独立检验标准，它不能——那种整体方案也不能——提议偏离那种独立的检验标准。

我们否定我们讨论过的另一些福利平等观，是出于不同的原因。我们找不出理由支持这样的想法：一个社会应当接受以这些不同方式之一使人们更加平等的目标，即使当它这样做时未给其他任何人造成损害。如果是这样，那么它也不太可能接受以这些不同方式的综合或折中使人们更加平等的目标。当一系列相互对立但又各具魅力的目标和原则不可能同时实现时，进行综合与平衡是恰当的。但是，当任何目标和原则甚至没有作为一种平等理论表现出自己独立的魅力时，这种综合与权衡就是不恰当的。

八、奢侈的爱好

我一开始说过，福利的平等，如果仅仅抽象地表述，不具体涉及我们后来区分出的那些观点，有可能一开始就造成一些很麻烦的反例。其中最突出的就是奢侈的爱好（大多数时候我把开支甚大的抱负也包括在这个概念之中）的问题。福利平等似乎是在建议，爱喝香槟的人应当有更多的收入，这仅仅是因为他们若想达到跟那些
49 有着花钱不多的嗜好的人相同的福利水平，就需要更多的收入。可是，这从直觉上说就有点儿不对头，并且我还说过，一般来说受这种理想吸引的人，为了使它不至于产生这种结论，是愿意对它加以限制或规定的。现在我要回到这个建议上来，这不是因为花钱多的嗜好这个问题在政治中有着实际的重要性，而是因为两个不同的理由。第一，最初受某种平等福利观吸引的许多读者可能会猜想，如果把某种可以用来排除高消费嗜好的结果的限制或规定纳入我对他们所赞成的观点的描述，我在前面几节中针对那种观点提出的反驳论证也许就不那么有力了。我认为，就算这种猜想确实存在，它也是错误的，但是仅仅以这种限制是否有可能为由，它也是值得考虑的。第二，还会有一些读者没有被我前面的论证说服，但是假如他们认为事实上不可能对他们赞成的福利平等观做出限制以避免那一

结论，他们仍然会放弃这种观点。

当我们思考对这种观点的可能的限制时，我们必须小心地把原则的妥协与同它相矛盾的原则加以区分；妥协反映着某种独立且有竞争力的原则的分量；矛盾则反映着最初的原则本身被否定的限制。我打算强调的问题是：能够让福利平等的原则（不论对福利平等做怎样的解释）做出妥协，消除那些乍一看有违直觉——比如爱喝香槟酒的人应当有更多的资源这种主张——的结果吗？还是能够消除这种结果的任何限制仅仅是一种使那条原则最终失去意义的矛盾观点呢？

想象有个特殊的社会，它很想按照有关那一理想的某种观点做到福利平等。假设它已经通过一种事实上（也许只是出于巧合）给予每个人平等财富的分配做到了这一点。现在再假设，有人（比如说路易）开始自觉培养他现在还没有的某种嗜好或抱负，然而这种嗜好花费很大，也就是说，一旦培养出这种嗜好，按照既定的观点，他就不会再享有和过去一样多的福利，除非他得到更多的财富。这些新嗜好可以是对食品和饮料的嗜好：如阿罗（Arrow）的著名例子，即对凤头麦鸡蛋和根瘤蚜葡萄酒的嗜好。[4]它们也可能是（这更为合理）对滑雪之类的体育运动的嗜好，人们只有在掌握了一定技巧后才能从中得到乐趣；或者沿着这个思路说，对歌剧的
嗜好；或献身于创造性艺术或探险或政治的爱好。能够否定路易应 50
当从培养不那么奢侈的嗜好（或者仅仅保持他们已有的嗜好）的人那儿得到更多的财富，同时又不与这个社会所赞成的福利平等的理想产生矛盾吗？

让我们先来思考一下，对于路易所做的事情我们可以做怎样的解释。毫无疑问，人们经常因为不小心或一时冲动，使自己染上一种新的嗜好，他们没有考虑在染上这种嗜好后自己能否生活得更好，或者反过来说，他们不知道自己会生活得更糟。即使他们认为自己会生活得更好，他们也有可能是错误的。不过我打算假设，路易在采取行动时不仅是自觉而非无心的，而且他的行动是基于某种判断，我认为人们在形成和改变他们的偏好时，经常做出这种判断。他试图用某种方式使自己的生活变得更好。我认为，这并没有使他对更多资源的要求有说服力或不那么违背直觉。相反，他自觉地按照自己的利益采取行动的事实，似乎使他的要求还不如另一些人的要求更有说服力，他们出于一时冲动而去体验一种奢侈的活动，他们只求一时高兴，后来才发现自己已经无法脱身。

路易对于什么东西能使生活更美好以及他自己的基本福利是什么，当然有他自己的看法。如果他的社会选择了一种特殊的福利观，比如认为应当使人们达到平等的福利是指享受或相对成功的福利，那么路易就不能认为他本人的福利在于符合那种观点的福利的最大化。如果他这样认为，他的行为就不会有任何意义。这意味着对他的行为做出的一种也许有说服力的描述肯定是错误的。许多人在听到这个故事时也许会认为，路易培养奢侈的嗜好是为了偷偷占别人的先，所以他如果得到更多的收入，那么这就等于是在“奖励”不正当的行径。然而，如果占别人的先意味着得到比别人更多的、符合既定观点的福利，那么这样做就是不可能的。当然，有人可能讨厌凤头麦鸡蛋，但为了获得更多的收入，他假装喜欢，然后用他的收入偷偷地去买普通鸡蛋，结果比别人得到了更多的享受。不过，奢侈嗜好的问题不是个欺诈问题——任何建立在福利平等基础上的社会都必须单独处理这个问题，因为毕竟有人可以假装成弱者。如果路易准备养成吃凤头麦鸡蛋的嗜好，如果他成功了，根据既定的观点他的福利事实上会少于他过去的福利，这时他不能根据这种决定，指望在那种福利形式方面得到比别人更多的好处。他当 51
然可以认为，他从值一美元的凤头麦鸡蛋中得到的符合那种观点的福利，最终还是多于值一美元的普通鸡蛋，尽管前者的价格更高。在这种情况下，他知道假如他成功了，他的收入将会减少。他也有可能这样想：他因为培养出对凤头麦鸡蛋的嗜好而从每一美元中得到的福利只会更少而不是更多。在这种情况下，他知道自己的福利（根据既定的观点总是如此）从整体上说会下降（虽然对于一个非常大的社会来说不会下降很多），因为这时能够产生的总体福利（他只能期待享有其中的 1/n）将会减少。认为他下决心减少自己的福利是为了得到更多的收入，不论是相对于别人的数量还是绝对数量，这未免荒唐。不管怎么说，他的收入虽然可能多于别人，但根据假设，他们的生活从既定的观点看没有变得比他的更糟，而他的生活至少在一定程度上变得比他过去的情况更糟。

如我所说，路易确实以为，假如他培养出自己的新嗜好，他的生活就会更好。然而，这是由于他认为自己的人生价值，不能用他的社会出于某种原因打算让人们达到平等的那种福利来衡量。不易理解的是，他有此想法这个事实，怎么可以用来证明他的行为不当的看法或如下决定的正确性：不给他更多的资源、不去理会他无法与别人达到符合那种既定观点的平等。对那种观点的选择是社会的选择，社会选择了要让人们达到符合那种观点而非符合路易更为看重的观点的平等。毕竟，虽然他可能有多于别人的收入，但是根据假定，从选定的福利观来说他们并没有过得比他更差，而他至少在一定程度上比他不那样做时过得更差了。

如我所说，路易认为，假如他以很小的福利代价，即社会若是用有利于他的观点去调整平等他就会失去的代价，养成奢侈的爱好，他自己的生活总体上会更加成功——使他感到遗憾的理由就会更少。其实，就算社会没有为了他而调整平等，他还是可以认为自己的生活总体上更加成功（在我们的社会里，甚至当人们必须自己承担增加的开支时，他们仍在培养奢侈的嗜好）。假设既定的观点是享受。如果路易养成了吃凤头麦鸡蛋的嗜好，他一定是认为使奢侈嗜好得到满足的生活是总体上更美好的生活，尽管这会使享受减少；甚至它提供的享受大大减少，他还是有可能这样认为。其实他这样认为可能是合理的。或者至少可以说，假如我们用人们自觉培
52 养的、符合他们兴趣的另一些奢侈嗜好来代替这个凤头麦鸡蛋的例子，比如从培养技能中产生的体育爱好，或因为关心公共福利而产生的对公共权力的爱好，那么这些想法就是合理的。可以合理地假设，这些想法甚至包含在对我们的经济中为何有人培养不那么可取的嗜好——爱喝香槟酒——的最佳解释之中。因为，如果像路易这类人希望过《纽约》（*New York*）杂志的广告上宣传的那种生活，这肯定是因为他认为享受这些稀少的高价物品的生活是更美好的生活，因为从这种生活中可以了解丰富多彩的愉快，或更为精致的愉

快，或不为别人所知的愉快，尽管他会抱怨总体上的愉快有所减少。

对路易的行为的这种解释，使我们前面所设想的区分的重要性受到了挑战，即在故意培养的奢侈嗜好和对人们的福利产生影响的另一些人格或个人的表现——譬如地方性嗜好或社会嗜好——之间的区分。因为这种解释意味着，这些嗜好的培养经常是对某些信念——有关什么样的生活总体上更成功的信念——做出的反应，而这些信念本身并不是人们自己培养或选择的。也就是说，在一个致力于消除福利差别的社会里，从任何角度看它都没有理由忽视由这些信念而产生的福利差别。我并不是说这些信念和失明一样，是人们发现摆脱不掉的令人苦恼的事。人们在思考他们的什么东西赋予人生价值的理论时，跟他们思考另一些信念的方式是一样的。然而，他们过一种——譬如说——服务于别人的生活，或具有创造性的艺术和学术生活，或品味精致的生活，这确实不是他们所选择的他们认为自己值得过的生活，所以说，他们也没有选择自己会相信这一点。我们还可以做出这样的区分：一方面是人们自愿决定要成为有某种嗜好的人，或要过一种能够导致这种结果的生活；另一方面是他发现自己恰好具有那种嗜好或抱负。不过，这种区分并不像人们有时认为的那样重要，因为那种决定是很罕见的，即使它是完全自愿做出的。

如果路易的社会打算使人们达到平等，不是我们讲述他的故事时设想的那种独立的福利观上的平等，比如享受或相对成功的平等，而是主观的总体成功的平等，我们就需要对他为何培养奢侈的

嗜好以及不允许他得到更多资源是否公平做出不同的说明。我前面
53 说过，任何有吸引力的总体成功的平等观，都必须为合理遗憾的观点留出余地，而这种观点又要以定义资源公平分配的某种非福利理论为前提。如果这是正确的，那么在一个显然受着总体成功的平等支配的社会里，就没有人可以因为奢侈的嗜好而提出更多的资源要求。如果在他培养新的嗜好之前，他的资源份额是公平的，那么在这之后它也仍然是公平的。可是，我在这一节要提出一种独立的论证，所以我假定自己前面的论证是不可靠的，我假定可以提出一种总体成功平等的有吸引力的主观理论，它不会因那种方式而不攻自破。

不过，既然现在选定的观点是总体成功，我们就不能再说，路易采取那样的行动，是因为他相信自己总体上会更加成功，尽管按那种观点他的成功有所减少。假设路易在想到他的奢侈嗜好之前，他对自己的生活的总体成功的满意程度大体上和别人一样。他后来又认为，如果他培养出某种奢侈的嗜好，他的生活会更有价值。我们必须问一下：他对于在他形成那种想法之前自己的生活的价值，他现在有什么看法？他也许认为，他过去的生活虽然就像他原来认为的一样好，而且如果他不追求新的嗜好，它会一直如此。但是如果他能够追求的话，他的生活会更好。在这种情况下不会出现奢侈嗜好的问题。因为路易正在要求更多的资源，以便比别人有更多的、符合选定观点的福利，但他甚至没有表面上合理的主张权。不过他可以改变自己对什么样的生活有价值的信念。他可以博览群书或做出更深入的思考，并得出结论说，他的生活虽然过去对他很有

吸引力，其实是没有价值的无聊生活。他要培养新的、更有挑战性的爱好，以消除那些他现在从自己的生活中认识到的缺陷。他只要求能使他的生活变得在他看来和别人一样有价值的资源。致力于这个方面的平等的社会，怎能不允许他得到这些资源呢？总不能说，他继续思考何为最美好的生活是错误的吧。不加反省的生活，仅从其不加反省而言，就是可怜的生活。如果路易在最初的分配之前得出了这种有关生活价值的看法，他本来会得到他现在所要求的资源。那么，为何现在要拒绝他得到这些资源，对他发现自己的生活的价值不如别人的加以指责呢？[5]

我们可以对这里的立场做一总结。假如选定的观点是我们讨论过的那些孤立的观点之一，但不是总体成功的观点，那么路易就是 54
试图根据他更看重的另一种观点来改进自己的福利，同时保留了与选定的观点相符的平等。但是，假如选定的观点确实非常重视平等，假如在任何情况下别人都享有更多的、符合路易所赞成的那种观点的福利，那么这个社会有何理由不允许他享有符合那种观点的平等呢？如果选定的观点是总体成功（假设它经过论证后不会不攻自破），那么如果出现了对更多资源的要求，那也是因为路易现在认为过去的分配是建立在错误的观点上的。他并不要求特别的好处，他只要求社会按照当初他若是有更清楚的认识社会就加以满足的方式进行分配。社会有什么理由拒绝他呢？

也许有一个理由，即通常的功利主义原则：应当尽可能提高社会的平均福利（我们把它理解为符合所选定的观点的福利）。如果社会“奖励”那些培养奢侈嗜好的人，向他们提供用来满足这种嗜好的更多资源，人们就会乐此不疲。但是，奢侈的嗜好（从它的含义上说）减少了能够从既有资源中产生的总体福利。所以，独立的功利原则可以为福利平等原则的让步提供根据，它建议假如人们培养奢侈嗜好的话，为了抑制他们这样做，就不能在福利上对他们有所偏爱。如果选定的观点是个孤立的观点，这就意味着为了平均功利的目的而抑制人们不去为了相同的福利而要求更多的资源，即使他们可能认为假如他们那样做的话他们的生活会更加成功。如果选定的观点是基于主观判断的总体成功，人们就会受到抑制，不以能够使他们对自己的生活产生不满的方式去反省自己的生活。

然而事实上，功利原则没有解释这里需要解释的问题。我最多只能解释，为什么补贴那些培养奢侈嗜好的人是低效用的。它不能解释为什么平等的理想不主张这样做。毕竟，人们所熟知的政治理论中的观点是，公正的社会在效率和分配之间要有一定的妥协。为了促进平均效用，有时候要容忍不太完美的平等。但是从直觉上说，奢侈嗜好的问题所要求的妥协，并不是效率与平等之间的妥
55 协，而是在平等这个理想内部的妥协。我们的难题不在于虽然我们相信平等要求我们给路易更多的东西，因为他没法不让自己喜欢香槟酒，但我们为了保护总体功利必须否定他的平等。奢侈嗜好给主张平等意味着福利平等的理论造成麻烦，是因为我们相信，撇开效率问题不谈，就平等本身而言，它反对而不是赞成补贴自觉培养的奢侈嗜好。

我还应当附带指出，功利主义原则本身能够对它打算加以解释的问题提供一种解释，远不是件十分明显的事，这是打算为了效率

而在平等上做出妥协的社会，为何会选择奢侈嗜好作为牺牲平等的要点的原因。拒绝补贴那些培养奢侈嗜好的人，可以保护平等效用，这只能是因为它至少成功地抑制了一些想这样做的人不去培养这种嗜好。想预测在一个致力于福利平等的社会里，即使没有这种威慑会出现多少这样的尝试，或这种威慑有多大作用，是不可能的。(毕竟，在我们的社会里，甚至当人们没有得到更多的资源时，他们也培养奢侈的嗜好。) 想根据任何有关这种威慑成功的假设去预测长远结果也是不可能的。凡是用不补贴作为威慑手段的社会，都必须制定一种相当系统的政策，合理而明确地规定何时补贴、何时不补贴那些改变了自己的爱好或抱负的人。比如，这种政策如何区分故意培养的嗜好和仅仅是在不知不觉中形成的爱好？应当规定多高的花销水平——例如，一美元的支出产生多大效用——算是奢侈而非简朴？从这个角度看，啤酒和香槟相比大概不算奢侈品，但它比水贵得多。假设社会应付这些难题的办法是，如果人们主动养成新的嗜好，或以他们认为更有可能达到其目标的方式采取行动，那么不管这些嗜好是否比被取代的嗜好花钱更多，社会都拒绝补贴这种新的嗜好。如果这种政策相当明显地成功抑制了尝试新的嗜好，那么正如我们都知道的，这最终会导致一个沉闷单调、缺少想象力和吸引力的社会，而且它是个没有长远效用的社会。有许多理 56
由可以预见到这种后果，不过我只提两个最明显的理由。第一，有一些只有少数人接受的奢侈嗜好，当它们在这些少数人的示范作用下变得十分流行时，就会变得更便宜——一美元产生的效用多于现在的嗜好。第二，变得沉闷单调的社会，是一个谁也不能从任何事情中得到很多乐趣的社会，或人们只会深切地关心那些机械地取自别人的目标，而不是为自己培养目标。并非十分显而易见的是，把这种不补贴政策附加到补贴不是自愿培养的嗜好的普遍原则上，就会产生这种结果。但这是因为与我们的社会如此不同的这个社会可能达到什么效用水平的假设没有多少价值，它很难提供解释，为什么一个福利平等的同时也是功利主义的社会将拒绝补贴。

可见，对我们的直觉性信念——平等并不要求那些自觉培养奢侈爱好的人在他们这样做之后享有平等的福利——所做的功利主义辩护，根据两种理由是不能成立的。我们的这种信念仍缺少正当的依据。但是假设有人现在做这样的辩护：不错，人们没有选择他们的有关什么东西能使其生活总体上更成功的信念。可是，他们选择了是否根据这些信念采取行动以及采取到什么程度。路易知道，或至少应当知道，如果他在一个比如说致力于做到享受平等的社会里，培养奢侈的嗜好并得到了补贴，这会减少别人可以得到的享受。如果他知道这一点，他还是选择了更奢侈的生活，然后他没有得到应得的补贴。他不再是那些应当在生活中得到平等享受的团体中的一员。

路易有机会选择。他可以选择维持我说他拥有的现在的平等资源，安于他现在拥有的享受水平的生活，但是不能有他打算培养的嗜好或抱负。或者，他可以维持自己现在的资源，并决定过一种他认为比现在更成功的生活，但这种生活的享受较少。非常不公平的是他应当做出第三种选择，他能够以别人为代价，在不牺牲自己的享受的同时过上比他们更奢侈的生活，因为他理所当然地认为，跟另外两种生活相比，这是总体上更为成功的生活。路易不应当得到补贴的理由，不在于他可以选择的生活必然是更差的生活。他可以正确地认为，享受并不是一切，享受较少的生活，从个人的观点看 57
可能是总体上更成功的生活。我只能说，前两种选择是他的正确选择，但第三种不是。

我本人觉得这种论证既有力又吸引人。而且它是一个重要的论证，其原因如下。不允许路易做出第三种选择的意见以这种方式表达是最自然的。应当让路易自由地（至少是在一种能够言之成理的家长主义统治形式所允许的限制内）利用他那份公平的社会资源份额，创造出他能够达到的最美好的生活类型。但是不应当让他自由地侵害别人的公平份额，因为这对他们是不公平的。不过，一旦这样提出问题，它便不能简单地成为对如下妥协做出的论证了：与奢侈嗜好的问题纠缠在一起的福利平等的妥协。因为这种公平份额的观点，不能仅仅是指给予人们符合所选定的观点的平等福利的份额，这正是路易在要求更多的资源时援用的观点。然而，如果公平份额是独立于那种观点的份额，则采用这种公平份额观点的任何妥协都会变得自相矛盾。

能否为了这个目的，以某种方式限定公平份额呢？这种方式不会使产生符合选定的观点的平等福利的份额成为公平份额，而是从某个角度采用那种观点以避免上述矛盾。假设某人的公平份额被认为是产生符合那种观点的平等福利的份额，或这人若不去故意培养奢侈嗜好就能产生这种平等福利的份额。如我们所知，如果选定的观点是总体成功，并且路易认为如果他没有培养新的嗜好，他的生活在总体成功上就不如别人对自己生活的评价，那么这还是没有用处。即使选定的观点是孤立的观点之一，如享受，以这种方式规定公平份额还是没有用处。我说自己发现其非常有力的论证，不仅用公平份额的概念来描述对它所主张的福利平等的限制，而且用它来为这种限制提供正当理由。它打算清楚地解释，尽管存在着我在这一节前面做出的种种反驳，为何对公平的独立而无内在矛盾的考虑，为福利平等的妥协提供了正当理由。但是，假如对公平份额的规定恰好假设这种妥协有利于某种没有特殊理由的公平，那么求助于公平份额的做法本身，并不能提供不会立刻陷入循环论证的正当理由。公平份额的概念要想发挥作用，就必须诉诸某种对分配公平
58 的独立解释，而任何独立的解释，如我所说，都会同它所依据的观点产生矛盾，因为它占据了那种观点为自己要求的全部空间。我可以补充说，我认为最合理的独立解释，即当我说反对路易第三种选择的论证强而有力时所想到的解释，是某种资源平等的观点（虽然还有另一些观点可以利用，如功绩更多的人有更多资源的公平分配资源的原则）。

对这个论证——路易不应仅仅因为他选择了更奢侈的生活而得到更多的资源——也许能够提出某种不利用公平份额或任何类似设想的更为精巧的解释。可是我估计，任何这样的解释在没有寻找到进一步的证据之前都会失败。设想有个社会刚开始致力于享受的平等，在为了达到享受的平等而进行资源再分配时，朱迪的钱大大少于所有其他人的，这也是因为他清心寡欲，在花钱上很容易知足。但是有一天（或许是在读了海明威之后）他断定，自己生活中的享

受虽然很富足，但在总体成功上比它应当达到的水平还有欠缺。他打算培养某种有挑战性的新体育爱好，譬如斗牛。假设他在这样做了以后，发现自己深感失望，因他没有钱去——比方说——西班牙，于是他要求通过一种再分配得到更多的钱，但是在分配之后他的钱仍少于别人的钱。既然我们知道，如果这种再分配被否定，他会在钱财和享受两方面都少于别人，我们现在有何理由说他不应当得到更多的钱呢？我怀疑任何人都会说不应当。但是这样一来，我们就不能说路易不应得到更多资源的理由仅仅是他培养的嗜好太费钱。朱迪的新嗜好虽然费钱，但也许是正当的花费。不同之处在于，路易要求在自己的生活中支配的数量超出了社会资源的平等份额，而朱迪只要求更接近于平等份额的数量供自己支配。为了表达这种差别的重要性，我们需要平等份额的概念（在这个具体事例中，是资源的平等份额）。

再假设，如果给了朱迪更多的钱，他可以到西班牙去，他不但得到很多福利，而且是多于别人的福利，不管它是否符合包括总体成功在内的无论什么选定的观点，虽然他的钱仍然大大少于别人的。现在平等是否要求否定他得到更多的钱？如果不是，朱迪的情况就成了一种更为有力的观点。朱迪尽管有自觉培养出来的奢侈爱好，他不仅可以重新得到福利平等，他甚至有可能通过培养这种爱 59
好，成功地得到多于别人的福利。在这种两种情况下，起作用的是资源平等的概念。

我希望，篇幅不小的这一节的论述的含义是明确的。如果有人很想捍卫某种福利平等观，又希望防止培养奢侈爱好的人所得更多的后果，他最终就会接近一种十分不同的平等理论。他会发现，他必须以其他某种理论为前提，而这种理论会使他的福利平等观失效或不攻自破。其实，这也正是我们在分别研究这些观点时得出的结论。下一节要讨论的是，是否存在着强大的理由，在另一种具有普遍性的平等理论中努力为福利平等找到一小块立足之地。

九、残障

首先我得同意，真正的平等是福利平等这种想法乍一看是很有吸引力的。这种表面上的吸引力的一个方面，也许很容易避开我已经提出的各种怀疑，即福利平等显然能够解释，有生理或精神残障的人（或有其他特殊需要的人）为何应得到额外的资源。的确（还可以说），这是因为他们利用与别人一样的资源所能做到的事情，要少于被划入“福利”范围内的事情。我们关心残疾人，大概是因为他们只能获得较少的享受，或较少的相对成功或总体成功、它们的不同组合或它们的全部。但是，符合某种解释的福利平等的吸引力，肯定是我们对残疾人的这种直觉的一部分。由此可以认为，这个事实证明了任何平等理论都至少必须给福利平等留出一定空间，虽然它只能是对我们的其他平等理论的一种补充或限制，即使仅仅是为了维护我们坚持为这方面遭受不幸的人做出的规定。

但是，远非十分清楚的是，为了解释残疾人有时为何应当得到比健康人更多的物质资源，需要某种福利观。在下一章我会论述解决残疾问题的另一种方式，它不依靠福利比较，却可以对这个问题做出同样出色的解释。在讨论这个和另一些建议之前，没有必要假设只有以福利为基础的平等理论能够提供必要的解释。事实上（进 60
一步说），以福利为基础的理论所能提供的说明，并不像一眼看上去那样令人满意。我们现在所讨论的观点是，在任何具有普遍性的平等理论中，福利平等都至少应当有一席之地，因为它是如此确实地吸引着我们在平等的名义下应当如何对待残疾人所产生的直觉。然而真是这样吗？似乎可以不无道理地说，根据任何平等观，有严重残疾的人作为一个类别，得到的福利都少于别人。其实这只在统计学上是正确的。在许多情况下，有残疾的人收入较低，所以不拥有和别人平等的物质资源。残疾程度极为可怕的人，仅仅为了生存也需要额外的收入。可是许多有严重残疾的人，从任何观点看都有很高的福利水平——比许多没有残疾的人还高。例如，小提姆（Tiny Tim）和斯克鲁奇（Scrooge）① 的情况就是如此。提姆比斯克鲁奇更幸福，更赞成这个世界的现状，认为自己更成功，如此等等。

然而我这里所说的直觉，即残疾人应当得到额外的资源，并不限于那些从任何观点看其福利事实上都低于平均水平的残疾人。如果提姆的钱和斯克鲁奇的一样多（大概提姆的福利甚至超过斯克鲁奇的），但是提姆仍然没有足够的钱进行物理治疗，我们中间就会有许多人认为，他有资格为此目的而得到额外的资源。我们现在当

---

① 小提姆（Tiny Tim）和斯克鲁奇（Scrooge）：狄更斯小说《圣诞颂歌》中的人物。——译注

然可以认为，这仅仅是因为我们的直觉受到了统计学事实的影响。根据这种假设，我们觉得残疾人作为一个群体应当得到更多，因为他们作为一个群体福利较低，然后我们就会把这种一般性的直觉用于个别的人，并不考虑这种一般原则是否成立。但是对于我们为何有那种感觉，我没有看到有说服力的解释。如果我们知道有个残疾人的福利并不低，我们仍然相信他有资格因为残疾而得到额外的资源，那么只好可怜地解释说，我们失去了分辨能力。

所以，我们对残疾人的想法，其实并没有得到福利平等观的正确而强有力的论证，以至于能够表明按照那种解释，任何具有普遍性的理论都必须在一定程度上接受那种理想。较低的福利这种解释还有另外的缺陷。假设一个患了全瘫但还有意识的病人的福利（无
61 论根据什么解释）大大低于其他社会成员的福利，送给他越来越多的钱，可以稳定但极缓慢地增进他的福利，假设他能够支配的所有资源，超过了另一些人仅仅维持生命所需要的数量，但他的福利仍然大大少于他们的。福利平等观会建议大量的资源转移，直到后一种情况出现为止。但是在我看来（而且我认为别人也一样）似乎没有道理的是，平等如果仅仅考虑它本身，不理会那些人们有时认为比它更重要的方面，就确实要求或甚至建议在这种情况下大量转移资源。

我并不主张（正如上面的讨论所示），任何原则上接受福利平等的社会都应致力于这种过激的资源转移。这个共同体所接受的另一些原则（例如效用原则）也许会让平等做出某种妥协。但是如何划定分界线呢？也许可以把划定分界线的事留给依靠直觉的现实政

治去做。但是这样一来，全瘫的人就可能什么也得不到。平等原则本身并没有提供理由，让共同体接受最初的效用损失以给他带来一些好处但不会给他提供更多的好处，至少在我所描述的情况下会是如此，在这种情况下进一步的资源转移对于他的边际效用不会大大下降。这一原则几乎不会为这个共同体提供任何指导，它仅仅是发出了要求帮助的呼吁，它太缺少可操作性，因此完全不值得赞扬；它太缺少制度化，所以无益于有原则的妥协。

现在设想另一些事实。有一台昂贵的设备，可以使截瘫患者过上相当正常的生活，社会一般而言能够提供这台设备，但不能牺牲它的另一些需要或计划。这个社会为了向他提供这台设备而开征特别税进行表决。然而，他是一个杰出而又专一的小提琴家，他回答说，他宁肯要一把极好的斯特拉蒂瓦利（Stradivarius）① 小提琴，他可以用同样的钱得到它。这个社会能够恰当地拒绝同意这种选择吗？[6]我们能够根据任何福利观决定，这位截瘫患者拥有一把小提琴与拥有一台设备相比，事实上得到了更多的福利。就算他知道所有的事实，他还是更愿意拥有小提琴，它会给他带来更多的享受，使他的生活无论相对而言还是从总体上说，不管是在他看来还是客观地讲，都更为成功。独立的效用原则当然会建议这种选择。

无论如何，对于一种并不一般性地赞同福利平等，因为残疾人的特殊问题而只给这个理想以有限地位的方案来说，这些事实会给 62
它带来麻烦。例如想一下虽无残疾，但不管怎么说福利水平都很低

---

① 斯特拉蒂瓦利（Stradivarius）：17 世纪意大利最著名的小提琴制造家。——译注

的人。他从自己生活中得到的享受很少，并认为这是一种失败，而这是因为他的财产虽然和别人的一样多，但不足以购买他心仪的斯特拉蒂瓦利小提琴。如果允许截瘫患者用他的额外资金购买这种小提琴，那么别人就可以正当地发出抱怨。截瘫患者不把这种财富转移当作消除或缓解其残疾的时机，而是仅仅看作从其他方面增加自己福利的机会，另一个喜欢小提琴的人，以自己的福利不高为由，似乎也可以提出这样的要求。但是，如果社会不允许残疾人这样利用其额外的资金，而是要求他去买设备，那么这个社会似乎颠倒了自己的立场。它同意这个人得到资金的理由是，这能提高他的低于平均水平的福利，却又否认他利用那些资金尽量提高自己福利的权利。

十、福利主义

如果我上面这些不同的论证是正确的，则福利平等并不像人们时常认为的那样，是个具有内恰性的或有吸引力的理想。所以，我们有理由考虑一下资源平等这一替代性理想。不过这里值得十分简短地谈谈，我反驳福利平等的论证，是否能够有效地驳倒福利主义的另一些形式，或具体地说，它们在反对功利主义上会取得多大成效。[我把阿马蒂亚·森（Amartya Sen）对福利主义的解释作为一种一般性理论，即对分配公正的定义必须完全根据对个人福利的某种功能的规定。][7]

我们所研究的福利平等的不同形式，都是福利主义的变种。功利主义要求符合某种福利观的功能最大化，也是这些变种之一或其组合。从原则上说，任何形式的福利主义都可以从两个方面来证明其正当性。可以从目的论的基础上捍卫福利主义理论，即经过规定的福利观中所规定的功能本身就是美好的，因此以它本身为由也应当让它产生。也可以把它作为一种特殊的福利观加以捍卫，把它视为一种有关平等对待每个人的特殊理论。我认为，就功利主义而言，这两种理由的不同是相当清楚的。可以用直接的目的论支持这 63
种理论：不但痛苦本身是坏事，而且快乐（或其他积极的福利观）本身是好事，快乐越多越好。或者，也可以把它作为一种平等观加以支持，即把它理解为一种这样的理论：仅仅从数量上计算人们的快乐和痛苦（或构成福利观的各种成分），并且从这个角度看其数量相等，只有这时才可以说做到了平等对待每一个人。功利主义的这种平等主义版本，根本不适合提供一种言之成理的一般政治或道德理论。平等主义的功利主义者必须解释，为什么痛苦平均最大化不如幸福平均最大化好，比如说，为什么使成千上万人丧命的自然灾害改善了少数人的处境，对它还是应当表示遗憾。不过他可以从另一条政治原则中找到这种解释，这一原则认为，以别人的痛苦或失败为目的的人，没有向那些人表达人类至少有资格得到的关切；或是在一种明确的收入道德观中找到解释，这种观点认为死亡或痛苦或其他形式的苦难本身就是坏事，但是没有采用与那个平等主义的功利主义同样的观点或同样的福利标准。

我们在反驳福利平等时提出的论证，至少乍看上去，似乎同样有效地驳倒了功利主义——如果从另一个角度理解它，即把它理解成一种平等观的话。我们还是应当从说明对功利主义的不同解释入手，它们是由于采取了不同的福利观作为既定社会的最大化标准而形成的。例如，只把痛苦或享受或相对成功上的损益作为平等对待每一个人的标准，似乎是不合理的，因为人们对这些特殊观点中的福利有不同的评价。把主观或客观解释的总体成功作为标准也没有多大帮助，因为如我们所知，这些福利观取决于检验人们是否得到平等对待的另一种独立标准已被接受。

然而，如果采用第一种方式支持功利主义，即把它作为一种目的论的理论，它认为符合某种观点的福利本身就是好事，那么这些不同的论证显然不得要领。我为反对这种论证而提出的主张，即如果想让人们在他们有不同评价的方面达到平等，那就不可能平等地对待他们，是不相干的。因为这时的问题仅仅是，符合那种观点的
64 福利本身是不是一件好事。我可以补充说，我认为，我的论证没有谈及的功利主义的目的论理由，比这些论证谈及的平等主义理由更缺少说服力。我认为，平等主义的理由，而不是目的论的理由，更能解释功利主义论点对现代政治家和立法者依然具有的吸引力。

对支持福利主义理论的这两种理由的区分，在应用于功利主义以外的福利主义形式时，也许看上去不太合理。但我认为至少从原则上说可以采用它，而且我们至少能够为某些福利平等观建立起一道目的论的防线。有人也许会说，不管是否人人同意自己生活中的享受极为重要，或不管他们是否应当同意其重要，只要人们有同样数量的享受，这本身就是一件好事。我所提出的论证没有谈及作为

一种平等对待每个人的理论的福利平等。这样理解的福利平等要比我们最初可能认为的更软弱。资源平等是不是更强大一些呢?

注释:

[1] 我要把这最后一条建议归功于德里克·帕菲特(Derek Parfit),我是通过他才理解了格里芬(Griffin)和麦克马洪(McMahon)。

[2] 就某些人而不是杰克的情况而言,我们也许能够找到一个资源数量,使他们对没有更多资源感到的实际遗憾微不足道,以至我们不必计算他们的合理遗憾就可以说,假如他们拥有那个资源数量的话,他们的合理遗憾肯定少于另一些人的实际遗憾。但是这会引出许多问题。在判断前一个群体拥有的资源没有超过那个数量之前,不必计算后一个群体的有别于实际遗憾的合理遗憾吗?能够不用循环论证而做到这一点吗?在任何情况下,以这种方式为特定人规定的资源数量的总量,肯定会超出可供分配的总量。我不打算进一步探讨这些复杂的问题。

[3] 参见 Bernard Williams,"Egoism and Altruism",in *Problems of the Self* (Cambridge:Cambridge University Press,1973),p. 262。

[4] Kenneth J. Arrow,"Some Ordinalist-Utilitarian Notes on Rawls' *Theory of Justice*",*Journal of Philosophy* 70,no. 9 (10 May 1973):254.

[5] 如果选定的观点是成功平等的某种客观主义版本,而不是这一节讨论的主观主义版本,情况就会有所不同。假如路易改变嗜好的结果是他现在的生活客观地讲更加成功,那么他应当有更少而不是更多的资源。假如(因为路易的信念是错误的)这种改变使他的生活客观地讲变得更差,则别人以他的名义而提出的得到更多资源以进行再教育的要求就会特别有力。但是我假定,这种总体成功的平等的客观主义版本对于自由主义社会几乎没有吸引力,所以我不打算遵从这一思路。

[6] 参见斯坎伦（T. M. Scanlon）对这个问题的讨论［T. M. Scanlon, "Preference and Urgency", *Journal of Philosophy* 72, no. 19（6 November 1975）, pp. 659 - 661］。

[7] A. K. Sen, "Utilitarianism and Welfarism", *Journal of Philosophy* 76, no. 9, pp. 463 - 489.

第二章　资源平等

一、拍卖

我们在第一章讨论了作为平等对待人民之一种解释的福利平等 65
的主张。现在我们来讨论与它竞争的资源平等主张。不过，我们大体上只想为资源平等观提供一个恰当的定义，而不是为之辩护，除非这个定义提供了一种辩护。基于这个原因，我将假定，资源平等就是在个人私有的无论什么资源方面的平等。因此，我们要把包括支配公共资源的权利平等在内的政治权力的平等，当作一个不同的问题留到另一个场合进行讨论。当然，这种区分不管有何根据，都是主观的。从任何复杂的经济理论的观点出发，个人对公共资源的支配权都构成其私有资源的一部分。例如，在对自己呼吸的空气质量进行的公共决策中，有能力影响这项决策的人，就比没有能力这样做的人更富有。所以，全面的平等理论必须找到一条整合私有资源与政治权力的途径。

此外，私人所有制并不是某人与某些物质资源之间的一种单一而独特的关系，而是一种开放性的交织关系，其中许多方面都必须从政治上加以确定。因此，什么样的资源分配是平等的分配这个问题，在一定程度上必须包括某人通过分到的资源也获得了什么权力的问题。然而，政治活动又可能威胁到那些权力，使它们发生某种变化，那么，获得了什么权力这个问题反过来又必须包括对于因此而出现的无论什么权力变化他有表决权的问题。不过在这里，我将在最大程度上假定：所有制的一般范围已得到充分理解，因此对什
66 么样的私有制模式构成私有资源的平等分配这个问题的讨论，可以独立于这些复杂的问题之外。

我认为，资源的平等分配的前提是某种形式的经济市场，它主要是一种分析手段，但在某种程度上也是一种实际的政治制度。用那种主张证明下面的初步评论看起来可能非常荒谬。从 18 世纪开始，商品市场的观念以两种相当不同的形式出现在政治和经济理论中。首先，人们称赞它是一种界定和达到社会目标的手段，这些目标有繁荣、效率和总体功利等不同说法。其次，它博得人们的喝彩，是因为它给个人自由提供了必要条件，使自由的男男女女可以发挥个人主动性并进行选择，把命运操纵于自己手中。这就是说，对它的捍卫来自两个方面，一是诉诸市场产生总体的、全社会的收

益的政策论证，一是诉诸某种假设性的自由权利的原则论证。

但是，在这同一个时期，不论是用其中之一还是兼用两者来为市场辩护，经济市场都被视为平等的敌人，这主要是因为在工业化国家形成并得到加强的市场体制的形式，允许甚至实际上鼓励财产的巨大不平等。因此，政治哲学家和普通市民都把平等描绘成据说受到市场助长的效率和自由这些价值的对立面或牺牲品，因此明智而中庸的政治活动就在于，在平等和这些价值之间取得某种平衡，其办法是对作为经济环境的市场施加某些限制，或是用不同的经济体制部分地或完全地取代它。

与此相反，我将试图说明，作为大量不同的商品和服务之定价手段的市场，在任何富有吸引力的资源平等理论的阐述中都必须处在核心位置。通过在资源平等中构想一种合理而简单的操作方式，立刻就能揭示出它的重要性，这种有意杜撰的操作方式，是从我们下面必须面对的问题中抽象出来的。假设一条遇难船只的幸存者被海水冲到一个荒岛上，岛上资源丰富，没有人烟，任何救援都只能发生在多年之后。这些移民接受了一条原则：对于这里的任何资源，谁都不拥有优先权，而是只能在他们中间进行平等的分配。(我们姑且说，他们还没有认识到，保留一部分共同资源归他们有 67
可能创立的国家所有，也许是明智的。）他们也接受（至少暂时如此）对资源平等分配的如下检验标准，我把它称为嫉妒检验（envy test）：一旦分配完成，如果有任何居民宁愿选择别人分到的那份资源而不要自己的那份，资源的分配就是不平等的。[1]

现在假设，他们选出一个移民根据这条原则完成分配。他不太可能仅仅通过把岛上的资源从物质上分成 n 等份，即可成功完成任务。每一种不可分割的资源，譬如奶牛，其数量有可能并不正好就是 n 的倍数，甚至就某些可以分割的资源譬如可耕地来说，有些地块会优于其他地块，有些更适合于这个人而不是那个人耕作。然而，假设分配者通过大量的试错法和耐心细致的工作，把资源分成了 n 份，每一份都与另一份稍有不同，但能够使他分给每个移民一份，而且事实上没有人嫉妒别人那一份。

这种分配作为一种平等分配，可能仍然无法使移民们满意，因为它没有通过嫉妒检验。假设（用形象生动的方式来表达）分配者把现有的全部资源变成凤头麦鸡蛋和前根瘤蚜葡萄酒的巨大存货（施用魔法，或通过与邻岛贸易的方式，但这个邻岛仅仅因为这个理由而存在），然后把这些东西分成等份的篮子和瓶子。很多移民——我们不妨说，除了一个人之外的所有人——都很高兴。但是，假如这个人不喜欢凤头麦鸡蛋和前根瘤蚜葡萄酒，他在资源分配中就会产生没有被平等对待的感觉。嫉妒检验通过了——他不想要其他任何人的那一份来换走自己的这一份——他宁愿得到在最初较公平的资源分配中自己能够得到的东西。

甚至在没有魔法或离奇贸易的情况下，还是有可能产生一种不是这么戏剧性的类似的不公平。分配者在搭配份额时，要进行资源组合，与分配者可能做出的另一些不同组合相比，他所做的资源组合可能更适合这些人而不是那些人的爱好。就是说，可以用试错法形成不同组合的 n 份，其中每一种组合都将进行嫉妒检验，这样对于分配者所选择的任何组合，有人都会更愿意让他选择另一种组合，尽管这人不会选择那种组合中的另一份。当然，初次分配之后的交易有可能改善某人的处境，但这种交易不太可能使他达到他从自己喜欢的那种分配组合中得到的处境，因为别人也是以他们喜欢 68
的那一份开始，从那种组合中得到他们的那一份，因此没有理由用那一份进行交易。

所以，分配者需要一种手段，以便克服任意性和可能的不公平这两个显著的难题。简单而机械的资源分配无法通过嫉妒检验。若是能发现更复杂的分配可以通过嫉妒检验，而且能找到多种分配，那么对这些复杂的分配的选择就是任意的。同样的解决方案现在会出现在所有的读者面前。为了解决这些问题，分配者需要某种形式的拍卖或其他市场程序。我将描述一种可以理解的直截了当的程序，如果能够让它运作起来，它看起来就是可以接受的，尽管像我所描述的那样，这种程序由于费时过多，几乎是不可能的。假设岛上有无数贝壳，谁也不认为它们有价值，分配者把它们平分给每个移民，用来充当接下来就会出现的市场中的钱币。岛上每一件单独的物品（不包括移民自身）都被列为要出售的一份，除非有人通知拍卖者（分配者现在成了这个人）他打算竞买一件物品的一部分，包括比如一块地的一部分，在这种情况下这一部分就变成了单独的一份。接下来拍卖者为每份物品定价，看看这种价格能否清场，也就是说，在那个价位上是否只有一人购买，而且每一份都能卖出去。不然拍卖者就调整价格直至达到清场的价格。[2]但这个过程至此并未停止，因为即使已经达到初步的清场价，每个移民仍可自由地改变自己的出价或竞买不同的商品。但是让我们假定，在这个缓慢的过程结束之际，人人都表示自己很满意，物品各得其主。[3]

现在，嫉妒检验得以通过。没有人会嫉妒别人购买的东西，因为根据假设，他可以用自己的贝壳不购买自己的这一份而购买另一份。对份额的选择也不是任意的。许多人也能够设想另一种满足可能已经制定出来的非嫉妒检验的份额组合，但是实际的份额组合具有的优点是，每个人根据自己那一份人人平等的钱币，可以在决定实际选择的份额组合中发挥平等的作用。没有谁处在我们前面的例
69 子中那个人发现除了自己讨厌的东西外一无所有的位置上。当然，从他另一些他可能产生的嫉妒来看，运气在决定任何人对结果多么满意上也起一定作用。如果凤头麦鸡蛋和陈年葡萄酒是供拍卖的唯一资源，讨厌这些东西的人会像我们前面的例子中的情况一样大为沮丧。移民们没有被冲到一个有更多（虽然幸运的是也没有更少）他所需要的东西的岛上，这是他的不幸。然而他不能抱怨，对他们找到的实际资源的分配是不平等的。

他也可能从其他方面认为自己幸运或不幸运。例如，有多少人有着跟他一样的各种嗜好，就是一个运气问题。如果他的嗜好或抱负较为普遍，若是存在着生产他需要的东西的规模经济，这种环境在拍卖中就会对他有利；如果他需要的东西十分稀缺，则对他不利。如果移民们决定建立福利平等而不是资源平等的政体，他就会和别人一起分享这些不同的物品或坏运气，因为分配不是建立在我说过的那种运气起着这种作用的拍卖上，而是建立在根据任何选定的福利观拉平差距的政策上。但是资源平等不会为改正各种偶然因素——它们决定着某人的偏好会变得多么费钱或受到多大挫折——

提供类似的理由。[4]

在福利平等的条件下，人们得决定他们需要哪种类型的生活，这与确定他们的选择会在多大程度上减少或增加别人获得其所需的能力的相关信息无关。只有在另一个政治的层面上，这种信息才有相关性，在这个层面上，行政官员收集在第一层面上做出的所有选择，以便了解什么样的分配能使每一种选择达到符合某种作为正确的平等尺度的福利观的成功平等。而在资源平等的条件下，人们在决定追求哪一类生活时所依据的信息背景，是他们的选择使别人从而也使他们可以公平利用的资源总量承担的实际成本。因此，在福利平等的条件下，留给一个独立的政治层面的信息，在资源平等的条件下也进入个人选择的初级层面。刚才所说的那种拍卖中的运气因素，其实是一种至关重要的信息，是在那个选择过程中获得并加以利用的信息。

可见，原料之具有偶然性的事实和嗜好的分布，不是人们可以向不平等的分配发起挑战的理由。倒不如说，它们是决定着在这种环境下何为资源平等的背景事实。在资源平等的条件下，不可能从 70
这些背景事实中抽象出用于计算平等要求什么的检验方式并用来检验那些事实。拍卖的市场性质，不仅在于它是解决出现在我们荒岛例子中的资源之技术问题的一种方便或特殊的办法，还在于它是一个有着制度化形式的发现和调整的过程，此一过程是那种理想的伦理学核心。资源平等假设，给予每个人的资源应当是平等的。这个目标需要某种标准。拍卖提供了嫉妒检验所承认的标准，即确定分配给一个人的生活的社会资源的真正标准，是搞清楚那些资源对别人有多么重要。它认为，按照公正的要求，以这种方式计算的成本要被算作他本人以及每个人对应过什么样的生活的个人判断中的正确成分。因此，凡是认为初始嗜好的某种表现违反了这种平等的人，都肯定会拒绝资源平等，回到福利平等上去。

当然，在这个论证中，以及在市场和资源平等的关系中，最重要的是人们以平等的条件进入市场。如果移民们用他们自己那些可以自由用于竞拍的、数量不同的钱在岛上相互争斗，或如果有人偷别人的贝壳的话，荒岛上的拍卖就避免不了嫉妒，作为平等划分资源问题的解决方案也是没有吸引力的。无论在下面的论证中，还是在思考这种论证对当代经济制度的适用性时，我们都不可忽视这个事实。我们对这种制度的不公平虽然感到沮丧，但我们不应忽视市场和资源平等概念之间有着重要的理论关联。

对于采用拍卖方式，甚至对于我所讲的这种十分平等的拍卖方式，当然还会有其他一些非常不同的反对意见。比如有人会说，拍卖的公平性中有这样的假设：人们带到拍卖中或在这个过程中形成的偏好是真实可信的——是参与者的真正偏好，而不是经济制度本身强加于他的偏好。在人们相互竞拍的任何形式的拍卖中，大概做出了一个不合理的假设：生活中有价值的东西是个人占有的东西，而不是一个社会或其中一个群体的更具合作性的事业。然而，就算
71 这种（有点儿令人费解的）意见是中肯的，它也是一种反对私有制观念的意见，最好是从政治平等的角度加以讨论；而不是一种反对以下主张的意见：某种形式的市场必须对私有制下的平等是什么做出某种满意的解释。

二、设计

既然平等拍卖的设计作为一种技术，似乎为荒岛这种简单背景下做到资源平等提供了一种有吸引力的解释，那么这里的问题就是：是否可以用它来阐述一种对这个理想的更具普适性的解释？我们应当问：是否能够使这一设计更为细致，形成一个用来制定或检验由劳动、投资和交易组成的动态经济社会的资源平等的方案？在这种经济中，拍卖必须采取什么结构——对于这种拍卖之后出现的生产和交易，必须做出什么样的调整或补充——以使其结果仍然满足我们每个公民有平等的资源份额这个最初要求？

我们对这个问题的兴趣有三个方面。第一，这个方案提供了一种检验资源平等观念的内恰性和完备性的重要标准。假设无法描述任何拍卖或拍卖后的交易模式的结果可以被一个较之简单的消费经济更为复杂或较少人为作用的社会视为平等而接受下来；或假设不做出违背独立的公正原则的限制，拍卖就不可能产生平等。这至少有可能表明，不存在具有内恰性的资源平等理想，或这种理想在政治上根本没有吸引力。

相反，我们有可能从这种观点中发现一些不太具有普遍性的漏洞或缺陷。例如，假设我们提出的拍卖设计不是只决定具体的分配，即使存在着规定好的最初资源和规定好的有固定利益与抱负的人口，而是能够产生大不相同的结果，这取决于决定的顺序和有关

最初选项组合或其他偶然因素的任意选择，我们可以断定，资源平等的理想包含着各种不同的分配，其中每一种都符合这个理想，因
72 此这个理想部分地说是不确定的。这可能显示出这种理想在区分某些分配的能力上的局限性，但并未由此揭示这个理想没有内恰性或没有实践上的可行性。因此，提出一种平等拍卖的观点，以检验这个政治理想的理论地位和能力，是值得的。

第二，对一种适用于更复杂社会的平等拍卖的恰当而完备的描述，可以为判断现实世界中的各种制度和分配提供一个标准。当然，任何复杂的有机社会，就其历史而言，都与平等拍卖相去甚远，因而没有可比性。但是，对于任何实际的分配我们都可以问一句，根据对最初资源的无懈可击的描述，它是否符合拍卖有可能产生的那一类分配，或者，如果不符合，它同最接近于这种类型的分配还有多大差距。换言之，拍卖的设计可以提供一个标准，用来判断在任何既定时刻实际完成的分配与资源平等相差多远。

第三，这种办法可能有益于实际政治制度的设计。在某些（大概是十分有限的）情况下，当至少大体具备平等拍卖的条件时，平等拍卖可能是在现实世界中达到或维持资源平等的最佳手段。具体地说，这种拍卖的结果像前面说过的那样事先并不确定，从而拍卖产生的任何结果都会尊重资源平等，即使它事先并不知道会达到什么结果。在这种情况下，举办实际拍卖也许比通过其他政治手段选择这样或那样的、通过那种拍卖也可以产生的结果更公平。即使在这种情况下，按照我们的理论研究所建议的办法举行实际拍卖，也是极不可能或不可取的。但是，也许能够设计一种替代拍卖的办

法——一种经济或政治制度，它具有理论上的平等拍卖所具有的足够特征，如果它是可行的，那么建议进行实际拍卖的有关公平的论证，也会建议采用这种替代方式。许多国家的经济市场都可以被解释成拍卖的形式（民主政治过程的许多形式也可以这样解释）。一旦我们提出一种实际拍卖的满意模式（尽我们所能），我们就能用这种模式去检验这些制度，把它们改进得更接近于这种模式。

不过大体上说，我们这里所讨论的设计完全是理论性的。我们的兴趣主要在于设计一种理想，一种描述这个理想并检验其内恰 73
性、完备性和吸引力的方法。所以，我们会忽略那些无损于这些理论目的的实践困难，譬如信息收集问题；也会简化那些不会推翻它们的反事实的假设（counterfactual assumption）。但是我们应当努力指出我们简化的是什么，因为它们是重要的，特别是对于我们的设计在后来阶段中的第三种最具实践性的应用，我们在这个阶段考虑我们的理想在现实世界中的次优妥协。

三、运气与保险

假如拍卖如所描述的那样取得了成功，移民们这时便有了资源平等。不过也仅仅是在这一时刻，因为在拍卖完成之后如果立刻让他们自己随便从事生产和交易，嫉妒检验马上就会失效。在生产别人需要的东西方面，有些人可能比其他人有更好的技能，他们从事交易来赚钱。有些人可能喜欢劳动，或他们的劳动方式可能生产出更多可供交易的东西。有些人可能不喜欢劳动，或喜欢给他们带来较少收入的工作。有些人会保持健康，另一些人会得病，闪电会击中他们的农场却绕开别人的农场。诸如此类的原因，都会使某些人——譬如说不出五年——更喜欢别人而不是自己的那份。

我们必须问一下，这种变化是不是（或在多大程度上是）平等资源所固有的，但我首先要讨论的是这些移民在拍卖后的运气。我至少要暂时区分出两种运气。选择的运气（option luck）是一个自觉的和经过计算的赌博如何产生的问题——人们的损益是不是因为他们接受自己预见到并可以发生的孤立风险。无情的运气（brute luck）则是一个风险如何产生的问题，从这个意义上说它不同于自觉的赌博。如果我在交易所里买的股票上涨了，我就是交上了选择的好运。如果我被落下来的流星击中，而我显然无法预测它的运行轨道，我的运气就无情的运气（尽管如果我有任何理由知道它会落在哪里，我可以在它击中我之前躲开）。显然，这两种运气可以被看作只有程度之别，而且我们有可能不知道如何描述一种特定的坏运气。假如有人在正常生活的过程中患了癌症，而我们又指不出哪
74 一个具体决定是有患癌症风险的赌博，这时就可以说他交上了无情的厄运。但是如果他大量吸烟，则我们可以说他参与了一场不成功的赌博。

如果能够利用保险的手段，那么这倒是提供了一个把无情的运气和选择的运气联系起来的纽带，因为决定购买或不购买灾难险，是一种经过计算的赌博。当然，保险不会消除这种差别。有人买了医疗保险而被不可预见的流星击中，他仍然是交上了无情的厄运，

因为他的情况比买了保险而无须使用的情况更糟。但是和他不买保险的情况相比，他有着更好的选择的运气，因为他的处境要好于他拒绝参与保险赌博的处境。

人们应当因为不同的选择的运气而有不同的收入或财富，这符合资源平等吗？假设有些移民种植价钱好但有风险的谷物，另一些人种植更可靠的谷物，前者中有人买了保险以抵御意外的天气状况，而另一些人没有这样做。当然，技能会对确定这些不同的方案是否获得成功发挥作用，我们下面还会讨论这个问题。不过选择的运气也会起一定作用。它的作用威胁或破坏资源平等吗？

首先来看看寻求安全的人和参与赌博并获得成功的人之间的财产不平等。有人喜欢冒险，而另一些人讨厌冒险。然而，这种个性上的具体差异，要从不同的人所向往的不同生活之间更为普遍的差异来理解。赌博的人所选择的生活包含着风险因素，不选择赌博的人做出的决定是选择更安全的生活。我们已经确定的是，人们应为自己选择的生活支付成本，而衡量成本的标准是他们为了这样做而放弃的另一些生活。这是作为建立最初的资源平等之手段的拍卖之要点所在。但是，用这种方式来衡量，更安全的生活的代价就是对任何获益机会的放弃，另一些人进行赌博就是为了这种机会前景。因此，我们没有理由根据我们早先的决定反对这种结果：没有赌博之人的所得少于参与赌博之人的。

然而，我们还得比较赌博获胜的人和赌博失败的人之间的处境。我们不能说后者选择了不同的生活，所以他必须做出相应的牺牲；因为他们跟获胜的人选择了同样的生活。但是我们可以说，失

75 败的可能性是他们所选择的生活的一部分——这是收益之可能性的公平价格。因为我们可以这样来设计我们的初始拍卖，使人们能够用自己的贝壳购买（譬如说）运气券。不过这些运气券的价格相当于贝壳可能买到的一定数量的其他资源（用赔率和其他人的赌博偏好来确定），如果运气券落空，就等于完全放弃了这些资源。

考虑一下赞成在这种事情发生后通过再分配把获胜者的资源分给失败者的论证，也可以同样得出的观点。假如要求获胜者和别人分享他们的所得，则没有人会参与赌博，因此也不可能存在最终获胜和失败的人都会偏爱的生活。当然，针对那些为了取得资源平等而鼓吹再分配的人而提出如下论证并不高明：通过再分配使某些生活方式的吸引力减少，甚至使它们成为不可能。因为平等的要求（我们在这一章假设）优先于另一些考虑，这包括人们可以得到的生活方式的多样性。（平等在任何情况下都会使某些生活——例如从经济或政治上支配别人的生活——成为不可能。）然而在目前的情况下差别是明显的。从赌博中的赢家转移给输家的再分配，其结果是剥夺了他们双方偏好的生活，这不仅会造成可能的生活方式之不必要的缩减，而且剥夺了他们在确定拍卖品中的平等发言权，这就像既不喜欢凤头麦鸡蛋也不喜欢红葡萄酒的人只有这两种东西一样。获胜者和失败者都需要综合性的赌博，要么最初就是如此，要么他们后来可用于冒险的资源会导致如此，按我们已经采用过的标准来衡量，失败的机会是包含着获胜机会的赌博的生活的正常代价。

我们当然可以提出特殊的理由禁止某些形式的赌博。比如说，我们可以提出家长制的理由去限制个人冒险的程度。我们也可以用建立在政治平等基础上的理由，禁止人们拿自己的自由或宗教或政治权利去赌博。这里的论证比较有限。同获胜者拥有的东西多于没有参与赌博的人这种情况相比，从获胜者比失败者控制更多的资源这一单纯的事实中，我们找不到一般性的理由彻底禁止赌博。我们的初始原则，即资源平等要求人们为他们的生活付出真实的代价， 76
保护而不是谴责这种差别。

我们可以（如果我们愿意的话）调整我们的嫉妒检验以保留这个结论。我们可以说，在计算某人整个一生的资源时，为了搞清楚是否还有人嫉妒那些资源，凡是通过成功的赌博获得的资源，都应当用参与现行赌博的机会来表示，并对在赌博中受损者的资源做相对的调整。然而，这种人为的嫉妒检验的关键是提醒我们，主张让选择的运气之差别影响收入和财产的论证的假设是，从原则上说人人都可以参与同样的赌博。从来没有机会做同样的冒险、如果有机会他会加以利用的人，还是会嫉妒有这种机会的人。

这种论证还没有涉及无情的厄运的问题。如果有两个人过着大体相同的生活，但是一个人突然失明了，这时我们不能用一个人承担着另一个人没有承担的风险来解释他们之间由此产生的收入差别，我们也不能进行再分配，除非否定他们双方偏爱的生活。因为这种事故（我们假定）同正确意义上的选择无关。在不把别人的钱转移给他的情况下，他没有必要选择承担失明风险的生活。假如一个人先天失明而另一个人先天就有视力，这才是个运气问题。

如我所说，保险的可能性为这两种运气提供了一种联系。假设在最初的拍卖中可以买到失明保险，不管政策执行者选定的保险金额是多少。再假设两个有视力的人在拍卖期间有遭遇导致他们失明的事故的平等机会，并且他们知道自己有这样的机会。现在，如果有一个人选择用自己的一部分初始资源购买这种保险，而另一个人没有这样选择，或者，如果这个人买的保险金额大于那个人买的，这种差别就反映着他们对自己未来的生活方式或内容的相对价值的不同看法。它可以反映这样的事实：这个人比那个人更看重视力；换句话说，一个人认为在面对这种悲剧时，用钱来弥补失明是不值得的，而另一个更实际的人则很在意这些钱能够买到的援助和特殊训练；或者简单地说，一个人对风险的关切不同于另一个人，他宁
77 肯——比如说——过一种有可能毁于灾难的灿烂人生，也不愿意得到那种利用能够使人生灿烂的资源成本加以保障的人生。

但是，假如买了保险的人和没买保险的人在同一次事故中失明，那么这种纯粹的资源平等观，除非做出某种家长制的补充，否则无论如何都不会赞成在他们之间进行再分配。因为可以利用保险意味着，虽然他们都遇上了无情的厄运，但他们之间的差别是选择运气的差别。我们反对在平等的可预见风险的条件下根据选择运气的结果而进行再分配的论证，在这里同样成立。但是，假如决定不买保险的人只是那个将来可能失明的人，则情况也不会有何不同。因为这里的差别还是选择运气的差别，其背景是参与或不参与保险的平等机会。如果两人都没有失明，买了失明保险的人就会有所损失。他的选择运气不好（虽然这样说有点儿怪），因为从后来的结果看，他已经支出的资源本来可以用在更有利的事情上。然而在这

件事上，他不能向没有买保险也没有受伤的人提出要求。

可见，如果我们遇上刚才说的情况——如果大家都有遭遇使自己致残的灾祸的平等风险，而且大家大体上知道其概率，并且有充分的机会参与保险——那么残障不会引起特殊的资源平等问题。但是这种条件当然是无法得到满足的。有人天生残障，或在尚未得到保障其生活的充分知识或金钱之前遭遇残障。他们不能在事发之后买保险。甚至在人生后期发生的残障，人们确实有机会为其买保险，在人口中也不是随机分布的，而是有遗传轨迹可寻，所以老谋深算的承保人会在事件以前为同样的保险金额索要更高的保费。然而，保险市场的概念提供了一个反事实的指南，可以使资源平等应对现实世界中遇到的残障问题。

假设我们可以使下面的问题变得有意义，甚至能够提供一个大致的答案。假如（和事实相反）每个人到了适当的年龄，都有将来发生生理或精神残障的同样风险（假设至今尚未有人发生残障），但是残障的总数保持不变，那么针对这些残障，社会的每个成员要 78
购买多大的保额？这时我们可以说，除了使这些平等概率发生变化的（无法投保的）无情的坏运气之外，一般人会在那个水平上购买保险，并相应地补贴那些发生残障的人，其费用来自税收或专为这种费用而采取的其他强制性手段，如果概率是平等的，就作为保费提供给他们。这样一来，发生残障的人就会有多于其他人的资源可以支配，但是决定其额外资源数量的，是人们在比其实际处境更平等的环境条件下做出的市场决定。当然了，这种论证确实包含着一个虚构的假设：每个发生残障的人都已经购买了同等数量的保险，我们有望使论证更为精致，从而使这种战略失效。[5]但是对于这里的目的来说，它似乎不是个全无道理的假设。

我们能够信心十足地提出一项补偿方案，来回答这个反事实的问题吗？我们面对三个重要的问题。人们能够决定把自己的多少资源用于防范特定灾祸的保险，但是他得有自己想过一种什么生活的想法，因为只有这样，他才能确定某种特定灾祸的严重程度，以及额外的资源能在多大程度上缓和这种悲剧，如此等等。然而，天生就有某种残障的人，或童年时期就发生残障的人，当然会在制订自己的计划时考虑这种状况。如此一来，为了确定这个人假如没有残障的话会购买多少保险，我们必须确定他在那种情况下会如何筹划自己的生活。然而即使从原则上说，这个问题也是无法回答的。

但是，我们不必做出那些反事实的判断，它们令我们困惑，是因为它们非常个人化。即使人们确实有遭遇灾祸的平等风险，因为他们有不同的抱负和计划，对于保险的价值和重要性也有不同的评价，但是可以用这样的方式来设计保险市场，它们只包括大多数人在购买保险时普遍针对的那些风险。毕竟，今天实际的保险市场所考虑到的大多数灾害都是随机分布的，因此我们可以依照实际的保险市场的做法，消除承保人在知道某个群体也许由于遗传原因更有可能遭遇某种特定的无情厄运时表现出的歧视。例如，可以不无意
79 义地假设，对于针对一般性残障——如失明或失去一条腿或胳膊，这对种类繁多的生活都有影响——的保险之价值，大多数人大体上有相同的评价。（我们可以看看实际的市场以发现类似的事例，或者看看我们在复杂的方案中可能采用的某些特殊险种，比如音乐家

为自己的手而投保。）

我们无论如何要对技术问题多加注意，随时准备根据技术的变化调整我们的目标。例如，人们针对灾害购买保险，其背影是有关事实上可以利用的某些医疗技术、特殊训练或辅助机械以及这些治疗手段的成本的某些假设。例如，假如发明的进步使人们能够买到新发现的视力替代技术，人们就会花更多的钱购买针对失明的保险，这不同于更多的发现只让他们拿到一大堆无用的银行账单。

当然，社会的官员对于这个假设性保险市场的结构可能做出的任何判断，都是很主观的，会遇到各种各样的反对。但是肯定没有理由事先就认为，以这种主观的考虑为根据补贴残疾人的做法从原则上说比其他做法更糟糕，它的优点在于能够找到最符合资源平等的理论性解决方案。

我们现在可以回忆一下这些其他做法是什么。我在第一章说过，福利平等的制度，和最初给人的印象相反，不管是在解释还是指导我们用额外资源补贴严重残疾人的愿望方面，都乏善可陈。具体而言，只要进一步的支付能改善不幸者的福利，它对补贴就无法进行外部约束（upper bound）。然而这并不像看上去那样慷慨，因为它让实际补贴标准任凭被同情心打断的自私的政治摆布。我们都知道，这种政治所能提供的东西会少于假设性的保险市场所能提供的东西。

考虑一下资源平等条件下解决残障问题的另一条途径。假设我们说，必须把人的生理或精神能力也算作他的资源，这样一来，天生残障的人在起点上资源就少于别人，因此在进行平等拍卖之前，

80 应当通过转移支付的方式对他进行帮助。人们的能力当然是资源，因为它们在创造人生价值中和物质资源一起得到利用。生理能力也是有益于这一目标的资源，在这个方面，一个人的个性，就像一个人所持的有价值的人生观一样，则不是这样的资源。然而，资源平等的设计应当提供初始补贴以减少生理或物质资源上的不平等这个建议，涉及各种不同的麻烦。例如，它需要有关“正常”能力的标准作为补贴的基准。[6]但是为此目的，应当把谁的能力作为正常标准？此外，它作为福利平等条件下的类似建议也有着同样的缺陷。事实上，不管初始补贴的数量是多少，都不能使天生失明或智力低下的人在生理或精神资源上与这些方面被认为“正常的”人做到平等。因此，这种论点没有给补贴提供外部约束，而是只能把它留给某种政治妥协，与假设的保险市场相比，它有可能并不十分慷慨。

除了这些实践上和理论上的不当，这项建议还有另一个问题。虽然能力是资源，但不应把它们视为能够根据某种资源平等的解释由政治来决定其所有权的资源。也就是说，它们不是平等理论所说的物质资源那种意义上的资源。对它们不能进行控制和转移，即使技术上可以办得到。因此，说资源平等必须尽力使人们在生理和精神上尽量平等，是对残疾问题做了错误的说明。倒不如说，这个问题是确定独立的物质资源的所有权应当在多大程度受到存在于生理和精神能力中的差别的影响。我们的理论将从这个角度来回答问题。

也许明智的办法（假如除了对论证不断做出习惯性的总结外没有其他原因）是更新一下我们的移民故事。作为拍卖的补充手段，他们现在建立起一个虚拟的保险市场，用保费固定的强制性保险为每个人保险。其根据是这样的考虑：假如将来的各种残障风险中的每一种对于每个移民是平等的，他们会购买什么样的保险。（即我们为他们选择了建立这个假设性保险市场的较为简单的可能形式。
我们就会看到，当我们讨论技能问题时，他们有可能选择更为复杂 81
的一类方案。）

但是现在出现了一个问题。这种决定是否过于重视对移民用这种方式给予补贴的各种残障的区分，过于强调影响着各种选择和抱负的偶然因素（事实上能够利用哪一些物质资源，以及有多少人和某人的爱好相同这类偶然因素）？后者也会影响到福利，但是按我们的方案，它们与补贴无关。把古怪的嗜好，或可能普遍存在的奢侈的嗜好，或因某种物品的匮乏而不可能满足的嗜好，作为残障看待是否不公平？如果假设人人都有处在那种状态下的平等机会，然后建立一个针对这种可能性的虚拟的保险市场，我们就可以补贴有这些嗜好的人。

对此有个简单的回答。天生就有严重残障的人，我们正是考虑到这一点，承认他在面对生活时拥有的资源少于别人。按照致力于资源平等的方案，这种状况为补贴提供了理由，虽然那个虚拟的保险市场没有做到平衡（没有任何办法可以做到这一点），但是它力求纠正结果不公平的一个方面。但是我们不能因此就说，那些不管出于什么原因有着奢侈嗜好的人，所支配的资源也较少。因为我们无法说明（除非回到某种形式的福利平等）嗜好或选择分布的平等会是什么样子。某人有古怪的嗜好，使物品对于别人变得较为便宜，或某人只有流行品味，使物品对于别人变得较贵，前一种状况同后一种状况相比，怎么可以说是资源更不平等呢？从拍卖中会产生有关实际存在的资源和参与竞拍的竞争性选择的信息，这种拍卖是衡量某个具体的人是否支配平等资源的唯一正确的尺度。如果拍卖确实是平等的拍卖，那么趣味古怪的人的物质资源就不会少于平等的数量，为残障情况下应当进行补贴的假设性拍卖而做的论证，甚至没有出现的机会。不错，这种论证提出了有关对人和他的环境加以区分的某种观点，把他的嗜好和抱负归于他个人，把他的生理和智力能力归于他的环境。这也正是我在导论部分所说的那种人的观点，即他在形成自己的抱负时意识到它给别人造成的成本，其参
82 照点则是某种假设性的经济能力的平等，虽然这不同于福利平等所设想的景象，但却是处在资源平等的中心位置的景象。

但是，从某个角度看，也可以认为我的论证夸大了残障同至少某一类经常被视为选择的行为之间的区分。假设有人发现自己有某种强烈的愿望（或困扰，或欲望，即早先的心理学所说的“冲动”），但他并不希望自己有这种愿望，因为假如它得不到满足，就会干扰他的生活，给他带来挫折甚至痛苦。这当然是他的生理需要的特点，别人根本不会把这当作残障：例如他性欲太强。但是，假如这是一种他不需要的“偏好”（但愿这是个正确的说法），那就完全可以说，没有这种“偏好”的话他会生活得更好。在有些人看来，这种不想要的嗜好也包括他们自己（大概不明智地）培养出来的嗜好，比如特殊的体育项目，或难以得到的音乐作品。他们为这种嗜好而懊悔，认为还是没有为好，却又因为不理睬它们而痛苦。

这些嗜好就是残障，虽然在别人看来不如说它们是使其生活获得价值的基本要素。

对于特定的人来说，这些事例都不是据以区分抱负和残障的差别的事例（虽然无疑能够找到其他类型的区分作为事例）。资源平等所要求的区分是这样的：一方面是这种理想归因于那个人的、决定着何为人生成功的信念与态度，另一方面是这种理想赋予这种成功环境的、给它提供手段或形成妨碍的生理、心理或人格特征。那些认为自己的性欲或歌剧嗜好是不可取的嗜好的人，会坚决把他们生理的、智力的或人格的特征归入后者。在他们看来这属于残障，因此适合于一般为残障而设立的制度。我们可以想象，人人都有平等的偶然机会产生这些强烈愿望。（当然，对于每个人来说，有可能造成那种结果的强烈愿望的内容会有所不同。这里我们假设，不是任何强烈愿望的风险，而是有可能以那种方式通过一组目标造成干扰的强烈愿望的风险。）我们然后可以问（其合理性与失明的例子差不多）：人们一般是否会购买针对这种风险的保险，假如会购买，那么保费及保额是多少？似乎不太可能有很多人愿意以能够防范此类风险的赔率购买这种保险，除非他们的愿望十分强烈和有 83
害，简直到了可称为神经病的地步。然而这是个不同的问题。这里的要点在于，保险市场的设想在这里是可行的，因为我们能够设想有这种强烈愿望的人没有这种强烈愿望，而不必因此设想除了他们事实上要求的东西以外，他们对于自己从生活中要求什么还持有另外一种观点。因此，虚拟的保险拍卖的设想，立刻就提供了一个办法，可以用来辨别强烈愿望并把它们与正面的人格特征区分开，并且还能把这些强烈愿望纳入为残障而设计的一般制度中。

四、劳动与工资

一旦通过拍卖建立起资源平等，并为残疾人采取了修正措施，它立刻就会受到生产和交易的破坏。例如，假如有个移民特别擅长种植西红柿，他就会用自己的剩余产品换来多于别人的东西，在这种情况下，别人就会开始嫉妒他那一份资源。假设我们希望建立的社会是，尽管存在着不同类型和规模的生产与交易，资源分配要有持续的平等。我们能够用我们的拍卖方式建立这样一个社会吗?

我们先来考虑一个不同的后果，它使人们相互嫉妒对方的资源，并且分配也不再被认为是平等的。假设全体移民在为数不多的生产方式上，事实上具备相当平等的技能，各种资源允许每个人利用同一份资源只能生产出数量大体相同的物品。但是他们希望以不同的方式安排自己的生活，他们事实上也在初始拍卖中获得了不同的资源组合，然后以不同的方式利用它们。亚德里安在选定资源后，集中精力利用它从事劳动，生产出了别人可能估价最高的数量。一年下来，他的物品总量多于任何人的。现在每个移民都更看中亚德里安的一份而不是自己的那一份。但是假设他们都不愿意过亚德里安那种导致这一产量的生活。如果我们在特定的时刻看看有谁表示嫉妒，发现每个人年终时都在嫉妒亚德里安的资源，那么分配就是不平等的。但是，假如我们换一个角度看这种嫉妒，把它作为整个一生的资源问题来看待，我们把一个人的敬业精神也作为其物品的一部分，那就没有人会嫉妒亚德里安的那一份资源了，所以也就不能说分配是不平等的。

我们想必会接受后一种观点。我们的最终目的是给每个人的生 84
活以平等的资源份额，并为此选择了拍卖作为计算对个人生活有价值东西的正确方式，这种价值是来自他本人的决定。如果布鲁斯选择获得一块地用作网球场，由此出现的问题是，在根据这种选择考虑他是否得到了平等份额时，他的账单上应有多少进账，当那块地用于另一些人自己的目的时他们愿意支付的数量，就是他的账单中应当得到的进账。作为描述资源平等的一种办法，拍卖吸引人的地方恰恰在于它落实了这种公平。然而这项方案会失败，这种办法也会让我们失望，除非亚德里安能够为同一块地出价，它反映着他在那块地上劳动而不是玩乐的打算，因而获得了促使他做出那种决定的无论什么样的收益。不然的话，那些需要西红柿并为此而按亚德里安的价格向他付钱的人，就不可能通过亚德里安间接开价去反对布鲁斯，布鲁斯就会按一定价格保住他的网球场，从而使资源平等失败，因为它的价格太低了。我得补充说，这并不是基于和公平有所不同的效率的论证，而是基于所描述的条件的论证，其中技能是平等的，效率也是完全公平的，至少是根据资源平等所理解的公平。如果亚德里安愿意自己一生辛勤劳作，其回报是从别人为他的产品支付给他的价格中得到的利润，那么他辛勤耕作的这块土地就不应被用作网球场，除非按照一个打算占有最初的同等数量抽象资源的人的意愿来评价，它作为网球场有着更大的价值。

这完全是从想得到亚德里安那些西红柿的人的立场考虑问题。这种立场只把亚德里安作为一种手段。不过，即使我们从他的角度看问题，也会得出同样的结论。如果在资源平等的制度下，有人在自己的生活中选择了比较便宜的东西，他就会有更多的资源用于其他生活之需。那些得到了亚德里安的葡萄酒的人可以用它来冲洗凤头麦鸡蛋。但是，用土地生产此物而非彼物的决定，或用土地消遣而不是生产的决定，也是为自己的生活做出的选择，它也可以不那么奢侈。假设亚德里安极想得到凤头麦鸡蛋，但是他宁愿在自己的土地上辛勤耕作，除了满足于香槟酒以外没有其他的愿望。从他的
85 决定给别人造成的成本来看，总体价格可能不会比闲散和葡萄酒组成的生活更贵。如果他通过辛勤劳动或通过没有人愿意从事的劳动，挣到足够多的钱，由此满足了自己的全部奢侈嗜好，那么他为自己生活所做的选择使社会其他成员失去的东西，不会多于他有着较简朴的嗜好和不那么勤快时的情况。因此，我们没有理由否定他的勤劳和高消费，正像我们没有理由否定他的闲散和节俭一样。在资源平等的条件下，这两种选择应当没有什么不同，只要没有人嫉妒他所选择的劳动量和消费——也就是说，只要没有人嫉妒他的整体生活。当然，亚德里安其实有可能从自己的艰苦劳动中得到享受，所以他没有遭受任何牺牲。他认为辛勤劳动胜过其他一切。但是他的偏好没有提供任何证据说明，在资源平等的条件下，他所得到的钱物应当少于他痛恨自己的每一分钟劳动时的情况，它只证明了不能让实际上更喜欢松露的人为莴苣支付较低的价格。

因此，我们必须从历时的角度采用嫉妒检验：它要求没有人嫉妒别人长时间拥有的敬业精神和资源，虽然有人可能在某个时刻嫉妒别人那一份。因此，譬如说，如果社会打算在每年年末对亚德里安的财产进行再分配，就有损于资源平等。假如大家的技能平等（如我们现在所假设的），则初始拍卖就会建立起持续的资源平等，即使随着岁月的流逝，银行账单上的财富会变得越来越不平等。

这种不太可能存在的条件，是否会绝对必然地导致这个结论？假如（像现实世界中的情况那样）人们的生产技能有很大差异，拍卖还能产生持续的资源平等吗？这时嫉妒检验就失效了，即使从历时的角度解释也是如此。克劳德（他喜欢干农活，但患有黑指甲病）不会为了得到亚德里安的农田而出足够的价格，或者如果他这样做了，他就必须在自己生活的其他方面满足于较少的资源。但是他会嫉妒亚德里安的敬业精神与财富之和。如果我们从技能带来的快乐这个角度来解释敬业，那么亚德里安的职业——现在必须把它描述为技艺娴熟、类似于手艺人的务农——就是克劳德得不到的。如果我们从更像是人口普查的角度来解释职业，那么克劳德可能有亚德里安的职业，但是他得不到亚德里安从中得到的资源。可见，假如我们继续坚持认为，嫉妒检验是资源平等的必要条件，那么在生产技能不平等的现实世界里，我们的初始拍卖就不能保证持续性的平等。

不过现在可以反驳说，这时我们甚至从原则上说也不应再坚持 86
嫉妒检验，原因如下。我们正在非常接近于人们必须不相互嫉妒这个目标，这不同于要求他们不嫉妒别人的资源份额。人们相互嫉妒可以出于不同的原因：有人在生理上更有魅力，有人更容易满足于自己的现状，有人更讨人喜欢，有人在某个方面更聪明或更有能力，等等。当然，在福利平等的制度下，会考虑每一种这样的差别，并尽量采用可行的办法，通过转移支付消除它们的福利后果。然而，资源平等的要点从本质上说有所不同：人们应当支配同等的外部资源，在各种不同的特点和技能条件下，达到他们自己所能达到的目标。初始拍卖能够满足这一点，但是既然人们有差别，那么让资源继续保持平等就既无必要也不可取，而且政治分配也极不可能消除一切嫉妒。如果有人通过超常的努力或技能，用他那份平等的资源创造出了多于别人的物品，他就有资格为此而获利，因为他的所得不是以份额少于他的人为代价而产生的。我们现在承认，既然我们同意超常的勤奋应当得到奖励，那就应当允许让辛勤劳作的亚德里安保留他的努力所得到的奖赏。

可见，这种反对意见中包含着许多错误，但它们可以归结为一点：它混淆了资源平等和另一种有着本质区别的观点，即人们有时所说的机会平等。首先，利用自己的初始份额做出更多努力的人，在这样做时没有减少别人的东西的价值，这样说是不对的。如果亚德里安在务农上没有取得多大成功，克劳德本人的努力就会得到更多的奖励，因为假如人们别无选择，他们就会购买他的较次产品。假如亚德里安不是十分成功，因此也不是十分富有，他就不能把很多花费用在葡萄酒上，而克劳德虽然财富较少，却能够以更低的价格买到更多的东西。这不过是如下事实的一个最显而易见的结果，即移民们在初始拍卖后，形成了一个单一的经济体而不是一些相互分割的经济体。当然，这些后果也来自我们刚才讨论过的情况。如果亚德里安和布鲁斯有同样的才干，但亚德里安选择了更辛勤的工作，因此挣到了更多的钱，那么这种情况也会减少克劳德那一份资源对于他的价值。如果在这两种情况之间存在差别，它也是其他方面的差别；但是，否定某些赞成机会平等的论证中本能地表现出来 87
的以下主张是十分重要的：假如人们以平等的份额为起点，一个人的兴旺发达不会给别人造成损失。

如下说法也是不对的：假如我们所要达到的结果是技能较少的人不嫉妒那些技能较高的人的处境，我们便抹杀了嫉妒别人与嫉妒别人的东西之间的差别。因为亚德里安有两样克劳德想得到的东西，是属于亚德里安的环境，而不是属于他本人。是别人的欲望和需要，为亚德里安而不是克劳德提供了满意的职业，使亚德里安拥有克劳德无法得到的更多的钱。通过政治结构或政治分配，大概做不到取消这些差别并完全消除嫉妒。例如，我们不能用电子手段改变别人的嗜好，使他们对克劳德能够生产出来的东西给予较高的评价，对亚德里安能够生产出来的东西给予较低的评价。但是，这个事实，即我们不能也不应当这样做，并不否定其他方案，比如让克劳德对自己的工作感到满意的教育方案，或把亚德里安的一部分财富分配给他的征税方案；我们可以公正地说，这些方案旨在消除克劳德对亚德里安所拥有的东西的嫉妒，而不是他对亚德里安这个人的嫉妒。

这些论点固然重要，但更为重要的是找出并改正这种反对意见中的另一个错误。它对我们前面的结论，即当技能大体平等时拍卖提供了持续的资源平等，有所误解，所以它忽视了那种情况与这里的论点之间的重要差别。反对者以为，我们得出那个结论，是因为我们同意把我们所谓的起点公平理论作为资源平等的基础：假如人们以相同的处境作为起点，相互之间既没有偷也没有骗，那么人们保留自己通过技能得到的东西就是公平的。但是这种起点公平论与资源平等相去甚远。其实几乎根本不能把它说成是一种严谨的政治理论。

起点论认为，公正要求平等的初始资源。但是它还认为，公正要求此后实行自由放任政策，这大概与某种洛克式的理论相符，即人们通过把他们的劳动施于物品而得到所有权。但是这两项原则却不太容易和谐并存。在为移民上岸后初始的平等占有提供正当理由上，平等并没有更多的力量——与此时全部产权对于洛克式的获取来说可以得到的对立观点相反；就像它为后来因人们的技能不同而
88 使财富变得不平等时进行的再分配提供正当理由上没有多大力量一样。同样的观点也可以换一个说法。洛克式的获取理论（或无论哪一种认为在起点论中为自由放任成分提供了正当理由的获取正义的理论），在处理初始分配方面，其力量丝毫不亚于它为后来通过技能和努力而获得的资格所做的辩护。如果这种理论后来是正确的，那么为何不一开始就要求一种洛克式的获取办法，而是采用平等分配呢？毕竟，移民上岸的那一刻，是他们的生活中随意发生的一刻，可以提出一种一次性加以满足的要求，使他们每个人对现有资源拥有平等的份额。如果那种要求能够成立的话，那么它在十周年那一天，用平淡无奇但十分重要的常识说，即他们此后的生活的第

一天也能够成立。因此，假如公正要求的是在他们上岸时进行平等拍卖，那么公正后来也会一再要求平等拍卖。如果公正要求后来采取自由放任的政策，那么它在他们上岸时也必须要求这样做。

假如有人回答说，在初始的资源分配和后来的再分配之间有重要的差别。移民上岸时，没有任何人拥有任何资源，因此平等原则指的是平等的初始份额。但是在初始资源被拍卖后，它们以某种方式为每个人所拥有，因此平等原则就为对人们的产权的尊重所取代。这种回答立刻带来了问题。我们正在讨论的恰恰就是，最初是否应当建立一种有这种后果的所有制，还是应当选择另一种所有制，它让任何获取行为都得服从以后的再分配方案。如果最初选择了后一种方案，则以后谁也不能抱怨说，他的单纯的产权已经取消了再分配。我并不是说，不存在任何公正理论能够根据任何人都可以利用已属于自己的财产做他想做的事情这一理由，始终如一地区分始初获取的公正和转移的公正。例如，罗伯特·诺齐克（Robert Nozick）的理论就是这样做的。[7]它是始终如一的，因为他的初始获取的公正理论声称要为有那种结果的产权制度辩护：转移的公正性来自这种获取理论所说的在获得财产时获得的权利。然而，起点论所依靠的初始获取的理论，即资源平等理论，甚至没有打算为产权的一种特点进行辩护，即它必然包括不受以后时间限制的绝对控制权。

因此，起点论，即移民以资源平等作为起点，但后来通过他们的努力而变得更加富有或更加贫困，是两种非常不同的公正理论的站不住脚的结合。这种结合在某些游戏中是有意义的，例如垄断， 89

其特点是它允许运气或技能发挥相当大的决定性作用，说到底是让它发挥任意的作用；但是它不能形成一种政治理论。我们自己的原则是，假如技能平等的人选择了不同的生活，那么在其人生旅途中进行再分配就是不公平的。它并不诉诸起点论。它的基础是另一种非常不同的观点：这里所说的平等是用于整个人生的资源的平等。这项原则为困扰着当前的反对意见的问题提供了清楚的回答。我们的理论不认为平等的资源分配在人生的某个时刻是恰当的，在另一个时刻就是不恰当的。它仅仅认为，一个人在任何时刻所能利用的资源，都必须是他在另一些时刻能够利用或消费的资源的函数，所以对一个人现在为何钱少，可以这样来解释，他过去消费了奢侈的闲暇时光。但是对于跟亚德里安一样勤奋劳动、采用的方式也相同的克劳德，为什么他因为技能不高这一事实就应当得到的较少，则无法用以上办法来解释。

因此，我们必须摒弃起点论，承认平等的要求（至少在现实世界里）是指向相反的方向。一方面，我们必须承受违反平等的痛苦，允许任何特定时刻的资源分配（我们可以说）反映人们的抱负。也就是说，它必须反映人们做出的选择给别人带来的成本或收益，例如那些选择了投资而不是消费的人，或消费比较节俭的人，或以收益较高而不是较低的方式工作的人，必须允许他们保留从拍卖后的自由交易条件下做出的这些决定中得到的收益。但另一方面，我们不能允许资源分配在任何时候反映天赋（endowment-sensitive），即让它受到有着相同抱负的人在自由放任经济中造成收入差别的那一类能力的影响。我们能够设计出一条公式，在这两种显然相互矛盾的要求之间达成实际上的或哪怕是理论上的妥协吗？

我们必须提到一种可能的回答，但仅仅是为了把它打发掉。假设我们允许把移民的劳动力也作为可以拍卖的资源，纳入我们的初始拍卖，这样一来，每个移民都可以竞买自己或他人的一部分或全部劳动的控制权。特殊技能不会为劳动者自身，而会为整个共同体 90
产生利润，就像移民上岸后发现的其他有价值的资源一样。除了非常情况外，既然人们可以竞买到平等的资源，每个当事人就会出足够的买价以使自己的劳动得到保障。但结果会是，每个人会用接近于商业上最有利可图的方式来运用自己的生命，至少他有技能的话，因为不这样做他就会遭受严重的剥夺。例如，由于亚德里安能够通过耕作挣到极为可观的收入，别人愿意出大价钱购买他的劳动权和由此生产出来的蔬菜。假如他出价比他们还高，但是选择了写一些无关痛痒的诗而不是全力务农，他会把自己相当大的一部分初始天赋用在没有多少金钱收益的权利上。这当然是对有技能者的奴役。

我们不能允许这种情况发生，但是值得停下来问一句：我们禁止这样做的理由何在？我们是否可以说，既然一个人拥有自己的头脑和身体，他也就拥有仅仅作为其能力而存在的技能，从而他也就拥有这些技能的成果？这当然是一些不合逻辑的推理。这也是一种为劳动力自由市场辩护的常见论调，我们已经断定当人们的技能不平等时，这种论调是对资源平等的违背。但是我们在任何情况下都无法接受它，是因为它采用了以平等之外的因素为基础的前政治的初始天赋的概念，这与我们阐述的资源平等方案不一致。

因此，为了反对把人们的劳动力作为拍卖资源，我们必须从其他地方寻找根据。事实上，我们不需要举目远眺，因为人们不应当因为有技能而受到惩罚的原则，也就是我们在否定与它相反的观点时所依靠的原则——应当允许人们保留出色技能的收益——中的一部分。嫉妒检验对于这两种结果均予以禁止。如果允许亚德里安拥有他的技能使他能够生产出来的任何东西，克劳德就会嫉妒亚德里安作为一个整体的一生中拥有的那一份包括其职业在内的资源。但是，假如要求亚德里安以另一些资源作为代价，去购买闲暇时间或生产效率不高的职业的权利，亚德里安就会嫉妒克劳德的那一份资源。如果把资源平等理解为包含着某种合理的嫉妒检验标准，把它作为平等分配的必要条件，那就必须以某种方式排除技能的作用，使任何简单地把它纳入拍卖品中的做法都不能得逞。

因此，我们应当转而谈谈另一种更常见的观点：通过某种形式
91 的所得税，定期进行资源的再分配。[8]我们要制定一项再分配方案，尽我们所能不考虑不同技能的作用，但保留一个人选择某种职业造成的结果，他这种反映着他自己需要过一种什么生活的选择，比别人的选择对于共同体来说花钱更多。一种所得税方案是适合于这个目标的合理办法，因为它不干涉有人为了成功地赚钱和由此带来的更多资源而选择某种不断做出牺牲和严格自律的生活的可能性，它当然也不会赞成或谴责那种选择。但是它也承认这种遗传性运气在这种生活中所起的作用。它做出的调整是一种妥协，然而这是在面对如何满足平等的两种要求存在着实践和理论上的不确定性时，在这两种要求之间的妥协，而不是为了效率之类的独立价值而在平等

上做出的妥协。

但是，一种税收方案的吸引力，自然取决于我们确定税率以便正确达成那种妥协的能力。为此目的，假如我们能够找到某种办法，从人们任何特定时刻的财富中分辨出哪一些是可以归因于不同技能的成分，哪一些是可以归因于不同抱负的成分，这对我们会有帮助。然后我们就可以设计出一种税收方案，为进行再分配而只对前一种财富征税。但是我们根本没有办法辨认这种成分，即使掌握着有关人们个性的完美信息。因为技能和抱负相互作用而形成的影响阻挠着我们。技能是培养和发展的产物，而不是能被完整发现的东西。人们选择哪一种技能加以发展，反映着他们有关最好成为什么样的人的信念。但是人们培养和运用他们的技能，不仅因为他们更喜欢比较成功的生活，也因为发挥技能是一种享受，大概还因为他们觉得不运用自己的技能是一种浪费。眼力好或手巧的人，对于什么东西能使自己的生活有价值，会抱有较为笨拙的人所没有的想法。

因此，我们无法确定我们的所得税税率，它能够把每个人得自其技能而不是其抱负的那一部分收入进行正确的再分配。技能和抱负过于紧密地纠缠在一起。我们稍稍改变一下方针是否会更好一些？我们能否这样来确定税率，假如所有生产技能有着反事实的平等，就不去触动人们得到的收入？这是办不到的，因为除非胡言乱
语，否则不可能说明这是个什么世界。我们必须确定人们具有的哪 92
一类技能以及在什么水平上是平等的，然后还得确定人们做出不同程度的努力运用那些技能会取得什么收入。我们是否应当规定，在

这个世界里，每个人拥有的技能与今天现实世界中技能最好的人相同？我们说的“技能最好的人”，是不是指现实世界里那些一心挣钱的话就能挣钱最多的人？但是，在一个人人都能同样娴熟地击出安打或在电影中扮演性感角色的世界里，很可能根本不会有棒球或电影；不管怎么说，人们不会为展示这种技能支付很多钱。任何有关人人拥有某种平等技能的描述，都不会有任何用处。

但是，这种粗陋的反事实演练尽管肯定失败，它却提示了一种更有前途的办法。让我们来评价一下我们现在的处境。我们要找出某种办法，把职业造成的公平的财富差别和不公平的财富差别区分开。不公平的差别是可归因于遗传运气、另一些人不拥有、使某些人富足的技能——如果他们具备这些技能，他们也会充分加以运用——的差别。但是，假如是这样的话，那么技能差别的问题在某些方面与我们已经讨论过的残疾问题就是一样的。

五、失业保险

虽然技能不同于残疾，但可以把这种不同理解为程度的不同：我们可以说，不能像威尔特·张伯伦（Wilt Chamberlain）那样打篮球、像皮埃罗（Piero）那样作画或像格宁（Geneen）那样挣钱的人，是遭受着一种（特别常见的）残疾。这种说法强调技能的某个方面，即其中遗传的因而也是运气的成分，缺点是掩盖了我们说过的技能与抱负之间的相互作用。然而，它也为至少分辨出针对技能差别的公平分配政策的最低要求的问题，提供了一个理论上的解决办法。我们可以强调残疾和相对缺少技能的相似性，由此建议在原则上确定对后者的补贴水平时，可以问一下在人人拥有平等资源的保险拍卖中，人们针对没有特殊技能水平会购买多少保险。

当然，与针对残疾造成的灾难的保险市场不同，并不存在为我
们通常所说的缺少技能而设立的保险市场。例如，一个人在进入保 93
险市场之前，他的技能水平已经相当稳定并且为人所知，因此缺少技能首先是一种历史现象，而不是一个与未来的偶然性有关的现象。（还有另一些我们很快就会指出的原因。）但是，我们不妨设想一个虚拟的问题，它类似于我们针对残疾事例提出的问题。假设有一个想象中的世界，虽然技能在整个共同体中的分配总体上如其实际状况，但是由于某种原因，人们都有着因缺少一部分这类技能而面对其结果的相同机会，并且他们都可以购买针对这种结果的保费结构相同的保险。人们会用什么样的成本购买多少保险呢？假如我们能够让这个问题有意义，并通过对平均数做出较低的限制为它提供一个答案，则我们就能得到一种办法，至少可以用来确定一种满足资源平等要求的税收和再分配方案的较低约束。

我们可以用不同的方式来建立这个虚拟的或想象中的保险市场。例如，我们可以想象人们不知道自己实际拥有的技能，虽然他们知道有多少人会拥有每一种技能，因此也知道他们自己有什么样的机会。这样就可以设想，人们会利用保险来防止缺少某种水平上的某种技能，它可以是一种明确的技能，如用油画表现九月暮色的能力，也可以是更为一般性的技能，如出色的记忆力或计算能力。

这种模型十分类似于我们为残疾人建立的模型，因此能够为我们的整个理论提供学理上的连贯性。我们甚至可以严肃地接受缺少某种技能就是另一种残疾的主张，简单地问一下有多少所谓的技能有可能进入一般的灾险市场，由此把两种虚拟保险市场整合在一起。

但是，这种针对技能的虚拟保险市场模型会招致一种明确的反对意见。我们在讨论残疾保险市场时指出过以下难题。对于残疾人在没有残疾的情况下会有什么抱负和嗜好的问题，存在着某种不确定性，这种不确定性影响到他会购买多少保险的问题。就通常的残疾而言，这种不确定性是可以克服的，因为有可能进行概括。但是
94 就技能的情况而言，这种不确定性是无法克服的，因为假如我们设想每个人对自己有何技能一无所知，我们便从他的个性中排除了太多的因素，以至于没有为哪怕是从一般的正常角度考虑他的抱负留下任何合理的基础。我前面提到过，技能与抱负之间的相关性，比抱负与残疾之间的相关性要密切得多——可以说是一种相辅相成的关系，其密切程度根本不允许进行那种反事实的思考。

因此，我们不再设想人们对自己有何技能一无所知，而是设想由于别的什么原因，他们没有任何可靠的根据去预测自己的经济租金（economic rent）——他们拥有的技能可以带来多少收入，或经济状况是否能使这种技能得到利用。当然可以从许多不同的角度设想这件事，就这里的目的而言，选择哪一种角度关系不大。因此，让我们重新回到移民的例子。假设在初始拍卖开始前，有关每个移民的嗜好、抱负、技能和他们对待风险的态度的信息，以及有关现有的原料和技术的信息，都被输入计算机里。然后它不但对拍卖结

果进行预测，而且对拍卖之后开始生产和交易时的设计好的收入结构——挣钱达到每一种收入水平的人数——进行预测，假设这时不存在所得税。

现在向计算机进一步提出一个要求。假设每个移民都知道计划中的收入结构，但是除了有关自己的数据外，他对计算机的数据库一无所知，因此他不清楚自己的技能会使他处在哪个收入水平上。事实上，他认为自己与经济中处在任何特定收入水平上的人有着相同的机会，虽然他考虑到了为那个水平所设计的数字。假设不存在保险垄断，保险公司提供以下险种。提供的保险是针对没有机会在经过设计的结构中挣钱达到投保人所指定的某种收入水平，在这种情况下，保险公司将为投保人补足投保额度与他实际有机会挣到的收入之间的差额。[9]保费因选择的保险水平而不同，但任何特定保险水平的保费，都必须对每个人一视同仁，支付保费所用的钱，不是来自投保人最初的资源份额（或贝壳），而是来自拍卖后的定期收入。移民会在哪一种特定的收入保险水平上、用多大的成本、平均购买多少这种保险？

这个问题，至少从原则上说，可以用经济学家处理不确定条件 95
下决策问题的各种分析方法加以解决，而且理论上不怀疑计算机能够提供一种回答。即使没有计算机的信息和能力，我们也能对它可能提供什么预测做出一些一般性的设想。经济学家大体上区分出在不确定条件下有两类决策。当用很小的成本购买针对不太可能发生但十分严重的损失的赔偿时，就出现了保险问题。当用很小的成本购买收益很大的微小机会时，就出现了赌博问题。我们不妨把这两类财政上有利的赌注，定义为在“成功”时——投保的风险发生时或赌赢了时——成本低于回报的赌注，但因成功的可能性极小而大打折扣。用一美元保费购买遭受极不可能发生的损失时得到十美元理赔的保险，或按一赔十的方式赌公平抛掷的硬币正面朝上，都是财政上有利的赌注。如果赌博成本超过这样计算出来的预期回报，就是财政上不利的赌注。我们不妨说，如果有人接受财政上有利的一切赌博，拒绝财政上不利的一切赌博，他就是免除了风险的人，无论这种赌博规模多大或有什么其他特点。

商业保险公司和商业博彩公司的人当然只会提供财政上不利的赌注，因为他们的收入不但要足以抵消投保人或赌徒的预期回报，还要抵消包括他们的机会成本在内的所有成本。因此，如果人人都免除了风险，就不会有任何人购买保险或下注。但是，几乎没有人在他的效用曲线中是完全免除风险的：对于几乎所有的人来说，在描述作为其收入的函数的福利状况图形中，至少在其中的某个阶段，更多的钱的边缘效用是下降的。相当容易理解，这解释了商业保险现象（虽然对特定保险政策为何制定那种赔率的任何解释，都需要有关这一效用函数的更多的具体信息，而且比这要复杂得多）。假设以一赔十来赌我的价值 50 000 美元的房子明年会毁于火灾，此外我也可以用 6 000 美元的成本得到全额保险。我能够做出的选择是，确定无疑地得到 44 000 美元（如果我购买了保险），或预期回报为 45 000 美元的一次赌博（假如我没有买保险）。如果我的房子的损失之严重程度超过 6 000 美元这一损失的 9 倍（比如说，我找不到或借不到足够的钱再建一栋舒适的房子，我的婚姻会完结，我的孩子会变得行为不良），那么我立刻购买保险就是值得的，虽然这是一种财政上不利的赌注。对赌博的解释就要困难多了。（肯 96
尼斯·阿罗在讨论赌博时提到过一个牧师，他在神学中遇到一个难题，便说这是应当由教友们坚定应付的一个非常困难的问题，然后一走了事。）大概有必要假定，赌徒要么是搞错了实际的概率（因为他们认为运气如女人般善变），要么是给不确定性本身附加上了价值；这些假设有时也许能够成立，但它们是否经常能解释通常的赌博，却是令人怀疑的。

根据这种背景，对我们描述的两种虚拟保险市场能够说些什么呢？我们的残疾保险市场相当类似于一般的保险市场，无须做出特别的说明。但是，我们刚才描述的那种技能保险市场与此不同，其部分原因是，它允许人们做出的决定乍一看似乎更像赌博而不像保险。因为可能会有许多移民抓住机会购买这一险种，它能在他们没有得到为经济设定的最高收入时得到保护，如果他们没有得到这种收入，这种保险就会付给他们这种高收入与他们实际收入之间的差额。但这种保险政策其实是一种十分可怜的赌博。[10]我们理所当然地认为，这个水平上的保险是一种财政上不利的赌注。不然的话保险公司也不会提供这种保险。因此，就算它是一种有益的赌注，其益处也是建立在预期福利的原因而不是财政的原因上，这跟我的房产保险的情况是一样的。但是从福利的角度看，这种赌注与其说是正确的，不如说是愚蠢的。

既然（与一般的彩票不同）“赢”的机会极高——只有很少的移民具备最大的挣钱能力——保费成本也会极高。[11]它接近于风险发生时规定的回报。因此，购买这种保险的人要面对收益极少的极高机会。但是，假如他赌输了，假如他是具备最大挣钱能力的人之一，那么他现在的处境就会比他不买保险的情况糟糕得多，因为他现在为了向没有给他带来任何收益的保险支付保费，必须把自己的挣钱能力发挥到接近于极致——也就是说，他几乎要陷入破产。他将成为自己的最大挣钱能力的奴隶。[12]

这是一笔多么糟糕的交易，取决于一些没有列明的事实，其中包括多少人有望具备挣钱最多所必需的技能。但是它无论如何都极
97 有可能是一笔非常糟糕的交易。它与显然诱使许多人把赌注投在大量彩票上的情况大不相同，后者是一种用很小的成本获得巨大财富回报的微小机会的前景。这种投保决定是一种非常不同的财政上不利的赌博，它遭受重大失败的机会极小，而获得极小回报的机会极大。没有任何赌博心理学的文献（也许俄罗斯轮盘赌的文献除外）支持这样的观点：有这种性质的赌博会十分流行。

对人们为何购买通常财政上不利的保险的解释，也没有为此提供任何支持。我为自己的房子买保险，是因为得不到补偿的火灾的边际效用损失，比保费的边际成本大得多。但是，边际效用的考虑只会指责而不是支持移民为自己可能不具备挣大钱的能力而赌博。因为这种赌博为了防范财政不利角度的巨大福利损失的微小机会，而要得到微小到几乎不值得注意的福利收益的前景。当然，我们假定几乎没有人具有使这种赌博从福利上看有其合理性的福利曲线，这是我们做出的假设。不过，说几乎没有一个人会有这种曲线，似乎是合理的。

这些论证证明了什么呢？它是否证明根据我们描述的模式，购买为缺少技能而设的保险对于几乎每个人来说都不合算？如果是这样的话，就可以说，那个虚拟保险市场根本没有为利用所得税进行再分配提供合理原则。或者更糟糕的是，这也许意味着进行这种再分配是没有道理的。然而，这些论证并没有得出这样的结论，因为所选择的作为投保风险的收入水平越低，以下论证就会变得越合理：有机会按平等条件购买保险的大多数人，事实上会购买那个水平的保险。我认为，无论在英国还是在美国，在目前用来启动针对失业或最低工资的转移支付的收入水平以上，这一论证都会变得很有说服力。

随着选择的收入水平的下降，这一论证会变得更加令人信服，其原因如下。首先，随着收入水平的降低，一个人具备挣到这种收入的技能的可能性就会有所提高，而且就正常经济中的收入水平的基本成分而言，其提高的速度会快于收入下降的速度。具备挣到正常收入分配之半数的人数，要比能挣到正常收入分配之99%的人高两倍。因此，保费也会下降，而且会在相当大的范围内快于赔率的 98
下降。因此，“赢”的概率也会出现相应变化，但情况会变得更加接近于正常的保险，即人们用承受少许损失来防范不太可能发生的重大损失，因为后者的边际效用成本之大，足以为财政上不利的转移提供正当理由。因为即使财政损失比如说从收入的70%下降到60%，也要比从40%下降到30%大得多。平均说来，后一种下降的福利结果很可能要糟糕得多。

随着投保的收入水平的下降，因具备至少能挣到这种收入的能力而引起的“损失”保险金的惩罚的重要性也随之减少，而且很可能以更快的速度下降。承受这种意义上的“损失”的人，在能够在工作和消费之间自由做出权衡之前——如果他没有购买保险，他早就可以自由地这样做——必须努力工作以弥补其保费。假如保额很高，就会使投保人变成奴隶，这不仅是因为保费太高，还因为他的技能几乎不可能超过他所选择的水平，这意味着他必须全力工作，而且他在做什么工作上没有多少选择。只有一种工作形式，即全职工作，有可能挣到必要的收入以支付现在已经变成他的沉重负担的保费。因此，他受到的惩罚是无法从正常的金钱角度来衡量的特别糟糕的福利。正是基于这些原因，可以恰当地说他受到了奴役。

但是，随着投保水平和保费的相应下降，这种特别不利的福利状态不但会减轻，而且会完全消失。因为事情很可能变成这样：某人只要挣到的钱能够达到比如说30%的水平，而且也具备挣到更高水平的钱的技能，就可以在选择工作性质以及在按自己的偏好把工作、劳动和更多消费加以组合方面保留相当大的自由。即使他罕见地“损失”了保险赌注，他所具备的技能能够挣到的钱不多不少，恰好达到了他投保的收入水平，他仍然有可能保留很大的选择自由。即使他的工作收入低于他能够达到的水平，尤其是当他愿意牺牲一些消费品时，他也足以承担数额不大的保费。此外，收入较低的工作，其种类也要大大多于收入较高的工作（至少在大多数复杂的经济体系里，会覆盖一定范围内的不同收入水平），因此想尽可
99 能多挣钱的人，在低收入水平上会有更多的选择。但是，就算他必须尽全力工作，并且在自己的工作上没有其他选择，他的处境也比他不购买保险差不了多少。因为假如投保的收入水平很低，几乎凡

是想过体面生活的人都必须挣到这个水平，那么他就会那样工作，既然这时保费很低，他不必过于卖力地工作就能承受。假如他投保后为自己的技能所奴役，这与他没有投保而为缺少技能所奴役的情况差不多。

这种虚拟保险市场也有可能引起明显的反常现象。假设德布拉赫和恩斯特都购买了60%水平的保险。德布拉赫长得漂亮，能够作为电影明星挣到90%水平的钱。在其他方面他们有着相同的技能和兴趣，但这些技能挣不到60%水平的钱。恩斯特从自己的保险中得到了补偿，德布拉赫则没有得到。她面对的选择是，要么进入令她厌恶的电影业，要么用她和恩斯特都喜欢的职业中挣到的钱去支付保费和自己生活中的其他开销。恩斯特既能得到这种职业，又能得到保险政策付给他的补贴，因此日子过得很不错。[13]这种好处是否不公正呢？实际发生的情况是，德布拉赫受到她的唯一技能的奴役。然而这是因为她遇到了下述风险：购买的保险之保额水平需要更高的保费，因此只有较少的职业能够带来达到这一水平的收入。恩斯特也遇到同样的风险，但他的选择的运气更好一些。因此，这种反常状况仅仅是不可取的高水平保险中的福利风险的又一事例而已。假如德布拉赫和恩斯特都购买低水平的保险，保费就会较低，德布拉赫便会有电影业以外更好的职业选择。他们的生活仍会有差别，但差别会很小，从而可以（这也许会有争议）作为这样一个事实的恰当标志：德布拉赫具有恩斯特无法得到的选择。无论如何，这种不公平，如果它能够算是不公正的话，会随着把虚拟保险市场合理地转变为下一节将要说明的实际税收方案而消失。

六、作为保费的税

现在让我们假设，计算机确定了将会在虚拟保险市场上达到的
100 平均投保水平，并公布了这一水平所要求的保费。这个保费只占险额中很小的一部分，因此（对于普通人来说）参加保险的预期福利要高于不参加保险的预期福利。我们能够把这个虚拟保险制度转变为一种税收方案吗？我们能够以这种假设的保费作为税率基础，通过向挣钱能力达不到这一投保水平的人支付这一水平和他们能挣到的收入之间的差额，来进行再分配吗？

我们可以设想，以这种虚拟保险市场为模型建立的任何征税方案都会存在严重缺陷。第一，每一个人，不管是富人还是穷人，都应当缴纳相同的税，这似乎不公平，然而这似乎就是以虚拟保费作为模式的税率带来的结果。第二，支付的发生和数量要取决于接受人如果愿意的话他能够挣到多少钱，这种要求从各方面来看似乎既无效又麻烦。落实这种要求有可能花费甚大，并且实施这种要求会诱使一些人通过掩盖自己的能力水平进行欺诈。即使是诚实的人，在没有做出尝试之前也无法知道他们在一定的职业上能挣到多少钱，而在某些专业上，没有半辈子的准备，根本无法进行尝试。于是，有必要根据一些新的检验标准以发现潜在技能，这难免会导致许多错误。

但是，这种反对意见包含着一些有关虚拟保险市场会是什么样

子的假设，而这些假设并无正当根据，而且很可能是错误的。假设保险公司制定的保费，不是这种反对意见所设想的一定保额之简单赔率的保费，而是根据投保人会挣到的收入按百分比上升的保费。那些几乎不可能挣到平均投保数量的人所支付的保费，就会低于保险市场按简单赔率制定的保费，虽然挣钱越多的人支付的保费也越高。如果支付的保费总额更多的话，保险公司就有理由提供这种不同的方案；如果在我们规定的风险平等的条件下这种改变增加移民的预期福利，则购买保险的移民也有理由接受它。既然我们假定货币的边际效用在一定范围内下降，这是我们在估计人们会购买保险时所依据的假设的内容之一，那么这些条件就会得到满足。移民将愿意“下注”，如果这种赌注的成本是他们的收入增益的函数，且他们的赌注足以给保险公司带来利润，即使考虑到累进制保费方案 *101*
的行政成本的增加。

保险公司也会有理由减少保险公司所谓的此种保险的“道德风险”（moral hazard）——保险会使投保风险更易于发生或当它发生时赔付水平更高的风险，从而把它们的一部分节余转移给投保人，以诱导他们接受必要的限制。目前保险公司为此目的而采用的手法是合作保险（coinsurance）。例如，第一人汽车险规定，在保险公司平衡损失之前，汽车所有人必须承担损失的最初数百美元。在我们的故事中，合作保险意味着假如移民中有一个人没有能力挣到平均投保水平的钱，他得到的补偿就会低于那个水平。当然，在合作保险的条件下，跟不实行这种办法相比，人们会购买保额更高的保险，虽然本来有吸引力的是低于这一数额的保费，这意味着平均保额会高于没有合作保险方案时的情况。但是，如果保险公司的重要节余来自减少道德风险（例如对美国现行制度下的福利欺诈的普遍憎恶态度就是这样认为的），那么这个范围内的保费节余也会相当可观；如果真是这样的话，合作保险下的预定保额肯定会更高。合作保险会有多大收益——向没有挣到投保数额的人支付的钱比这一数额少多少，以及它对保费结构和假定的投保水平会有何影响——仅仅取决于已被输入计算机的数据。

准确地确定人们的实际挣钱能力的问题以及这样做的成本，对于实行合作保险的保险公司不会构成多大压力。它大大降低了人们为表明自己挣不到投保水平的数额而不去挣那么多钱的动机。但是保险公司还有另一种减少精确性成本的办法足以降低保费，从而使这种办法对投保人有吸引力。与保险公司相比，投保人对自己的能力和机会总是掌握着更多的信息，既然如此，便存在着通过让投保人承担举证负担而实行合作节余的空间。我估计，较高的投保水平与较低的投保水平相比，这种负担会更为沉重，因为经常难以证明一个人得不到一种需要特殊训练、教育或经验的职业，除非此人已
102 经有了这样一份职业。但假如我认为保额水平将会比较低的看法是正确的，则我们不必讨论这个问题。在较低的水平上则比较容易提供这种证明，如求职的失败、生理能力和智力低于一般平均水平的证据，等等。

可见，计算机可以预测到的实际保险状况，很可能比我们那种有缺陷的税制所模仿的简单结构更为复杂。如果移民们把这种更为复杂的保险状况转变为一种征税方案，他们便获得了一种更易于得

到认可的征税模式。他们可以制定一种分级所得税，用于对以下两者之间的差额进行转移支付：一方面是没有合作保险因素时的平均投保水平，另一方面是申请人可以合理主张的他事实上能挣到的最高收入。当然，这种做法既没有必要止步于此，也不应止步于此。对虚拟保险市场的进一步思考，可以使相应的税征方案得到进一步的细化和调整。我们可以断定，由于其他一些原因，一种征税方案不应尽可能类似于那个虚拟的市场。我们可以断定，严格按照那种市场模式建立的征税方案会侵犯隐私权，或管理成本太高，或在其他一些方面效率太低。比方说，基于这些以及另一些原因，我们可以断定，把再分配与实际收入而不是挣钱能力挂钩的方案，与我们可以制定的其他方案相比，是一种接近于模拟保险市场理想的更好的次优方案。

不过，现在我要把对所有这些问题的研究先放在一边，因为我认为我们在这方面已经走得相当远，因此有足够的理由转向眼前的问题。这种一般性的说明合理吗？把建立在平等初始财产和平等风险的假设上的虚拟保险市场转变为一种税制，是对资源平等条件下的技能差别这一问题的正确回答吗？

可以从两种立场上对它提出批评：它没有为足够的再分配提供辩护，或它的辩护走过了头。在这两种批评之中，后一种似乎较为软弱。回想一下我们已经发现的限制。平等要求选择更奢侈的生活方式的人——包括那些选择按其他人的要求衡量生产率不高的职业的人——承担剩余收入较少的结果。但是它也要求不让任何人仅仅因为天生技能较差而有较少的收入。认为以虚拟保险市场为根据的

转移支付数量太大的批评意见，必须证明这些要求中前一条有着得
103 不到充分重视的现实危险。但是，假如虚拟保险市场为选择某一水平作为平均保额提供了正当理由，这就有力地证明了，任何具体的移民假如可以选择的话，都极有可能打算从事收入能够达到那一水平的工作，而不会接受较少的收入，不然的话他就必须承受太大的风险，接受只对那些愿意挣到必要收入以支付这种保费的人才有意义的保费；尤其是当平均水平相当低时，他这样做的可能性就更大了。他可能愿意这样做，这要么是因为适合非常不同个人的大量职业都能提供这种收入，要么是因为这一收入水平是一般文化环境视为可以接受的生活方式所必需的，或更为可能的是兼有这两方面的原因。当然，这种反事实的描述对于缺少适当技能的人或由于某种别的原因在就业市场上找不到工作的人是不适用的。有一些移民，即使存在着平均保额的保险，他们也不会接受。不过由此出现的问题，是针对技能差别实行再分配的理论的两种限制之相对重要性的问题。如我们已做过的，把平均保额水平作为决定性因素，是对它们给予同等重视的一个恰当方式。[14]它的假设是，为没有保险的人进行错误的再分配，总比拒绝对有保险的人进行再分配好一些。有人或许能够证明这是错误的，由此证明接受更低的数量作为通过税收进行再分配的标准是正确的，这能够使几乎每个人都得到这个水平上的保险的可能性变得非常之大，甚至变得不可阻挡。不过我不知道任何赞成这种观点的论证。在平均保额水平与更低的水平之间大概没有太大的差距。也就是说，就可能的保额中较低的百分位来说，大多数人的效用曲线看上去大概非常相似。然而这是一个准技

术问题的领域，所以我不想在此讨论它。

相反的反对意见，即以平均保额水平作为根据的转移支付数量还不够大，则更难以回答。可以从两个方面来支持它。可以说，虚拟保险的思路，对于在我们发现的两种要求之间取得妥协而言，是一种错误的思路；或者说，虚拟保险的思路是正确的思路，但是需要在更高的水平上实行转移支付。第二种观点很可能符合刚才提到的反对意见，即工资结构方面的两种平等要求的分量并不相同，但它坚持认为剥夺对有保险的人做出的支付，要比用这些支付奖励没 104
有保险的人更糟。换言之，它认为所选择的假定的保额水平应当是这样一种水平，任何人都不太可能在这一水平以上购买保险。值得再次指出，这一水平也许不会高出平均保额的水平太多。我们前面谈到过为何几乎没有人会投保于极高的收入水平的理由。但是我不会再次探讨这里出现的技术问题，而是干脆先把这种意见置于一旁，直到有人做出赞成特别服从于工资结构方面的平等的一种要求而不是另一种要求的实质性论证。

但是，我们现在必须表述并思考一个重要的论点：就调和这两种要求的问题而言，虚拟保险市场是个完全错误的思路，因为它低估了那些并非严重缺少技能的人得到的转移支付的价值。虚拟保险市场的思路是要把这些人置于一种如果他们命运的风险被主观地平等分担他们便会置身其中的处境。但是它没有使他们最终享受与那些对其技能有更多需求或技能相似但十分幸运地找到了收入更好的职业的人一样幸福的生活。如我们的考察所示，有些人（电影明星、产业巨头和第一流的守垒员）事实上挣到的钱，要大大高于任何明智的人在保险市场上会选择的保险比率。虚拟保险市场的思路正确地（可以这样说）不考虑这一点，因为指着电影明星完全正确地宣布，他会为那种报酬而做那份工作，这没有给那些无法找到一份工作的人提供任何回答。在一个平等的保险市场上，没有任何人会购买电影明星收入水平的保额，这个事实简单地揭示了不公正。电影明星没有必要买这种保险。即使没有它，他也能为自己挣到奢侈迷人的生活。残酷的事实仍然是，有些人拥有的东西大大多于另一些人拥有的，这些东西是这两种人都需要的，虽然不存在与选择相关的理由。曾让我们怀有敬意的嫉妒检验彻底失败了，任何站得住脚的平等观都无法证明平等理论会赞成这样的后果。

这是一种强有力的抱怨，而且我认为对此无法做出回答，只能总结并概括一下我们前面的论证，看看它们能否平息回响在我们耳际的抱怨。克劳德不能以平等为由，赞成一个能使他得到电影明星
105 收入的世界。移民们无法建立这样一个世界：凡是愿意让自己的工作时间和电影明星的工作时间一样长的人，都能得到和电影明星一样的收入。如果克劳德甚至在实施那种征税方案之后，仍对自己的处境不满意，他必然建议一个没有人会得到这种收入的世界，结果是他的收入相对（很可能是绝对）更高。但是，他提议的世界不管是哪一个，实行的变革都不会仅仅有利于那些在我们的方案中拥有多于他的人，而会有利于每一个人，包括那些因为这样或那样的原因——如他们的工作、休闲和消费偏好——而挣钱较少的人。比方说，假如谁也挣不到电影明星的工资，愿意看电影的人就有可能发现另一种非常不同的票价，不管是对是错，他们不会认为它与现在

的票价一样高。当然，不可能提前说出经济系统中任何深刻变革的结果是什么，以及从长远看获益和受损的分别是哪一些人。这些变革不可能从任何单一的角度加以筹划。例如，不能简单地用这个或那个经济阶层可以得到的金钱或其他“基本物品”去衡量它们。因为它们也影响着不同物品和机会的价格与稀缺性，任何特定阶层甚至经济阶层中的成员对这些物品和机会都有着非常不同的评价。移民为何选择能够反映人们的真实生活需要的拍卖，作为他们达到平等的启动装置，其原因也就在此。

因此，克劳德虽然确实可以说，他和电影明星的差别没有反映嗜好或抱负或美好信念上的差别，所以这种差别本身没有包含我们的第一项反映抱负的平等工资结构的要求。但是他不能建议会给别人的地位带来全面而剧烈变化的相对经济地位的变革，即包含着那种要求的变革。当然，这个事实本身没有排除克劳德有可能建议的任何变革。相反，正如我一直极力强调的，尤其是我反对起点平等论的论证所表明的，从平等起点开始的自由放任的生产与贸易所形成的现状，并不具有天然的或特殊的地位。假如克劳德能够证明某种正确的资源平等观要求进行某种变革，那么来自各个阶层的许多人在其各自的嗜好和抱负不变的情况下会生活得更差这一事实，并未提供任何反对的理由，就像不进行变革克劳德便生活得较差这个事实没有提供赞成那种变革的证据一样。我只是想强调，克劳德需要某种赞成他所建议的变革的论证，它要独立于他本人的相对地 106
位。对于他来说，仅仅指出那些做得更出色的人，即使是那些人与他本人有相同的嗜好和抱负的人，是不够的。

从虚拟保险市场得出的论证是这样的论证。它把两个世界加以对照。在第一个世界里，相对于他们自己的生产技能来说，因别人的嗜好和抱负而处于相对劣势的人，事先就为人所知并承担这种劣势的全部后果。在第二个世界里，相对劣势的相同模式亦能成立，但每个人主观上事先都有处于这种劣势的平等机会，并为此而购买保险。这一论证假设平等偏向于第二个世界，因为它是一个技能资源在一种重要的意义上分布较为平等的世界。虚拟保险的论证的目的就是要在现实世界尽可能复制第二个世界的结果。它会用一个简单的主张来回答那些在第一个世界里处境较好的人（也包括许多在第二个世界里有更多的钱供自己支配的人）：根据与他们在既定嗜好和抱负的情况下会有什么处境无关的理由，第二个世界更接近于资源平等的世界。

这一论证的有效性并不排除其他一些证明进一步的变革将促进资源平等的论证。但是，比方说，假如虚拟保险的论证在我们的移民中事实上得到了接受并加以落实，则难以预见我们还会有多强的动机去寻找做进一步的论证。这至少取决于这个社会里多高的收入水平可以被证明为平均保额水平。我们描述的那种经济的特点，也许能够大大减少财富差别，以至于依然存在的财富不平等给我们带来的麻烦不像我们事先估计的那样大。当然，那些特点的整体效益的成本有可能非常之大，以至于打算为了普遍效用或为了使生活最差的人尽可能好转而在资源平等上做出妥协的人也会认为，他们更全面的公正观会谴责那种过分的平等。

当然，许多反对不平等的政治哲学家和理论家所关心的，不但

是从绝对角度看底层的人多么贫穷，还有严重的财富不平等使一个 107
社会付出的所谓道德成本有多大，这种成本是指当生活最差者的处境大为改善而不平等没有变化时，仍然存在甚至有时会加大的成本。然而以下设想是错误的：作为我们的社会之标志的那些有关财富的古怪而又相辅相成的态度——积累财富是生活成功的标志，为取得这种成功而安排生活的人是令人嫉妒而非同情或关切的对象的想法——可以在这样一个经济体系——它已摆脱真正的贫困，而且像初始拍卖的情况那样，鼓励人们把银行存款仅仅视为使生活有价值的因素之一——中找到立足之地。因为在我们的世界里，维持并培养这些态度的假设是，既然人们只有一次人生机会，那么追求积累财富和消费奢侈品——其魅力主要在于它们是为非常富有的人保留的——的生活就是有价值的生活。任何有关良善生活的理论所能达到的彻底的荒谬性，大概都莫过于这种看法了。

这种看法是怎样植根于一个社会的，无疑是个重要的社会心理学和思想史问题。甚至高度资本主义化的社会长期以来也严肃看待的所有文学和其他艺术形式，一直在谴责这种看法，我虽然理解艺术对它的拒斥可能只是因为它在生活中被人不假思索地接受，然而甚至最流行的艺术所发出的抗议，却加深了人们的迷惑。我现在不打算努力解开这个谜团，而是只有一个十分平庸的观点：对于我们在自己身上发现的、让那些指出市场体系之道德成本的人发出哀叹的对待财富的不合理态度的复杂谱系，我们是如此无知，所以我们若是事先便假设这种态度会出现在另一种市场体系中，那么就是错误的；这种体系的特点恰恰在于它鼓励对成本和收益进行反思性的评价，这很有可能使那种态度很快衰落和消失。

不过，努力找出这样一些论证还是很重要的，它们能够证明资源平等作为一个明确的理想，会建议甚至消除虚拟保险的论证所允许的财富差别，这一设想并没有受到我下面这种不确定感的威胁：如果我们事实上找不到任何论证，我们是否会感到沮丧，或发现我们的直觉靠不住。我不怀疑能够找到这样的论证，这也是我要做这
108 种努力的意图的一部分。但是值得提一下某些似乎没有前途的论证。例如，资源平等会赞成另一个世界，与我谈到的那两个世界相比，这里的人们事实上有着更平等的生产技能，所以我们应当建立一种可归因于职业的财富差距小于那两个世界的体系。这个主张中包含着一个重要观点，即一个平等的社会应当以平等的名义，用专门的资源去训练那些因为技能原因而处在收入排序之较低位置的人。这属于平等主义教育理论这个更大问题的一部分，我不打算在这里讨论这个问题。但是这个较为普遍的观点受到一个事实的困扰，即我们若是不做出有关那个世界里人人平等分享的技能组合的假设，则我们根本无法着手复制发生在那个世界里的财富分配，对这种组合的任何具体规定，都不可能对我们打算在其中从事复制工作的现实世界的不同抱负和嗜好保持中立。

假设有人简单地（带着明显的不耐烦）说，资源平等必须偏向于这样一个世界，与自由贸易的世界相比，那里的人有着更接近于平等的财富，即使前者有着平等的初始资源并由虚拟保险市场做了调整的背景。否认这一点（可以说）就是把其他价值偏好置于平等之上，而不是在宣布有关平等本身的另一种可以接受的观点。这当

然正是我的论证一直想要进行挑战的做法。一旦我们认识到在资源平等条件下有关分配的理论必须尊重抱负因素这一要求的重要性，认识到任何分配或再分配方案对社会中几乎每个人都愿意得到且允许他得到的生活的整体影响，我们肯定就会带着怀疑的态度去看待必须以不顾及这些事实的方式定义资源平等这种软弱无力的主张。资源平等是个复杂的理想。它很可能（如我们这里做过考察的各种论点所示）是个不确定的理想，在一定范围内接受不同的分配方式。然而这似乎更清楚地表明：对这一理想的任何站得住脚的观点，都必须顾及它的不同维度，不能轻易放弃应当关注一个人的生活给别人带来的成本这一要求。这里的建议，即真正的平等理论必须仅仅关注一个人在特定时间内拥有的可支配物品和流动资产的数量，是一个未加分析的教条，它其实无法捍卫平等概念的边界不受 109
其他概念的侵扰，反而有碍于把平等描述为一种独立而强大的政治理想。

七、其他公正理论

几乎不值得再说一遍，甚至在像移民社会这种简单的人为条件下，这里的评论也远远算不上是一种完善的资源平等理论。例如，我完全没有谈到，正确理解的平等在多大程度上限制人们把自己有资格占有和享用的东西送给别人。这个问题中当然包含着一个难题，即那些通过在自己生活中做出牺牲而积累财富的人，是否应当允许他们将其作为额外财富转移给自己的子女。我也完全没有谈到，对于人们自己希望如何生活的观念所发生的重大变化，资源的平等分配如何加以应对。当一个人否定了自己过去的生活，希望有一个新的起点时，他有资格得到一份新的资源吗？假设他是个放荡的人，浪费了自己的初始资源，现在他发现自己的所有甚至连以后生活的基本需要也无法满足，又该怎么办呢？

这些问题有着重大的理论意义，而且当我们提出平等起点的要求——在我们的移民世界里可以通过平等的初始拍卖加以满足——对于现实世界意味着什么的问题时，它们还有重要的实践意义。对于政治权力平等的问题我打算另做说明，尽管如我最初所言，把政治平等视为一个完全独立于经济平等的问题，是非常没有道理的。不过我们在这里已经打下了充分的基础，因此把我们的思路与这个领域的另一些著名的公正理论做一比较是有益的。

这里所维护的平等观和福利平等即第一章讨论的理论之间的对比应当是相当清楚的。举行平等的初始拍卖，然后是在模仿虚拟保险市场的征税方案的约束下的贸易和生产，这种设想的目标不是任何福利观所指的平等，或是打算趋向于这一类平等。当然，就已经做出的阐述而言，这种理论中甚至不存在对不同的人之间的福利水
110 平进行比较的余地。这种理论确实利用了个人效用水平的概念，例如在它所建议的对人们在某种虚拟市场会如何行动的计算中。不过这些计算仅仅采用了约翰·冯·纽曼（John von Neumann）和奥斯卡·摩根斯坦（Oskar Morgenstern）提出的十分单纯的效用概念[15]，而不是那些对人们进行相互比较时必需的更为复杂和带有

判断成分的福利概念，我在第一章曾提到过它们的缺点。

有一种形式的功利主义要求总体福利的最大化，而不是这种福利的平等分配，这里描述的理论与它可能存在着有意义的相关性。当然，我们的理论作为一个整体，不能期待它会致力于任何意义上的全社会福利的最大化，除非存在着一些有关个人效用函数的特殊而十分宽泛的假设。例如，人们应当以平等的初始资源进入经济活动这一假设，对于功利主义者来说就是一条可疑的定理而非主导原则。但是，以经济能力的抽象平等分配为根据的平等拍卖物品与服务的设想，也许显示出这种理论中有一些功利主义色彩，因为较之把现有物品机械地分成平等份额，这种拍卖能够更好地促进整体效用。如果存在着这种微弱的相似之处，我不认为它完全是偶然的。相反，我认为功利主义的部分吸引人之处就在于这样一个事实：在某些情况下，这里的平等观也会推荐以直觉上公平的基本分配作为基础的使总体边际效用最大化的分配。作为功利主义的嫡亲，并在目前大学的法律圈里十分流行的财富最大化的公正理论，显然更是如此。这种理论认为，至少在某种情况下，使边际财富最大化的分配是公正的。使财富最大化的理论似乎具有直觉上的合理性的原因[16]，其实恰恰就是我们的平等观建议采用使财富事实上最大化的决定的原因。我们的平等观与财富最大化理论从整体上相符的程度，很可能大于我们的平等观与功利主义相符的程度。[17]不过在这两种情况下，如果当前的论证能够成立，则这种关系只能是单向的。符合这两种理论的分配是公平的分配，是因为赞成这种分配的是平等，而非效用或财富的最大化。

这里所建议的资源平等理论与各种形式的、洛克式的私有产权公正论尤其是诺齐克的独特而有影响的理论之间，至少还存在着一
111 种表面的相关性。当然，即使从表面上说，它们的差别也更为显著。对社会所控制的全部物品的抽象经济权力进行平等分配的观点，在诺齐克的理论中无存身之地。但是，诺齐克的理论与这里所描述的资源平等，都赋予市场概念突出的地位，并建议通过得到适当定义和限制的市场来完成分配。诺齐克的论证中那些直觉上似乎更令人信服的部分，也许就是建立在这里的理论得出了非常相似的结论的事例上。

威尔特·张伯伦这个著名的例子就很能说明问题。诺齐克设想了一种平等分配，然后是非强制性的互利交易，在这种交易中，许多人中的每个人为观看张伯伦打篮球都支付一点儿钱，于是他变得越来越富，财富的平等也不复存在。就这一结果本身而言，资源平等不会否认这种结果。张伯伦的财富反映着他所过的那种生活对于别人的价值。在这个过程结束时，他的财富更多当然主要归因于他有更高的技能，我们可以假定只有一小部分财富归因于他愿意过一种别人不想过的生活这个事实。但是，在我们描述的虚拟保险市场上，几乎没有人会为了自己可能不具备能够带来这种财富的技能而购买保险。对于几乎所有的人来说，这种保险显然是不合理的投资。所以，假如我们只注意别人的财富大大少于张伯伦的这一个事实，那么我们的讨论不会认为向张伯伦的财富课税并把它分给那些不是这样幸运的人的做法是正当的。

但是与诺齐克不同的是，我们的讨论留有余地：通过对张伯伦

能够积累起这种财富的环境进行更深入的研究，有可能找到为这种再分配提供正当理由的论证。假设张伯伦不是在这样一个社会里打篮球，它唯一的财富差别是他的巨额财富与其他所有人的平等财富之间的差别，他们每个人的财富，与我们能够想象的最平等的分配相比只有十分微小的不同；假设他在 20 世纪 70 年代早期的费城打球。在这个社会里，有许多人的收入低于为这个社会设立的一个合理的虚拟保险市场的平均保额。这样一来，即使我们假定我们看到的复杂的财富差别都可归因于技能而不是缺少平等起点（这是荒谬的），我们仍然需要实行一种征税制度对他们实行再分配，并且会要求张伯伦为这种制度缴纳税费。当然，既然我们的论证证实了虚拟保险市场的保费是根据实际收入实行累进制这一结论的正当性， 112
所以张伯伦缴纳的税费就要多于任何人缴纳的税费，无论从绝对数还是从占其收入的比例来说都是如此。如果以这种方式深化讨论，资源平等就会越来越远地脱离那个只充当守夜人的国家。

因此，这两种理论利用市场的方式之间的差别是相当清楚的。在诺齐克看来，在为分配提供正当性方面，市场只有消极的和偶然的作用。如果有人公正地获得了某种东西，决定用它去交换别人的物品或服务，那就不能以公正的名义反对由此导致的分配。交易的历史使它免受攻击，并且以这种消极的方式验证了它的道德血统。在这种理论中，任何形式的虚拟市场都没有立足之地，除非有一些特殊情况，例如对得到确证的历史不公正做出的赔偿。因为诺齐克没有用市场（比如像一些财富最大化论者那样）去简单地定义另一种他所谓的“规范的”（patterned）公正理论。公正不存在于理性人的公平市场所导致的分配之中，而是存在于一个可能但未必一定包含任何市场交易的过程的实际结果之中，这是一种有着历史偶然性的现象。

在资源平等条件下，一旦出现市场，它就会表现出更为积极但也更为顺从的面貌。它的出现是因为平等观承认，至少在一定程度上它是用来落实如下基本要求的最佳手段：只把社会资源的平等份额分给其每一个成员，其衡量标准是这些资源给别人造成的机会成本。但是，实际的市场交易的价值到此为止，当分析表明从任何角度看市场完不成这项任务，或一种完全不同的理论或制度设计更为出色时，就必须放弃或限制市场。就这一目的而言，虚拟的市场对于实际的市场显然有着理论上的重要性。我们对其结果不是十分确定，但在设计它们时也有着相当大的灵活性，批评它们缺少历史有效性属于无的放矢。

最后，我要谈谈我们的资源平等观与约翰·罗尔斯的公正论的关系和差别。这一理论相当丰富，它从两个层面提出了相关的问题。首先，这里描述的赞成资源平等的论证，在多大程度上来自罗
113 尔斯阐述的论证结构？也就是说，它们在多大程度上依靠这样的假设：处在罗尔斯描述的初始位置上的人，会在无知之幕中选择资源平等原则？其次——这是个独立的问题，资源平等的要求与罗尔斯建议人们在那种处境中选择的两条原则有多大区别？

从第二个问题入手显然更好一些。恰当的比较是在资源平等与罗尔斯的第二条公正原则之间的比较，这一原则的主要内容是“差别”原则（“difference” principle)，它要求“基本物品”上的绝对

平等不可改变，以此作为对生活最差的经济阶层的利益保障。（罗尔斯的第一条原则确立了他所说的自由优先原则，在很多方面涉及我作为政治自由而放在第四章讨论的问题。）这一差别原则就像我们的资源平等观一样，只是偶尔论及福利平等的方向，无论福利概念指的是什么。假如我们对福利平等理论和资源平等理论做出大致的区分，则差别原则是对资源平等的解释。

然而这是一种不同于我们的观点的解释。从我们的观点看，差别原则在许多方面不具备足够的微调功能。在选择对生活最差的群体的描述时，存在着过多的任意性，在任何情况下它都是一个其运气只能由某种神秘的平均数或以有代表性的成员来表示的群体。具体说来，这种结构似乎不足以对那些生理或智力上天生有残疾者——他们并不构成一个生活最差的群体，因为这种群体是从经济上定义的；也不会被算作这类群体中的代表或一般成员——的处境做出反应。罗尔斯请读者注意他所谓的补救原则（the principle of redress），它规定对于这类残疾人按照其实是我根据我们的平等观所描述的方式给予补助。但是他指出，差别原则中并不包括补救原则，虽然它会倾向于发挥同样的作用，比如说为残疾人提供的特殊训练可以惠及经济处境最差的阶层。但是没有理由认为它会这样，至少在正常情况下是如此。

此外，经常有人指出，差别原则不足以反映生活最差的经济阶层之上的分配多样性。这种意见有时可以用一个怪诞的虚拟问题来表示。假设一个现存的经济体系事实上是公正的。它满足了差别原 114
则的条件，因为向生活最差阶层的进一步财富转移事实上已不可能再改善其处境。这时有一种（比如说）迫近的灾难为官员提供了一种选择。他们可以采取行动使一个生活最差的小群体中的代表性成员的生活，因遭受勉强值得注意的损失而变得更差，或是使每个人的处境都显著变差，使他们和生活最差的人一样穷。公正真的要求最贫穷者以外的每个人都蒙受很大损失，以便不让前者遭受很小的一点儿损失吗？

只要这样回答这个问题就可以了：这种情况极不可能发生，事实上不同的经济阶层的命运是“拴”在一起的，因此生活最差阶层的改进事实上至少会伴随着在他们之上的另一些阶层的改进。但是这种回答并没有消除一个理论问题：在任何情况下，是否真的唯有生活最差的群体的处境决定着何为公正？

这里描述的资源平等，并不单独提到一个处在那种地位上的群体。它要提供一种具体到每个人的资源平等的描述（或达到这一目标的一套办法），在考虑影响其所得的每个人的历史时，不涉及他在任何经济或社会阶层中的成员身份。我不是说我们的理论就其达到的细致程度而言，对于采用那些办法具有相当好的准确度。相反，甚至在我们讨论过的简单事例中，当说明在具体环境中平等会有何要求时，我们经常不得不做出限制和妥协，有时甚至要承认不确定性。不过这种理论确实主张，平等从原则上说是一个个人权利的问题，而不是一个群体处境的问题。不是说每个人都有事先规定好的份额供其支配，不管他做了什么或别人发生了什么。相反，这一理论用实际的或虚拟的市场之主导设计所描述的方式，把人们的命运联系在一起，但它有着另一种含义，即这种理论认为平等规定了公民之间的一种关系，它对于每个人来说都是一种个人化的关系，因此可以被理解为既是从每个人的角度也是从共同体中其他任何人的角度确定各项权利。甚至当我们的理论借助于平均效用曲线时，比如在建构虚拟保险市场时，它所做的事情也只是对具体个人的具体嗜好和抱负做出概率判断，以便给予作为个人的他们有权利 115
得到的东西，而不是把这种做法作为平等乃是一个有关不同群体之间的平等问题这类许诺的内容。而罗尔斯则主张差别原则把公正与某个阶层挂钩，不是把它作为对某种原则上更个人化的、更深层的平等观的一种次优的实践性调整，而是因为确定何为最基本的公正的初始位置的选择，由于实践的原因从一开始就是从阶层的角度来建构的。[18]

究竟是差别原则还是资源平等能够在罗尔斯所说的基本物品上取得更为绝对的平等，不可能事先予以说明。这取决于环境。例如，假定向残疾人和失业者提供适当保额所必需的税收，有着抑制投资的长期效果，从而损害了生活最差阶层之代表性成员的基本物品前景。生活最差群体中的一些有残疾的个人或目前失业并将继续失业的个人，在这种税制下的生活将得到改善（和其他阶层中的某些成员一起），但是生活最差阶层中的一般成员或有代表性的成员的生活会变得更差。把生活最差的群体作为一个整体看待的差别原则会指责这种税收，而资源平等会推荐采用它。

在刚才描述的这种为人所熟知的古怪问题的条件下，如果不让生活最差阶层的代表性成员遭受勉强值得注意的损失的唯一办法是让生活更好一些的人蒙受重大损失，差别原则就会付出这种代价以阻止前者蒙受较少的损失。相反，资源平等会考虑反对罗尔斯理论的人认为应当给予重视的那一类数量差别。如果以资源的平等分配为基础，这不是意味着向生活最差群体的任何财富转移从长远看都会给这个群体带来损失，可能是这样，也可能不是这样；而是意味着任何这一类转移对另一些人都是不公平的。处在底层的人没有更多的财产这一事实，并不表示不可能给予他们更多的东西，假如现在有某种经济灾难迫在眉睫，政府打算让一个公民蒙受巨大损失，以便让另一个公民避免很少的损失，它就没有把前者作为一个平等的人对待，因为既然平等本身不要求对后者给予更多的特殊关注，
116 政府对他的命运的关切便肯定超过了它对另一些人的关切。所以说，如果像那个古怪的问题所设想的那种生活最差者可能蒙受的财产损失没有发生在他身上，那么这就是个意义重大的结果。

然而，这并不是说资源平等在面对这些例子时变成了功利主义。事实上，与差别原则或功利主义相比，它关注更多的数量信息，或至少是不同的数量信息。假设迫近的灾难威胁到生活最差的群体，其损失不是原来那个问题中微不足道的损失，而是相当严重的损失，虽然损失的总量小于生活更好的群体可能遭受的损失。资源平等必须问，虚拟保险市场以及现行征税方案中的计算，是否充分考虑了这种就要发生的风险。它可能没有考虑。来自无法预期的方面的重大损失的可能性，如果对它已经有所预见，就可能导致这个市场中的平均水平上的购买人在更高的保额水平上购买灾险或失业保险，这其实可以影响官员有关如何分配未来损失的当前决策。譬如说，有可能让他相信，不去考虑总体福利损失，让生活较好的

人承担损失，会导致这样一种状态，它更接近于如果税收方案更好地反映人们在有那种附带信息的虚拟保险市场中的行为时他们所处的状态。

在差别原则和资源平等在特定环境下提供的实践方案中，其实存在着许多这样的对比，这些例子只是想为另一些对比做个提示。这些对比是根据我已指出的理论区分建立的。差别原则只针对资源平等所承认的平等的一个方面。前者不考虑抱负、嗜好、职业或消费差别，更不用说生理条件或残疾上的差别，而是假定基本物品的简单平等是基本的或真正的平等。既然（一旦自由优先的原则得到满足）公正就存在于平等之中，既然真正的平等仅仅是那种简单的平等，那么对任何妥协或偏离就只能用这样的理由进行辩护：它符合那些可以正确地抱怨那种偏离的人的利益。

如果具体应用到每一个人，那么对平等的这种单一维度的分析显然是不能令人满意的。在面对以下论证时它会失败：当消费着更多别人需要的东西的人的剩余比消费较少的人还多时，就不存在社会资源的平等分配；如果选择了按别人的需求来衡量更有生产能力 *117*
的职业的人，其资源最后却少于选择了休闲的人，事情也是如此。（也就是说，它在这种论证面前失败，除非它通过接受令人怀疑的主张——尽管有不同的消费或就业史，基本物品的平等是福利平等的最佳保障——而变成某种形式的福利平等。）

可见（就像罗尔斯明白表示的那样），差别原则没有把自身与个人联系在一起，而是与群体联系起来，作为对一种更为深层的个人主义平等观的次优调整。任何这种平等观都会指责差别原则的不恰当。它从原则上把自身与群体联系在一起，是因为从经济角度定义的社会群体之间的平等观符合对平等的简单解释。其实，把经济群体之间的平等视为平等的观点，也不允许其他解释。既然每一个经济阶层的成员有着极为多样性的嗜好、抱负和良善生活观，那么这些因素肯定会偏离有关群体之间的平等要求什么的任何原则，最后我们只会得到这样的要求：它们之间的平等只存在于它们作为群体可能有差别的一个方面。差别原则同作为其社会尺度的群体之间的关系，接近于一种十分僵化的关系。

我们千万不要从这个事实草率地得出有关罗尔斯的整个公正理论的结论。他的第一条公正原则显然是个人主义的，但差别原则不是。在评价个人在他的整个理论中的作用时，需要认真分析那一原则以及两条原则协共发挥作用的方式。但是，如果用差别原则来表示一种资源平等理论，那么它所表达的理论在基本用语和结构上将不同于本书所描述的理论。也许值得进一步探讨两者的不同，比如更为细致地表述和澄清两种理论在实际环境中的不同结果。不过我还是回到我所区分出的两个比较问题中的第一个上来吧。

我在努力证明这里所解释的资源平等的吸引力时，一直局限于更清楚地揭示它的动机，捍卫它的内恰性和实践能力（practical force)。我一直没有用一种可以说更为直接的方式来为它辩护，即从更为一般和抽象的政治原则中把它推导出来。于是就出现了这样
118 的问题：罗尔斯的一般方法是否能够提供这样的辩护，或更具体地说，能否从中找到这种辩护。资源平等在许多方面甚至是一些根本性的方面，不同于罗尔斯本人的差别原则，这个事实并没有决定性

地否认以上可能性。我们也许能够证明，处在罗尔斯的初始位置上的人，会在他们的无知之幕中不是选择差别原则，而是选择资源平等或某些中间性的宪政原则，如果是这样的话，当无知之幕升起时，也许会发现资源平等能够比差别原则更好地满足这些原则。

我希望表明，我在这里并没有提出任何这样的论证。不错，我曾经主张，平等分配是从人们在某些环境下的选择中产生的分配，其中一些环境，如虚拟保险市场的环境，需要做出反事实的假设，即人们不知道他们事实上很可能知道的事情。但是这种论证在两个方面不同于根据初始位置做出的论证。首先，我的论证允许人们尽可能多地知情而不会使这一观点完全失效。具体地说就是，它们允许人们作为个人有足够的自我了解，完整地保持他们自己的个性意识，尤其是对他们的生活价值观的意识，而初始位置的核心却是人们完全缺少这种知识。其次，更为重要的是，我的论证是在有关平等原则上要求什么的假设的背景下建立起来的。它并不打算建立这个背景，而罗尔斯的论证则有此打算。我的论证是要落实而不是制定公正的基本设计，这种设计必须从其他方面而不是从这些论证中寻找根据。

但是我不打算说，对于如下设想我完全是个不可知论者：通过证明初始位置上的人会选择资源平等，以此支持作为一种政治理想的资源平等。我认为任何这样的设计都肯定会失败或根本无法想象，因为在解释为何初始位置对于思考何为公正是个有用的方法——或一组有用的方法之一——时，需要某种资源平等之类的理论。因此，这种设计过于自给自足了。初始位置的方法（如我在另一篇文章中所说[19]），不能被合理地当作政治哲学的起点。它需要更为深层的理论支持，即解释初始位置为何具有那种特点、在那种
119 位置上的人选择特定原则的事实为何证明了它们是公正原则的理论。在我看来，初始位置作为一种论证公正的方法，或为此目的而设计的任何特殊的初始位置方法，其有效性取决于支持这种方法的资源平等解释是否正确，而不是相反。

注释：

[1] D. Foley，"Resource Allocation and the Public Sector"，*Yale Economic Essays* 7（Spring 1967）；H. Varian，"Equity，Energy and Efficiency"，*Journal of Economic Theory*，September 1974，pp. 463 - 489.

[2] 我想描述一种瓦尔拉式拍卖，在这种拍卖中出售所有生产资料。我没有假设移民达成一种针对完全偶然的主张的契约，而是假设这种市场将一直开放，直到生产资源的拍卖以瓦尔拉方式完成后清场。我做出的全部假设，都是德布罗（G. Debreu）《价值理论》（*Theory of Value*，New Haven：Yale University Press，1959）一书中有关生产和偏好的假设。事实上，我这里描述的拍卖会因为下面将要讨论的征税方案而变得更为复杂。

[3] 这一过程不能保证拍卖以这种方式结束，因为可能存在着不同的均衡。我这里的设想是，人们会终于认识到即使再把拍卖进行下去，他们也无法做得更好，并基于这一实践原则而停留在某种均衡上。如果我是错误的，则这一事实反映着我将在下一节讨论的不完美性的一个方面。

[4] 不过，请参见下面对残疾的讨论，它承认有些人不希望自己具有的偏好，也可以作为残疾要求补贴。

[5] 平均化的假设只是一个简化的假设，目的在于在没有具体的（由于正文中描述的原因，大概是不确定的）信息——使我们能够确定每个残疾人

会在这个虚拟保险市场上购买多少保险的信息——情况下提供一个结论。假如我们掌握这种充分的信息，我们就可以为每个人事实上购买的保险提供补贴，这项计划的准确性也就得到提高。但是在不掌握这种信息时，平均化是个次优方案，或至少胜过没有任何方案。

[6] 虚拟保险的思路不要求任何有关“正常”能力的规定，因为它允许由这个虚拟市场来确定需要对哪些疾病进行补贴。

[7] Robert Nozick, *Anarchy, State and Utopia* (New York: Basic Books, 1974).

[8] 请注意，我们对不同的技能给资源平等提出的问题的分析，要求的是一种所得税，而不是一种财产税或消费税。假如人们以平等的资源作为起点，则我们希望用征税去调整不同的技能造成的收入差别，因为它们仅仅是从这个方面威胁着资源平等。人们打算用掉而不是节省自己已经挣到的东西的决定，按照这里的分析，其作用应当由未加修正的市场来决定。当然，信奉福利平等的社会为何采用所得税以外的税种，也许有着技术的或其他方面的原因。比如说，这个社会可能是为了鼓励节约。但是这些税种不会解决这里讨论的问题。按这里的论证，应当对非劳动所得的（投资）收入征税吗？我假设非劳动所得的收入反映着投资技能，就像它反映着以后的消费偏好一样，而在后一种情况下，我的论证会赞成向这种收入征税。既然我在这里没有讨论下一代人的问题，那么我也不会讨论遗产税或不动产税。

[9] 我们这里想象的保险市场也可以有另外一些形式，但是我已经提到的那些形式似乎会产生大体同样的结果。例如，阿马蒂亚·森向我建议说，保险公司可以提供一种保险，为每个投保人保障规定的保额水平，但是把保费与人们后来得到的经济租金挂钩。我认为，这不会产生不同于我在下一节描述的那种安排的结果，而且我认为，如我在那里做的一样，讨论一下为何有必要做这些深入的思考是有益的。

[10] 如果我这里的看法是错误的，虚拟保险的论证就会坚持大力推行再分配和实质性的财产平等。这样的话，那一方案就会根据那一假设，提出赞成那一结果的论证。

[11] 我省略了保险公司可以用来确定并证明谁有什么技能的技术以及这种技术的成本的问题。我假设计算机将得到那些信息作为其技术性数据库的一部分，并将用它预测保险合同的保费结构和另一些事件。当我说“赢得”或“输掉”保险赌金时，我指的是在计算机预测到的事件中得到补贴的资格或没有得到这种资格。

[12] 在这种保险政策下，他还有可能遭遇更为严重的损失风险而又没有能力挣到保额水平。我没有强调这种风险，因为它假设了一种不可思议的技术的失败。所以，我合理地假设，没有人会处在那种危险的位置上。

[13] 斯坎伦提供了这一事例。

[14] 如残疾的情况一样，我选择它的目的是要把保费和税赋与平均保额水平挂钩作为一种简化的办法。我当然可以选择中间数或虚拟市场选定的保额而不是平均数。这些办法是否更好，是个有意义的问题。我选择平均数是基于这样的假设：我们对具体情况下的出错概率（即“保费”不同于当事人在保险市场上实际支付的数目的概率）的评估，应当反映这一差别的数目和事实。

[15] John von Neumann and Oskar Morgenstern，*The Theory of Games and Economic Behaviors*，3rd ed.（Princeton：Princeton University Press，1980）.

[16] 这就像普通法在遇到一些难题时经常做的那样，比如实施任何新的法律会给一些人带来收益而给另一些人造成损失，它假设或必须假设这两种人的资源支配权大体上是平等的。参见 R. Posner，“The Ethical and Political Basis of the Efficiency Norm in Common Law”，*Hofstra Law Review* 8

(1980), p. 487。

[17] Ronald Dworkin, "Why Efficiency?", *Hofstra Law Review* 8 (1980), p. 563.

[18] John Rawls, *A Theory of Justice* (Cambridge, Mass.: Belknap Press of Harvard University Press, 1971), p. 98.

[19] Ronald Dworkin, *Taking Rights Seriously* (Cambridge, Mass.: Harvard University Press, 1977), chap. 6.

第三章　自由的地位

一、导论：自由和平等

导　言

120 我在前两章阐述了一种平等观，根据这种平等观，平等指的是这样一种环境：人们不是在福利方面平等，而是在他们支配的资源方面平等。那么自由在这种平等主张中的意义是什么呢？

对这个问题要做两个方面的限制。首先，我所说的自由，是指人们有时所说的消极自由——不受法律限制的自由，而不是指更宽泛的自由或能力。其次，我不想泛泛地讨论自由，而只想讨论自由和分配平等之间的关系。因此，我虽然会捍卫一种典型的自由主义观点，即在对个人十分重要的事情上人们享有的自由不容侵犯，但是我在捍卫这种观点时，只针对以分配主义的论说作为根据的挑战。我不会考虑道德主义或家长主义对自由主义的挑战。例如，我不会考虑这样的观点：为了使人人得到拯救，必须废除宗教方面的自由。当然，有一些宗教激进主义的政治运动，比如“道德多数”(Moral Majority)，就是以这类理由反对自由主义。然而我认为，分配主义对自由主义的挑战，在今天比道德主义或政治的挑战有着更重要的政治意义。人们普遍认为，譬如说为了做到真正的经济平等，有些自由，包括教育上的选择自由，必须受到限制。虽然角度不同，但人们也普遍认为，另一些自由，包括性行为的选择自由，必须受到限制，以便使大多数人有一个他们所希望并且他们有资格得到的环境，这是个分配公正的问题。我确实会考虑有这种性质的 *121*
反自由主义观点。

然而，我想捍卫的是一种更为一般的主张：假如我们赞成资源平等是分配平等的最佳观点，那么自由就变成了平等的一个方面，而不是像人们经常认为的那样，是一个与平等有着潜在冲突的独立的政治理想。我对这一观点的论证很复杂，所以最好事先为这种论证中阐述的观点提供一个非正式的描述。我们有许多人相信，我们认为在道德上有着重要意义的自由——例如言论、宗教和信仰的自由，在重要的个人事务上的选择自由——除非在最极端的情况下，都应当得到维护。我们不愿意设想应当剥夺这些自由，哪怕是为了增益于平等。但捍卫后一种观点是非常不容易的。毕竟，我们总是在为另一些目标而限制重要的自由。我们以各种方式限制言论自由，以保护我们自己在不恰当的时间免受噪声之扰；我们限制教育上的选择自由，以保障子女受到合格的教育。可是，这些重要的自由既然要服从于那些竞争性价值，它们为什么就不能服从于分配公正中那些通常更具强制性的要求呢？

如果自由的价值就像人们所理解的艺术价值一样——它有着自身的、与它对欣赏艺术者所造成的影响无关的价值，则我们虽然未必赞成，却不难理解这样的观点：自由有着基本的、形而上的重要意义，所以不管它给人们带来什么后果都应加以维护。然而自由对于我们有价值，似乎仅仅是因为我们认为它会给人们带来的结果：正是因为这个原因，我们认为在自由的环境下生活更好。一些人的自由受到保护，改善了他们的生活，真的比另一些生活变糟的人过上体面生活所需要的各种资源和机会更重要吗？我们如何捍卫这种观点？我们也许会倾向于教条主义，宣布我们的直觉是，自由乃是基本的、绝对不能因为平等而牺牲的价值，然后声称这样说就够了，不必多言。然而这是空洞而生硬的。如果自由有着先验的重要性，我们至少应当能够说出一些何以如此的原因。

我有若干个理由认为，自由具有道德上的重要性的观点，必须
122 用另一种不十分常见的方式加以说明：不是坚持自由比平等更重要，而是证明按照何为分配平等的最佳观点、按照社会财产的分配要对每个公民表示平等关切的最佳观点，这些自由必须得到维护。如果我们同意资源平等是最佳观点，这种主张就是有道理的。另一种平等观根据不考虑自由的特殊性质和价值的标准定义去平等分配。例如，被理解为满足嗜好和偏好的福利平等，就把平等分配定

义为人们的偏好得到平等的满足，既然喜欢自由胜过另一些资源的人为了自由肯定会牺牲多少资源是个没有定论的问题，那么捍卫有着道德重要性的自由，也只能总是从改进福利平等的角度为它辩护。

另外，资源平等为分配平等提供了一种解释，它直接而明确地反映着人格和自由的特殊重要性。它使平等分配不依靠可以直接测算的结果，如偏好的满足，而是依靠一个协调的决策过程，在这个过程中，对自己的抱负和计划承担责任并因这种责任而承认自己属于一个实行平等关切的共同体的人们，能够认识到他们自己的计划给别人造成的真实成本，所以在设计和调整他们的这些计划时，只利用原则上人人都可以享用的资源中的公平的一份。因此，现实的社会是否追求资源平等，取决于为此目的而提供的讨论和选择过程是否恰当。为使这一过程充分而恰当，必须有本质意义上的自由，因为某人占有一定的资源或机会给别人造成的真实成本，只能在人们的抱负和信念是真实的、他们的选择和决定合理地适用于那些抱负和信念时才能发现。没有充分的自由，这两点都是做不到的。所以，根据这种观点，自由对于平等必不可少，不是因为令人怀疑的脆弱假设，即较之其他资源，人们确实更看重那些重要的自由权利；而是因为不管人们是否最看重自由，它对于使平等得到界定和保障的过程都是至关重要的。这并没有使自由成为平等分配的工具，就像它没有使后者成为自由的工具一样，倒不如说，这两个观念融合为一种更为完备的说明：当什么时候支配着分配和资源利用 123
的法律以平等的关切对待每一个人。

可见，资源平等要求我们对政治辩论采取一种不同的观点，如关于私立教育和私立医院的辩论，人们广泛认为它表现为在自由和平等之间的不容含糊的选择。如果限制教育和医疗上的选择自由——就像有些限制显然能够做到的那样——真的能够促进资源平等，那就不能说值得捍卫的自由理想做出了妥协，自由主义者也不应加以反对。可是，据说能够促进资源平等的对自由的侵犯，并非全都确实有此作用，对自由主义最希望加以捍卫的那些自由——道德上最为重要的自由——的侵犯，很难被算作是对如此理解的平等的贡献。对于我们关于自由之重要性的直觉性的信念，资源平等论提供了比另一种理论更令人信服的解释，按照后一种理论，自由和平等是相互独立有时甚至相互冲突的美德。

以上是对这一章所讨论的问题和结论事先做出的概括。我必须更为细致地说明，哪一些自由对于为了平等而进行的思考和决定的恰当过程特别重要，又有哪一些自由为了这一过程而必须受到限制。我必须尽力说明，为何必须认为道德上重要的自由尤其不会受到这种限制的伤害，以及当一个不平等的社会把更大的平等作为方向而限制自由时，资源平等能够在多大程度上为它可能采取的步骤提供实践指南。这是些很复杂的问题，所以我的论证也难免繁复。

1. 著名的冲突

自由和平等，确如人们普遍所言，经常发生冲突吗？一个平等的社会肯定会剥夺公民的自由吗？还是这两种美德能够相互协调，因而我们可以两者兼得呢？如果是这样的话，这种协调是不是一种幸运而暂时的偶然现象？或者，这两种美德是在一种更为抽象的层面上联系在一起，因此一方的妥协必然伤害到另一方？我们需要一些具体的事例，人们认为在这些事例中平等和自由是互相冲突的，我从英国和美国的现实政治争论中找到了它们。

竞选费用。国会在 1974 年通过一项法令，限制人们为促进某个具体的政治候选人的利益而合法提供的资金数量。[1] 这项法令的 *124* 目标是平等主义的：允许富人把自己的钱随便用在政治上，他就会对政治过程产生比穷人大得多的影响。然而最高法院认为这种限制侵犯了受到《第一修正案》保护的言论自由，于是宣布法令中的那一部分内容违宪。[2] 最高法院的这一裁决受到广泛的挑战。[3]

基本需求的私有部门。第二个问题来自当前的英国政治。英国有全民保健制度。拥有足够资源的人或拥有提供必要的健康保费作为基本利益的职业的人，也可以付费得到私人医疗服务，这使他们除了另一些利益外可以超过平均水平，在痛苦的、失去行为能力的疾病方面得到治疗。工党中的一些派别赞成取消私人医院，但是英国的大多数政治家，显然还有英国的大多数公众，都反对这种政策，理由是这侵犯了他们的自由的重要部分：选择医疗服务的自由。

最低工资和最长工时的立法。我的第三个例子有着更大的历史性质，虽然如我下面将要证明的那样，它所反映的问题至今仍然很重要。在这个世纪初，美国的立法机构开始干预雇佣合同，对受雇者每周或每天的工时加以限制，或是规定雇主向雇员支付的最低工资。例如，纽约禁止面包师每周工作超过 60 小时。虽然这些立法无疑有着多重目标——纽约的法令被称为一种保健措施——但是它们受到广泛的欢迎，认为这可以改善已被许多人视为不可容忍的残酷的经济不平等。但最高法院宣布纽约的法律违宪，法院说这是因为它侵犯了宪法所捍卫的另一项重要自由：契约自由和就业选择的自由。[4]那项裁决不再得到遵守[5]，并且经常被人引为最高法院历史上第二个最恶劣的裁决，其可耻程度仅次于“德雷德·斯科特裁决”（Dred Scott）①，它也是鼓励法院贯彻它自身的政治道德观的危险性的事例之一。但是反对这一裁决的大多数人似乎同意，这项裁决反映着自由和平等的冲突；他们批评最高法院对两种政治理想坚持了自己的偏好排序，而不是纽约立法机构所选择的偏好排序。

125 这些例子的引人之处，不仅在于自由和平等在这些事例中据说发生了冲突，而且在于它们似乎表明了在有些人看来，平等其实多么无足轻重。没有多少人会反对限制重要的自由，假如这些限制有益于另一些目标的话。例如，为了防止骚乱或惊慌失措，大家都赞成可以对言论自由加以限制，没有人会反对为了健康或安全而对医疗加以规范。最高法院在“洛奇纳案”（Lochner）中同意，假如有证据表明纽约的法令对于保护面包师的健康必不可少，这项法令就是合宪的。我们的事例——以及它们所代表的另一些政治争论的主人——之所以引起争议，是因为在每一个事例中，人们都认为自由与平等发生了冲突，而不是由于别的原因。

① “德雷德·斯科特裁决”（Dred Scott）：美国最高法院 1857 年 3 月 6 日做出的一项裁决。起因是一位名叫德雷德·斯科特的黑奴向密苏里州法院要求确定自己的自由人身份，被驳回后上诉至美国最高法院，该院以黑奴不具有同美国公民一样的权利而裁决其败诉。这一裁决是美国爆发南北战争的原因之一。——译注

因此，我们可以为我们这张初步的名单补充上另一个问题：为什么会有这么多人认为，在与自由的冲突中，与另一些价值或利益相比，不应当过于重视平等呢？如果人们同意，自由的权利必须服从各种各样的另一些重要利益，那么他们为何不能——至少在某些时候——同意平等也是这些竞争性的利益之一呢？这里有一个嘲讽式的回答：很多人拒绝平等是因为自私。但我认为还有一个更好（虽然未必言之成理）的回答：在我们作为事例的情况中拒绝平等的大多数人，其实并没有拒绝它。他们其实认为平等非常重要，可是他们不认为在这些事例中平等采取的形式是这种美德的重要的或真正的形式。我必须对这一提示做出解释和阐发。

2. 两种观念的两种含义

我们在两种意义上使用“自由”和“平等”这两个词语。我们把每一个当作一种浅显的描述词来使用，它本身没有传达褒贬之义；我们还从规范的角度使用它们，用来指我们所赞成的一种政治美德或理想。我们在浅显的含义上使用“自由”时，只是简单地表示不存在限制。在采用这种含义时，人们可以说，法律禁止杀人越货，从而减少了自由，这并不意味着他反对那些法律。另外，我们在规范的意义上使用“自由”，是为了描述我们认为人们应当享有自由的态度。当美国人说自由在他们的国家茁壮成长而在别的地方凋萎时，他们便是以第二种规范的方式使用“自由”。他们并不是说美国人有更多的特权，而是说按照自由这种政治美德的思考，人们在一些具体的方面 126
更加自由：例如可以按自己的愿望思想和言说。

我们在浅显的含义上使用“平等”一词，只是表示在某些有限的或得到理解的方面的相同或同一，这并不意味着说话的人认为在那些方面相同是可取的。人们可以从这种浅显的含义上说，平等存在于有着相同的财富（或能力、幸福）的人中间，这并不表示财富（或能力、幸福）的相同是恰当的。相反，我们从规范的意义上使用“平等”，是要表示在某一个或某些方面应当相同，或以相同的方式加以对待是公正的。如果有人说，只有在社会主义条件下平等才是可能的，他的意思是，社会主义是必要的，但不是为了使人们在这个或那个方面相同，而是为了在他宣布为重要的那个方面相同。担心自由和平等相互冲突的政治哲学家，都是从规范的而非浅显的含义上思考这些观念。他们之所以担心，是因为他们害怕政治观念之间而不是浅显的描述词之间的冲突。我这里所要探讨的，也始终是规范的理想之间的冲突。

3. 自由：是权利不是特权

凡是把自由或平等作为规范的理想加以接受的人，对于人们应当享有自由以及他们应当在某些方面相同或得到相同对待的方式，都必须持有某种想法，而不同的人会有不同的想法。换言之，自由和平等是一些允许有不同的解释或观点的概念。我们是否认为作为理想的自由和平等之间存在着冲突，这无疑取决于我们每个人所持的观点。我们很容易构想这样一种自由观，其中的自由显而易见地必然与任何合理的平等观发生冲突。例如，极端的无政府主义自由观，要求人们可以随心所欲地做任何事情而不管给别人造成的后果，显然与平等相冲突，就像它会和其他几乎所有的政治美德或目标相冲突一样。既不禁止杀人越货，也不禁止损害公共财产的践踏草坪的行为的社会，不可能是平等的社会；它也不可能是安全的、繁荣的、强大的或幸福的社会。我们也可以构想一种有着相反结果的自由观：自由绝对不能与平等发生冲突。例如，我们规定尊重自由意味着允许公民的行为方式产生并保护他们之间的平等，那么不 127
必多说，自由和平等是不可能发生冲突的。

然而，这些反常的自由观不可能得到满足，因为它们都没有把自由描述为一种独特而有竞争力的政治理想，它们不是那种因自身的牺牲或让步而令人遗憾的理想。从下面的论证中会产生一种更为合理的自由观。不过，既然那种自由观的起点是自由与平等并不冲突的假设，那么我们在考虑是接受还是拒绝那一假设时，就不能依靠那一假设。

事实上，我们最好不要为了这一目标而依靠任何一种具体的自由观。我们只须设想，任何可以接受的、理解到自由之特殊重要性的观点，都要符合某些条件，然后问一句，是否以及在什么情况下，一种符合那些条件的自由观与平等的要求发生冲突。我假定，任何可以接受的观点都会拒绝把自由视为特权的无政府主义观点；它不会把对公民行动的一切限制都当作对其自由的侵犯。相反，它会把某些规定的自由权视为自由的基本要素，要求政府不能限制那些自由，除非它有另外一些理由，它们比它的包括对不受这些权利保护的自由加以限制的政治决策所需要的理由更为强大或更有说服力。这些权利至少包括良心、信仰、言论和宗教自由的权利，在涉及个人生活的核心或重要的方面，如在就业、家庭安排、性隐私和医疗服务等方面，进行自由选择的权利。

不同的人会为这份名单补充上一些不同的权利。他们会对自己赞成的权利做不同的排序，对于哪些紧急问题或迫切的社会目标可作为限制那些权利所维护的自由的理由，也会有不同的观点。不过，在我们的政治共同体中，主流的自由观有着这样的普遍结构：它们不是把自由作为特权，而是作为一组分离的、有关各种具体自由的权利加以维护。例如，人们普遍认为，在我们的事例中自由受到了威胁，仅仅是因为其中受到威胁的自由是一种具体的、受到权利保护的自由：在言论、医疗或就业上的自由选择的权利。

4. 平等：笼罩着自由的阴影

128 我们主要考虑的是，这样理解的自由是否与我在第二章捍卫的特殊平等观——资源平等观——有冲突。不过，首先讨论一下自由同包括那种平等观在内的所有平等观之间的冲突之后果是有益的。一种普遍的看法是，如果自由和平等确实有冲突，那就必须在这两种美德之间做出痛苦的抉择。事实上，对于政党或政治团体，政治论证中经常可以看到的景象是，按照它们在那种状况下做出的选择加以定义的频谱来给它们定位。这个频谱的一端是绝对自由主义（当自由和平等冲突时，自由绝对不能服从平等），另一端是绝对平等主义。较为温和的观点认为自己处在这两个极端之间，把不同的相对价值赋予这两种政治美德。然而我认为，这种常见的分类，作为对我们政治文化中的观点分布的说明，有着极大的误导性。凡是尊重制约着这种文化的基本假设的理论，都不可能在任何程度上让被理解为理想的平等屈从于被理解为理想的自由。自由和平等之间任何真正的竞争，都是自由必败的竞争。

我提出这一大胆的主张，是因为我相信我们现在已经一致同意一条抽象的平等原则：政府必须让它所统治的人过上更好的生活，它必须对每个人的生活给予平等的关切。凡是接受这一抽象原则的人，都接受作为一种政治理想的平等，虽然对平等会有不同的认识，但这些不同的认识只是对那条原则的相互竞争的解释。因此，凡是认为自由和平等有时确实相互冲突的人都肯定认为，维护自由意味着以某种没有对全体公民表达平等关切的方式行动。我怀疑我们中间的许多人在深入思考以后，还会认为能够证明这种观点的正当性。

我并不是说，抽象的平等原则过于空洞和无聊，所以没有人会否认它。相反，不难设想，人们有着各种理由完全拒绝这一原则，或是从重要的方面对它加以限制。他们可以否定政府应当关心改善公民的生活而完全拒绝它。他们也可以根据良善政府的观点，主张有一些人——某个种族或等级，或信仰某种宗教的人，或更有德行的人——的生活要比另一些人的生活更重要。他们也可以接受这条抽象的平等原则，但是用否定它是一条抽象原则来对它加以限制。 *129*
例如，他们可以认为，虽然政府应当对全体公民的生活表达平等的关切，但是它也应当关注没有包含在或不能归结为这种关切的另一些价值。譬如，他们可以想，政府也应当致力于促进国家的力量和势力范围，这是为了荣耀，而不是为了每个公民的幸福；或者更为合理的是，政府应当致力于促进知识或保护和发展艺术以及其他高级的文化形式，这是为了知识或艺术本身，而不是为了它们对改善人民生活所起的作用。在这种情况下，他们也许会认为，有时最好对事情做通盘的考虑，为了追求其他目标而忽视平等关切的原则所要求的某些政治措施。例如，他们可能认为，最好是把本来可以用于一些经济计划的钱用来资助艺术，而那些计划可以使财富的分配更接近于对全体公民的平等关切所要求的状态。

对于这种抽象的平等原则，可以用所有这些不同的方式从理论上彻底加以否定或做出限制。但是在我们中间持任何政治观点的团体，都不会采用导致与它相冲突的自由大获全胜的方式来彻底否定或限制它。对于我们来说，彻底否定这一原则似乎不是问题所在。至少在公众中间，官员关心某些公民的生活应当胜过关心另一些公民的生活，似乎已经不能言之成理。同意这条抽象的原则，但又假定自由是多元化政治美德目录中一个独立的竞争者，似乎也已经没有多少意义。有些人把艺术作为一个独立于抽象平等并与它有竞争关系的基本价值。但是他们能够合理地这样认为，仅仅是因为他们认为使艺术具有价值的原因，是独立于它为那些创造、享受或受益于艺术的人做出的贡献，即为艺术而艺术的观点。但是同样可以说，自由如果脱离了它对享有自由者的生活发挥的作用，并没有内在的价值。[6]说人们拥有的某些具体权利，如言论自由的权利，有着自身的客观价值，而不管这种权利对他们有何结果，这似乎是一种荒唐的说法。我并不是指一种显而易见的谬论：拥有权利从改进人们的福利这个狭隘的意义上说，对他们总是有好处的。批评自由主义的人经常指出，人们有时自由较少反而会更加幸福，聪明的自由主义者也同意这一点。但是，如果一个人不认为在自由状态下的生活仅仅由于这一点便是更有价值的生活，因为这种生活更加自 130
主、更加真实或有更多的尊严，或在其他方面更美好，那么他也不可能热爱自由。可见，艺术的价值不完全在于它至少使一部分人生活得更美好的说法虽然不无道理，但是对言论、医疗服务或自由选择就业的权利也持这种主张，却未必有道理。

假如自由的价值在于自由的生活是更有价值的生活，那么平等原则本身就要求政府关注自由，因为它要求政府关心被统治者的生活。因此，平等怎么会与正确的自由观相冲突呢？只有同时满足两个条件才会如此：（1）尽管自由对人们的生活是有价值的，但从平衡的立场说，社会中某个群体的地位会因为取消某些自由而得到改善；（2）对这个群体的平等关切要求这样做。例如，假如取消私人医疗机构会使穷人得到更好的医疗服务并有整体上的改善，那么对他们的平等关切就要求这样做。如果政府拒绝取消私人医院，那么根据那种假设，穷人就会处在比平等关切所允诺的处境更差的处境中。我们假定，自由除了它给人们的生活做出的贡献外没有其他价值或重要性，那么对这种结果就不能用与政府应当给予公民的关心无关的原则或目标加以辩护。我们只有当接受跟平等原则显然不一致的原则时，才能做出这种辩护：在这种处境下的穷人的生活不如另一些人的生活重要。平等可以与艺术并存，虽然它们是两个有时相互冲突的独立目标，因为我们能够接受其一而不必否定其二。然而我们不能同意政府必须对所有生命有平等的关切，同时又接受有时它可以对某些人给予更多的关切。这不是多元主义，而是自相矛盾。

我们应当坚守这一重要立场。我们正在探讨的问题有一个阴暗面、一个笼罩着自由的阴影。在自由和平等之间任何真正的冲突——在自由和抽象的平等原则的最佳观点之间的冲突——都是自由必败无疑的冲突。我们不能彻底否定平等原则，因为政府不应当对公民的生活给予关切的观点是荒谬的，政府应当给予某些人更多
131 关切的观点是不道德的。基于我们刚才阐述的理由，把自由视为与那一抽象原则对立，有时甚至支配那一抽象原则的独立价值，也是没有道理的。因此，我们基于良知，不能赋予和我们所赞成的平等观的要求相冲突的自由任何权利。任何真实的冲突都不仅是哲学上的发现，而且是感情上的挫折。基于这一重要的理由，我们要竭力证明不存在真正的冲突，我们在其他情况下会予以承认的任何自由权利，都不能让我们的平等观所要求的政策做出妥协。

5. 平等观

我前面说过，有一些平等观会引起冲突，另一些则不会。现在是展开这一论点的时候了。如果我是正确的，即现代西方政治文化的主流传统接受抽象的平等原则，要么是把它作为绝对原则，要么是对它有某种形式的限制，那么这一传统中有关政治公正的话语，就肯定能够被理解为有关平等关切的真实意义或它如何产生的话语，换言之，能够被理解为对抽象意义上的平等的解释或认识。事实上，当代政治哲学文献中的大多数公正理论，都很容易从这个角

度加以理解。[7]

我们从这些文献中看到了许多平等关切的观点。我们看到功利主义的观点，它宣布当政府通过制定并执行长远地看有助于最大平均福利的政策，并以同样的方式对待社会每个成员的福利时，它便是表达了平等关切。我们还发现自由放任的平等主义者，他们认为平等关切意味着不去干涉任何人的生活，（除必要的情况外）让人们的命运由他们自己的能力、主动性和运气来决定。[8]我们发现福利平等主义者坚信，只有当政府的政策目标是使每个人的福利尽可能与其他人平等时，它对人们才算是做到了平等关切。我们发现资源平等主义者相信，平等关切所要求的政策目标是，要使经济结构分配给每个公民的资源尽可能是平等的份额，其衡量标准是把每个人拥有的资源的价值确定为此人拥有它们给别人造成的成本。

自由放任的平等主义者大概绝对不会认识到，他们所理解的平 132
等与我认为任何公认的自由观都将予以承认的自由权利会发生冲突。在他们看来，对人们的平等关切意味着让他们在必要的法律下进行生产和交易，那些法律只保障人身和财产安全以及契约的有效性，所以他们不会认为，通过有关言论的立法、取消私人医院或最长工时和最低工资的法律，会促进平等。相反，在他们看来，对人们的平等关切要求充分尊重那些自由。不过功利主义的平等主义者至少会同意，在他们所理解的平等和那些自由权利之间存在着冲突的可能。比如说，他们必须承认，在某些情况下，保护言论或政治结社的自由会减少而不是促进平均福利。事实上，功利主义者认为，落实我们的文化所承认的基本自由，正如所发生的情况那样，从长远看是使平均福利最大化的最佳方式。但是我不清楚存在着证明这一点的出色论证；我的印象是，这是为了调和自由与功利主义信条而做出的一种给自己壮胆的信仰行为。福利平等主义者可能也会受到这种战略的诱惑；然而，捍卫传统的自由权利是否总是落实福利平等的最佳手段，就更加令人怀疑了。所以，功利主义的平等主义者或福利平等主义者大概都需要一再否定自由。

当我们把资源平等作为最佳平等观时，自由和平等会发生冲突并造成那种不愉快的结果吗？这将是我们下面几节的主要问题。不过，在对自由与平等这些概念和认识做出简单说明之前，我必须先谈谈我对我们那些事例的看法。我已经指出过，在那些事例中，人们对平等的评价不仅低于对自由的评价，而且低于对其他许多社会利益的评价，例如安全和健康。但是在我最近的论证中，我认为平等对于我们大多数人具有一种近乎绝对的力量，不能通过把自由设想为一种独立于它之外的政治理想而对它加以限制。那些事例否定这种观点吗？

我们可以用不同的方式来解释这些事例。我关于大多数人愿意维护的原则性信念的看法也许是错误的。也许除我之外的很多人，会彻底否定抽象的平等原则。但是我提供了对这些事例的另一种解释，它同我的很少有人会否定那一抽象原则的主张是一致的。现在我就来阐述这一解释。如我所说，人们经常在浅显的意义上使用
133 “平等”一词，用它来描述在一定背景中显示出来的某些方面的同一性，即使他们不认为抽象的平等原则的最佳观点要求这些方面的同一性。当持有不同的平等观的人发生争论时，这一语言事实有可

能造成混乱。例如，当有人建议为了维护平等而取消私人医院时，他所提到的显然是规范意义上的平等。他认为平等待人要求使他们的境况相同，这包括为他们提供相同的医疗服务机会。否定这种建议的人则认为最正确的平等观并不要求这样做。如果他以这种方式来宣布自己的观点，他就是在主张自由和平等之间不存在冲突。于是论证就变成了平等要求什么，而不是平等是否应当服从于别的事情。但是他可以选择另一种方式来宣布他的立场，例如说自由比平等更重要，在这种情况下他的意思是，自由必须高于他的对手认为平等原则所要求的事情。他是在浅显的、描述性的意义上使用平等，用它来表示某个方面的同一性，他的对手认为，而他则不认为，这个方面对于作为一种政治理想的平等至关重要。因此，如我所说，认为平等有时要服从自由的大多数人，也许实际上并不认为在这两种理想之间存在着真正的冲突。他们只是想否认别人的规范意义上的平等观是合理的观点。当然，即使我对流行观点的解读是正确的，也不能说在这两种理想之间不存在冲突。如我所说，如果坚持某些平等观的话，冲突似乎很可能发生。我们的问题是：假如我们接受我认为最有吸引力的平等观，这是否会导致冲突？我们必须直面这一哲学难题，它是一个老生常谈或政治套话都不能解决的难题。

6. 不承诺

下面我将讨论一组赞成自由和平等相互冲突这一常见结论的论证：那些从分配公正的观念中得出的论证。我认为，假如资源平等提供了分配平等的最佳观点，那么这些论证就是错误的。根据资源平等观，被我们视为至关重要的自由权利是分配平等的一部分或一个方面，因此只要做到了平等，它们就会自动受到保护。自由的优先性得到保障，不是通过牺牲平等，而是以平等的名义。不过我对
134 这个值得称许的结论的看法有些复杂，并且部分地依靠一些经济学用语。这可能会给一些读者留下临床医学的印象。在他们看来，自由的吸引力直接而深刻，他们担心它变成某种复杂辩论的偶然结论。他们也不能同意自由从某种角度说是工具性的或隶属于平等；他们认为，自由是人类尊严的前提，因此有着自身先验的重要性。因此，我要提前说明，我的论证并不想为我所讨论的各种自由提供唯一的或最直接的有力论证。被有些人视为权利的某些自由，根本得不到我的论证的支持。我认为，只有那些适合于一种有吸引力的自由观的权利，才能在资源平等条件下被赋予重要的地位，因此在这些权利与那种分配平等的观点之间不可能发生冲突。总之，我的论证不打算让自由隶属于平等，而是想证明，我们在政治论证和分析中虽然经常对这两种美德加以区分，但其实它们只是一种人道主义理想中相互影响的两个方面而已。我会在这一章结束时，再来谈谈这个重要而又晦涩的主张，我希望那时它的含义会变得更加清楚。[9]

二、两种战略

1. 战略的区分

如果我们关心自由，我们就必须调和自由与平等的关系，因为

它们之间任何真正的冲突都会是一场自由必败的竞争。为了取得这种调和，我们现在应当区分出两种战略：分两步走的以利益为根据的战略（two-step interest-based strategy）和一步到位的制度战略（one-step constitutive strategy）。这两种战略的不同之处在于它们同理想的资源分配的定义和构成自由的权利之间的关系。分两步走的战略用人们的利益的观念来定义理想分配。这种战略的所有版本，都要求对如何确定人民的利益以及理想分配所要满足的人们的不同利益有何作用做出具体的解释。它不把自由作为这种定义的一部分；它不以这样的方式来定义人们的利益：不言自明，自由在那些利益中是独立的。但是作为第二步，它认为某些自由归根到底是 135
作为工具关系到利益的满足，因此为了恰当地保护这些利益或遵守权利公理，要求确立并尊重享有这些权利的自由。

我们已经提到过这种利益战略的一个例子。功利主义的平等观把理想分配定义为从长远看尽可能促进平均福利的分配。这种定义没有涉及自由问题：它没有排除否定一切自由权利事实上会使效用最大化的可能性。不过功利主义者希望通过利益战略来证明，就我们所看到的现实世界而言，保护选择的自由以及维护言论权利等基本自由，其实是达到最大可能的平均福利的最佳方式。

相反，制度战略把自由纳入它最初选定的平等观的结构之中。它主张必须在理想分配的定义中考虑到自由，所以不存在调和平等与自由的问题。我们也提到过这种战略的一个例子。自由放任的平等主义者认为，定义理想的平等分配不能脱离历史的考虑。在他们看来，所谓理想的分配，就是在保护他们所认定的基本自由的政治结构内，生产和交换实际导致的无论什么结果。因此，如我所言，自由放任的平等主义者不会看到在他们所承认的自由和他们视为理想的在历史中产生的分配之间有任何冲突。他们不会看到这种冲突，因为由其前提所定，凡是侵犯他们赞成的自由权的政治决策，都会破坏而不是促进他们所理解的平等。

契约论的公正理论一般也把利益战略纳入他们所讲述的故事之中。他们认为，公正的统治原则，就是人们在正确规定的条件下因为符合他们的利益而在选择中一致同意的原则。对于这些理论来说，所谓理想的分配就是完全符合在那种环境下所选定的原则的分配。一切具体的契约论的吸引力都取决于如何设计那些选择条件。在最粗糙的契约论中，公正原则就是现实中充分了解自己的社会地位、爱好、抱负以及道德和宗教信念的人，如果他们能为此目的而聚在一起就会一致同意最符合每个人利益的原则。对于这种粗糙的
136 版本来说，利益战略要求证明大家事实上会同意保护自由的公正原则，或至少在恰当的思考之后会同意这些原则。然而这是非常没有道理的。譬如说，当保护少数的信仰和选择自由，尤其是当保护这种自由的代价对于信念相同并处在主导位置上的多数派成员来说意味着较少的物质福利时，他们为何应当同意这样做符合他们的利益呢？

约翰·罗尔斯的契约理论要比这复杂得多。在它的最新版本里，在设计选择的条件时，首先，它要反映一个自由而平等的社会中的公民的观点，他们有着更高的“道德”利益，即保护自己的公正能力以及理性地形成和修改自己的良善观念的能力；其次，合理

性原则适合西方自由主义民主的政治文化。所以，据以选择公正原则的“初始位置”中的当事人，就像别人的受托人那样行动，他们的社会和经济地位、才华和技能、爱好和良善观，都为“无知之幕”所遮蔽。[10]罗尔斯调和自由与平等的战略，似乎是利益战略和制度战略的混合。[11]自由通过制度战略的方式，沿着以下途径进入平等的定义。如果政治共同体尊重由人们的代表在初始位置上选择的公正原则，而这种初始位置假设人们对自由有着基本的关切，这时它就是以平等的关切对待人们。对初始位置上的受托人的指示是，他们的委托人对于发展和利用自己的自主能力——他们形成、批判和追求良善生活观的能力——有着压倒性的利益，而在一个其规则没有为至少在重要事情上提供大量选择自由的社会里，这种利益显然无法得到满足。[12]不过罗尔斯似乎至少保留了少许利益战略的因素：他说，初始位置的受托人会依靠经验主义的工具论观点，即在设计具体的自由权利时人们所承认的更高利益如何得到最大满足的观点。比如在这种权利中包括这样的环境，人们在其中能够可靠地感到自己为了拥有自尊所必需的能力。

2. 利益战略

利益战略如果成功的话，其吸引力有着若干不同的原因。它从有关公正的更为根本的假设推导出自由的权利，而这种假设中不包 137
含那些权利，由此它把自由置于一个可靠的基础之上。相反，制度战略似乎是教条主义的和无成效的。它简单地假设得到规定的自由权利是公正所要求的，因此对于那些从一开始就不相信那种假设的人，这种战略没有任何说服力。例如，我描述过的自由放任的平等主义者所持的制度战略，就试图武断地维护自己的立场。它主张对人的平等关切意味着尊重经济权利，这种权利惠及那些既有技能又有运气的人，但不利于两者都没有的人。很难说这是不言自明的事情。

但是，利益战略也面对我刚才谈到粗糙的契约论时看到的另一个难题。凡是相信自己的判断力的公民，都不可能喜欢自己没有某种受到保护的、对所有人平等的自由：我因为享有谈论政治、选择自愿的性伙伴或参与不受欢迎的示威的权利，能够使自己的生活不至于变得更差，即使我从来没有为了这些权利而以这个社会所禁止的方式行使这些自由。然而正如哈特（H. L. A. Hart）指出的，我很可能认为，我的生活因为这些自由在我的社会中的普遍性，即因为别人拥有这些权利而变得更差了。[13]在处于我们可称为这些权利的边缘时，我尤其可能这样想。如果我的社会甚至不允许任何人与别人私下议论政治，我的生活无疑会变得更差。但是很难由此认为，许多公民深感受其侵扰的大规模的、不受欢迎的政治示威，如果被禁止在公共场合举行，我的生活也会变得更差。我可以认为，如果把维护这种示威的治安所需要的公共资金用来防止犯罪或改善医院，我的生活会得到促进。如果现在受到《美国宪法》保护的、符合最高法院对这份文件的解释的各种自由，以这种方式分别列出它们的成本，然后问问人们，他们是否认为用放弃这些权利而得到的钱来交换另一些好处符合自己的个人利益。大多数美国人不做这种交换是极不可能的。我反而担心，大多数人会同意其中的大部分交换。

热衷于利益战略的契约论者，可以用不同的方式回答这个难题。他们有可能声称，假如人们冷静地思考一下这个问题，看看摆在他们面前的那些出色论证，他们就不会用自己的一部分自由去交换别的东西。然而这似乎只是一种给自己壮胆的信念而已。契约论者可以说，不管人们在思考之后是否同意交换，这样做都是不理性的。但是这种主张有点儿走过头了。那些知道自己的政治信念符合 138
常规的人，拿政治示威的一般自由去交换他认为可以因此而得到的其他好处，为何就是不合理的呢？

罗尔斯的契约论版本不允许人们根据自己的特殊处境或利益对公正的基本原则做出选择。如我所说，他为自由做出的论证采用了一种综合的手法，利益战略和制度战略的特点兼而有之。当受托人选择了一个优于对立方案的特定的自由方案，打算用它来促进委托人所同意的道德能力时，似乎是利益战略在发挥作用。罗尔斯认为，采取这种战略的受托人会肯定良心自由和思想自由、言论和结社自由的权利，以及我们的文化中所熟知的各种权利。他的论证表明，利益战略难免会使自由在公正中的地位取决于对何为人们的真正利益的有争议的定义。例如，他强调自尊有着根本的重要性，他认为这是受托人会为其委托人提供的首要之善。他说，自尊有两个要素："我们作为充分合作的社会成员的自信心，植根于两种道德能力的发展和运用之中"，"我们对自己的价值的可靠意识，植根于我们在落实一种有价值的生活计划的信念之中"[14]。他相信，受托人会保护自由的优先性，首先是因为"自尊得到两条公正原则最有效的鼓励和支持，也是因为对平等的基本自由的坚持”[15]。不过有些哲学家和社会学家主张，人们更有可能认为，在一个具有确定的、相对不受怀疑的有关良善生活的共同理论——他们从中得到信心和鼓舞——的社会里，他们的生活才有价值，他们才能够成功地实现自己的公正和信念的能力。这些哲学家认为，在一个更自由的社会里，其公共哲学在各种良善观中宣布中立，信念的多样性以及任何一方的观点都明显缺少驳不倒的论证，这动摇了道德同质性社会所促进的信念。[16]

接受这种自我信念之条件理论的受托人，会拒绝罗尔斯的自由优先论，因为它依靠的是他对这些条件的对立观点。不错，他们希
139 望保护他们所代表的那些可能已经形成非流行信念的人，使他们免于受到各种形式的野蛮迫害。但是他们不会认为有必要建立宪法屏障，以阻止社会用不太残酷的方式在几代人的时间内培养出正统的宗教和道德观——例如，限制那些有着不常见的或挑衅性信条的人们的自由，不让他们用劝说的方式传播这些信条。他们相信，社会至少要致力于取得道德和信仰共识，才能培养出坚定的自信。

罗尔斯也许能够证明，他本人对自尊之条件的看法，即假定除非他视为基本的自由得到保护，真正的自尊是不可能的，要比我刚才介绍的对立观点更为正确。不过，他在有关什么原则真正符合他视为有道德能力的人的利益这个问题上与那种观点展开的辩论，有着经验主义的性质，就此而言，自由在公正中的地位仍然会引起有关那些利益真正要求什么的争议。许多人甚至在经过思考和论证之后，仍会否认传统的基本自由对于他们本人的生活十分重要，这虽

然算不上是对罗尔斯的利益战略观点的决定性反驳，但这个事实却威胁到如下假设的可靠性，即聪明的受托人会认为这些自由符合每个人的利益，即使在无知之幕中也是如此。因为有关自由之价值的一切流行观点只反映着那些被无知之幕所排除的有关具体的个人利益的考虑，这一点远不是那么显而易见。流行的观点可能还一般性地反映着有关何为人们的利益的信念。如果对立的制度战略能够被证明不像第一眼看上去那样教条，它说不定就能为一个平等主义世界中的自由提供更好的辩护。

三、自由能否拍卖?

1. 以利益作为基础的论证

我们终于来到了我们的主要问题面前。在资源平等条件下，自由和平等相互冲突吗？我在第二章讨论过这种平等观，这里只须提供一个概括的说明。大体上说，它要求理想的平等分配要满足“嫉妒”检验这一相当复杂的过程：没有人嫉妒分配给别人或由别人控制的财产。这一检验标准有可能通过，资源平等理想地得到了满 140
足，但采用的分配方式会使人们的福利水平大不相同。在公民的生产能力有差别的真实社会里，这一检验不可能得到充分满足。但是可以设计一种再分配机制以改进其得到满足的程度。比如说，可以采取征税方案的形式，按照社会成员在某种适当环境下会做出的保险决策的模式进行再分配。嫉妒检验在这些方面提供了有效的实践指南。

我们通过设想一种能够使分配通过这种嫉妒检验的人为机制，对这种检验有了更好的把握。来到荒岛上的人竞买在那里找到的物质资源的不同组合，他们最初用来竞买资源的贝壳是平等的，拍卖一轮接着一轮重复进行，直到每个人都满意为止。如果拍卖结束了，嫉妒检验即得到了满足，因为再也没有人嫉妒别人获得的那一份资源，尽管不同的人会有不同程度的幸福或成功。这种拍卖只提供了初始的分配，它会随着拍卖后当事人做出的交易、生产和消费决定而发生变化。因此，每个人在不同时间所占有的资源及其为他们提供的福利，不但取决于他本人的决定，而且取决于别人的决定。在为追求尽可能的平等而给现实世界设计政治和经济制度时，这种想象中的拍卖可以充当一个粗略的模式。假如我们同意资源平等是抽象的平等原则的最佳观点，则我们所需要的制度就是，它使每个人可以利用的资源尽可能取决于那些资源给别人造成的机会成本，这是想象中的拍卖和拍卖后的交易造成它们具有这种依赖性的方式。

对资源平等的这种简单介绍似乎表明，只有利益战略能够在资源平等的条件下成功地调和自由与平等。这似乎就是促使我们得出那一结论的论证。资源平等假定，在一个被理解为具有信念、抱负、爱好和偏好等人格特征的人，与他所掌握的包括资源、技能等各种能力的环境之间，要做出基本的区分。[17]根据通常的福利观，一个人的福利与人格和环境有着密切的关系。但是资源平等要在环境而不是全部福利上做到平等，因此它不同于福利平等。但是似乎
141

难以否认，一个人的自由——他不受法律限制采取行动的范围——属于他的环境而不是他的人格。[18]因此，资源平等的一般抱负，即做到符合恰当的嫉妒检验的环境平等，看来既适用于自由，也适用于物质资源。对法律限制的理想设计和分配，应当是谁也不嫉妒任何人的环境，这不但要考虑他的物质资源，也要考虑到法律限制允诺给他的机会。

如果这是对资源平等必须怎样看待自由所做的正确说明——如果它必须把自由视为和其他资源一样的资源，那么人们在理想的平等分配中的自由，肯定取决于人们普遍看重哪些自由权利符合他们的利益，以及他们看重这些权利的程度。那么，假如有足够多的人认为，一种恰当的自由观所认定的自由权利非常符合他们自身的利益，于是大家都选择拥有这些权利作为其资源份额的一部分而不是用其他东西来代替它们，则资源平等条件下的自由与平等便得到了调和。资源平等不能像罗尔斯的方法那样，求助于在极端无知的环境中人们会做出或其受托人代为做出的反事实的选择。因为嫉妒检验是现场检验：它按照理想分配的说明，要求人们在充分了解自己的计划、方案和信念的情况下不偏向于别人得到的资源。资源平等坚持认为，当人们做出嫉妒检验所依据的判断时，要允许人们展示其人格的所有方面。

可见，如果资源平等必须利用利益战略来调和自由与平等，它就要面临极为困难的任务，它试图调和两者的努力最可能造成的后果，就是自由近乎彻底的失败。假设自由仅仅是另一种资源，也跟土地和原料一样，可以在我所说的假想的拍卖市场上出售。为了想象如何拍卖自由，就需要一些不真实的因素。下面是一条建议：想象拍卖者在拍卖开始前列出一张清单，记上他认为参与拍卖的人觉得重要的各种自由，然后印制一定数量的卡片（类似于“出狱”特权证），每一张卡片都允许持有人享有列在那份清单上的某种自由。
142 比如说，一张卡片授予持有人参与政治集会或示威的权利。然后拍卖人通过划分保护每一种自由给社会造成的估计成本（例如政治示威的治安成本），根据他为那种自由印制的卡片的数量，为每一种自由卡片定价。他以这个价格在拍卖会上出售这些卡片。如果有些自由卡片在任何一轮拍卖中都没有卖完，他就减少出售的卡片数量，并在下一轮拍卖中改变价格以反映他重新做出的成本估计。相反，如果某种自由的全部卡片在任何一轮拍卖中都以此轮的定价卖出，参与拍卖的人就可以要求印制更多的卡片出售，并在下一轮拍卖中改变价格以反映需求的增加。如果拍卖结束并遵循着这一程序，拍卖便是以这样的方式分配了自由：它完成了没有出现嫉妒的对自由和其他物品的分配。

根据这种设计，大家都不得不确定每一种自由对于自己多么重要。如果某种自由，例如政治结社的自由，被证明十分昂贵，因为在希望购买它的人数不变的情况下用来保护它所必需的每张卡片的成本很高，则想得到这种自由的人的处境，便类似于那些想得到香槟酒或凤头麦鸡蛋之类贵重消费品的人的处境。如果他们能够为此付钱的话，他们就必须在得到这种昂贵的自由时使其他的物品或自由大为减少。有些人会比别人购买更多的各种自由和更多的全部自由。然而嫉妒检验会得到满足。在拍卖结束时，某甲会比某乙有更少的自由，例如，某乙会得到允许比某甲更多地议论政治问题。从嫉妒检验的标准来判断，他们的处境整体上仍然是平等的，因为某甲拥有某乙缺少的物质资源。在拍卖后的社会里，自由的命运将完全取决于偏好、信念、抱负以及人格的其他方面的组合，这些因素在人口中的分布是随机的。假如我前面说过的那种令人沮丧的疑虑——大多数人不关心我们的宪政传统所提倡的基本自由——是正确的，那么自由就不可能健康地生存到拍卖之后。有些人会支付必要的钱以保障他们的基本自由，但这种人不会很多，仅仅这个事实就会让那些关心保障自由的人为它支付更高的价格。

毫无疑问，管理这个拍卖之后人们享有不同自由的社会几乎是不可能的。然而我们不能以这种管理上的困难为由，反驳这种论证可能得出的结论：在资源平等的条件下，理想的分配是人们享有不同自由的分配。有些人自由较少，而享有自由较多的人拥有的另一 143
些物品较少。如果这一论证是合理的，我们就必须确定承认和否定自由的哪一种方案对于那种理想而言最接近于具有可行性。我们无法让自己相信，我们为人人保障一组重要自由的现行宪政制度，符合这一检验标准。在我们能够证明是最接近这种理想的任何方案中，自由都会仅仅有差强人意的位置。假如资源平等必须把自由作为另一种资源，这远没有证明在自由和平等之间不存在冲突，而是以特别鲜明和令人警觉的方式，证明了这两种政治美德之间的冲突是不可避免的，并且证明了为什么这是一种自由必败的冲突。

2. 一个重要的错误

幸运的是，这种显然具有破坏性的论证是荒谬的。我只是想以此证明，就资源平等而言，试图用利益战略来确定自由在一种理想分配中的地位的严重后果。其实，利益战略在资源平等中是没有意义的。我所建立的论证假定，获得某种具体的资源与获得利用这种资源的权利或机会，是两种互不相干的活动。但是没有人能够明智地或可以理解地在拍卖会上确定竞买什么或以什么价格竞买，除非他做出自己可以用得到的东西做什么事情的假设。当你在艺术品拍卖会上购买绘画作品时，你假定自己能够把它挂在你喜欢的地方，可以随时观看，如此等等。任何拍卖都需要类似的背景，它构成了我所称的这种拍卖会的自由/限制体系（liberty/constraint system）。这个背景必须规定人们在拍卖会上获得某种东西时他所获得的是什么，即人们能够用它或对它做什么或不能做什么。即使各种具体的自由是以我想象出来的这种愚蠢的特权卡方式进行拍卖，参与者也无法理智地决定为某种自由花多大价钱，除非这一背景规定了在缺少他们想要购买的特定自由的情况下，他们能做什么或不能做什么。

可见，作为背景或底线的自由/限制体系是必不可少的。这个系统将具体说明当事人是否以任何特定的自由开始参与拍卖。不同
144 的底线会产生不同的拍卖结果，即使拍卖的物品与当事人的爱好和计划始终相同。如果底线要求，当事人虽然可以把黏土用于他喜欢的其他目的，但他不能用它创作政治讽刺塑像，那么人们对黏土的需要就会少于没有这一背景限制的情况，于是就可以用较低的价格买到它。拍卖者做出的每一项底线决定，都以这种方式反映在整个拍卖过程中。所以，他需要为选择某种底线提供正当理由。有人可

能会反驳说，如果拍卖者规定参与者在开始拍卖时对于他们得到的物品不享有任何自由，他就能够设计出一种中立的底线，因此他不必为此提供理由。这样一来，买到东西的人还必须在接下来的拍卖中另外购买他对这些物品的支配权。譬如，有人买了一根杆子，然后如果他愿意的话，再购买把它插在自己的地上拴一面旗子的权利，如此等等。

这种设想成立吗？参与拍卖的人必须根据能够获得另一种东西的预期，不时调整自己竞买一种物品时的竞买计划：有的人喜欢只加芥菜的热狗，他就必须在竞买热狗时预测芥菜的价格，如果价格大大高于他的预期，他也许希望重新开始拍卖。但是得到热狗和得到芥菜的关系与得到杆子和得到使用它的自由的关系之间，有着极大的差别。热狗和芥菜是两种不同的物品，至少有些人会把它们分开来估价。但是拥有一根杆子和拥有一组使用它的权利，本质上只是对同一件物品的不同描述，我们只要想象一下从全面限制这个假设性的中立底线开始的拍卖将如果进行，就可以明白这一点。

拍卖者打算把拍卖分成两步进行。第一步只拍卖物品，不包括使用或接触甚至思考所买到的东西的权利。当所有的物品以这种方式分配完毕后，再开始第二步拍卖。拍卖者具体规定出针对第一步拍卖的物品的一些自由或权力，以使这些物品成为公认的私产，竞买者对他所列出的各种自由和权力组合进行竞买。但是在第二步拍卖之前，拍卖者必须确切地说明在第二步拍卖中可以买到哪些自由和权力，以及它们如何覆盖第一步卖出的物品。不管他怎样做这件 145
事，他的具体规定都会成为整个拍卖的有效底线；它取代了原来设想的、在拍卖过程中其实不起作用的全面限制的中立底线。换言之，竞拍者在做出所有决定时，就跟拍卖者的自由清单是初始底线一样。[19]当然，这种假想的分两步进行的拍卖完成之后，拍卖者可以改变他所实行的底线体系，对第二步拍卖中卖出的自由做出不同的规定，然后重新开始拍卖。但是第二轮就变成了另一种拍卖，即在不同的自由/限制体系背景下的拍卖。拍卖者无可避免地要做出决定，在规定公认的私有财产制度的底线体系中，自己采用的那一种底线体系有正当的理由。

3. 新的起点

可见，我所设想的利益战略的论证以自由遭受厄运为结局，是以一种严重的混乱作为起点。自由当然属于人们环境中的一部分，而不是其身体或人格的一部分，但是平等主义的国家所提供的自由，不能完全由类似于拍卖中的私人决策来决定，因为任何拍卖都要以某种现实的自由/限制体系为前提。所以，利益战略与资源平等的一般结构是格格不入的。这种平等观只在它想象的拍卖层面上关系到人们的利益；但是有关自由的基本决定出现在一个更高的层面上，它是一个用来设计而非进行拍卖的层面。

这种拍卖方案的技术要求反映着资源平等的一个基本特点。嫉妒检验本身是以利益为基础的。当人们判断他们是否更喜欢他们可以得到的这种资源而不是另一种资源时，他们心里都想着自己的利益。但是嫉妒检验要以一个自由/限制体系作为前提，而不能被用来提供这种体系。对于我们假设的任何一组有关人们对他们获得的资源享有或不享有自由的规定，嫉妒检验都可以通过那一背景下的拍卖而得到满足。如果背景规定除非以少数得到明示的方式，否则谁都不可以使用他所获得的任何资源，那么嫉妒检验即可得到满足：人们在做出选择时就会想到自由受到的那些严厉限制，根据假设，他们不会偏爱任何人在同样限制下也可以选择的任何一份资源。如果背景规定更大范围的选择自由，每个人所选择的份额就会 146
是不同的份额；但是如果拍卖成功进行的话，就会再次产生没有嫉妒的分配。既然嫉妒检验在这个方面对各种自由/限制体系不偏不倚，那么利益战略就不可能成功；它的设想完全不对头。

换言之，资源平等要求两个分析阶段，第一个是嫉妒检验的阶段，为了满足它而设计出来的假想的拍卖代表第二个阶段。在第一个阶段或底线阶段，通过提供一个背景底线体系来安排拍卖并据此开始拍卖。因此，在提供了一种理想的平等分配的对资源平等的定义中，必须包括对平等不可缺少的自由的具体规定。如我们所知，嫉妒检验不能提供有关理想分配的完整定义。既然这种检验可以跟无数不同的分配方式相配合——也就是说，既然它可以与从平等的初始资源开始的成功拍卖能够产生的无数种分配相配合——那么它就只能为理想的分配提供一个必要条件。自由/限制体系是完成一组充分条件所需要的因素之一。[20]

由此可知，如果资源平等想使它的平等观与任何恰当的自由观取得调和，它就必须回到制度战略。它必须表明，对取得平等最为恰当的底线自由/限制体系，提供了正确的自由观所要求的权利。我们会怀着这种抱负在下面两节讨论一种制度战略。如果这种论证取得成功的话，就会从平等分配的定义中产生一种有吸引力的自由观，自由和平等也就不可能发生冲突。

不过，我们首先应当得出一个宽松的结论。我刚才说过，任何拍卖都需要某种自由/限制的底线，它不可能是中立的，因此必须证明它对于资源平等是恰当的。但是无疑可以找出各种方案来改变底线在拍卖中提供的自由和限制。当我构想以利益为基础的并被我否定的错误论点——它认为自由可以在中立基础上进行拍卖——时，我设想了一种特殊的自由特权卡，我说明了怎样确定价格和拍卖它们。无疑还可以设想另一些不同的底线方案。资源平等的本质真的要求拍卖者进行这种变更底线的拍卖吗？

147 不，它禁止这种拍卖。我已经阐述过的观点是，任何底线都会影响到这种拍卖的结果：不同的底线会产生不同的结果，即使资源、爱好和抱负始终不变。拍卖者必须选择某种最有利于资源平等的底线。假如他认为恰当的底线体系不包括种族歧视的自由，那么他以后就不能拍卖允许种族歧视的特权卡。因为这会使那些因为别人拥有这种自由而处境不利的人处于不公正的境地。他们必须决定，是否要根据自己的支付能力，尽可能多买一些自由卡片，尽管他们事实上不会使用它们。如果他们全部买下这些卡片，拍卖会上的其他人继续遵守拍卖者制定的底线，但他们已不再属于资源平等的人们，因为他们必须把自己的一部分贝壳只用来维护这一底线。如果他们不这样做，那么接下来的拍卖就会不再遵守那一底线——不要忘了，某些人在自由方面的损失影响到另一些人的价格和机会——因此也不再能够保证产生平等的结果。

四、抽象性原则

1. 架桥版

正如我们前面指出的，对制度战略的主要反对意见，是说它有着明显的循环性：它论证的起点似乎过于接近终点了。它在定义平等分配时，让自由已经存在于这种平等的定义之中，然后以此作为理由宣布，平等和自由之间不存在冲突。我们如何为资源平等建立一种论据，它不是通过这种死板而无效的方式声称自己的胜利呢？如果我们以一种已经保障自由的定义作为起点，我们怎么能确立赞成的真正论证呢？

我们不以某种定义为起点，因为资源平等不是我们的论证基础。我们回到要求社会平等关切每一个公民的更为抽象的平等原则上。我们接受这一原则，此外，至少为了本章的论述，我们同意资源平等是对它的最佳解释或理解。这样，我们便可以利用我所说的制度战略的搭桥版本。我们坚持两种主张：抽象的平等原则一方面要求平等关切，另一方面要求资源平等，它建议在某些条件下举行 148
落实平等关切的拍卖。我们从我们考虑过的底线体系中选择一种，在这两种观点之间架起一座桥梁。我们选择赋予如下主张最大合理性的底线系统：遵守那一底线的拍卖给予了人们平等关切。

我要证明，这种架桥战略赞同把强有力的一般性原则，即抽象性原则，作为任何恰当的底线的核心内容。这项原则做出赞成选择自由的强有力的假设。它坚持，除了为保护人身和财产安全或为矫正市场（或类似于拍卖的分配机制）的某些缺陷——我会在适当时候对它们加以说明——而对人们的自由做出必要限制外，只有当人们享有按自己的愿望行动的法律自由时，理想的分配才是可能的。抽象性原则不把自由作为特权。但它有着足够的力量形成一种正确的自由观的核心。此外，我还希望说明，架桥战略也支持更为具体的自由权利，甚至当抽象性原则有其他方面的考虑时，它们仍保护着人们的自由不受限制。这些更为具体的权利足以使一种恰当的自由观变得圆满。如果确实如此，调和自由与平等的制度战略便取得了成功。然而这种可喜的结局是一种论证的结果，而不是事先取得的定义上的空洞胜利。

但是，架桥战略不会对资源平等要求的自由权利做出全面的解释。全面的说明将利用资源平等的其他方面，这超出了它的分配平等理论，具体说是包括它对政治平等和民主的解释。[21]我所担心的不是对这一点的误解。我这里为抽象性原则和另一些权利提供的论证，强调自由对于分配平等的重要性。千万不要以为我是在主张，这种证论是我们所能得到或需要的对我们愿意承认的全部自由权利的唯一论证。但是，我为抽象性原则和另一些权利提出的论证，其本身足以确定自由在资源平等中的突出地位。在本章的最后一节，我们将讨论这些论证对包括我一开始描述的那些事例在内的实际政治的现实世界中有关自由的决定有何影响。

我在自己的论证中做出一项有关抽象性原则的、我没有展开讨论的假设。我假设，任何合格的底线自由/限制体系，都会包括一

条安全原则：它要求对自由加以限制，这是给人们提供充分的人身 149
安全以及对个人财产的充分控制权所必需的，这样他们才能制定与落实各种计划和设想。简言之，我假设恰当的底线体系需要禁止人身伤害、偷盗、故意侵犯产权和擅自进入他人地产的法律限制，这是一切发达的法律体系的刑法和民法中共有的限制。[22]这些限制在一个理想的平等分配中的细节是一个有意思的问题，不过我要忽略其中的大多数细节，在我们集中讨论自由问题时不予考虑，仅仅假定这些常见的一般限制是底线中所固有的。

2. 真实的机会成本

我现在首先要描述架桥战略为抽象性原则提供的关键论证。每一种平等观虽然是对理想分配的描述，但是它们都为平等提供了一个标准、一种在判断人们的平等份额时如何计算资源的理论。资源平等采用机会成本这一特殊标准：它把个人所拥有的任何可转移资源的价值，确定为因为他拥有它而使别人不得不放弃的价值。当每个人的全部可转移资源有着用这种方式计算出来的相同的机会成本时，它便认为这些资源是平等分配的。假想的拍卖就是为取得这一结果而设计的。如果拍卖结束，则由这种拍卖所确定的机会成本便是平等的。

但是，不同的拍卖对机会成本的确定会有所不同。这只是换了一种说法重复我们多次提到的事情：根据不同的底线进行的拍卖会产生不同的结果，它们都能满足嫉妒检验。然而这种主张在这一背景下有着特殊的力量。它表明架桥战略必须找到某种办法以确定一份资源的我们所谓真正的机会成本。如果我们能使真正的机会成本这一概念成立，我们就可以问一下有关自由的底线条款中的哪一条最有可能确定和反映真正的机会成本，由此选出这种条款作为沟通抽象的平等原则和嫉妒检验的最佳桥梁。但是，如果我们无法使这一概念成立，我们便不能说根据一种底线进行的拍卖所产生的价格和结果，比另一种根据非常不同的底线从而也产生非常不同的价格
150 和结果的拍卖，更接近于资源平等的理想。这样一来，资源平等就成了一个空洞的平等概念，因为它缺少确定性。

可见，我们在抽象的平等原则和设计成拍卖方式的嫉妒检验之间架起一座桥梁的计划，需要一种有关真正的机会成本的适当理论。例如，我们需要用这种理论来消除我前面提到的底线麻烦：确定拍品的形式。假设参与拍卖的一些人要共同购买一块土地用作足球场。他们必须支付的价格，部分地取决于被拍卖土地的大小。如果拍卖者成块出售的土地不小于足球场所需尺寸，而底线禁止在拍卖完成后进行细分这些地块的交易，那么这些建足球场的人所支付的钱，几乎肯定低于拍卖者以任何人希望得到的尺寸出售土地时的情况。后面这种以较小尺寸提供土地的拍卖方式，似乎比前一种更公平。它似乎更有可能实现资源平等的目标。然而这是为什么呢?

在资源平等的条件下，说平均福利在第二种拍卖中比在第一种拍卖中会更高一些或更接近于平等（其实在某些情况下这种主张是错误的），并没有回答这个问题。我们也许忍不住要说，既然建足球场的人在第二种拍卖中必须支付较多的钱，那么只允许大块出售土地的第一种拍卖就掩盖了第二种拍卖所揭示的成本，因此在第一

种拍卖中，土地的真实的机会成本被低估了。可是，在第二种拍卖中土地成本更高这个事实本身，并不是这种拍卖更公平的原因。我们为何不可以说，在第二种拍卖中土地成本被高估了呢？由于足球场土地的成本在第一种拍卖中较低，其他资源的成本将会较高。那么我们为何不可以说，考虑到其他资源，第一种拍卖比第二种更公平呢？

我们必须为我们的第二种拍卖比第一种更公平的感觉找出更好的解释；我们必须找出某种原则，它既能够为那种直觉提供根据，也能够为抽象的平等原则和嫉妒检验之间提供一座适当的桥梁。资源平等的目标是，每个人拥有平等的资源份额，它是根据反映着他本人的计划和偏好的选择给别人的计划和设想造成的成本计算出来的。这是它对平等分配资源的理解，是它对一个社会的私有财产制度如何给予全体成员平等关切的解释。如果我们接受这种理解，那么当一种拍卖提供了更有差别的选择，从而更能反映人们事实上具 151
有的各自的计划和偏好时，它就是更公平的——它提供了更真实的平等分配。在我们设想的两种拍卖中的前一种中，人们必须为一块土地支付相同的价格，无论他的爱好和抱负是局限于一座小房子，还是一大片地产。他还留下多少钱用于其他资源，与他的住房偏好无关，这种市场的不灵活性不但影响着他本人的决定，而且影响着别人的决定。例如，球迷要按另一种价格为他们的球票付钱，因此会为了另一些物品而在不同的方面与别人发生竞争，假如每个人的资源更能反映他本人的偏好的确切取向，则事情本来就不至于如此。做不到灵活性意味着资源平等的普遍失败。

资源平等倾向于较为抽象而非较不抽象的拍卖，不是因为在较为抽象的拍卖中具体资源的成本会更高或更低，也不是因为福利在整体上会更多或更加平等，而是因为抽象性提供的灵活性能更好地达到这种平等观的一般目标，即要使拍卖尽可能反映不同的人在设计自己的计划或设想时做出的选择。抽象性原则就属于这种情况。这一原则承认，任何可转移资源的真实的机会成本，就是另一些人在拍卖中所愿意支付的价格，这种拍卖所提供的资源要尽可能抽象，即采取一种对于各种计划和偏好允许最大可能的微调的灵活形式。因此，它主张，如果把拍卖视为确定平等分配的方式，就必须让它提供这种抽象形式的资源。

当然，在采用这一原则时会出现一些难题。在某些情况下，可能不易确定两种物品组合中哪一种更好地满足了抽象性原则，这时就需要某种打破僵局的原则。不过在许多情况下，这一原则的建议是相当直截了当的。回想一下用岛上的全部不同资源只去交换凤头麦鸡蛋的拍卖者吧。这种交易有悖平等，不是因为它歪曲了最初的物品组合，而是因为它从根本上违反了抽象性原则。它使物品组合对竞拍者的计划和偏好几乎缺少任何灵活性。如果拍卖者在岛上只找到了凤头麦鸡蛋，因此可以不计成本地用它们交换来自其他岛上
152 的各种物品，它们可以使拍卖更能反映竞拍者的不同爱好、计划和抱负，那么抽象性原则就要求而不是禁止他这样做。这一原则还要求自然资源尽可能以未分化的形式进行拍卖——譬如拍卖铁矿石而不是钢铁、未开发的土地而不是麦田。正如我们的足球场的例子所示，它要求被拍卖的物品有最大可能的可分割性，使人们能够竞买

每一种资源的无限小的单位（虽然不能竞买小到毫无用处的单位）。它还要求承认有利于可分割性的合法产权，例如穿越土地的权利，短暂涉足土地的利益，而不仅是地产的利益。

可见，抽象性原则在确定我们尚未从原则上加以讨论的拍卖底线的这个方面起着核心作用：物品的表现形式和区分物品的形式。不过，它也在我们正在研究的底线方面起着关键作用：确定自由在资源平等中的地位的自由/限制体系。抽象性要求对全部自由做出某些法律限制，是因为除非人们能够控制他们获得的资源，他们就不能根据各种计划和设想对资源做细致的调整。因此，也许可以认为，抽象性原则包含着我所说的安全原则；如果是这样的话，就可以从一种特殊的角度来解释和采用后一条原则。但是，超出安全所必要的法律限制，显然危害到抽象性：如果底线体系禁止讽刺性雕塑，黏土就不能以最抽象的形式进行拍卖，因为想以这种方式表达意见的人在那种限制下，不能把他们的资源像没有那种限制时一样有效地用于自己的计划。所以，抽象性原则坚持认为，从原则上说应当让人们自由行事，在底线体系的条件下按照他们的愿望利用他们获得的资源，包括通过竞拍计划它们所提供和保护的闲暇，只要它符合安全原则。

所以说，抽象性原则对于我们的主要设计至关重要。它在平等的核心位置确立了自由选择的一般前提，在调和自由与平等上迈出了重要的一步。这条原则也有着我们就要加以讨论的重要的直接后果。它似乎同意自由主义的观点：为法律禁令进行辩护时不能仅仅提出这样的理由，即被禁止的行为违背了正统的宗教或道德。

3. 道德观的批准

153 这个自由主义的结论也许使一些读者觉得太过分：他们认为它违背而不是遵守着抽象性原则。想一想下面的论证吧："自由主义观点没有尊重抽象性，因为它没有给人们提供选择生活方式的尽可能大的灵活性。许多人认为，只有在这样一个社会里，它的公共文化区分并规定共同的个人道德，这包括正统的宗教信仰、受限制的性行为、传统的性别和阶层角色的区分，人们才能过上有价值的生活。"[23]在大多数情况下，只有对公共文化视为不道德的行为加以禁止，这种公共文化才能得到维持。

"当然，从某种角度说，以这种反自由主义的方式落实宗教和道德，会破坏抽象原则：它将完全禁止宗教、文化或社会少数派的成员所希望的生活，或至少使其变得十分困难。因此，它掩盖了它为多数人提供的机会的真实成本。但是，社会就是否落实一种共同道德所做的任何选择，都是以同样的方式违反抽象原则。不去落实道德会否定多数要求的机会，这又会歪曲少数人可以利用的机会的真实成本。我们只能同意，在这种情况下，抽象性原则无法得到充分或明确的满足，因为选择任何自由/限制的底线体系，都会以这样或那样的方式歪曲机会成本。所以，在抽象性上我们能够做到的，充其量是平衡在某个方面相互对立的多数和少数的利益。如果想平衡这些冲突的利益，则人数的多寡肯定会影响到这种平衡，所以至少必须允许对少数做出某些法律限制，才能使多数所希望的生活方式成为可能。"

对于我的禁止落实正统宗教或个人道德的建议，这是一项重要的挑战。这种反对意见声称，它在机会成本这个概念从而在资源平等的核心位置看到了一种反自由主义的欲望。从一定意义上说这是个可喜的挑战，因为这说明在那种平等内部可以形成熟悉而重要的政治辩论，所以也可以从它的角度加以研究。这一挑战还有另一方面的价值：它使人注意到对资源平等所致力的中立性的一种可能 154
的、事实上是情不自禁的误解。这种反对意见以为，抽象性原则是要使每一种生活同等地易于获得。然后它指出一个确切的事实：中立性不可能造成这种同等地易于获得的状态，至少在资源平等的条件下如此，因为对自由/限制体系的任何选择，都会使某些生活形式较为容易，使另一些较为困难。它宣布，在这种情况下，就必须在我所描述的自由主义体系与多数人可能认为需要的更具强制性的体系之间做出某种妥协或平衡。

但是，同等容易的中立性形式没有在资源平等中发挥作用；它属于我所称的福利平等的另一种平等观。资源平等的目标是另一种意义上的中立性：它的目标是，可供人们利用、可以让他们用来追求自己各种计划或设想或生活方式的资源，是由他们这样做给别人造成的成本来确定，而不是由任何有关人们的相对重要性或他们的设想和个人道德的相对价值的集体判断来确定。这个意义上的中立性不保证人们一定能够过上他有可能需要的任何类型的生活。有人想过宫廷鉴赏家的生活，在私人库房里收藏大量名家之作，他们会发现在资源平等条件下这是不可能的：从平等竞拍资源的拍卖会上做出的判断可知，他没有能力支付这种生活方式的机会成本，即使他牺牲其他一切。资源平等有这种结果，不是因为它对这位鉴赏家没有做到中立，而是因为它在这个人和其他也想研究欣赏艺术品的人之间保持中立。

这里受到挑战的自由主义的机会成本解释，把中立观扩大到社会环境和不同生活方式所需要的资源。它允许对每个人的社会需要——他声称为成功追求自己所选择的生活所需要的社会背景——加以检验，其办法是问一下在一个测算他们给别人造成的成本的平等主义结构中，这些需要能在多大程度上得到满足。有人想过一种只有在实行宗教迫害的统治下才有可能实现的生活，他会发现过不上这种生活，其原因与否定鉴赏家全部要求的论证相同。他的同胞也关心自己的宗教或精神生活，但是他们受到另一种宗教的召唤或
155 根本不打算相信任何宗教，既然如此，他就无法买到他认为自己需要的环境，因为拍卖会的底线无法事先给他提供并不存在的东西。

在我所建议的底线方案中，是通过拍卖来确定机会成本，它的底线不允许用宗教或个人道德为限制寻找借口。这一方案在正统派的利益和异端分子的利益之间做到了符合资源平等的平衡。在社会文化环境的设计中，不同的人的利益受着一种价格结构的调节，其前提是在他们的各种设想之间保持我所说的那种中立。在根据这种中立底线而进行的拍卖中当然要考虑到人数。那些希望保护和落实宗教同质性的人，假如他们有人数上的保证，他们就能够使他们认为自己需要的事情得到部分的保护；鉴赏家也是如此，如果他们的人数足够多，也能使他们得以参观壮丽的博物馆。有某种虔诚信仰的人，他们需要一个繁荣昌盛的信仰者的共同体，有可能发现还有

足够多的人分享着他们的信仰，这使他们能够在不违反刑法的情况下，共同建立一个特殊的宗教团体。任何少数派，不管是宗教的、性观念的还是文化的，都不能保证他们得到他们理想中的社会环境。人数对于他们也是有效的：假如有较多的人持有他们的观点，或是有着开展活动不用花很多钱的共同爱好，他们的生活显然会更好一些。基于同样的理由，他们的前景，中立地加以判断，也取决于他们的要求给别人造成的机会成本。因此，架桥战略推荐自由主义的观点：底线自由/限制体系应当不理会任何以宗教真理或道德作为理由的限制。其他任何真正的机会成本观点或道德中立观点，都不符合资源平等的基本结构。

4. 修正原则

我现在必须提到恰当的底线自由/限制体系所承认的另一原则，因为假如我完全不提这一原则，人们就会对抽象性原则的范围留下错误的印象。我把它称为修正原则，它有着重大的实践意义。不过我只能以十分笼统的方式来讨论它，忽略它所呈现的许多问题，因 156
为任何较为深入的讨论都会使我们偏离主题。

在我所描述的假想的拍卖会上，拍卖者面对着一系列问题。他对参与拍卖的人的各种设想、抱负和计划有足够的了解，因此知道拍卖不可能做到并维持机会成本平等意义上的资源分配。经济学家所说的外部性会使这个目标落空。假设一个竞拍人（某甲）打算在一块地上建个玻璃花房，而它所处的位置，由于另一些也在那儿买了地块的人的嗜好和共同目标，注定会变成一片农田。如果他的打算被人知道了，而另一些人数量既多又有组织，他们可以通过集体决定让他在竞拍那块地时出局。当然了，拍卖者不能保证他们能够得逞——某甲可以决定不惜牺牲所有利益来得到这块地；但是拍卖者能够知道不太可能发生这种事情。拍卖者还知道，即使在符合这些有关信息和组织的非现实条件的拍卖中会出现这种结果，它也不太可能出现在他就要开始的实际拍卖之中。因为某甲的意图也许并非显而易见。或者某甲在得到这块地时，可能并不想建他的玻璃花房，而是后来才有此愿望。或者某甲后来有可能把这块地卖给另一个有这种打算的人。根据完整的预见性知识有可能产生的结果，可能因为其他原因而不会发生：组成集体排挤某甲竞拍的团体的成本。我一般忽略这个拍卖故事中的交易成本，但是在这种情况下这种成本是非常大的。

在这种环境下，拍卖者可以决定遵照自由和限制的底线体系，限制选择的自由，其目的是对拍卖事先做出修正，使其达到更好地反映机会成本的结果，这种成本会在一个有着完美知识和无成本的组织交易的拍卖中得到揭示。他的干预可以采取不同的形式，其中有一些形式比另一些形式更适合这一目标。例如，他可以采用一般的分区制办法，努力预测一次完美的拍卖能够确定的土地用途。他可以通过在底线中制定新的不同限制以克服拍卖的不完美性。例如，他可以预测有些竞拍者会利用他们在拍卖中得到的物质污染大气，从而伤害其邻居，而后者如果能够预见到这个污染者的行为，
157 并能有效地组织起来，他们本来可以采取行动使他在竞拍中出局。拍卖者可以利用自由/限制体系中的民事侵权法，使这种污染成为

可以被起诉的损害。这种方案是对付外部性的一种更为精确的修正，因为它会保留这样的可能性：污染者可以和受影响的人就污染权进行讨价还价。我在这里偶然涉足的事情，当然是法学和经济学文献的研究者所熟知的一个领域。我只是想指出这些文献与修正原则的关系。根据这一原则，假如对选择自由的限制有利于资源平等所要达到的目标，即达到以机会成本来衡量的真正的平等分配，那么这些限制就是必要的和正确的。[24]

当然，以这种方式改进拍卖的准确性，不会完全导致在理想知识和无成本的组织活动的条件得到满足时所能产生的结果。那些从限制中获益的人——不想在农田里盖玻璃花房的人——不必为他们的成功从自己那份初始资源中支付任何东西。只有当有充足的理由认为，机会成本的标准受到的破坏，在做出限制的情况下小于不加限制的情况，这种修正原则之下的调整性限制或某种民事侵权法条款才是有道理的。也就是说，只有当有充分的理由认为，人们的资源在拍卖结束以及此后更接近于我们这里设想的那种超出想象的拍卖前的拍卖（pre-auction auction）所导致的结果时，它才是有道理的。在这种拍卖中，所有的动机都一目了然，所有的交易都可以预见，并且不存在组织成本。拍卖者确实有理由认为，假如他采取修正外部性的限制，就会减少歪曲的程度。在大多数情况下，因限制而产生的意外收益，要比没有限制时产生的意外收益分布于更多的人之中。因此，似乎可以认为，通过限制来修正外部性的一般做法，与忽视外部性的一般做法相比，大体上说能够使这些意外收益有更好的结果。例如，在前一种做法中，某甲可能受益于针对损害的另一些限制，而在后一种做法中，某甲的邻居可能根本得不到外部性的意外收益作为他们现在的外部性损失的补偿。

似乎需要做出三点提醒。第一，虽然修正原则影响到抽象性原
158 则的作用，但是前者既不会限制后者，也不会受到后者的伤害。相反，修正只是抽象性的一个方面，因为它的目的是使抽象性所承认的机会成本的发现得到改进。第二，对修正的这些简短的讨论，不会对我前面的主张构成挑战，即底线自由和限制不应当被拍卖交易改变。修正原则不想通过证明这些限制会在拍卖中被采纳，以此为它们提供理由。它想象一种更为纯粹的、拍卖前的拍卖，其中的参与者有着完美的知识和可以预见的能力，并且不存在组织成本。其实，修正原则所建议的限制并不是这种更纯粹的拍卖之底线的一部分。但是它们也没有被这种拍卖采纳。它们作为拍卖者之实际拍卖底线的一部分具有正当理由，是因为对更为纯粹的拍卖的结果与不太纯粹的拍卖的结果进行了对比。

第三，修正原则也没有动摇我们在讨论抽象性原则时得出的重要结论：恰当的自由/限制底线不能以任何行为违反了共同的或常规的道德为由，把它定为犯罪。因为更为纯粹的虚拟拍卖本身——它结果为拍卖者在实际拍卖中的修正性限制提供了理由——必须设定一条不允许做出那种限制的底线，所以更为纯粹的拍卖不可能产生为实际拍卖中的这类限制提供理由的结果。虽然我们想象一群受到影响的邻居可以在更纯粹的拍卖中共同购买地块，以此阻止在这些地块上盖起不协调的房子，但是令人难以相信的是，他们能够购买到面积足够大的土地资源，使同性恋者失去与自愿的伙伴过他所

选择的那种性生活的自由，或是使小众宗教派别的成员失去宗教活动的自由。即使我们能够想象这种破坏性交易，它们也不属于修正原则证明其正当的限制所造成的成本歪曲少于没有这种限制的情况。

五、另一些原则

1. 真实性

虽然抽象性原则赞成以刚才描述的方式理解的自由的前提，但是它不对各种自由加以区分，把某些自由看得比另一些自由更根本 159
或更重要，除非能够证明，某些具体限制对于得到抽象性保护的灵活性具有特殊的破坏作用。[25]此外，抽象性原则要受到一些一般性例外的限制；它承认有些限制可能是维护安全所必需的。恰当的自由观指出，在自由与保护人身或财产安全的竞争中，有些自由比另一些自由更为强大，所以把它们作为更强大的权利加以促进。例如，它认为要想证明禁止言论有理，就要找出比禁止人身攻击的理由更有力的理由：律师经常利用人们所熟悉的“清楚的、迫在眉睫的危险”这句话来表示这里所要求的更为有力的证据。

因此，我们必须考虑架桥战略是否产生抽象性原则之外的另一些对选择自由的权利做出更明确界定的原则。我们这里研究的仅仅是从资源平等观对私有制下的平等所持的观点中产生的自由权利，而且正如我前面告诫过的，我们切不可认为，它们就是包括其民主理论在内的更为一般的抽象性原则所支持的全部权利。但是，在从私有制下的平等所产生的一组权利中，确实包含着更为强大的原则，虽然它是比一般的抽象性原则范围更小的原则。例如，资源平等所赞成的任何拍卖方案，都要求用某种底线原则专门保护当事人参与某些活动的自由，这些活动对于形成和评价各种信念、信仰、结社、设想和爱好至关重要，人们是带着它们来到拍卖会上，并在拍卖之后做出有关改变与重新分配他们最初的占有物的生产和交易的各种决定。[26]

人格并非一成不变：人们的个性和偏好是变化的，并且能够受到影响和操纵。因此，对资源平等的完整说明，必须包含着对环境——人们的人格在这种环境中将得到正确的发展——的某种描述作为它的底线特征，以便进行拍卖的计算。也就是说，底线需要某种用来确定真实性的原则。[27]它不能对真实性问题保持沉默，当然也不能以某种方式把这个问题交给拍卖去处理。我们必须再次利用架桥战略，在可以利用的不同原则之间做出选择。

在对真实性原则的恰当表述方面，以及在要求可以视为得到恰当表述的原则加以保护的确切的活动界限方面，当然会出现难题。
160 但是任何可以接受的原则都必须有一定的范围。真实性既有消极的也有积极的声音：参与拍卖的人既想得到形成自己的信念、信仰和设想的机会，也想得到影响别人的相关看法的机会，他们在拍卖中的成功主要取决于此。因此，我们可以期待着在架桥战略所建议的任何真实性原则的宽广视角内，为宗教信仰自由，表达自由，利用文学和其他艺术形式的尽可能大的范围，个人、社交和亲密交往的自由，以及表现为不受监视的形式的不表达的自由，找出正当的理由。

在虚拟的全面拍卖——它在这个或那个方面类似于一个有着充足的时间的神奇天堂——的故事中，只有等到所有当事人不打算再进一步探索这些机会时，拍卖才会开始。理想的真实性要求最大可能的机会，并不是因为人们的时间越多，就越有可能做出明智的选择，而是因为他们的选择不应当依靠他们对其形成仍未感到满意的自己的个性和别人的个性的看法。因此，理想分配的底线，从原则上说，无论在最初的拍卖之前还是在其后，都不允许对形成、思考或倡导各种信念、信仰或偏好的机会加以限制。真实性无疑必须为拍卖前或拍卖后的世界中出现的突发性紧急事件提供安全保障，但是这种危险必须是特殊的，因为在真实性方面的任何重大让步，都会给拍卖或拍卖后的交易之维持平等的能力造成更为根本和广泛的损害。违反更一般的抽象性原则会扭曲价格，使其偏离真实的机会成本。而违反真实性原则有可能更为严重地扭曲价格，因为这影响着人们决定得到什么，故而会改变他们决定执行的整个竞买计划。在资源平等的结构内，我们有着这种特殊的理由坚持认为，在这些原则与安全需要的对立中，真实性的价值要大于抽象性的价值——例如坚持保护言论自由，除非存在着无可否认的、迫在眉睫的危险。真实性没有为我们提供支持言论自由所需要的唯一论证。我们还有支持言论自由的更多的实践论证——例如强调出版自由在防止官员腐败上的作用的论证。不过资源平等需要言论自由的权利却是 161
出于真实性的理由，即使我们没有别的论据。

2. 独立性

抽象性原则保护那些抱有不常见的宗教或道德信念的人不受刑法的迫害，而且修正原则亦没有动摇这种保护。但是少数人在我们已经规定了底线的拍卖中，有可能遭受另一些不利。假设种族主义者的人数足够多，他们可以联合起来买一块住宅用地，然后排斥黑人进入。抽象性原则并不禁止他们这样做。其实，在某些情况下，这条原则甚至从法律上赞成实行隔离。拍卖者有可能相信，假如组织成本不构成障碍的话，种族主义者会为了这一目的，在社区的一片广大的居住地上联合起来，这时修正原则要求拍卖人通过在拍卖底线中用种族区划（racial zoning）预后这种结果。

但是，允许某些人的生活受到偏见的伤害的政治和经济体系，就是没有给予社会的全体成员平等的关切。因此，我们需要另一条底线原则，以确保拍卖结果不违背抽象的平等原则。独立原则既适用于自由，也适用于限制。首先，它制约着修正原则，因为它坚持认为，任何限制都不能被正当地认为，它是达到有着完备的知识且不存在组织成本的拍卖将要达到的结果所必需的，假如出现这种结果仅仅是因为人们的竞买反映着他们对那些由于该限制而处境不利的人的蔑视或厌恶的话。其次，它制约着抽象性原则，因为它赞成对作为制度性偏见之对象的那些人加以保护的底线限制，使他们不至于因为那种偏见而陷入严重或普遍的不利处境。（其实，独立原则以这种方式重新确定了机会成本。）

这一论证也许表明，我们只有一种特殊的证据来支持独立原则，为了在平等分配中消除种族隔离，我们必须在抽象的平等原则和嫉妒原则之间设计一座特殊的桥梁。如果真是这样，不免令人失望，因为假如不必为消除法律上或社会性的隔离这类看起来严重不 162
平等的状况而对平等资源的基本结构做出特殊的补充规定，不是更好吗？也就是说，我们希望在我们平等观的基础上引申出独立原则。事实上我们也能够做到这一点，因为偏见问题其实只是资源平等在不同背景下必须面对的一个更为一般性的道德问题即残障问题的一个方面。例如，资源平等受到技能差别的严重挑战，这些技能被理解为生产别人会用钱来购买的物品或服务的能力。我在第二章曾建议局部改正的方式，即以虚拟保险市场作为根据的补贴方案。

偏见虽然显然不同于生理缺陷或缺乏技能，但却是同结构有关的问题的一个事例。既然有些人因为别人的嗜好而处境不利，不能因此便允许他们的服务在市场上得到额外的补贴，那么另一些人也同样如此，他们因为属于某个种族或具有某种生理的或其他方面的特点而处境不利，他们的公民同胞中有相当多的人不喜欢或出于另一些原因希望避免这种处境。不错，资源平等对前一种情况中造成不利处境的嗜好保持中立，但是它谴责第二种情况中那种造成不利处境的态度。然而这种差别仅仅意味着，与有着另一些根源的不平等相比，我们有更多的理由努力减少这种偏见引起的不平等。以虚拟保险市场为基础的补贴，虽然在改进另一些形式的残疾上有用，但显然不适合用来克服偏见造成的后果。我们必须找出与资源平等的另一些目标和限制相适应的其他方式，使蒙受牺牲的人的处境尽可能接近他们在假如不存在这种偏见时的处境。对平等主义底线的自由/限制体系既有负面也有正面影响的独立原则，似乎是一个可以选择的恰当手段。因此，这一原则不仅可以用来弥补资源平等中的一个孤立的漏洞，而且是那种平等观之更为一般的特征在偏见背景下的一个结论。

六、回到现实世界

1. 改进的理论

在政治哲学中，我们利用幻想来强化理想，我们利用理想对各
163 种失败做出选择，找出有实践可能性的、不公正程度最小的事情。在一个任何东西都可以拍卖并且这种拍卖可以无止境进行的世界里，我们构思出一个资源平等的幻想，我们如何利用这个幻想对我们自己世界中的各种实践可能性加以选择呢？在这个世界里，大多数东西都已各有其主，几乎没有任何物质资源处在最抽象的形式中，全面的拍卖几乎不可想象。[28]

我们首先需要想象一种在我们中间的理想分配。假设跟我们的嗜好和抱负一样的人们能够按我们的要求，共同组织并举办一场全部资源的平等主义拍卖，它的底线是尊重抽象性原则以及我们确定的其他原则。这会导致什么样的一般分配结果？当然，以为我们能够精确描述这种拍卖的结果未免荒唐。如果这种拍卖是在我们青年时代举办的，而我们在拍卖之后的处境中立刻开始生产、交易和消费，则一一列举我们每个人现在拥有什么就是不可能的。但是我们

可以对我们的法律和经济结构是个什么样子，以及我们应当发展什么样的私有产权分配模式，做出有用的判断。我们的刑法会按照我们讨论过的抽象性原则和其他原则的形式，保护和尊重自由。会有补贴性的保险方案，使失业者或就业不充分的人、病人或残疾人得到特殊的资源，他们会在一个平等的保险市场中得到这些资源。人们会有不同的资源、职业和储藏，但是不存在那种在大多数现代社会中常见的财富与贫穷的极端分化。

换言之，我们可以为拍卖在我们中间造成的结果描绘出一幅图画，它虽然不够清晰，但有足够的细节让我们相信，我们现行的法律体系和我们现行的私有财产分配，并不处在这种拍卖所能产生的安排的范围之内。我们也可以把许多社会成员分成两类：根据他们自己的判断，与平等主义的拍卖可能产生的安排造成的情况相比，处境显然较好的人和处境较差的人。（当然，有相当多的人可能不属于这两类人中的任何一类。）

一种平等观，除非它不仅描述一种理想的平等主义分配，而且对明显不平等的分配可以作为一种平等主义的改进办法，否则它就是没有价值的。所以，我们的下一步任务是要构想一种改进理论，164
它符合资源平等，并且能够成为使我们自己的社会比现在更加平等的指南。我们需要会计术语，虽然在政治哲学的背景中它们可能让人感到陌生。我们可以把一个人的公正权益赤字（equity deficit）定义为他在自己社会中的所得低于他在理想的平等主义分配中应得的程度或水平，或他的处境比他应当得到的更差的程度。由于我们无法准确发现在这种分配中任何具体的个人会得到什么，所以对公正权益赤字只能做出大约的和主要是比较性的判断。例如，一个非常贫困的人，他过去的决定不能解释其贫困的实质内容，说这个人的公正权益赤字高于贫困状态较为温和的人，而处在我们的中上阶层的人根本没有权益赤字，我们通常会感到，这种说法是公正的。

这种改进理论的目标必须是减少公正权益赤字。这会带来若干问题。如何计算公正权益赤字？我说过，我们只能对每个人做出大体的判断。但是这些大体的判断试图接近什么样的更为细致的判断？假设我们准确地知道某个具体的人在理想分配中会获得和保持什么资源。那么我们现在用什么检验办法来确定他的准确的公正权益赤字？这种检验允许我们总是可以说在两个人中有一个人的公正权益赤字高于或低于或等于另一个人的吗？我们不妨规定，只有当一项计划减少了社会的整体公正权益赤字时，它才促进了平等。这肯定取决于其成员的个人公正权益赤字。然而真是这样吗？也就是说，假如一项政治方案减少一些人的公正权益赤字而增加另一些人的公正权益赤字，那么我们如何断定它促进了资源平等？

2. 不平等的程度

每一种平等观肯定都有其特有的改进理论，它必须与它对理想平等的描述一致；如果用减少公正权益赤字来检验改进，则必须用符合理想的尺度来准确计算这种赤字。福利平等必须把公正权益赤字定义为福利损失：对于这种观点来说，确定某人的公正权益赤字，就是从他在福利平等的情况下可以享有的福利中扣除他的福利
165 水平。但是资源平等不能采用以福利为基础的公正权益赤字标准；

这会导致一种资源平等在定义促进平等的正确标准时予以否定的标准。换言之，资源平等必须根据资源而不是福利计算公正权益赤字。但是我们发现有一些人的处境，在这两个方面都比他们应当得到的更差。他们可能没有得到在平等主义拍卖——其底线由他的社会的现行自由/限制体系组成——中应当得到的资源，或现行底线体系本身可能不利于资源平等；例如，它有可能违背了抽象性原则，或我们谈到过的这一条或那一条更为具体的原则。当然，有些人的处境比他们应当享有的处境更差可能是由于两种原因：自由体系可能不公平，或在这种不公平的体系中他得到的资源可能少于他在平等主义拍卖中应得的资源。现实世界中的大多数穷人都受着这两种不公正的伤害。

因此，我们需要进一步的会计学区分。一个人的资源赤字（resource deficit）是指他拥有的资源与他在采用公平底线的拍卖中可以得到的资源之差。对于实践性的改进理论来说，一般可以相当准确地测定资源赤字。人们的资源赤字是他为了把自己的资源转化为他在拍卖中可以得到的资源所需要的总和。另外，一个人的自由赤字（liberty deficit）是由他的生活变差的那些方面构成的，此外还有由于其社会中的自由/限制体系不符合资源平等的要求而表现为资源赤字的那些方面。如这种定义所示，不公平的底线的一些结果反映在资源赤字之中。我前面设想过一种底线，它禁止把土地划分为小于足球场的地块。如我所说，在这种底线的限制下，有些人得到的资源会少于在不存在这种限制的情况下得到的资源，他们的资源赤字反映了这两者之差。不过再考虑一下我想象的另一条限制：不允许任何人创作讽刺雕塑。我们完全无法从金钱的角度计算这一限制使人生活变差的程度。如果我们把政治贿赂的可能性放在一边，那么无论多少钱都无法在市场上买到做这种法律所禁止的事情的合法权利。然而，那些想创作讽刺雕塑的人所拥有的资源的价值，就小于资源平等所许诺的价值，这一事实在对他的全部公正权益赤字的正确计算中必须有所反映。

166 因此，我们需要单独计算自由赤字。我们可以说，某人的自由赤字，是与他在理想的平等分配所规定的处境下可以做到或取得的成就相比，他有能力做到或取得的成就所受到的限制的程度。因此，自由赤字反映着处境的另一些特征。例如，假设一个法律体系规定，任何人都不得获得超过社会全部大理石供应量的一半。在理想的平等分配的底线中不会有这种禁令：这会受到抽象性原则的禁止。但是这种禁令并没有在现实世界造成自由赤字，因为在理想分配的条件下，没有人会如此富裕，能够买到超过半数的大理石。而完全禁止获得或利用大理石的法律，显然给那些打算从事雕塑的人造成了自由赤字。他们不能像在理想分配的情况下那样生活。

如我所说，我们不能用钱来计算这种赤字。可是我们能够以不同的方式对自由赤字加以比较，只要它们是起因于不同的限制。想象有一个世界的法律禁止一个人吃花椰菜，禁止另一个人读书。虽然我们没有明确的标准来比较这些禁令的结果，但是第二种禁令显然比第一种更为严重；它在更大程度上限制着那些服从它的人的活动和成就。然而，当两个人服从同样的不合法的限制时，就我所知，资源平等甚至无法提供大体上计算这种限制给每个人造成的公正权益赤字之差别的尺度。不同的人因相同的禁令而受到的损失当然是不同的；使用大理石的限制，对于贝尔尼尼（Bernini）[①] 来说比对于我要严重得多。不过这是福利方面的差别，我们不能把它们纳入我们对公正权益赤字的计算，除非我们允许在爱好、设想和抱负方面的差别以资源平等所否定的方式影响分配。我们需要一种能够对改进理论起指导作用的自由赤字的解释，根据资源平等，我们不能同意，贝尔尼尼由于无法雕塑而有着多于我的痛苦，可以通过给贝尔尼尼的资源多于给我的资源而使这种平等得到改进。

资源平等没有为比较人们因同一种限制而产生的自由赤字提供基础。但不能因此便说这种自由赤字在某种意义上对所有人是一样的。假设两个人因相同的不合法的禁令而有自由赤字，但是与他们在理想的平等分配中将拥有的相比，其中一个人的货币形式的资源 167
较多而另一个人的较少。人们禁不住要说，较穷的人的总体公正权益赤字肯定大于较富的人的，因为他们的自由赤字相同，但只有那个穷人有资源赤字。但是我们没有权利说这人的自由赤字大于另一个人的，就像我们没有权利说他们的自由赤字相同一样：这两种判断只作为有关福利的无条件判断才是有意义的。两个人的自由赤字是不可比的而不是一样的，并且这种不可比性，如这里的例子所示，有时会使整个公正权益赤字也变得失去可比性。

---

① 贝尔尼尼（Bernini，1598—1680）：意大利巴洛克时期的著名建筑师，作品有《大卫》及罗马《四河喷泉》等大理石雕塑。——译注

3. 平等的整体收益

显然，假如一个非平等主义的社会大体上做到了一种理想的平等分配，例如这个社会实际举办了一次成功的全面拍卖，平等就会得到促进。可是既然这种事情根本不可能，我们就必须考虑把有限的或局部的改进作为朝正确的方向迈出的一步。我们需要某种符合资源平等的一般设想的答案，其着眼点是如何给予人们平等的关切。例如考虑一下这个建议：如果一项计划没有增加任何人的自由赤字，也没有减少社会的整体资源赤字，即为消除每个人的资源赤字所需要的总量，则这项计划就促进了平等。资源平等不能接受这种检验改进的办法，因为这种办法假定，当为使这种资源最大化而设计的计划中每个人拥有的资源得到了平等的考虑时，每个人便得到了平等的关切。例如，一项为使众多不是太穷但仍遭受剥夺的人生活得更好而严重损害那些已经处在最贫穷之列的人的计划，就能满足这一检验。这是针对资源而非福利的功利主义平等论。它把理想的平等分配定义为使资源的整体货币价值最大化的分配。资源平等不承认这种观点是对平等的解释，所以它不能同意这就是促进平等的定义。

但是，如果我们反对用这种整体资源赤字的检验方式来定义平等改进，并坚持任何检验改进的方法都必须既反映自由赤字也反映
168 资源赤字，这时我们便大大减少了自己的选择余地。我们的确可以接受导致平等的“主导性”改进（“dominating” improvements）的方案。我是指那种减少一些人的公正权益赤字而又不使其他任何

人的公正权益赤字——不管是资源赤字还是自由赤字——有所增加的方案。这与帕累托改进不是一回事。提高累进所得税，把税金用于一项包括适当的失业救济在内的福利计划，不会导致帕累托改进，因为它会使富人的生活下降。但是它确实会导致平等的主导性改进，因为它没有对自由实行新的限制，并且仅仅有可能使那些没有资源赤字的人在实行新税制之后生活变差。甚至限制自由的计划，如果采取的方式是在理想分配之后不再限制自由，也可以导致主导性改进，例如我们在假想的反大理石垄断法的情况中所看到的。尽管它们限制自由，但在尊重自由的价值方面并未使一个人的生活变得比他在理想分配时的情况更差。可见，平等的主导性改进更容易做到，也比帕累托改进的实践意义大得多。

根据这种论证断言只有主导性导改进才是真正的平等改进，是错误的。但是我们在描述非主导性的真正改进时必须小心，任何清单都不可能全面，因为非主导性改进肯定是因建议和检验程序而不是因详尽无遗的公式而被采用的。比方说：假如一项方案没有实行新的自由赤字而改进了资源赤字最大的群体的资源处境，那么它显然改进了平等，即使另一些人的资源赤字出现了无关大局的增加，但是只有当任何人的赤字损失不多于处境最差的阶层的最大赤字收益，事情才会如此。[29]我们无疑可以构想出一些多少具有综合性的方案的内容，它们可以令我们满意地做到使不平等的社会变得更为平等。但是，可以算作资源平等下的全面改进的事情，存在着普遍而严格的限制。如果一项方案对自由增加新的重要限制，从而造成实质性的自由赤字，那就不能认为它导致了全面改进。由于资源赤字和自由赤字是不可比的，所以也无法证明这样的主张正确：以穷人的言论自由作为代价使他们得到更多蛋白质的计划，是社会在平等对待其全体成员的程度方面的整体收益。

4. 可为之辩护的平等分配

169 我们的改进理论允许我们设想各种再分配方案，包括针对失业、低收入和不幸的补贴性保险，与政治上的考虑不同，从技术上说我们是可能做的，它们将使我们的社会更接近于理想的分配。我们能否设想利用这类方案达到一种状况，使技术上可能的改革再也无法使我们更接近那一理想？我们不妨把这种状态称为可为之辩护的平等分配，用来表示这样一个事实：虽然它们没有实现完美的资源平等，它们却是我们以最好的政治意愿所能够做到的最佳范例。我们很容易指出那些无法为之辩护的分配，因为显然可以沿着用机会成本加以判断的平等方向对它们加以改进。如今在美国和英国实行的分配方案，虽然带有偶然的和东拼西凑的性质，显然可以用一种不会助长新的自由赤字的更加公正的税收制度，例如用针对底层的再分配加以改进。不论是英国还是美国（而且我相信任何其他国家都是如此）都没有实行一种可为之辩护的分配方案。

我假定，我们至少也能分辨出一种构成了我们可为之辩护的平等分配状态的特征。也就是说，我假定我们能够描述一种经济制度，根据我们目前的状况它在技术上是可能的，而且对它不可能再有进一步的明显改进。但是，假如我们能够为自己找到任何可为之辩护的分配，我们无疑能够找到彼此不同的若干种分配，因为我们能够想象，我们的社会正在着手十分不同的改革计划，其中每一个都包含着改进平等的措施，直到再无这样的措施可用。完全有理由假设，其中有些计划从整体上优于另一些计划，因为它们事实上导致的可为之辩护的分配更接近于理想的分配。假如我们有完善的分析能力，对社会每个成员的个性有完美的预见知识，也许我们就能提前确定哪一个方案最好。然而我们当然没有这种能力和预测性知识，因为正如拍卖的设想所强调的，人们的个性和抱负会随着任何以平等为目的的计划的展开过程而发生变化。

因此，即使我们知道譬如说我们的社会将采用补偿性保险机制作为它实施的改革计划的一部分，我们还知道这些机制可以采取不 *170*
同的形式，从国家管理的全民保健方案到更为传统的用税收支付的社会保险计划，我们也无法信心十足地预见，在相关的风险和人们实际得到的东西既定不变的情况下，这些设想中的哪一个会被证明为最有价值。我们也无法预见我们的社会在追求平等的过程中会发展出哪一种商业组织或交易形式，除非做出一些有关人们在变化过程中可能做出的储蓄、就业、投资、合作和消费决定的令人怀疑的假设。即使一个完全致力于资源平等的社会，也只能通过在当时被断定为最合理的一系列政治决策，逐渐接近那一理想。这些决策本身此后立刻会对技术上可行的办法构成限制，因此历史的偶然性，包括做出决策的顺序上的变故，会累积性地限制任何具体的社会所致力的最初可为之辩护的分配。换言之，这一追求平等的过程不会是一个路径依赖过程。

因此，我们现在通过给我们的社会指出可为之辩护的分配充其量能够做到的事情，就是想象一组这样的方案，通过我们立刻就可以实行的一系列步骤，它们在技术都是可行的。因此，此后当我再谈到可为之辩护的分配时，我是指那一组方案中的一个，而不是指那个可为之辩护的分配。我们可以用不同的方式来排列这些可为之辩护的分配。我特别感兴趣的排列方式是：我们可以按合理性顺序、按我们的社会如果致力于资源平等便能够做到这种分配的概率来排列它们。如果我们确实试图以这种方式来排列这些分配，我们就必须考虑我们可能拥有和维护的，并被一种具体的分配所接受的各种信念、设想、爱好和信仰的可能性，我们要集体判断达到这种分配所必需的政策和设想在那种条件下的合理性，我们还要按照必要的顺序去落实这些政策和设想。我们当然不能指望完整地列出我们所承认的可为之辩护的分配的合理性；我们不能指望在每两个计
171 划中，能够确定它们中间的哪一个更合理或它们同样合理。但是我们有理由期待一种不完美的合理性排列：我们应当有能力确定，一些可为之辩护的分配比另一些更为合理。

我现在要捍卫一种在我们看来几乎最不合理的可为之辩护的分配主张。在可为之辩护的分配中，除非为保障安全或修正不同类型的拍卖或市场不完善所必需，不应禁止任何人用自己选择的方式利用其资源。资源平等在定义理想分配时，坚持认为在任何拍卖底线中，以及在拍卖后的生活的交易和事务中，都要严格遵守抽象性原则。假如现实世界中的任何实际分配都没有反映抽象性原则，譬如它的刑法禁止人们除了安全或修正的理由以外，可以按照自己的愿望利用其资源，那就可以说，这种分配没有通过清除所有这些限制

的措施朝着理想的方向有所改进。因此，只要它保留着受到理想禁止的限制，就不应把它当作可为之辩护的分配。

有些读者也许会觉得这种主张显然是错误的。在许多国家，不公平的财富分配使富人能够买到比穷人更好的医疗服务。假设有个国家通过完全禁止私人医疗机构来改变这种特殊的不公正。这是对平等的促进，假如它没有造成新的自由赤字的话；假如它没有妨碍某人去获得他用理想分配中得到的资源所能够获得的医疗，事情就确实如此，尽管它采用了一种不被理想的平等主义分配所允许的限制。但是取消这种限制并不是走向平等的进一步措施，而仅仅是离开它而回到不十分平等的事物本来状态的倒退措施。但是这个事实并没有驳倒我的假设，即一个社会总是可以通过一系列措施走向平等，这些措施包括取消受到抽象性原则谴责的任何限制。

这个社会能够对财富进行全面的再分配，并且作为此项方案的一部分，采用一种以征税财政为基础的医疗计划。然后，作为同一项一揽子计划中的内容，它可以取消对私人医疗机构的限制。从平等的观点看，这种全面的改革显然是对它在我的叙述中已经达到的状态的一种改进，这种状态中仍有严重的财富不平等，它仅仅是改善了这种不平等对医疗服务的影响。从这个角度看，它也是对实行 172
财富的再分配并提供充分医疗保险但保留对私人医疗机构的禁令的不太全面的改革的改进。允许医疗服务中的私人交易，使人们有可能在快捷而昂贵的医疗服务的相对价值与不太快捷的医疗服务和其他物品的比较中做出自己的选择。因此，允许私人开办医疗机构，能够使分配在更大程度上以资源平等所赞成的方式反映机会成本。

所以，我的假设是成立的，除非一个社会无法从技术上（不包括政治上）通过包含着取消抽象性原则所反对的限制而又不实行那一类新限制的一般方案促进平等。通过充分巧妙的构思，我们无疑可以想象一个处在这种技术状态下的社会。不过我相信，我们所熟悉的自己的社会极不可能出现这种情况，所以我假定，几乎只有这种最不合理的可为之辩护的分配，才能使抽象性原则所要求的自由得到充分保护。

七、自由与不公正

1. 真实的现实世界

我们一开始研究的是理想的虚构世界中的资源平等，它进行全面的、几乎可以永远延续的拍卖。我们现在又随着这一研究进入理想的现实世界，它不是十分虚幻，依然存在着不平等，技术上的问题也十分突出，但这里的人们全心全意要使分配更加平等。我们在这个世界里要待上足够长的时间，以便定义平等的改进和可之为辩护的平等方案，并按照它们的合理性程度设想一种不完美的排序。现在我再次来到现实之中，来到真实的现实世界，这里的政治难题比技术难题更为棘手。这是我们的世界，是我们必须在政治实践中磨砺理论和信念的世界。

我们可以利用我们在理想的现实世界中形成的想法，即可为之辩护的分配，来判断我们在真实的现实世界中的表现。我们进行自我批判，不是因为我们没有取得在虚拟的全面拍卖中有可能取得的理想的平等分配，而是因为我们甚至没有取得一种接近于可为之辩护的分配。我们甚至没有做到我们从技术上能够做到的对分配不平 173
等的改进；我们的失败是意志力、想象力尤其是公正的失败。希望为平等多做些事情的公民和官员，面对着极为繁杂的麻烦和问题。

我们现在必须研究它们中间的一个。与资源平等所允许的情况相比，美国和英国的富人生活得更好而穷人生活得更差。对财富应当且能够根据一项普遍的改革方案进行再分配，例如通过提高税收和经过改进的这一类社会计划，这或许需要更激进、更有创意的有效方式。但是这种方案受着严重的政治限制；其实，与过去的情况相比，在这些国家，有效的改革似乎更为遥远了。但是，对于不公正的财富造成的不公平的利益，可以通过另一种更为可行的方式加以限制：例如通过禁止富人把自己的财富用于某些方面。这需要法律上的限制，例如对政治活动的自由、私人医疗服务和就业合同的限制，它们否定抽象性原则要求人们拥有的选择自由。我这里的意思是，任何合理的可为之辩护的分配都不会包括这些限制。这种方案不会包括这样的法律，它禁止人们根据自己的意愿把尽可能多的钱用在政治竞选运动中而不是用在昂贵的电器上。这种方案不会禁止人们购买昂贵的医疗服务却又允许他们购买昂贵的休假。它不会使面包师无法同意更长的工作时间而在电视机前看足球。或者说，它不禁止这些决定，除非出于安全或健康的理由，或由于纠正市场这一不大可能的目的。但是，在一个非常不完美的平等社会里，对自由的限制是正当的吗？甚至在这里，资源平等也坚信绝不可以在抽象性上做出让步吗？或者说，在非常不平等的社会里，限制选择的自由是不是改进平等的合法手段？

我们终于回到了我最初提到的政治争论的事例上来了。我们现在可以用正确的方式来研究这些事例，因为这里检验的不是自由在某种理想的平等主义虚幻故事中的地位，而是在适用于我们这个丑陋世界的现实主义改进理论中如何对待自由。我在数页篇幅以前说过，能够通过违反抽象性原则的计划改进平等。被我前面的论证说服的一些读者，也许会对这种观点感到迷惑。我在前面颇费周章地论证说，抽象性原则是资源平等的核心，是任何嫉妒检验都必须采
174 用的底线中的关键内容。但是，一旦区分出我们的论证层次，任何自相矛盾的感觉也会随之消失。在分析的第一阶段，我认为除非我们假设已经存在着选择的自由，我们甚至不能从原则上确定一种理想的平等分配。如果缺少被制度战略的架桥版视为底线自由的那些自由，我们不可能取得完美的平等。

在我们的论证的第二阶段，即理想的现实阶段，我们采用不可能达到的完美平等这一设想，为我们自己的社会想象一种可为之辩护的平等分配。在这个层面上，我认为任何合理的可为之辩护的分配都不会允许没得到抽象原则赞成的限制。但现在我们是在真实的现实世界里，我们的问题便有所不同。我们不再考虑对自由的限制是否为完美的平等所必需，甚至它们是否为作为一种我们从技术上可以实现的理想的平等所必需。我们假设，我们已经知道可为之辩护的分配是什么，并且知道我们没有做到这种分配。现在我们要问一句，限制自由是不是一个为使我们更接近于一种可为之辩护的分

配而可以允许的手段，尽管这种分配本身不允许那些限制。

但是，我这里讨论的建议——限制自由的正当性，在于它可以促进真实的现实世界中的平等——似乎不是向另一种方式的倒退。如果告诉那些热爱自由的人士，在一个理想世界里平等要求自由，但又告诉他们自由随时可能因平等而被牺牲，这对于他们不啻是一种虚伪的安慰。因为他们会立刻意识到我将之作为优于政治哲学中更为熟悉的利益战略而提倡的制度战略中的一个新的更为阴暗的方面。利益战略如果成功，就会允许按照重要性对自由加以排序。它允许我们说，与另一些自由相比，人们确实（或愿意、或应当）更关心良心自由、言论自由或选择性生活的自由，所以至少是这些更为基本的自由，即使在不完美的真实的现实世界里也会受到保护。

相反，制度战略更像是一种赢者通吃的办法。我所采用的制度观点确实建议，赋予一些自由在理想平等的底线中特殊地位。我为我所说的真实性原则描述了一种制度论据，例如它赋予言论自由特殊地位。但是那一特殊角色存在于对理想的平等的计算内部：它仅仅证明这样的主张，即在理想的平等中，限制言论自由与限制其他 *175*
自由相比，需要一个基于安全的更强大的论证。它似乎没有提供理由，当我们的目标是更为平庸的目标，即接近于一种我们因政治原因而无法实际达到的可为之辩护的分配时，为什么不应当让任何特定的自由做出妥协。因此，制度战略对于我们自己的政治环境中所有自由的价值似乎一视同仁，在虚幻的世界里不可否认的权利盾牌变得不堪一击。

这个结论也许会让一些读者回到利益战略上去。但是，如我所建议的那样，假设利益战略在保护我们的基本自由方面，在现实世界中无论如何都无法取得成功。这样一来，坚持自由的人就会倾向于一种更激进的选择。他们有可能更为急切把视线投向人道主义理想，它把抽象的平等原则要么视为一种公正统治的绝对要求，要么用与自由无关的方式加以规定。也许我们无论如何都应当从自由中找出某种价值，使它完全独立于平等，而且独立于它给具体的生活带来的好处。这样一来，大量的工作就变成了资源平等应当怎样回答我们的新问题。在真实的现实世界里，能够把自由的恰当妥协作为一种减少不平等的手段吗？

2. 牺牲的原则

我们可以用以下方式重新表述我们的自由赤字这个会计概念。自由赤字就是一个人因法律限制而导致的做某些事的能力的损失，在可为之辩护的分配中，他本来是可以做这些事的。当社会给它的一个成员造成自由赤字时，它就使他蒙受了牺牲。现在我们可以确定一条任何可以接受的改进理论都必须采纳的原则，我把它称为牺牲原则。这一原则对自由-平等均衡状态的双方都有效。当无人蒙受牺牲时，即当公民拥有的自由之价值至少同他在可为之辩护的分配中拥有的不受限制的自由一样多时，它否认自由受到了侵害。一种合理的自由观，怎么能够要求任何人拥有的权力大于他的选择自由不受限制、资源得到了公平分配时所拥有的权力呢？但是它也否
176 认当给某人造成的公正权益赤字与使另一些人减少的公正权益赤字不一致时，平等能够得到改进。由此可见，这一原则调和着不完美

的实践政治的现实世界中自由与平等的关系。它坚持认为，自由仅仅要求真正平等的自由，不能用侵犯自由来服务于平等。

但是，我这里介绍的牺牲原则是不完美的，因为它没有确定在采取它时必须参考的可为之辩护的分配的范围。因此，在利用这一原则时可以采取不同的形式。其中最严格的观点要求，在一个人的自由的任何方面，人们的处境都不能变得比无论哪一种能为他的自由提供最大价值的、可为之辩护的分配下的情况更差，不管这种分配是多么不合理。我要用一种更为温和、更为合理的形式来检验这一原则：我假定，它要求在自由方面，任何人的处境都不会变得比在一种可为之辩护的分配下最可能出现的情况更差。如我所说，我假设我们能够按照合理性为可为之辩护的分配排序，确定这些分配中的某一组最为合理。假如一个人的处境因为法律限制，变得比在大多数最合理的可为之辩护的分配下的情况更差，那么它就比在这种分配下最可能享有的处境更差。[30]

我们可以把这一牺牲原则运用于我们最初的事例，以此来检验它。首先，对一个人用来支持政治竞选人的金钱数量加以限制，会使任何人蒙受牺牲吗？任何合理的可为之辩护的分配都不会施加这种限制。人们将拥有按机会成本的标准判断、从技术可能性的角度看最接近于平等的资源，每个人都可以自由地决定把自己的多少资源用于向他的公民同胞表达意见而不用于他所需要的其他物品。但是，最高法院在“巴克利诉瓦莱奥案”[31]中驳回的对选举经费的限制，即使加以实行，也不会使任何人仍然享有的自由的价值少于他至少在最合理的可为之辩护的分配下可以享有的不受限制的自由的价值。因为在一个做到了可为之辩护的分配的社会里，从用于政治的金钱这方面说，任何人都不可能对政治决策发挥今天的美国富人那样的影响，甚至不可能发挥最高法院让那条法律生效时富人能够发挥的影响。可供处置的财富将会得到更加平等的分配，虽然一些人有可能把自己财富中相当大的一部分用于政治，但是许多持不同
177 政治观点的人也愿意并且有能力把自己财富中类似的比例用于政治。因此，最高法院驳回的法律不会使任何人蒙受牺牲。

这是我所举出的例子中最容易处理的一个，因为这里所说的限制直接与金钱并且仅仅与金钱有关。禁止私人医疗机构的建议带来了更为复杂的问题。我再一次假设，在任何合理的可为之辩护的分配中都不会实行这种限制，虽然它会为了保障任职资格和安全而实行限制。在英国，现在只有两种人买得起私人医疗服务：相对于其他人来说，非常富有的人；那些就职行业中的工会为之提供私人医疗保险的人，其资金主要是通过集体判断由雇主支付。建议取缔私人医疗机构，当然会减少这些人的自由。从医疗服务选择的角度看，这会使他们的自由的价值变得少于最合理的可为之辩护的分配下的情况吗？

考虑一下可为之辩护的分配可以用来提供医疗服务的两种方案。在第一种方案中，医疗完全由私人经营，但是有充分的健康保险计划，资金来自税收并且人人可以享用，它提供足够的资源支付每个人在私人保险市场上打算为自己购买的医疗。在第二种方案中，医疗是通过类似于英国全民保健服务的制度来提供，其经费也是来自税收，其数量足以为利用这种服务的每个人提供同样水平的

保健，虽然假如人们愿意的话，他们可以根据自己的愿望和能力，自由地做出自己选择私人医生和医院的安排。我怀疑这两种可能性中的任何一种都可以被证明比另一种明显更合理，虽然这里没有任何因素依靠那种假设。另一些可能性大概同样有可能发生，不过它们会相当类似于这两种可能性，所以不会引起新的问题。因此，我可以假定，这两种描述构成了一组最合理的可为之辩护的分配。

让我们进一步假设，英国现行的全民保健服务，不会因为取消私人医疗机构而得到改进。根据这种假设，如果取缔私人医疗机构，人们的自由会少于我谈到的两种可为之辩护的分配下的情况吗？我们必须把全民保健服务体制下可以得到的医疗服务，与这些可为之辩护的分配下的服务加以比较，而且我们必须区分出三种比较的项目。不管在哪一种可为之辩护的分配中，任何人都会得到更好的医疗服务吗？他能得到更快捷的服务，在治疗不危及生命的疾 178
病时能够避免现行保健服务中的排长队现象吗？他能够在更多的医生和专家中做出他认为对自己很有价值的更多选择吗？对这些问题中的这个或那个或全部三个问题的回答，有可能都是肯定的。假如人们有平等的资源，他们大概都会得到优于现行保健服务所提供的、他们有能力支付其价格的更好或更快捷的服务。或许他们在他们付得起费用的医生和专家中有更多的选择。如果是这样——如果这些假设是有说服力的，政府就应当让人们做出牺牲，取缔私人医疗机构，只保留现在这种全民保健服务。

但是，如果政府愿意且有能力在未达到我们刚才设想的标准时改进全民保健服务，它也可以把取消私人医疗机构作为其追求平等的方案的内容。无论如何，在可为之辩护的财富分配下，它都应当有可能利用全民保健服务或以税金支付私人医疗保险的方案可以利用的资源水平，提供这种服务，虽然为此它很可能必须向现在享受私人医疗好处的人课以更多的税。但不能因此便说，政府即使没有对全民保健服务做实质性改进，在没有完全取消私人医疗机构的情况下，它不可以在医疗服务的条款中限制选择自由。例如，在最合理的可为之辩护的分配中似乎不可能发生这种事情：谁都不能在治疗可导致残疾但不危及生命的疾病时越过排队的人。可见，政府做出有限的限制，只用它来禁止通过利用私人医疗机构而避免排队的行为，并没有让任何人蒙受牺牲。（当然，我们这里讨论的仅仅是对自由的不同限制是否会彻底断送一种好的设想，而不是在讨论任何这类设想是不是一种好的设想。）因此，牺牲原则是有价值的，这不限于它禁止在真实的现实世界中限制某些自由方面所起的作用：它有助于通过确定一种包括各种限制在内的一揽子措施，制定一项更有包容性的改革计划，政府对社会资源进行可为之辩护的分配时，可以合法地采取这些措施。

在我引用过的最高法院在“洛奇纳案”中做出的不光彩的裁决这个例子中，最高法院否定了纽约限制面包师每周工作时间的法律，它的复杂性表现在另一个不同的方面。（如果我是正确的，这里有一个很有意思的悖论：被许多人认为正确的“巴克利案”的裁
179 决，似乎是一个比人人视为错误的“洛奇纳案”裁决更为明显的错误。）当然，雇主的面包店并没有蒙受牺牲：很难想象在合理的可为之辩护的分配中，他们可以找到愿意按他们的工时要求工作的面

包师，其工资水平又使这种工时对他们有利可图。但是，纽约的法律有可能给移民造成不利，他们极想得到一份工作，因此接受面包店实际提出的条件。它可能让他们失去工作，使他们的处境从缔约自由的价值这个方面来考虑，比把他们算作当事人的可为之辩护的分配中的情况更差。假如这样，假如纽约没有或不想做出减少失业的补偿安排，这一法律就使他们蒙受了牺牲，而且我认为我们应当接受我们正在探讨的这种方案所导致的结论。国家为了全面改进劳动者的经济状况而否定人们按照自己同意的条件就业的权利，从原则上说是错误的，除非它为那些无法按规定条件得到工作的人提供失业补偿或另一些救济，其数量足以使他们的处境与按不合法的条件就业时的处境一样好。

那么，"洛奇纳案"的裁决是正确的吗？最高法院对于我尚未谈及的有关健康和安全的论证太不关心了，而且对我们正在检讨的平等主义观点看起来根本无动于衷。但是，假设单纯的健康和安全的证据，对于为限制自由——它使那些处境最不利的人进一步蒙受不利——提供理由来说过于深奥难解。我仍然认为"洛奇纳案"的裁决作为一项宪法解释是错误的，我在其他文章中已经阐述过这一点，故在此只做一概述。[32]纽约的法案如果是一项更为全面的计划中的一部分，该计划旨在促进它的平等观而又不牺牲社区内任何人或部门的利益，那就不能说它是错误的。不能这样理解宪法，认为它要求一项解释州平等观的社会计划的全部内容一下子都得到实施；也不能这样来解释它，认为它允许最高法院把一种分配平等观强加于政府部门。换言之，宪法把"洛奇纳案"中遭到否决的社会立法，作为一个政策问题而非原则问题。如果没有证明纽约对那些在其计划的某个阶段失去工作的人放弃了平等关切，法院的裁决就是不公正的。

3. 基本自由

180 我们现在讨论的是对选择自由的各种限制，在任何可为之辩护的资源分配中都找不到这种限制，但是它们都可以合法地加以实施，至少是作为一项更大的方案中的内容，以便改进与可为之辩护的状况相去甚远的资源分配。但是我在这一节开始时，谈到过一种十分严重的、可以理解的担忧：虽然资源平等在一个理想的世界里保护自由，但是在我们的现实政治世界里，它却会彻底动摇自由，因为它把所有的自由，甚至我们视为基本的自由，置于一种危险的境地。所以，我们必须考虑牺牲原则是否足以保护我们的自由中那些我们视为最基本的自由。

在这里讨论的所有事例中，一些所建议的限制的最直接的后果，是取消了某人在经济权力方面优于别人的一部分好处，即使不是全部好处，而在任何可为之辩护的分配中他都不可能得到这些好处。在一些事例中，这种限制还有另一些更广泛的后果，我们出于这种原因而对这些事例有所担心。如果这种限制完全取消对一些人的生活十分重要的一般自由，因为他们的自由的价值与任何可为之辩护的分配下的情况相比，会因为这种限制而大大减少，这属于另一种十分不同的情况。如果禁止那些十分重视政治的人发表言论，其真正的或（更有可能的是）虚构的理由是，这可以减少生活最差者的物质资源赤字，那么他们就蒙受了牺牲，不管他们本人的资源多于或少于任何可为之辩护的分配提供给他们的数量。因此，资源平等不会因这种措施而得到改进。如果禁止同性恋者在一起做亲密的性接触，他们便蒙受了牺牲，这也同他们的贫富无关。因此，我的论证不会使这些基本自由受到威胁，即使在一个极不平等的社会里也是如此。相反，这一论证恰恰有助于证明它们为何是基本自由。

八、回顾

自由在资源平等中的地位是什么呢？假如我的论证基本正确，这一地位便是根本性的和安全的。我否定利益战略，它以这样或那样的方式，使自由在公正的一般方案中的作用取决于人们在具体处境中偶然持有或可能持有的信念或偏好。我所描述的制度战略没有 181
以任何方式使自由变成可有可无的东西。虽然资源平等所设想的类似于拍卖的办法，其结果显然能反映人们参与拍卖时的设想和信念，自由却不是这种结果的一部分，而是被固定在资源平等所接受的任何拍卖的底线之中。

由此可见，我的论证不依靠任何有关人们认为自由比他们环境中的其他因素更重要的主张。（当然，许多人确实认为自由对他们自己的生活至关重要，而且我相信每个人都应当如此认为。）我也不依靠有关保护任何特殊自由之长远后果的任何工具主义主张。在资源平等条件下，自由的优先性是建立在使自由独立于这些考虑的层面上。自由对于政治公正至关重要，因为一个不维护其成员的自由的社会，就是没有——也不可能——在最恰当的意义上给予他们平等的关切。

自由是重要的，但有一些自由比另一些更重要，这是我们的政治文化的一部分；我们相信，这些更为重要的自由，应当在宪政安排中得到特殊保护。我的论证否定利益战略，是因为它认定它们是更重要的自由，它们已经得到证明对全体人民有着特殊的价值，或假如他们深入思考后就会特别看重它们。但是，制度的论证确实反映着有一些自由比另一些自由更重要的直觉。例如，真实性原则认为，它所提倡的自由，如言论自由和良心自由，处在核心位置，因为在这些原则上做出任何让步，都会给资源平等带来特别恶劣的后果。在上一节，当我们设计和运用牺牲原则时，我们发现了把某些自由视为基本自由的补充性理由。我们注意到，被完全剥夺了这些自由的人，也是在我们的政治现实世界中特别易于蒙受牺牲的人，不管他的其他社会和经济处境如何。应当如何在一个宪政结构中维护这些权利，这当然是一个超出了我们的设计范围的难题。不过资源平等确实提供了应当以某种方式保护它们的强大证据。

最后我要回到一开始提到的那个重要问题上来。我担心一些读
182 者会觉得，我为自由做出的论证贬低了这种美德，因为在他们看来，我的论证把自由变成了平等的工具或从属，我们关心自由好像仅仅因为它是有益于达到公平的资源分配的一个条件。我对这种意见做如下回答：自由和平等作为两种基本的政治美德，不可能发生

冲突，因为如果不设想自由的存在，根本就无法定义平等，在现实世界里用损害自由之价值的政策也不可能在平等方面取得改进。这一论证本身没有提出有关自由的基础的主张。它与自由因为其他一些与平等无关的原因而至关重要的主张完全相容。它仅仅坚持认为，即使我们没有保护自由的其他理由，我们也至少有这种平等主义的理由。

不过我现在可以扩展一下我做出的另一种回答。利益战略假定，自由和平等是理论上相互独立的两种美德。假如是这样的话，自然会出现这两种美德的关系以及在发生冲突时何者优先的问题。当我认为假如这两种美德确实存在冲突，平等必须有优先性时，我接受利益战略的这一部分基础——自由和平等在概念上的独立性。但是与此相反，制度的论点坚持认为，自由和平等不是相互独立的美德，而是政治合作组织的同一个理想的两个方面，因此当我们宣布自己的自由信念时，我们不过是在肯定我们所赞成平等的一种形式，也就是说，我们只是在宣布平等意味着什么。

架桥战略的预设是，自由和平等只是一种政治美德的两个方面，因为这种战略既借助于自由来定义平等，又在一个更抽象的层面上借助于平等来定义自由。我没有提出简单的工具主义主张，即任何能够满足嫉妒检验的拍卖，都在形式上要求一种有关自由的一般假设。其实，如我强调的那样，一种非自由主义的底线方案，几乎不允许人们用他们在拍卖中得到的东西做任何事情，但是也可以满足这种拍卖的形式要求。我认为，自由主义适合于资源平等，并非因为它是成功的拍卖所必需的形式，而是因为与任何其他底线相比，自由主义底线更好地表达着资源平等对抽象的平等原则的解释。

183 真实的机会成本这一关键概念，处于传统上所说的平等主义关切和自由主义关切的交汇点。它把两者统一在一起，是因为它假定当私有产权制度保障人们拥有平等资源——根据这些资源给别人造成的真实成本来判断——时，它便做到了平等地对待人们，同时还假定必须尽可能通过设定一种自由规范来测算这种真实成本，也就是说，假定这些资源如果是别人的，他们可以按自己的愿望自由利用这些资源。机会成本是个有着两面性的概念：它的一张面孔朝向平等，另一张面孔朝向自由，从而使这两种美德合为一体。

当然，至少就这一思路而言，只有把平等理解为资源平等，自由与平等的统一性才能成立。这就是当我说我们宣布赞成自由时我们是平等主义者的意思。我们可以说，资源平等是内在于自由主义的平等观。我所描述的另一些不以机会成本作为平等之标准的观点，为了保留自由，必然会回到更危险的利益战略上去。因此，我们的论证进一步揭示了在资源平等和另一些平等解释之间的复杂对照。另一些观点采用的利益战略，把自由的价值完全置于每一个个人的生活之中。以资源平等为特点的制度战略没有否认自由在生活中的重要性，然而它也没有把任何赌注押在自由上，而是诉诸自由在塑造一个社会的整体性质、在恢复它的平等关切信念上发挥的作用。因此，制度战略远不是要把自由当成手段和工具，而是最终提供了一种与我们对自由的热情相适应的对这一美德的解释。

注释：

［1］参见 Federal Election Campaign Act Amendments of 1974，*Public Law* no. 93－443，88 Stat. 1263（1974）。

［2］Buckley v. Valeo（巴克利诉瓦莱奥案），424 U. S. 1（1976）。

［3］参见 John Rawls，"The Basic Liberties and Their Priority"，in *Liberty*，*Equality*，*and Law*：*Selected Tanner Lectures on Moral Philosophy*，ed. Sterling M. McMurrin（Salt Lake City：University of Utah Press，1987），pp. 1－89。

［4］Lochner v. New York（洛奇纳诉纽约案），198 U. S. 45（1905）。

［5］参见 Day-Brite Lighting，Inc. Missori（戴-布瑞特照明公司诉密苏里案），342 U. S. 421（1952）；West Coast Hotel Co. v. Parrish（西海岸饭店诉帕里什案），300 U. S. 379（1937）。

［6］自由有着内在的或基本的价值，它独立于它对生活的价值做出的贡献，我对这种观点表示怀疑。它对另一些目标，如艺术和知识，当然能够发挥工具性价值，人们认为后者因各种理由而有内在的价值，这可以使自由的价值也独立于它为生活的价值做出的贡献。

［7］有吸引力的和相当完备的平等观——关于政治共同体如何给予其成员平等关切的一般性理论——肯定是一个复杂的概念：例如，它必须描述政治平等和法治下的平等，以及物质资源分配中的平等。然而，我在讨论自由和平等之间的冲突时强调平等的后一个方面，是因为人们普遍认为，当平等的这个方面起作用时，这种假想的冲突最为严重。例如，在我前面提供的每一个事例中，建议对选择自由加以限制的理由都是要减少不平等的财富分配所导致的结果。我要进一步简化自己的讨论，假设这种平等观只考虑资源的私有制，我相信这无损于这一讨论的价值。这样一来，平等观所描述的让物品归私人所有的分配，是给予所有的人平等关切的全部政治决策的结果，因

此在这种观点看来可以算作理想的平等主义分配。

［8］把这种公正理论称为平等主义理论，也许会让许多读者觉得过于宽泛。我这样做是为了强调一个重要的事实，即相信这种理论的人也接受抽象的平等原则，并声称他们的理论是对这一原则的最佳解释。

［9］我在这里没有努力找出我的论证在多大程度上证明或扩展了我在《认真对待权利》（*Taking Rights Seriously*，Cambridge，Mass.：Harvard University Press，1977，pp. 240 - 258）中对自由的论述。不过，指出下面这一点也许是明智的：我在那本书中的讨论所要证明的是，为何功利主义的政治道德无法认识到，一般性的自由权利是一张战胜功利主义对社会总体利益的计算的王牌，以及为何功利主义的道德观必须承认某些特定自由的具体权利是合理的。参见我的《认真对待权利》和《一个原则问题》（*A Matter of Principle*，Cambridge，Mass.：Harvard University Press，1985，pp. 293 - 303）。我这里讨论的是自由在另一种政治道德观中的作用，它不以功利主义伦理学为基础，而是以我认为更有吸引力的资源平等的道德观为基础。因此，这里采用的不同战略反映着《认真对待权利》和《一个原则问题》中有关权利的方法论观点：脱离了表达那些权利的全部政治道德观，则根本无法确定那些权利。

［10］参见 John Rawls，"Justice as Fairness：Political Not Metaphysical"，*Philosophy & Public Affair* 14（1985），pp. 223 - 251。

［11］在罗尔斯最初的阐述中，他的策略似乎大大依赖于利益战略，参见 John Rawls，*A Theory of Justice*（Cambridge，Mass.：Belknap Press of Harvard University，1971），pp. 195 - 257。在答复哈特对其最初的阐述的批评时，罗尔斯谈到了最初的阐述与现在这种阐述之间的差别。参见 Rawls，"The Basic Liberties"；Hart，"Rawls on Liberty and Its Priority"，*University of Chicago Law Review* 40（1973），p. 534。

[12] 虽然这一点不是十分明确，但罗尔斯似乎不依靠有关现实中的人们事实上承认那种对立利益之程度的经验主义主张；在任何情况下，我都假设这意味着罗尔斯的论证在这方面采用了制度战略而非利益战略。

[13] 参见 Hart，"Rawls on Liberty"，p. 550。

[14] Rawls，"The Basic Liberties"，p. 34，n. 4.

[15] 同上书，第 32 页。

[16] 威廉姆斯主张，在个人道德观领域可以被合理地视为知识的东西，只有在一个规定了对错观的道德传统被不加批判地接受的社会里才是可能的。参见 Bernard Williams，*Ethics and the Limits of Philosophy*（London：Fontana Press/Collins，1985）。

[17] 把一个人的生理和智力能力归于他的环境而不是人格，这从语言学上说似乎是错误的。不过由于下面就要讨论的原因，做出这种区分是重要的。然而，把各种能力当作环境的一部分，这给资源平等带来一些复杂的问题。能力不能用拍卖物质资源的方式加以拍卖，也不能在追求资源平等的人之间进行转移。第二章所讨论的虚拟保险方案大体是对这个问题的回答。

[18] 相反，内心感到的道德限制则属于人格。许多人具有的应当服从法律限制的这种常见道德信念，提出了一个复杂的问题。为避开这个复杂问题，我假设这种法律限制就其属于环境而言，可以用霍尔姆斯（Holmes）所说的"坏人"的眼光去看待它——把它们视为可以使受到禁止的行为增加成本的威胁。

[19] 在讨论这个问题时，评价一下拍卖者可以利用的不同选择也许不无益处。假设他规定自己在拍卖的第二步所拍卖的自由，是利用人们在拍卖的第一步买到的物品的自由，因此这些自由就每一种物品而言，仅仅对那些此前买到这种物品的人才有价值。这样的话，就不会出现对任何一组自由的竞争：任何物品的拥有者都获得了任意利用它们的特定自由。于是拍卖又退回

到了第一步：竞争仅仅是就谁获得什么物品而展开的竞争，参与者将在第一阶段出价时假定第二阶段出售的自由已经附加在他们打算竞买的物品上了。因此，在第二阶段列出的自由变成了第一阶段的实际底线。另外，假设拍卖者规定第二步拍卖的自由是物品用途的支配权，它与第一阶段谁买到了那些物品无关：假如我在竞拍使用你的杆子的权利上胜出，则决定在上面挂什么东西的是我而不是你。这时拍卖就变质为第二步：谁也不会为毫无用处的占有资格而支付任何东西，因为它的好处完全是未定之数，而且在后来的竞争中不能使占有者享有任何优势。于是，第二阶段出售的自由再次成为整个拍卖所遵守的底线。在所有这些情况下，以及在我们构想的任何其他情况下，结果都是一样的。无论怎样以及在什么时候开列出各种自由，参与者在做出决定时，都会把它们作为初始底线看待。既然无法用不影响拍卖的方式来具体规定这些自由，那么任何具体规定就都需要我在本书下面几节探讨的那些理由。

［20］当然，拍卖底线还必须反映自由和限制这类问题以外的问题。我在第二章强调过这种底线的一个不同的方面，我在那儿说，假想的拍卖的底线必须具体规定现有资源的拍卖形式。假设拍卖者能够与相邻岛屿进行单向交易，尽管某个就要参与拍卖的人不喜欢凤头麦鸡蛋，但他还是在拍卖前把岛上的全部物品换成唯一的一大堆这种精美食品。接下来的拍卖会导致没有嫉妒的分配，但这种做法是有问题的。它的结果不会是一种理想的平等分配，因为有关资源拍卖形式的恰当的底线假设已受到破坏。有关拍卖物品之底线的一些问题，要比拍卖者是否应当用一部分资源去交换凤头麦鸡蛋的问题更为困难。例如，拍卖的物品中是否包括拍卖的参与者之身体各部分，这样的话每个参与者必须竞买自己的眼睛，以便不让那些打算把他的眼睛用于其目的的人得逞？我在第二章对另一个问题做了发挥，我也把它称为一个有关什么物品可供拍卖的问题：劳动的权利是否属于这种物品的问题。现在我认为

最好把这个问题当作一个有关底线自由/限制体系的问题。这一章的论述为我前面得出的结论——劳动和闲暇的权利不包括在拍卖之中——提供了一个更好的论证。

[21] 参见第四章。

[22] 我的意思不是说，所有的共同体都有完全相同的规则，或“所有权”具有能够从中引申出这种规则的某种唯一的“自然”含义。

[23] 我们曾在讨论罗尔斯利用利益战略时指出，有些哲学家和社会学家认为，只有在一个具有道德甚至宗教同质性的社会里，才能过上真正可欲的生活。

[24] 由这段话所描述的分析，在资源平等的一般框架内，似乎也适合于给一些为了与这里的例子有所不同的目的而做的限制提供理由：例如为解决不同形式的囚徒困境而做的限制，和单行道之类的交通管制，它们的目的是保障便利或效率，而不是仅仅为了安全。

[25] 我们直觉上认为至关重要的自由，在多大程度上可以得到抽象性原则的承认和保护，是个很有意思的问题。我看不出有什么先验的理由可以支持那种它们就是如此重要的坚定信念；这种设想会受到我在前面描述为一个利益战略问题的偏好之偶然性的威胁。

[26] 这里也可以利用一个生动的事例：假设拍卖者注意到大多数参与拍卖的人将偏向于有那种结果的分配，于是对很少一部分人进行洗脑以消除他们的某些嗜好，因为保留这种嗜好会使一部分资源对大多数人来说非常昂贵。当然，由此出现的分配满足了嫉妒检验，却很难说它给予了拍卖者最初负有责任的每个参与者平等的关切。对宗教、言论或结社自由的大多数限制，当然不属于洗脑；我指出这个生动的例子只是为了说明，为何资源平等需要一种尊重平等关切这一抽象规定的真实性解释。

[27] 我是在一种特殊的意义上使用“真实性”一词：就我们的目的而

言，当人格的形成环境适合于对这样形成的人格采用拍卖作为检验分配平等的标准时，这种人格就是真实的。这个概念当然非常不同于形而上学甚至心理学的真实性概念。例如，它强调的是不存在法律限制的状态，而且至少对于我们来说，大多数塑造人格的限制和其他一些影响是文化的而非法律的。但是为了我们的特殊目的，即探讨政府怎样平等待人，对法律限制给予特别关注是有道理的。

[28] 现实中的共同体，至少那些存在着生产和交易的复杂共同体，从技术的角度说不可能取得或维持符合假想的拍卖模式的理想平等分配。由于两种非常不同的原因，难免会有某种不足之处。第一，分配因以下原因必然是不完美的：在法律规则中得到确立的自由/限制体系和以往的司法裁决，并没有解决人们利用其产权的方式与别人的用途之间发生冲突这个方面出现的所有问题。我在《法律帝国》(*Law's Empire*，Cambridge，Mass.：Harvard University Press，1986，pp. 272－321) 一书中试图证明，有关疏忽和骚扰行为的民法可以被理解为对这些问题做出的回应，它要求作为私人的公民对固定不变的自由/限制体系做出调适，以便落实资源平等的一般方案，虽然这必然是一种不甚完美的方式。我不想在这里讨论这个问题。第二，即使在分配完成之后，它也不可能完全满足嫉妒检验，因为人们不但在个性方面，而且在生产能力方面总会存在差别，在运气方面也难免有好有坏。我们能够——并且平等也要求我们这样做——以不同的方式弥补这些能力和运气方面的差别。我试图通过构想一个达到这一目的的虚拟保险市场，表明我们有多大希望做到这一点。但是这种弥补不可能完全消除劣势，因此嫉妒检验依然无法满足。这里我不会再进一步讨论这个问题。

[29] 假如我们接受这一限制，则这种最大化版本就比罗尔斯的版本更易于辩护，后者把生活最差群体的处境的任何改善，都算作公正方面的收益。

[30] 对牺牲原则做这样的表述对于我的论证就足够了，虽然很容易对它

进行改进。譬如说我忽略了分配的个体化问题，虽然我觉得它不难处理。还可以探讨一些非常不同的形式。例如，把最不受欢迎的可为之辩护的分配作为这里所说的自由之价值的参照点，就有许多可以讨论的地方。然而，即使我选择这种检验形式，我还是怀疑下面的讨论会有所不同。

[31] 424U. S. 1 (1976).

[32] 我对宪法解释的说明，参见 Dworkin，*Law's Empire*，pp. 355－399。

第四章　政治平等

一、民主的两种战略

1. 民主与平等

184 在前三章，我把一条以最抽象的形式加以表述的原则——抽象的平等原则——作为起点，研究了平等观。这条原则规定，政府必须采取措施改进每个公民的生活，必须给予每个成员的生活平等的关切。我们通过构想和检验有关这项原则的各种具体解释——或观点——而得到了一个有益的实践理论，以此判断哪一种观点最好。当然，抽象的平等原则不能决定一切：政府和政治面对每一个抽象和具体层面的形形色色的问题，无法通过选择抽象平等的不同解释或观点加以解决。但是这一平等原则对于任何接受它的社会的影响都将是广泛的。平等的关切这一可取的解释，不但会影响到政府的所有基本制度的设计，而且影响到这些制度中每一个所做出的具体决策。

现在我来讨论这一抽象原则对这个共同体内的政治权力分配有何影响。一个平等主义的共同体，应当制定什么样的制度和程序？我假定这个共同体巨大而复杂，所以必须通过代表整个共同体的官员的决策而不是由分散的决策进行统治。以平等关切作为基础的共同体，如何选择它的代表官员？这些官员会拥有哪些权力，整个共 185
同体又要保留哪些权力？

似乎不言自明的是，致力于平等关切的社会，必须是民主的社会，而不是譬如说君主制、独裁制或寡头制的社会。不过，一般而言，民主制度与这些政府结构有何不同虽然相当清楚，但民主本身即使不是一个含糊不清的概念，也是一个极为抽象的概念。民主要求由人民选举官员，而不是根据血统或由一小撮显贵家族或选举人选举官员。然而这一抽象的表述并不能决定哪些官员不应当由整个共同体选举，而要由其中的部门或团体选举；在以这些不同方式当选的官员中应当如何分配权力；应当在多大范围内允许或要求这些当选官员任命另一些官员来执行他们的某些权力；当选官员和任命官员分别应当承担哪些责任；这两种官员任期应该多长；他们的任期是固定不变还是遵守选举他们的人事先规定的任期；选举产生的官员和其他官员可以在多大范围内改变使官员当选的宪政安排；宪法是否应当规定对官员权力的限制，以便使官员本人不能改变这些限制；如此等等。我们虽然都是民主派，但这却是一些存在于我们中间的现实政治问题，而且有一些还是聚讼纷纭的问题。英国和美国都是民主国家，但是它们对其中许多问题有着非常不同的回答，而且在美国各州之间也有不同的回答。因此，仅仅说致力于平等关切的社会肯定是个民主社会是无济于事的。最好把这种说法重新表述为我们的初始问题：哪一种民主形式最适合于一个平等主义社会？

2. 依赖观和分离观

我们首先提出处理这个问题的两种不同立场之间的重要差别。它们都为政治制定了一个一般性的战略或目标，以此解释和论证我们有关民主的核心假设——民主把政治权力授予全体人民而不是任何个人或团体；在民主社会里言论和表达的自由受到保护等等，并
186 作为较具体和较有争议的问题——例如我提到的有关民主最佳形式的问题——的判断标准，对这些核心假设做出了解释。第一种立场提供了我所称的民主的依赖解释或依赖观（dependent interpretation or conception of democracy），因为它假设，民主的最佳形式，就是最有可能产生对共同体所有成员给予平等关切的实质性决策和结果的形式。根据这种观点，民主的主要特征——普选权和言论自由等等——之所以公正，是因为普遍拥有投票权和言论自由的共同体，更有可能以平等主义的方式分配物质资源以及其他机会和价值。因此，当出现了民主的最佳具体形式这类有争议的问题时，它建议采用结果至上的检验方式：在有争议问题的决策中，哪一种最

有利于促进或保护这些实质性的平等主义目标？相反，第二种立场提出了我所称的民主的分离解释或分离观（detached interpretation or conception of democracy）。它主张，我们在判断政治过程的公平性或民主性时，只观察这一过程本身的特征，只问它是否以平等的方式分配政治权力，不问它所许诺的结果。分离观希望用这种严格的方式解释和论证我们有关民主的核心假设。因此它认为，言论自由和普选权有助于使政治权力更平等。当出现了有关我们政治过程的具体问题的争议时，它认为解决之道是问哪一种决策最有益于促进政治权力的平等。

换言之，民主的分离观提供了一种入口检验（input test）：民主本质上是一个平等分配政治决策权的问题。依赖观提供了一种产出检验（outcome test）：民主本质上是一套产生公正结果的机制。我们必须留心，不可把这一差别与另一种差别即政治过程中的两类产出或结果之间的差别混为一谈。任何民主过程都会产生分配的结果和参与的结果。它的分配结果是由它所做出的如下决策决定的：在公共占有权与私人占有权之间分配资源的决策，对财产和其他形式产权的调节、获取、转移和征税的决策，确定应当在何时以及在多大程度上对人们不同形式的产权损失做出补贴的决策，以及应当在多大程度上通过刑法限制人们利用其资源或他们的自愿行为的决策。接受抽象平等原则的共同体，会根据对这种观念的最佳解释， 187
致力于平等对待人民的分配决策。

政治过程的参与结果，是从政治活动本身的性质和分布状况中产生的结果。平等主义的共同体至少要关心三种参与结果：象征性结果、行为主体结果和共同结果。象征性结果（symbolic consequence）是宣示性的。共同体通过赋予一个人在集体决策中的角色，以此肯定他的成员身份，把他当作自由而平等的公民。相反，它把被排斥在政治过程之外的个人视为没有受到充分尊重或没有充分的成员资格的人。（数百年来刑法一直通过刑事定罪后的剥夺投票权，形成并利用这种象征性结果。）行为主体结果（agency consequence）把政治与每个人的道德体验联系在一起，健全的政治结构允许人们不仅作为投票者参与，而且作为对这种角色具有理性、热情和信念的道德主体参与。平等主义的共同体承认，对于我们大多数人来说，政治中存在着比我们生活的任何其他方面都更为复杂和重要的道德问题，因此它相当关心行为主体结果。共同结果（communal consequence）更难以表述，从个人的角度看，它们是参与一个过程导致的不同的个人结果，这个过程的成功和价值是共同的，有着人们充分分享集体决策之荣辱的强烈含义。从集体的角度看，它们存在于政治过程为培养一个休戚与共的政治共同体而发挥的作用之中。

显而易见，纯粹的依赖观如果忽视参与结果，只考虑平等主义国家的实质性目标中的分配结果，那么它就是对我们有关民主的共同核心假设的一种可怜的解释。因为在仁慈的专制制度中，我们的民主假设无一能够成立，但它也可以制定公正的产权方案，也可以尊重正确的平等观的分配目标，它甚至能够产生比民主制度更平等的分配。但是，专制制度不可能促进任何平等主义共同体致力于保护的参与目标。由此可见，任何合理的依赖民主观都至少要部分地承认参与结果的重要性并解释民主的核心特征。它要为普选权、言论自由和民主的其他方面提供一种解释，以便表明如何能够把它们 188
理解为有助于促进所有的平等目标，并且要本着这一精神，提出一些有关改革或改进我们的政治过程的建议。

可见，这两种民主观的对比，不在于一方强调政治的参与结果，另一方强调分配结果，而在于一方忽视所有结果，另一方把它们全都看得极为重要。依赖观混淆了入口与产出、政治平等与平等理论中包括参与目标在内的其他方面的区别。它认为对这些目标必须同时加以阐述和考察，认为它们是一个整体概念中环环相扣的成分，其中任何一种成分都不能完全独立存在。分离观则坚持对政治平等和其他形式的实质性平等进行严格的区分。它把政治平等视为平等的一个特殊方面，它有自己独特的尺度，即政治权力。假设对国家选区可以这样来划分，非常贫穷的城市选区的居民能够选举的国家立法机构代表的数量，多于所有选区由居民数量相同时他们选出的数量。如果这种分区制事实上产生了更为公正的（由于更为真实的平等主义）政治决策，并且没有剥夺较富裕居民的道德主体性、象征性身份或共同体意识，依赖观就有可能同意这种安排，认为这从总体上促进了它的民主观。但是分离观肯定会拒绝这种安排，因为它故意赋予某些人更多的政治权力。

这两种观点的每一种都用于论战，虽然采用的环境有所不同。那些不喜欢政府政策的人，当他们有理由称其为不民主时，他们的批评力度就会得到加强。例如，这种谴责在为公民不服从辩护时至关重要，或至少特别有帮助。[1]当受到抨击的政策显然不公正时，就可以把依赖观作为谴责的依据，因为按照这种观点，批评者可以把不公正作为政治过程本身有缺陷的证据。另外，当决策无论公正与否，似乎都没有反映多数人的意志时，例如废除死刑的决定，分离观就可以派上用场。因为按照这种观点，批评者能够在对结果保持中立的同时反对那个过程。同样，在某些情况下，依赖观对那些
189 希望捍卫民主立法的人更有帮助，在另一些情况下，分离观对他们更有帮助。

不过，我这里所要讨论的，不是在这两种观点之间做出的选择的实践或辩论后果，而是这种选择本身。哪一个为政治平等或民主提供了更好的解释？纯粹的分离观更为流行。几乎人人都认为，民主意味着合格的成年人有平等的投票权，因为多数原则是民主的灵魂，多数原则的任何失败都是反民主的，无论能否在某些情况下用高于民主的原则为它正名。例如，这些未明言的假设，支配着当代美国司法界有关美国最高法院推翻民选立法人员决策之权力的合法性的论战。甚至这种司法权力最热情的支持者也同意，它是美国政治实践中的一个非民主特征，但尽管有此缺陷，仍然必须保护这种特征。也就是说，他们认为分离观为民主的真正含义提供了正确解释。

毋庸置疑，分离观吸引人的成分是它明显的中立性。在我们的社会里，人们在实质性公正的问题上存在着尖锐分歧；例如，对于累进制的所得税是不是一种政府的盗窃行为，反淫秽色情法是否公平，以及给予过去处境不利的群体特殊利益是否有违道德，都存在着分歧。对这些分歧必须通过政治过程加以解决，由于人们期待着

这一过程中的失败者即使觉得不公正还是会接受它所导致的决策，所以每个公民对决策享有平等的支配权似乎是公平的。相反，依赖观使分歧增加。因为人们对于哪些实质性决策符合抽象意义上的平等——哪些决策对人们有平等的关切——有非常不同的看法，所以他们对于哪些政治程序和制度是符合依赖观的真正民主，也会有非常不同的看法。

我们不可夸大对依赖的这种反驳。根据这两种观点，民主的性质都是有争议的，因为如我们所知，应当如何衡量政治权力以及判断它是否平等，这本身就是有争议的。倒不如说差别在于：根据依赖观，有争议的实质问题，也许会以同样的形式，作为有关过程的有争议问题重新出现。政治理论家和哲学家必须阐述与 190
捍卫同时包含着实质和程序的完备理论。但是根据分离观，即使出现了有关过程的争论，它们也很可能是另一种争论。因此，同意这种观点的理论家可以阐述与捍卫不触及实质分歧的独立的民主理论，然后建议可以通过他们推荐的民主程序来解决这种分歧。

我认为，分离的民主观尽管流行并且有着突出的优点，但它的纯粹形式不可能获得成功。我们必须放弃它，要么支持一种吸收了分离战略和依赖战略两者之特点的混合的民主观，要么支持一种纯粹的依赖观。我将描述一种纯粹的依赖观的大致轮廓，我相信它提供了最有吸引力的选择；然后谈谈我所提到的重要政治论战——司法审查是否民主？——以此来具体说明和检验一下这种观点。

二、什么是权力平等?

1. 纵向维度与横向维度

平等的投票权不是依赖民主观的必然特征，甚至不是它的可能特征。如我们的分区制事例所示，不以政治权力的平等为宗旨的方案和以此为宗旨的方案相比，可以为达到平等分配目标提供更好的前景，而且我们就会看到，甚至可以提供实现平等参与目标的更好的前景。而分离的民主观则必须把权力平等视为基础。这是因为，假如政治平等是平等的一个分离的、独立的维度，那么权力就成为这一维度的唯一合理的标准。平等主义的政治过程必须是一个平等分配政治权力的过程。我所描述的赞成分离观的有说服力的论证——假如一个社会在实质公正问题上发生争论，每个公民应当在解决这种分歧上有平等的作用——假设，任何分离观都具有这一特征。

但是，政治权力的平等是指什么呢？如何计算政治权力？在什么情况下它是平等的？这些问题将占用我们数页篇幅。不过我们首先应当注意，任何恰当的政治平等理论都必须从两个维度比较政治
191 权力：不但要横向地比较不同的公民私人或公民团体的权力，而且要纵向地比较私人公民和官员的权力。假如民主是一个政治权力平等的问题，那么对这两个维度都必须予以考虑。横向的权力平等难以提供任何我们认为真正民主的东西。在极权主义独裁制度中，私

人公民拥有平等的政治权力：谁都没有任何权力。所以说，必须让纵向维度发挥作用才成。

然而，即便像英国和美国这种看起来真实的民主国家，真正的纵向权力平等似乎也不太可能存在。如果不彻底破坏代议制政府，要怎样改造我们的政治结构与实践，才能使每个达到投票年龄的公民都像国会议员，更不用说像总统一样，对国家事务有平等的权力呢？由此可见，以权力平等为基础的分离民主观，似乎从一开始就陷入了困境。假如它只坚持横向平等，即被统治者之间的平等，那么它的最严格的要求，也可以由显然非民主的专制制度来满足。假如它还要求纵向平等，则它就是完全不现实的。

2. 作用和影响力

我们必须记住我们在讨论权力平等的可能含义时遇到的这种可怕困境。我们应当区分两种解释：作用的平等（equality of impact）和影响力的平等（equality of influence）。它们的直觉上的差别是：一个人对政治的作用，是他本人通过投票支持或选择这种而不是那种决策所能够引起的变化。而一个人的影响力则是指他不但依靠自己，而且通过引导或劝诱别人同他一样相信、投票支持或选择而引起的变化。但是我们需要比这更为技术性地解释作用和影响力，因为我们要对不同的人的政治作用或影响力进行比较。因此，我们不妨利用主观或然性的概念来定义作用和影响力。假设你对一个共同体的政治结构中可知的一切都一清二楚，包括全体公民的投票权、代议制的司法结构、每个官员的宪法权力。但是你不知道使一个人

192 能够影响别人的政治行为的非宪法权力、魅力、威望、所属社团、技能、威胁能力、黑钱或其他东西。简言之，你最初不知道，对于政治过程必须立刻做出决定的问题，例如是否减税，任何人所持的观点、看法、投票或选择意向。在这种情况下，你能够确定的仅仅是整个共同体做出不同决策的平等概率。现在你知道了我的明确的投票或选择意向；例如你知道了我会在每次投票中反对减税。你会把你对那种结果的或然性估计提高多少呢？答案在于就那一决策而言我的政治作用。

我们可以用同样的方式来定义政治影响力。现在我们假设，你不但对各种权力和权利的宪法结构知道得一清二楚，而且知道我前面从你的知识中排除的影响力这种非宪法权力。最初你仍然不知道任何有关减税的看法或投票意向，因此你无法断定共同体做出这种决策的概率大于做出另一种决策的概率。现在，当你知道我反对减税并打算尽我所能使其落空时，你根据这种信息提高那种决策或然性的程度，便是我对这一问题的政治影响力。[2]

政治作用和政治影响力的区分意味着可以摆脱我所说的困境。显然，假如政治权力的纵向平等是指政治作用的平等，则它就是根本不可能的事。当你知道我反对减税的投票意向，你又认为我是个参议员而非大学的法学教师，这时你肯定会不成比例地降低减税决策的主观或然性。其实，在代议制政治结构中呼吁纵向的作用平等，即使作为一种可望而不可即的理想也是没有意义的，因为代议制结构必然是一个从纵向角度看作用差距十分突出的结构。但是，假如这里的平等是指影响力平等，则作为一种理想呼吁纵向平等就是有意义的。我们甚至能够描述一个存在着影响力平等的充分代议制的体系，它至少可以达到以某种方式测算的精确程度。假设官员们同意，他们有义务按他们所代表的多数人的意见投票。假设选举的次数足够频繁，官员和选民之间有相当好的沟通，罢免机制相当 193
有效且费用不大，使得官员事实上确实在履行这种义务。在这种情况下，大体上即可实现影响力的纵向平等。因为只有当某个参议员相信他的多数选民支持减税时，他才会投票支持减税。有关他个人倾向于减税的信息，不会增加他投票支持这一决策的或然性，只有他的选民倾向于减税的信息才会增加这一或然性。

可见，把权力平等作为民主的唯一参照系数的分离观，只有当它把权力平等理解为影响力平等时，才可以成为对我们的核心假设的合理解释，因为只有这种理解能够为纵向维度的平等提供一个合理的解释。现在再从横向角度看看这个问题。在这里，把权力平等理解为作用平等也是没有道理的，不过理由恰恰相反。作用平等不是个要求太高的目标，而是个要求太低的目标。作用平等确实要求每个合格的公民有相同的投票权，它还要求一人一票的分区制。作用平等会对我前面作为例子提出的分区方式加以谴责，因为这种做法赋予了城市贫民中的每个人更大的政治作用。（它也谴责美国宪法中的参议员选举制度，这种制度赋予每个怀俄明州居民在参议院决策中的作用，大于每个加利福尼亚州居民在其中的作用。）但是对于我们有关民主的核心假设，即民主不但要求普选权，而且要求言论和结社自由以及其他一些政治权利和自由，作用平等起不到任何辩护作用。当专门的书报检查制度剥夺了我向公众表达自己的观点的权利，却允许你这样做，这时我的政治作用并不比你的小。为了解释审查某些人的言论这种做法为何否定了政治权力的平等，我们必须超越平等作用的概念而采用影响力平等。

此外，为了解释一种大多数人都同意的针对美国民主的严厉抱怨，我们也需要超越作用平等：一些公民个人因为更有钱，或因为控制着媒体，或由于另外一些类似的原因，拥有比别人大到不成比例的政治权力。这种抱怨针对的不是不公平的作用，而是不公平的影响力。洛克菲勒（Rockefeller）在你的选区里投票，对政治决策并不会产生比你更大的政治作用；他的投票在计算时并不
194 多于你的投票。这证明了我们从纵向角度讨论权力平等时的结论。从横向角度看，分离观所要求的权力平等也不可能是作用的平等。假如政治权力平等观是要提供一种相当完备的民主观，以便把这种观点从实质性目标中分离出来，那就必须把权力平等理解为影响力平等。

3. 影响力应当平等吗?

但是，影响力平等真是一个有吸引力的理想吗？我们会毫不迟疑地以下面这种我们认为可能的方式来促进影响力的纵向平等吗？——坚持让官员总是按照自己多数选民的愿望进行投票，并采用对没有这样做的官员进行惩罚的选举方案。当然，即使我们安排相当频繁的选举次数，并规定足以迫使官员普遍服从的罢免机制，我们也不能使他们总是这样做，因为他们有时会搞错他们的多数选民的要求，或是因为在他们的最后任期他们有可能逢场作戏。但是

我们不应当尽可能保证让他们服从吗？这个问题会令各位想起艾德蒙·柏克（Edmond Burke）写给布里斯托尔地方长官的著名信函，他在信中甚至从原则上否定了投票赞成选民所支持的事情的责任。[3]历史已经普遍证明他的看法之可靠，尽管可悲的是，实际上听从他这一看法的官员少之又少。

我们似乎并不反对我们宪法结构中如今阻碍着影响力纵向平等的内容。当选参议员的任期是六年。对总统和所有其他选举产生的官员都规定了固定的任期，不管他们多么不受欢迎。（相对而言，在英国，非常不受喜欢的政府会倒台，这时必须重新举行选举。）法官握有巨大的权力；许多官员是任命而非选举产生，而且一旦任命就成为终身职位；如此等等。把政治权力的纵向平等作为理想加以捍卫的人以不同的方式对待这些事实。他有可能谴责美国的习惯做法中这些损害纵向平等的特征是可恶的非民主现象，并呼吁大力改革。他也可能坚持认为，这些特征虽然不民主不公平，但从整体上说是有道理的，是为达到另一些政治目标如稳定和效率而做出的必要让步。（当然，这后一种解释标志着从纯粹的分离民主观的倒退，因为它同意政治制度应当致力于一些权力平等之外的目标，这些目标的重要性有时足以证明政治平等的让步是正确的。） 195

但是，我这里主要强调的怀疑，是对横向维度的影响力平等的怀疑，我相信对于大多数读者来说，与纵向维度相比，它在这一维度是个更有吸引力的理想。影响力的横向平等的主要吸引力在于这样的信念：一部分公民个人仅仅因为更富有，在政治上便拥有比别人更大的影响力，这是不公平的。不过我们可以从两个方面解释这种直觉。我们可以把它解释成依靠这样的假设：对公民个人影响力平等的任何严重偏离，都是对民主的严重偏离。我们也可以在解释它时完全不提作为一种理想的影响力平等。例如我们可以说，像洛克菲勒之类的人有很多钱是不公正的，因为这违背了平等的分配原则，然后再补充说，他们的财富赋予他们的不成比例的政治影响力是这种不公正的一个特别可悲的后果，因为它使他们能够维持和扩大他们的不公平的优势。

对洛克菲勒的政治影响力的这两种反对方式当然十分不同。第一种不关心他的不成比例的影响力的来源，它认为整体影响力无论源于何处，都必须是平等的。第二种没有做出关于整体影响力的假设；它谴责洛克菲勒的影响力，仅仅是因为这种影响力的特殊来源。我们为了比较这两种反对意见，可以想象一个第一种意见正确而第二种意见不正确的世界。假设分配平等的目标已经达到，但是有些人在政治中的影响力仍然大于另一些人。他们可能是因为各种不同的原因而拥有更大的影响力，不过我要假设这些原因本身是无法反对的，因为我们正在谈论是否应当反对不平等的影响力本身。例如，他们可能决定把他们最初得到的平等财富比别人更多地用于政治活动。或者他们可能更多地用于学习和训练，这使另一些人更有可能请教他们或倾听他们的建议。或者他们可以过一种获得杰出的成就或美德的生活，使别人更信任他们、更愿意追随他们。反对洛克菲勒的影响力的第一种意见也适用于这种人。对于在政治中具有动员能力、经验或魅力的人有着更大的影响力，我们会把这视为一个政治组织中的缺陷，采取我们能够采取的任何措施消除或减少它。但是第二种反对意见是无效的，除非我们在反对一些人比另一些人更有政治动员能力、经验和魅力的情况时还有另外的理由，它与政治影响力应当平等的假设完全无关。 196

哪一种反对意见更正确？当我们反对我们社会中政治权力的分配状况时，权力是我们的抱怨的真实根源吗？或者我们其实是通过让人注意到我们的经济、政治或社会组织中的另一些不公正特点的非常不幸的后果，来反对这些独立的、不公正的特征？不妨想一下一种既普遍又完全合理的抱怨，即在大多数社会里妇女的各种权力都非常小。持这种观点的人可能认为社会组织是有缺陷的，除非普通妇女对政治事务有着跟普通男性一样大的影响力（以某种特殊的方式加以衡量）。但是也有一些发出相同抱怨的人，可能有非常不同的想法：从公正的角度看，不是男人和女人应当拥有平均数相同的影响力，毋宁说妇女现在拥有较小的影响力，是经济不公正、陈规陋习和另一些压迫与偏见形式综合造成的后果，而其中一些因素根深蒂固地包含在该共同体的文化之中。只要我们想象这样一个社会，它已经消除了对妇女的经济、社会和文化歧视，这两种立场的不同之处就会更为明显。假如这个社会中普通男性和普通女性的权力是不平等的——无论从哪个方面看都可能如此，那么这个事实也要算作社会组织的一个缺陷吗？

这些微妙的问题会诱使你们放弃权力平等的理想。不过我希望你们大多数人仍会坚持这一理想，即使不是在生活的所有领域，也至少应当在政治领域。因此，我要努力证明，接受影响力平等这一理想会同另一个平等主义目标发生怎样的冲突，我请各位思考一下一旦我们改正了任何时候我们都会予以谴责的独立的不公正之后，为促进这一理想而需要采取的措施。我估计，甚至在一个平等主义社会里，在利益、信念、训练和威望方面的差别仍然能够成为政治影响力差别的来源。当然，在这个社会里，许多人会受到比现在更好的教育。那些现在对政治不感兴趣的人，由于他们合理地感到受到政治过程的忽视，被排除在它的收益之外，就更有可能参与政治
197 生活。但是我假设，更为平等的资源分配的这些显然较为有益的后果，并未完全消除我提到的那些来源所造成的影响力差别。有些人依然有更多的政治兴趣和知识，在说服和领导别人上更有成效。我们如何才能消除这些仍然存在的、很可能是实质性的影响力差别呢？

如果这是我们的唯一目标，那么最有效的手段就是减少影响力在政治中的作用，即减少公民共同思考急待解决的问题的机会。只要政治是以我们现在认为值得称赞的方式进行集体思考的对象，有些公民就难免比另一些更有影响力。但是我们只能以最野蛮的极权主义统治手段，通过禁止政治言论和结社，才能减少政治思考。我假设任何这样的禁令都是不可接受的。另一种战略的效果要差得多。我们可以通过规定任何人打算用于政治教育（或培训）或政治活动的资金上限，努力减少人们的政治影响力的不平等。当政治活动经费助长不公正的财富差距时，对这种经费的限制当然是可取的；正像我们前面区分出的两种反对洛克菲勒不成比例的政治影响力的论点一样，它们也对目前情况下的政治经费提出两种限制方

式。但是，如果资源分配是平等的，限制活动经费就违反了平等主义，因为这将妨碍一些人把资源用于他们所要求的生活，而那些政治兴趣不大的人却可以这样做。[4] 这些限制还是会被保留，因为它们代表着那些不太看重自己的影响力但假如他们看重的话他们就会有较大影响力的人，保护着影响力的平等。

第三种战略也是无效的，它之所以值得一提，是因为对它的反驳具有启发意义。我们可以努力教育人们，不要试图在政治决策方面影响别人，除非他们采用的方式不依靠他们可能拥有的特殊优势，如经验、信念和威望；同时也教育人们抵制别人的影响，如果后者的论点特别有说服力是因为那些优势的话。人们不可能听从这种劝告，因为在政治论说中，不可能分开跳舞的人和舞蹈本身。这种建议无论如何是站不住脚的，因为它鼓励人们有意忽略那些在他们看来最出色的论说，忽略那些接受或参与这项而非那项政治事业的最令人信服的理由。事实上，它有时是有意鼓励人们实行那些根 198
据实质性的理由他们认为较差的决策。

其实我并不认为，真会有人建议这三种战略中的任何一种；它们无一不是荒谬的。但是它们的荒谬性却揭示了影响力平等与一个平等主义社会的其他吸引人的方面之间的不相容。其实人人都同意，在影响力平等和分配平等之间会发生冲突。我们在这一章的前面讨论为达到更平等的资源分配，至少在某些问题上赋予城市穷人较大政治作用的选区安排时，就预见到这种冲突的可能性了。然而这种冲突只是偶然的：在作为一种理想的影响力平等的性质中，似乎不存在与分配平等冲突的因素。不过在这种理想与一个平等主义社会理所当然会予以赞成的参与目标之间，却存在着更为广泛而根本的冲突。

平等主义的社会希望它的公民出于对结果公正的共同而强烈的关心、出于对给予每个人平等关切的分配决策的共同而强烈的关心而参与政治。它鼓励公民把共同体的成败当成自己的成败，与它荣辱与共。它致力于政治活动的共同目标。然而影响力平等的理想蔑视这种抱负。当人们因为没有太多的影响力而提出苛求，或因为自己没有足够的影响力而产生妒意时，他们的集体关切不过是一种作秀；他们仍然认为政治权力是一种独立的资源，而不是一种集体责任。平等主义的社会也珍视政治活动的参与目标：公民应当有足够的空间，尽可能把他们的道德生活和体验扩展到政治中去。但是把影响力平等作为一种政治限制的人，却无法把他们的政治生活作为道德行为看待，因为那种限制腐蚀了道德信念的首要许诺：只看重真理。在某种自我设置的影响力限制下，政治活动不可能是道德行为，只能是不讲原则的随波逐流。

4. 总结

作用平等无法提供一种纯粹的分离民主观。它在政治的纵向维度上要求太多，而在横向维度上要求太少。作用平等也可以在分离
199 观和依赖观的综合中发挥重要作用，这是在其他方面的考虑允许时可以追求的一个目标。此外，如我们所知，它在任何合理的纯粹依赖观中也发挥着一定作用。但是，分离观要想成功，就必须把影响力而不是作用当作政治权力的标准。然而从纵向维度说，把影响力

作为唯一的标准似乎是不可取的。它要求在官员的独立性和其他价值方面做出太多的牺牲。从横向维度看，它似乎也是不可取的。我们当然应当对造成我们今天大量的政治影响力不平等现象的分配不公正加以改正。但是我们对影响力平等的追求，不能超出改正那些特殊的不公正的范围，因为我们所采用的手段有可能损害一个可欲的平等社会的另一些更为重要的特征。

因此，我们不能坚持纯粹的分离民主观。我们是否应当建构一种综合的观点，让影响力平等这一可取但可望而不可即的理想根据依赖战略中结果至上的考虑而做出让步呢？这样的话，我们会为抽象平等原则中的一种困境而深感遗憾。我们只能断定，我们无法把人们作为平等的人对待，除非我们使他们的政治影响力平等，但即使我们这样做，我们也无法把他们作为平等的人对待。对此还能说些什么呢？我在这一章的前面提到一种论点，现在我们就来看看它吧。让人们接受在他们看来错误的实质性结果，这似乎是不公平的，除非他们在这种决定中发挥着和别人一样大的作用。当我最初提出这一论证，用来解释分离民主观的直觉吸引力时，我们还没有区分两种权力形态：作用和影响力。这种论证作为支持作用平等的论证有一定的力量，并且在我们后来从依赖民主观中发现的那种平等形式的有限论证中依然存在着这一力量。但是，这一论证作为支持影响力平等的论证是完全失败的。当人们要求我接受我所反对的多数人的决定时，我的对手的说理技巧是否强于我，似乎与此无关；我不能用自己缺少影响力来证明反对我的投票不合法，除非我能把自己缺少影响力归因于一种不正当的来源。

我相信，我们只有一种影响力平等的论点可用：我们只能把它作为一种理想，因此只能满足于一种综合的民主观，因为我们无法
200 提出对此视而不见的正确观点。在本章下面的内容中，我将面对这一挑战，我要勾画出一种依赖的民主观，它为作用平等提供了重要而有限的位置，但没有为影响力平等提供任何位置。我希望表明，这种依赖观能够以自然而轻松的方式，解释我们视为民主核心特征的因素，它能够利用我们在有关民主之具体形式的真实面貌的争论中能够采用也应当采用的原则，来证明这些特征的正当性。

三、参与的价值

1. 象征性目标

对于一种成功的依赖民主观所反映的那些实质性政治目标，我们必须重新加以排序和阐述。我们不能事先排除我们列出的一些目标与另一些目标有冲突，在这种情况下，依赖观只能是这些目标之间的某种折中。但是，我将分别讨论不同目标的要求，直到冲突出现，假如它们真有冲突的话。

我先来讨论象征性目标。一个政治结构的象征性结果，主要取决于投票制度，这属于政治作用的问题。大型的政治共同体的选举的典型结构，是把整个共同体分成有着不同面积和特点的选区。在美国不存在不分选区的全国性选举，在英国这种选举也十分少见。我们通过州或议会选区，也通过城市、行政区或学校选区，选举官

员并决定各种事务。平等要求投票制度中包含着一种人人地位平等的象征性宣示。把整个共同体划分为选区以及安排这样确定的每一个选区内的投票的政治决定，其动机不可以是使某个公民的地位低于其他公民或给予他较少的关切，也不能被解释成反映着这种状况。

因此，根据这一象征性目标，我们有相当充分的理由同意，在整个共同体内作用的横向平等至少是民主政治结构的基本标准。但它仅仅是基本标准，因为象征性目标允许背离这一标准，即使这种背离不能被合理地解释为反映着那些作用变小的人的地位或重要性。历史与惯例在接受这些实践性考虑中起着重要作用。我们自己 201
的历史是，在一个选区内偏离平等作用——也就是说，并未偏离平等的投票权——对于我们来说是不可容忍的事情。这一严格的要求在其他共同体中就未必成立，假如它的历史表明不平等的投票权本身并未招致蔑视或鄙夷的话。例如，我们可以设想这样一个社会，那里的人们随着年龄的增长而获得各种投票权，或人们通过参与向全民开放的课程而获得更多的投票权，或诸如此类的情况。不过在我们这样的社会里，投票权传统上是责任、力量和地位的象征，对平等投票权的任何侵犯，都反映着对平等投票权所肯定的象征性信念的否定。这就是为何经常把剥夺投票权作为刑事定罪之结果的原因。

在考虑应当如何把大型的共同体划分为较小的投票区时，我们的历史并没有赋予作用平等同样的象征性作用。其中的一部分理由显而易见。由于实践上的原因，分区决策只能大体上保证作用平等，因为这种决策不可能有数学上的完美性，在定期重新分区的间隔期它总是会变得过时。具体而言，美国的历史提供了分区决策的生动事例，在这种选区划分中，作用平等由于某些原因受到忽视，而这些原因显然不反映对那些政治作用因此而减少的人不太关切。赋予怀俄明州公民在参议院中的政治作用多于加利福尼亚州公民的分区方案，其最初的动机不是蔑视后者或对他们的观点不够尊重，而且即使今天也不能合理地解释为反映着这种蔑视态度。可见，只要否定作用平等的分区决定显然是以这种无辜的方式形成的，我们的历史就并不谴责这种决定，认为它与平等的象征性目标不相容。例如，我前面设想过的那种分区方案，即赋予城市穷人更大作用的方案，与那些象征性目标也没有多少不相容之处，尽管这种方案可能违背了有吸引力的依赖民主观中的另一些因素。[5]

2. 参与价值

政治的参与价值更为广泛而又难以捉摸。但是在这些价值与言论自由和另一些政治自由之间，有着显而易见的关联。如果我们没有可靠的自由，以符合道德真诚的方式表达我们的看法，则我们不
202 可能使自己的政治生活变成我们道德生活的令人满意的延伸。为此，表达我们坚持自己的信念的机会，就像与别人交流这些信念的机会一样重要；当然，这两者经常是难分难解的。剥夺一个人根据自己的看法崇拜上帝的机会，等于剥夺了宗教生活的基本内容，同样，剥夺一个人表达他对公正的关切的机会，他的政治行为不仅受到限制而且是无效的。

但是，参与的要求不限于表达和信念。除非我们感觉到我们能使事情发生变化，否则我们就不是作为道德主体参与政治；恰当的政治过程必须克服巨大的障碍，努力维护每个人的这种潜能。也就是说，它必须保障每个公民有一定的政治分量（leverage）。选区划分在这种抱负中起着一定作用，此外，指出中间分区（mediate districting）和最终分区（final districting）之间的差别是重要的。当选举的代表聚在一起是为整个政治共同体做出单一决策时，分区就是中间分区，如州参议院选举的情况。当选举是最终确定有关选举辖区的事务时，分区就是最终分区，如针对解放奴隶问题的全民公决的情况。这两种选举都赋予住在大县的公民个人更大的分量，虽然方式不同。中间分区赋予了对全国有影响的重要问题更多的分量，因此在整个共同体内促进了道德参与。相应地，最终分区赋予了不太引人注意的问题更大的分量。

当然，分区不是政治过程能够或应当用来提供分量的唯一手段。在大选区，或者在大国的中间选区，选票的分量是微不足道的。因此，为了达到政治参与的目标，就必须为每个人提供接近主流媒体的足够机会，如果人们希望利用的话，他们就有公平的机会尽量影响别人。我们可以说，从参与主体的角度判断，这是言论自由和倾听自由的另一个方面。如果对资源进行更加平等的分配，自然就会有大量公民的分量得到提高。但是，假如媒体经济学只给那些选择在这一产业中投资或工作的人接近政治听众的机会，则民主的主体参与目标就要求采用其他方式为公民更普遍地保障或提供这种接近的机会。

203 读者会怀疑，我是不是在利用分量和接近这类概念的同时，也接受了我前面否定的影响力平等。只有当每个公民都有机会造成某种变化时，全体公民的道德参与才是可能的。在大选区里，如果除了选票之外没有其他机会，就不可能满足这一要求。所以，发挥影响力而不仅仅是发挥作用的机会是参与所必需的。然而这并不是在讨论影响力平等。我们是在非常不同的论证中提到这一概念的，我们在这种论证中首先假设民主要求权力平等，并思考其含义。我们发现它只能意味着影响力平等，我们主要是基于这个理由而逐渐怀疑权力平等。而在这里的讨论中，我们是在非常不同的背景下，在建构一种依赖的民主观的过程中面对影响力概念。现在强调的是发挥一定影响力——不至于使政治努力落空——的机会，而不是人人都有获得平等影响力的机会。我们设计了一种依赖的民主观，它允许任何人只要愿意，都拥有足够的分量或信心使自己有可能把政治看作他的道德生活的延伸。这是个有三层内容的概念，它并没有把影响力平等作为我们应当追求的理想。

因此，至少对我们来说，参与的象征性价值要求选区内的投票权平等，它的前提是整个选区内的作用平等。参与的价值要求自由和分量。共同参与的价值把我们引向一个略有不同的方向，对此我不想在这里探讨，只想大略指出，一个政治社会是通过运用公正的分配平等观——资源平等观——并在其实质性的政治和法律决策中坚持真实性这个第二位的政治美德，促进其成员意识到政治是一项共同的冒险事业。

四、分配的价值

1. 两类问题

我们现在对一种正确的依赖民主观已经有所了解。它要求选区内的投票权平等，并以整个选区内的作用平等为前提。它要求自由和分量。这些要求还留下许多问题。例如，它们根本没有涉及纵向平等的问题；它们没有规定选区的规模、代议制的形式或哪些决策 204
要由哪一类官员做出。现在我们就来谈谈平等主义政治过程的一个特殊的实质性目标：我们认为应当由这种过程做出的有关把资源和机会分配给私人占有、有关公共计划和外交政策、有关节约和储备以及现代政府面对的另一些公共原则和政策的决策。假如我们想改进这些不同的决策的准确性（accuracy），我们应当如何设计依赖的民主观呢？我是故意使用这个带有刺激性的字眼的。对于是否加税、是否实行死刑或援助反政府武装的决策，说它准确或不准确，这听起来确实有点儿奇怪，但我认为这样说是有道理的。或至少可以讨论（就像那些怀疑道德问题有“正确答案”的人更乐于做的）较好的决策或较差的决策。我们至少要求我们的政治过程在设计上能够准确判断哪种决策最佳或至少属于最佳决策之列。

现在的要点是，我们要注意两种类型的决策之间有重要差别：主要涉及我所说的对选择敏感的问题（choice-sensitive issue）的决策，和主要涉及对选择不敏感的问题（choice-insensitive issue）的决策。所谓对选择敏感的问题，是指作为一个关系到公正的问题，其正确的解决本质上取决于政治共同体内各种偏好的性质和分布状况的问题。用现有公共资金建设体育中心还是新的道路系统的决策，是典型的对选择敏感的问题。虽然在这种决策中会出现各种问题，从分配公正问题到健全的环保政策问题，但显然都要考虑到有多少公民需要、利用、直接或间接地获益于相互对立的每个设施，而且这方面的信息有着决定性作用。另外，是否对罪名成立的杀人犯处以死刑，或是否禁止就业中的种族歧视，似乎是对选择不敏感的问题。我不相信对这些问题的正确决策，取决于有多少人要求或赞成死刑或认为种族歧视不公正。我相信，即使在一个赞成死刑的多数人对废除死刑的意见有反感的共同体里，反对死刑的证据也是强有力的。

当然，对于哪些是对选择敏感的问题，哪些不是对选择不敏感的问题，人们也会持有不同的意见。但是，任何具体问题是第一层
205 次上的对选择敏感的问题还是第二层次上对选择不敏感的问题，却不是一个对选择不敏感的问题。假如且仅仅假如多数人认为某个问题是对选择敏感的问题或要求它成为这种问题，那么说它不是这种问题就是没有意义的。有些读者也会从对选择敏感的问题和对选择不敏感的问题的区分中，认识到我过去做过不同描述的另一种区分，即政策问题和原则问题的区分。我的确认为，我所说的政策问题是对选择敏感的问题，而原则问题则是对选择不敏感的问题。不过我在当前的讨论中不做这样的假设，我仅仅假设读者会同意，有些政治问题是对选择不敏感的问题，即使他们对这是些什么问题存

在分歧。

2. 准确性、作用和影响力

大体上平等地分配政治作用的政治过程，一般而言比非常不平等的分配过程更适合于对选择敏感的问题做出准确的决策，如果问题是兴建新的体育中心还是新的道路系统能更好地满足全体民众的需要和愿望，那么直接统计大多数人的愿望的过程，如全民公决，或由当选代表决策的间接记录过程，至少在正常情况下，显然优于只由共同体中可能不具代表性的一小撮人参与的过程。这是从横向的作用平等角度对共同体中对选择敏感的问题的决策的论证。但是它并不赞成甚至作为一种理想的完全的作用平等，因为很容易想象不同形式的作用，它们有可能事先改进针对选择敏感的问题的决策的准确性。例如，一国或一州之内居民稀少的地区，可能有自身的特殊利益，在从技术上尽可能实行作用平等的选举中，它受到了忽视或否定。在许多这样的选举或政治决策的全过程中，与任何对选择敏感的问题之准确性的合理解释所提出的要求相比，他们的利益都可能得不到满足。在决定这种问题时，我们最好采用某种精巧的不公正划分选区的办法，使人口稀少地区的每个公民的作用大于人口稠密地区的每个公民的作用。换言之，通过采用维护选区内平等投票权的分区决策，我们在对选择敏感的决策的准确性上就可以做得更好，这种分区是我们基于象征性理由所需要的，但是如上所 206
言，它通过故意选择一种特殊而有限的不平等以减少作用平等。我前面提到的有利于城市贫民的例子，不过是这种战略的另一种表现。

至于影响力平等而不是作用平等，情况又如何呢？我们应当在多大程度上把影响力平等作为一种在对选择敏感的问题决策上事先改进准确性的办法呢？当然，我们要阻止虚假宣传和另一些欺骗形式，它们可能隐瞒人们在判断一项计划是否符合自己的利益时所需要的事实真相。我们也要阻止那些为使人们产生不符合其更根本利益和价值的嗜好而进行的操纵。但是我们不必借助于影响力平等这一理想本身，即可证明为达到这些目标所需要的限制，而且对选择敏感的决策的另一些特征似乎也反对把这一理想作为促进准确性的手段。有些人或团体利用他们的政治影响力进行欺骗或操纵，同样，另一些人也会把他们的影响力用于教育、改进和提高，譬如提出一些价值和抱负，可以使一些本来考虑体育中心和道路系统这类选择的人转而喜欢歌剧院。我们没有一般性理由取消这后一种形式的影响力的政治平台，所以我们也没有一般性理由尽力做到影响力平等。我们必须致力于限制那些恶劣的或不恰当的影响力，即减少财富在政治中的重要作用，鼓励最有可能揭露骗局的政治辩论，而不能采取哪怕最微小的措施来确保任何人的观点都不能对别人有更大的号召力。

关于对选择敏感的决策的事前准确性，还可以做很多讨论。不过我们这里只想有个大概的了解，所以我们要转向我们的准确性研究的另一项内容：对选择不敏感的问题的事前准确性。当然，在这件事上，与对选择敏感的问题的情况不同，我们缺少赞成普遍传播政治作用的证据。因为对选择不敏感的问题的准确决策不取决于全民投票所能提供的信息。如果我们接受某些假设，其中的首要假设是，一般而言人们比较有可能对选择敏感的问题做出正确的决策，那么我们就可以得出结论说，在这种问题上投票的人越多，假如他们有平等的作用，多数人就越有可能把票投给正确的一方。[6]但是 207
没有先验的理由接受那些假设；我是否认为某人比较有可能在死刑问题上做出正确的决定，取决于我认为正确的答案是什么，而不取决于任何有关普通人的道德哲学水平的一般观点。[7]

我的结论是，我们没有理由事先认为，对待作用平等或影响力平等的任何一种态度，不管是从纵向还是横向的角度看，最适合于产生对整个选择不敏感的问题的解决办法。不过如我所说，平等主义政治的参与目标和其他实质性目标并非如此难以区分。它们确实赞成某些特殊结构。象征性目标赞成选区内的平等投票权。参与目标支持自由和分量，对选择敏感的准确性目标赞成高度的作用平等。由此可见，正确而完整的民主依赖观已经具备了相当公平的形式，所以我们也应当用相同的结构对选择敏感的问题做出决定，除非满足两个条件。我们必须有某种肯定性的理由认为，另一种程序事先对选择不敏感的问题的决策之准确性有显著的改进，并且这另一种程序不可违背我们考察过的另一些平等主义政治的目标。例如，建议只应当允许法律人士或道德哲学家参加对选择不敏感的问题的投票，就是粗暴的，因为这种建议除了其他显而易见的缺点外，完全无视要求平等投票权的象征性目标。

在最后一节，我将简单讨论一种针对对选择不敏感的问题之决策的特殊安排，我相信它符合我说的那两个条件，因此应当成为我提出的依赖民主观的一部分。不过我要先回到一个我前面提到的问题，上面那段论述要求我们现在来谈谈它。在依赖观应予以承认的不同目标之间确实存在着冲突，因此我们只能让这些目标做出妥协或一方胜过另一方吗？我们想到的是事前冲突还是事后冲突，这两者是有所不同的。在某个时刻就某个问题——例如是否建体育馆——落实投票权平等，也许将导致错误的决策，而更有限的选民事实上可能因为某种原因而做出正确的决策。但是，这种事后冲突
208 的可能性不要求在设计政治制度时做任何价值上的妥协或服从，除非冲突也是事前的冲突，也就是说，除非我们能设计一种不同的制度，它能使这类问题的错误决策不太可能出现，其成本则是伤害象征性的或其他一些价值。依赖观是否必须承认更严重的事前冲突的形式，肯定是一个复杂的问题，很难在对制度设计做出比现在我们的讨论更为具体的考察以前加以判断。不过在我们这里的有限的研究中，并没有出现某些因素表明，依赖观承认的那些不同目标之间的事前冲突是不可能避免的。在这方面，民主的依赖观似乎比我们前面研究过的更为常见的分离观有着更为坚实的基础。因为如我们所说，这后一种观点中包含的影响力平等与平等主义政治的参与目标之间的事前冲突，是显而易见的、深刻的和不可避免的。

五、宪政主义和原则

最后我要概括地谈谈一个重要的事例，它涉及通过特殊的安

排，以牺牲作用平等和影响力平等为代价，但是不导致与我们研究过的任何其他目标的事前冲突，如何能够改进对选择不敏感的问题的决策的准确性。在美国（在其他国家也日益如此），法院根据它们自己对国家宪法含义的理解来审查立法，假如它不符合这种理解，法院就宣布要求那一立法无效。这种做法显然损害了作用和影响力的纵向平等。例如，少数法官对死刑、就学优惠措施或人工流产的决策有着极大权力是得到允许的。这就是司法审查为何被普遍视为不民主的原因，甚至它的一些朋友、一些热情的支持者也这样认为。

假如我们采用依赖的民主观，而不是把民主变成一种作用和影响力的纵向和横向平等问题的分离的民主观，那么司法审查是一种不民主的制度就远不是显而易见的。[8]我们要想检验司法审查的民主性质，必须问一下它是否践踏了我们阐述的依赖观的理想。我前面没有提到我所说的政治过程之行政目标，例如政府效率和政治稳定，因此我不能讨论某些人有关司法审查威胁着那些目标的论证， 209
我只知道历史没有为这种观点提供多少证据。不过似乎显而易见的是，就其在美国的存在形式而论，司法审查并没有违反任何象征性或参与的目标。它没有损害投票权平等，因为它是一种分区形式，它本身不反映对共同体内任何群体的蔑视或轻视。司法审查也没有损害民主的参与目标。相反，它通过对培养政治中的道德参与的言论自由和其他自由给予特殊的保护而捍卫着这些目标。不仅如此：它提供了一个公民如果愿意的话可以通过辩论进行参与的政治平台，从而比投票更为直接地把他们的道德生活联系在一起。此外，在这个平台上，在日常政治中分量最弱小的少数的分量得到了显著的提高。

可见，当用平等主义政治的参与目标来检验时，宪政主义的表现相当不错。因此关键的问题是，宪政主义是否改善了政治决策的准确性。假如回答是肯定的，那么它就应当在依赖的民主观中有一席之地。但是对选择敏感的问题和对选择不敏感的问题之间的区分在这里尤其重要。我在别处曾经主张，假如实行司法审查的法院否决立法机构做出的有关对选择敏感的问题的决策，它就会损害而不是改进准确性。我还指出，当法院审查立法机构的某些对选择不敏感的决策，即那些对反对多数决策的公认权利加以否定的决策时，它会增进其准确性。[9]当然，联邦法院要求拥有司法裁决权的，正是这些对选择不敏感的问题，其中也包括哪一些问题是对选择敏感的问题这个对选择不敏感的问题。我这里不想重复我的论证。但是，假如我的观点能够成立，那么只要宪政主义的司法权局限于且仅仅局限于对选择不敏感的原则问题，它就是对民主的改进。

六、结束语

对这个题目还有许多话可说，这包括对我这里的论述的澄清，其中一些可以在《自由的法律》(*Freedom's Law*)和本书后面的内容中找到。不过我最后要强调这一章的一个基本论点。假如一个共同体是真正的抽象原则意义上的平等主义共同体——假如它同意共

同体必须对每个成员给予平等的集体关切，那么它对于作为资源的 210
政治作用或影响力，就不能按照某种可以用来分配土地或物质或资金的平等标准进行分配。在这个共同体里，政治是一个责任问题，而不是一个财富问题。

注释：

［1］参见 Ronald Dworkin，*A Matter of Principle*（Cambridge，Mass.：Harvard University Press，1985），pp. 237 - 292。

［2］当然，我们无法以这些定义中似乎意味的准确性做出任何有关权力平等的判断。我提到它们，只是为了使在实践中只能做出的粗略比较具有一定的意义。

［3］参见 Edmund Burke，"A Letter to John Farr and John Harris，Esqrs.，Sheriffs of the City of Bristol，on the Affairs of America"，in *The Writings and Speeches of the Right Honorable Edmund Burke*，ed. J. E. Taylor（New York：Beaconsfield，1901）。原信发表于 1777 年。

［4］我在这一主张中假设财富仍然是平等的，因此不存在一小撮非常富有的人能够通过政治捐款或经费主宰政治。参见第十章。

［5］但是，由于如下要求，即导致显著的作用不平等的分区制不可反映任何平等关切的缺失，是一个特别容易受到规避的要求，因此有说服力的依赖观会主张，对平等作用这一要求的任何偏离，都要有强大而明确的理由。这大概是对美国最高法院一人一票制的裁决的最好辩护；我们可以理解法院所做出的裁决作为一种预后措施，是不允许任何宪法所要求的例外。参见"加富纳诉库明案"（Gaffney v. Cummings，412 U. S.［1973］）（康涅狄格州议会的重新分配议席的计划，在 1970 年人口普查后，根据平等保护条款受到了挑战）；"雷诺德斯诉希姆斯案"（Reynolds v. Sims，377 U. S. 533［1964］）

（平等保护条款对为阿拉巴马立法机构的两院重新划分选区的计划的挑战）。

［6］参见 Lewis Kornhauser and Lawrence Sager，“Unpacking the Court”，*Yale Law Journal* 46（1986），p. 82。

［7］有些著名的政治哲学家认为，关于所有对选择不敏感的问题的回答，都将从处在一种有利环境中的、作为一个整体的人民的“公意”中产生。但是这种观点，不管人们认为它有什么形而上基础，并不是一种可用来处理政治权力平等的论证。其实，公意这个概念，与任何有关公民个人的作用或影响力的观点都是对立的。只有当必须解决分歧时，那些平等形式才是重要的。而公意的概念假设在没有相互吹捧的讨论中出现的全体一致，或至少是一种用以拳击中不计点数的击倒方式达成的决策。

［8］对这一论证的更为全面的分析和评价，参见 Dworkin，*Freedom's Law*（Cambridge，Mass.：Harvard University Press，1996）。

［9］参见 Dworkin，*A Matter of Principle*，pp. 33－71；*Law's Empire*（Cambridge，Mass.：Harvard University Press，1986），pp. 87－113。

第五章　自由的共同体

我们在前两章讨论了两个核心政治理想——自由和民主——在 211
一个致力于平等的社会中的作用，这种平等被理解为要求资源平等而不是终生的财富平等或福利平等。在这一章里，我们要讨论另一个共同体政治理想的位置。我们将专注于一个老问题：应当用刑法来落实传统伦理观吗？[1]最高法院在“巴威尔诉哈德威克案”中，在面对宪法挑战时支持佐治亚州把鸡奸定为犯罪的法律是正确的吗？[2]有一种普遍的看法是，坚信政府用强制性权力落实伦理同质性是错误行为的自由主义宽容精神动摇了共同体，因为一部共同的伦理法典是共同体的核心。我认为，假如根据我定义的平等观的背景来理解自由主义宽容，那么它不但与最吸引人的共同体观念一致，而且是其不可缺少的要素。

利用非常不同的共同体概念所做的非常不同的论证，以不同的方式攻击自由主义的宽容。我区分出四种这样的论证。第一种论证来自把共同体与多数混为一谈的民主理论。在“巴威尔案”中，拜伦·怀特（Byron White）法官认为共同体有权运用法律支持它的伦理观。[3]它有权强制实行它的伦理观的理由在于它是多数。第二种是家长主义的论证。它认为，在一个真正的政治共同体中，每一个公民都对其他成员的幸福承担着一份责任，因此应当运用其政治权力对那些行为缺陷败坏共同体生活的人加以改造。第三种是广义
212 上的自利论证。它谴责主张个人具有自足性的原子主义，强调人们从不同的方面——物质的、精神的和伦理的——需要共同体。第四种我称为整合论的论证，认为自由主义宽容依靠的是对共同体中的个人生活与整个共同体生活之间的不合理区分。根据这种论证，公民个人生活的价值或良善，仅仅是他生活于其中的共同体的价值或良善的反映或函数。因此，公民为了使自己的生活获得成功，必须参与投票并确保他们的公民同胞有健全的生活。

这些论证中的每一个所使用的共同体概念，依次有着越来越多的实质性意义，越来越少的化约意义。第一种论证，即民主的多数有权为全体人民规定伦理标准，仅仅把共同体当作一个具体的、数量上的政治群体的简单象征。主张家长主义的第二种论证，赋予这一概念更多的实质性：它把共同体定义为不仅是一个政治群体，而且有着一些共同而明确的责任。主张人们需要共同体的第三种论证，把共同体视为一个有自身权利的实体，它是各种影响和利益的来源，不可以化约为哪一个具体个人的贡献。第四种有关一致性的论证进一步赋予了共同体人格，认为政治共同体不仅独立于而且优

先于公民个人。在这一章里，我要集中论述这第四种论证，部分地是因为我前面没有讨论过它，但也因为我发现它的基本观点，即人们应当把自身的利益与政治共同体的利益统一起来，是正确的和有价值的。如果给予正确的理解，那么这一观点并没有提供反对自由主义宽容的论证，也不支持“巴威尔案”裁决。相反，自由主义为这种共同体观点提供了最好的解释，自由主义理论对它的重要性提供了最好的说明。

一、共同体和民主

有些自由主义者认为，自由主义宽容可以用约翰·斯图尔特·密尔（John Stuart Mill）的伤害原则得到充分的辩护，这一原则主张，国家可以恰当地限制人们的自由，但仅仅是为了阻止他们伤害别人而不是他们自己。[4]在《法律、自由和道德观》（*Law, Liberty and Morality*）中，哈特认为这一原则否定了把同性恋定为犯罪的法律。[5]但是，只有当我们把伤害限定在对人身或财产的物质伤害 213
时，哈特的论证才是正确的。每个共同体都有伦理环境，这种环境赋予了它的成员的生活特点。一个容忍同性恋、同性恋可以公然表现的共同体所提供的伦理环境，不同于禁止同性恋的共同体，有些人认为这种差别伤害了他们。例如，他们发现更难以培养自己的子女接受他们所赞成的本能和价值。

反对自由主义宽容的第一种论证声称，塑造民主共同体伦理环境的问题，应当由多数的意志来决定。它不但认为由多数选出的政府官员做出的无论什么决策都应成为法律，而且认为这些政府官员应当做出反映多数而不是任何少数偏好的决策。[6]这是实质性的而不仅仅是程序性的多数至上主义。这种论证不认为少数的道德观是卑鄙的或邪恶的，它仅仅认为当出现了有关共同体的适当伦理环境的意见分歧时，允许少数人支配多数的意志是不公正的。

可是这一论证确实假设，对共同体的伦理环境必须以赢者通吃的方式进行集体决策，因此必须由多数或某种少数来决定它的形式。如果这种假设是正确的，那么它显然十分强大。有些问题当然必须用接近于赢者通吃的方式加以解决，在这种情况下，某个群体的观点必须完全占上风，完全排斥其他观点。现在就有一个引起热烈争论的这种问题：国家是否应当采用某种“战略防卫主动权计划”（Strategic Defense Initiative，SDI）。但是民主制度不需要全部政治决策都是赢家通吃的决策。相反，在生活的一个中心领域——经济环境——中，公正的要求恰恰相反。

我们生活于其中的经济环境——创造各种供需求和价格的财产分配制度——甚至比我们的伦理环境更为明显地影响着我们。我的财产少于我可能拥有的数量，另一些人的爱好不同于我希望他们拥有的爱好，我受到了这些事实的伤害。经济环境可能使我培养子女获得我希望他们拥有的价值的努力落空。例如，我不能培养他们收藏文艺复兴时期艺术品的技能和经验。但是，即使公民中的多数要求把全部经济资源归他们支配，他们这样做也是不公正的。公正要

214 求对财产进行公平的分配，使每个人都对经济环境有自己的一份公

平的影响力。不错，人们对于何为公平的份额存在分歧，而且有相当一部分现代政治论说反映着这种分歧。[7]但是我现在的观点并不依靠任何特定的分配公正观，因为任何稍有合理性的理论都会否定彻底多数至上主义的控制原则。

假如我们接受一种类似的伦理环境观，我们就必须否定民主理论要求多数完全控制这一环境的主张。我们必须坚持，伦理环境就像经济环境一样，是个人选择的产物。当然，这两种环境都不应当完全任由个人的选择来支配。例如，我们需要法律保护经济环境不受诈骗和垄断之害，以及对付市场外部性的分区规则。这些法律尽可能保障经济环境具有在资源公平分配和市场完美时所具有的形式。

对伦理环境需要本着同样的精神进行管理，要把少数人对伦理环境的作用，限制于其成员和偏好认为有道理的作用，例如对侵犯特殊或私人地盘的潜在行为加以限制的分区规则，就是为了这一目的。但是，通过分区限制少数人对伦理环境的作用，非常不同于多数至上主义所设想的不让少数发挥任何作用。

如果我们用看待经济环境的相同方式——允许它由个人在公平的资源分配的背景下做出的决定来形成——看待伦理环境，我们就否定了多数至上的主张，即多数有权消除它认为对伦理环境有害的任何东西。多数中的每个成员对其环境仅仅拥有平等的作用——和其他每一个人相同的作用。对这个环境他不拥有这样的权利：让它变得最易于他培养自己的子女接受他所赞成的观点。为此目标，他只能在公平提供的环境中尽力而为。

我们能够找出用不同于对待经济环境的方式对待伦理环境的理由吗？对于一些经济问题，如“战略防卫主动权计划”，必须用这样或那样的方式进行集体决策，而不能使其成为个人势力的结果。我们的统一性和公平的意识要求我们用对每个人一样的方式，决定
215 一些原则问题。[8]例如，官员不可以根据赞成死刑的公民比例，处死相应比例的被定罪的杀人犯。但是这些支持集体做出政治决策的理由，不能为这样塑造共同体的伦理环境提供任何证明。这种环境为何必须完全符合一些群体视为最好的情况，不存在任何实践上的理由。既然促成伦理环境的不同的个人行为和决定与形成经济环境的个人的经济决定一样，都不是政府行为，那么就不存在政府若允许个人以不同方式做出这些决定便破坏了统一性的问题。

我们不应当让伦理环境和经济环境服从于不同的公正权威，因为它们不是两个泾渭分明的环境，而是同一个环境中相互依存的两个方面。决定某人所控制的资源之价值的，不仅有产权法，还有另一些规定他如何利用财产的部门法。因此，一些有道德倾向的立法歧视财产的某些用途或闲暇，总是在一定程度上影响着价格和价值。在某些环境下这种效果意义重大：从道德意识中产生的禁令就是一个例子。因此，判断一个共同体的资源分配是否公正，必须考虑到公民拥有的自由的程度。[9]如果我们坚持人们所拥有的资源的价值，必须由个人选择的互动而非多数的集体决策来决定，那么我们也就是在断定，多数人没有权利决定每个人必须怎样生活。换言之，只要我们同意经济和伦理环境是一体的，我们就必须在伦理问题上同意自由主义宽容，因为任何相反的观点都否定这种一体性。

我们已经讨论过的多数至上主义，是政治上最强烈反对自由主义宽容的论证。它认为多数的意见在“巴威尔案”中占有突出位置。因此，我们的全部讨论中的这一部分有着相当重要的实践意义。但是一定要记住它的局限性。它仅仅针对多数至上主义；不应当把它当作对自由主义宽容的唯一根据的表述，或是让自由的全部价值依靠这种经济学的类比。它也不打算为具体的重要自由，如言论和结社自由，规定任何权利。它仅仅否定多数至上主义的基本设想：整个伦理环境的形成必须根据多数的愿望，用赢者通吃的方式来决定。假如共同体概念在批评自由主义宽容中起着重要作用，也只能从其健康的含义上这样说，而不单纯因为它是多数原则笼罩一 216
切的政治统一体的代名词。

二、共同体与强制

第二种共同体主义的论证，即家长主义论证，诉诸一种更为健康的共同体概念。它的起点是个有吸引力的观点：真正的政治共同体不仅必须是霍布斯式的互利社团，每个公民把所有他人当作达到自己目标的有用工具，而且必须是每个人对他人的福利本身有一份特殊关切的社团。这种论证补充说，真正关切他人的人对他们的反省的福利（critical well-being）与意愿的福利（volitional well-being）表示关心。我必须解释这种区分，因为它对理解家长主义的论证至关重要。[10]

说人们有各种利益，这包含两层意思；使他们的生活能变得更好或更差，也有两种方式。当某人拥有或获得了自己需要的东西时，他意愿的福利就得到了改进。[11]但是只有当他拥有或获得了他应当要求的东西，即那些他没有要求就会使其生活变得更差的成就和经验，这时他的反省的福利才得到了改进。我们可以把这种区分主观地当作对人们理解或考虑自己的利益的两种方式的区分。例如，我本人认为我非常想得到的某些东西符合我的意愿的利益(volitional interests)。我要美味佳肴、减少去看牙医的次数、更好地扬帆航行，因此当我得到这一切时，我的意愿的生活就得到了改进。但是我并不认为自己应当要求这些东西，或假如由于某种原因我没有这些东西，我的生活就会变得更差。但是我对自己需要的另一些东西则持另一种观点，比如我不认为与自己的孩子关系亲密之所以重要，仅仅是因为我恰好这样认为。相反，我需要这种关系是因为我认为没有这种关系的生活是可悲的。我们也可以客观地做出这种区分，也就是说，它不是对人们考虑这些利益的两种方式的区分，而是对人们实际拥有的两种利益的区分。人们有可能认识不到他们自身的反省的利益。例如，说一个不重视友谊、宗教信仰或挑战性工作的人，因此便过着贫乏的生活，这并非无稽之谈，不管他本人是否同意。我们也可以对我们自身做出反省的判断；人们经常最终会产生这样的念头：他们忽略了一些他们后来才认识到对自己的生活真正重要的东西。[12]

217 这种区分是复杂的，可以从多方面加以检讨和批评。譬如有些人就对反省的利益或福利这种概念深表怀疑。他们有可能认为，既然没有人能够证明，一个人要求他不需要的东西符合他的利益，那么反省的利益这种说法整个就是错误的。我这里不想答复这种怀疑主义的反驳。我相信我们中间的大多数人在日常生活中都会像我一样假设，我们都有着这两种类型的利益。我们可以采用意愿的利益和反省的利益的区分，区分出家长主义的两种形式。意愿的家长主义（volitional paternalism）认为，强制手段有时能够帮助人们得到他们要求得到的东西，因此这符合他们的意愿的利益。反省的家长主义（critical paternalism）则认为，强制手段有时能为人们提供比他们现在认为的良善生活更好的生活，因此有时符合他们的反省的利益。

第二种共同体主义的论证求助于意愿的而非反省的家长主义。它使我们不得不面对一个关系到反省的福利的哲学问题。我们可以用两种方式来评价一个人的生活。首先，我们可以观察这种生活的成分：它的各种事件、经历、社会交往和成就，然后问一下，在我们看来这些成分加在一起，是否构成了一种良善的生活。其次，我们可以看看过这种生活的人对它的态度。我们可以问，他如何判断那些成分；我们可以问，他是否追求它们或认为它们很有价值，简言之，他是否同意它们有益于他的反省的利益。

这两种观察生活的反省价值的方式，我们应当采取哪一种呢？我们应当区分出两种回答。增益观（additional view）认为，成分和同意与否是价值中相互分离的因素。假如一个人的生活中有良善生活的成分，那么它就有反省的价值。假如他同意这些成分，这对它们的价值将有所增益。同意是撒在蛋糕上的糖粉。但是假如他不同意，成分的价值依然不变。结构观（constitutive view）则认为，如果没有同意，任何成分都不可能促进一种生活的价值：假如一个厌世者极受爱戴，但他把爱贬得一钱不值，那么他的生活不会因为别人的感情而更有价值。

由于若干不同的理由，结构观更为可取。增益观不能解释为什么一种良善生活对于过这种生活的人有突出的价值。认为有人能够违背自己最深刻的伦理信念的本质而不是与它有着和谐的关系，也能过上美好的生活，这种想法是不合情理的。假如我们接受结构观，我们就能回答来自反省的家长主义的论证，我们可以把它称为
218 粗糙的或直接的形式。假设有个想过同性恋生活的人，因为害怕受到惩罚而没有这样做。假如他从来不认为他的生活优于他向往拥有的生活，那么他的生活并没有因为他所痛恨的家长主义限制而得到改善，即使从反省的意义上也是如此。

但是，我们必须承认反省的家长主义的一个更微妙的目标。假设国家采取限制与诱导兼施的办法让同性恋者改变想法，并最终让他回心转意。这时他的生活得到改进了吗？答案与一个一直被我忽略的问题有关：真正的同意的条件和环境。对同意必须做出某些限制，不然反省的家长主义便总是能够通过为它的统治补充上一些生化或电子洗脑手段而为自己的正名。

我们必须区分可接受和不可接受的同意环境。我们从自由主义教育理论的历史知道，做出这种区分是不容易的，但是我认为，对可接受的环境的任何正确说明都要包括下列前提。即使一个人同意我们为他带来的变化，但是假如我们用来保障这种变化的机制削弱

了他通过反思考虑这一变化之关键性优点的能力，那么我们并没有改进他的生活。刑罚的威胁破坏而不是加强反省的判断力，就算它们引起的转变是真诚的，在判断那些威胁是否改进了一个人的生活时，也不能认为这种转变是真诚的。[13]可见，第二种共同体主义的论证是不能成立的。

三、自我利益与共同体

1. 物质需要

在政治和社会理论中有一个现在人们很熟悉的观点：人们需要共同体，社会生活对于人类来说既自然又必要。第三种共同体主义的论证宣布，宽容削弱了共同体满足其成员的各种社会需要的能力。在 20 世纪 50 年代，帕特里克·德弗林（Patrick Devlin）勋爵在批评《沃尔芬登报告》（Wolfenden Report）——这一报告成功地建议废除了英国的反同性恋法——时，为这种论证提出了一种简单明了、尽管十分不合理的版本。[14]德弗林说，一个共同体除非做到以某种直觉性的侵犯意识作为基础的道德同质性，否则不可能生存，因此宽容是一种叛逆。[15]他的主张广受抨击，并且被斯堪的那 219
维亚地区以宽容著称的政治共同体的顽强生存能力所否定。[16]

但是这第三种论点还有些更复杂的版本。这些版本认为，宽容不会彻底毁掉一个共同体，但它会损害一个共同体履行某些关键职能的能力。这些论证的不同版本提到的关键职能也各不相同，但一组社会需要是显而易见的：人们需要安全和劳动分工的经济益处。缺少使生活和消费合理化的共同体机制，由它提供治安和国防之类的公益物品以及克服囚徒困境，谁也不能过上像样的人类生活。但是没有理由认为共同体的这些工具性益处要求道德同质性。没有证据表明，非自由主义社会传送商品或邮件的效率高于自由主义社会。

2. 精神需要

但是人们对共同体的依靠，不限于这些显而易见的经济和安全上的益处。他们即使为了获得个性，也需要一种共同的文化尤其是一种共同的语言，而文化和语言都是社会现象。我们能够拥有的思想、抱负和信念，只能局限于那种语言中的词汇和文化有可能提供的范围，因此从特定而深层的意义上说，我们都是作为一个整体的共同体的产物。然而，这种显而易见的依赖性并不表示，共同体为了以正确的方式让其成员受益，必须在道德或其他方面具有同质性。相反，在多元主义和宽容的共同体里，文化和语言的供应更为丰富，从而显然也更具优势。

当然，有些人（大概是很多人）要求属于一个有道德同质性的社会，当各种传统伦理模式受到扭曲时，他们会有真切的失落感，对此我们应当表示同情。但是这一点虽然重要，却与共同体在满足人们的语言和文化的精神需要上的成功无关。它涉及分配公正，即第一种共同体主义论证所提出的在整个伦理环境中分配影响力时运用的正确标准的问题。

人们对共同体的需要，除了物质原因以外还有精神原因，迈克尔·桑德尔（Michael Sandel）等人提出了这种主张的一种特别有 220 力的形式。它认为（按照我的理解）人们需要共同体不仅是为了文化和语言，还是为了认同和自我利益，因为人们只能把自己认作他们所属的一个共同体的成员。[17] 所以，我只能把自己当作一个美国人、牛津绅士或"红袜"乐迷。解释这一主张有两种方式。一是采取哲学逻辑的立场：我必然是个美国人，因为如果我不是美国人，则我就不是我这个人了。[18] 但是这丝毫没有解释我必须或应当与另一些美国人有什么关系，或我们的政治共同体的内容或性质。肯定不能因此便说，也没有任何道理说，我必须是其成员的这个共同体，必须是一个有道德同质性的共同体，或它必须排斥道德多元主义而赞成保护这种亲密关系的不宽容精神。

对这种自我参照的主张的第二种解释似乎更为中肯。它提出一种有关现象学的可能性（phenomenological possibility）的主张：人们在思考自己的福利时，不能脱离与共同体的某种结合或关系类型。例如，一个笃信天主教的人，甚至不可能对是否认为他或她的天主教信仰重要这种问题进行反思，因为天主教对于他或她的人格太关键了，使他或她不可能认为这种性质的问题有意义。对第三种共同体主义论证的这一解释如下。在具有道德同质性的共同体里，人们认同共同的道德观，其方式就跟虔诚的天主教徒认同天主教一样。在他们看来，共同体是有一个有助于形成他们自己的认同的共同信念的共同体。如果这个共同体宽容异端，这些公民就会有流离失所的感觉。他们将与一种对自我认同至关重要的道德信念失去关系。

这种论证所依靠的现象学似乎是错误的，至少有夸大其词之嫌。毋庸置疑，人们在思考过什么样的生活时，不可能让自己脱离一切社团或关系。一个人不考虑其生活背景的各个方面，根本就无法合理地思考这个问题。因此，没有人能够对与自己有关的一切事情同时表示怀疑。但是很难由此便认为，对于每个人来说，有些关系或社团重要到在保持另一些关系的同时不能分离出来加以审视的地步。更严重的错误是认为同类关系或结社对于每个人都一样，或
221 认为这种普遍不可分离的关系是一种共同的性伦理，它必须由一个政治共同体共同持有，而不是仅仅由小群体或不同的共同体如朋友和教友共同持有。

就算我们完全接受这一组奇怪的假设，这种论证仍然站不住脚，因为它依靠另外一些有关宽容之后果的可疑假设。首先，它假设当政治共同体宽容一些破坏传统伦理或道德原则的行为，这种宽容必然动摇公民本人对那些原则的信念，因为他们的国民意识部分地取决于他们服从这些原则。可是人们的信念的坚定性，无须依靠这些信念在他们的共同体内的落实或流行。许多美国天主教徒就像大多数西班牙天主教徒一样，笃信自己的天主教信仰。其次，这种论证假设，如果人们脱离了以前不受怀疑的信念，他们的人格也就分裂了。可是，当人们与其家庭或共同体分享的道德信念由于某种原因而发生动摇时，他们为什么不可以在某种更宽容的条件下重建他们的认同意识呢？

3. 客观性的需要

我们已经讨论了人们需要共同体提供的物质和精神资源，以及

他们需要一定程度上依附于共同体以形成他们的认同。现在我们必须指出一种更巧妙的论证：人们需要一个道德同质性的共同体，作为道德和伦理生活的一个必要的观念背景。他们需要这一背景，用菲利普·塞尔兹尼克（Philip Selznick）形象的语言说，是因为伦理学必须有一个定泊之锚——一个处在行动者信念之外的立场，而唯一可能的锚就是行动者的政治共同体的不受怀疑的共同信念。[19]这两种主张中的第一种，即伦理学和道德观必须有一个定泊之锚，似乎言之有理。我们的伦理经验把如何过良善生活的问题，作为一个要求进行反思和判断的问题而不仅仅是一个选择的问题。我们认为在哪种生活良善这个问题上是有可能犯错误的，而严重的错误不啻是一场悲剧。

但是，第二种主张，即一个有道德同质性的共同体是唯一可能的定泊之锚，意味着什么？它可能意味着只有当人们的判断被不受质疑的传统道德观所肯定时，他们才会感到自己的伦理和道德判断 222
是有根据的——其正确性独立于他们是否认为它正确。但是，持有非传统甚至怪异观点的人，显然也坚信自己的观点有着客观上的正确性。（其实，观点越是反传统，它的持有者就越有可能宣称它有先验的权威性。）因此，我们必须换一种方式来解释这第二种主张：我们必须把它的意思理解为，宣布存在着传统之外的客观性的人犯了一个哲学错误。这样来理解的话，便可以认为第二种主张是在支持下面这种共同体主义的论证：假如在伦理学和道德观中唯一可以利用的客观性是风俗习惯的客观性，那么一个多元主义的、宽容的共同体便剥夺了其成员唯一可能的伦理和道德定泊之锚的来源。

无论如何，这一论证中存在着一个难题。人们为其道德和伦理信念要求的客观性，并不是被这个论证稀释了的版本：大多数人即使不是明确地，也是不明言地拒绝由它来提供的那个定泊之锚。令这个论证左右为难的是，我们的传统道德中最坚实的成分，甚至超越其他分歧而被共同持有的成分，是个次级信念，即伦理和道德判断不可能利用共识分出对错，它们有着超越文化边界的力量，简言之，它们不是文化或共同体的产物，而是后者的法官。当然，这种充满活力的客观主义的广泛流行，并未证明它的正确，甚至没有证明它在哲学上可以自圆其说，而且我也不想在这里讨论它。我的观点仅仅是，当一个社会培养出了这种批判的态度，认为它自身的风俗习惯要不断地根据某种更高的、独立的标准加以检验和修正，这个社会便无可挽回地失去了以传统习俗为基础的客观性，后者只能存在于缺少批判精神的较小的共同体中。

四、与共同体的整合

1. 一体论

最后我来谈谈第四种（我认为最重要、最有意义的一种）反对自由主义宽容的共同体主义论证。在许多批评自由主义的人看来，
223 自由主义的前提是在个人福利和他们所属的政治共同体的福利之间的严格区分。反对宽容的第四种论证否定这种区分。它认为，个人的生活和他们的共同体的生活是一体的，他们生活中的任何反省意

义上的成功，都是整个共同体的良善的一个方面，因此也取决于这种良善。我把接受这种观点的人（用一个时髦的词语）称为公民共和主义者（civic republican）。他们对共同体与他们自己的道德和伦理健康持相同的态度。自由主义者把法律是否应当宽容同性恋的问题，理解成一个人们是否有权把自己的伦理信念强加于人的问题。公民共和主义者则把它理解成应当健全还是败坏他们自己的生活的关键价值所依靠的共同体的共同生活的问题。

根据这种一体观，一旦认识到对个人福利和共同体福利的区分是错误的，公民共和主义得到了发扬，公民就必然会像关心共同体的税制和对外援助计划的公正性或慷慨程度一样，关心它的伦理健康，这包括它所提倡或抵制的性道德观。它们是共同体的整体健康的不同方面，整合为一体的公民承认自己的福利来自共同体的福利，必须关心整个共同体的整体健康，而不只是有选择地关心它的某个方面。这是一种重要的论点，虽然它导致严重的错误。我应当立刻说明，我认为这种论证中哪个方面是好的，在哪个方面犯了错误。它最重要的许诺是正确而重要的：政治共同体有共同的生活，共同体的共同生活的成败是决定其成员生活优劣的因素。这一论证最根本的错误在于误解了政治共同体能够具有的共同生活的性质。这种论证陷入了拟人论：它认为共同生活是某个超人的生活，它与组成共同体的每个公民个人有着同样的形态，面对着同样的道德及伦理的分歧与困境，遵循着同样的成败标准。这整个论证的非自由主义力量依靠的就是这种幻觉，它使从这种论证的健全而有吸引力的许诺中获得的好处全部消失了。

2. 共同体的共同生活

224 首先，我们需要对一体现象的可能状态给予更为细致的说明。承认与自己的共同体整合为一体的公民共和主义者，并不是那种把别人的利益看得无比重要的利他主义公民。这是个至关重要的区分，因为我们现在讨论的一体论，不同于家长主义的论点以及另一些以良好的公民会关心他人福利的观念作为起点的论证。一体论并不假定良好的公民会关心其公民同胞的福利；它假定他肯定关心自己的福利，而恰恰是因为这种关心，他才会关心他是其中一员的共同体的道德生活。可见，整合为一体的公民不同于利他主义的公民，我们需要一些进一步的区分以理解其中的原因。

我们把行为同我所说的行为单位（unit of agency）联系在一起：作为行为主体并对行为负责的人、团体或实体。我们通常把我们自己视为个体，它是——而且是唯一的——我们采取的行动或决定的行为单位。我只对我自己做的事情负责。我不会对你做的事感到骄傲、满足、懊悔或羞愧，无论我对你的生活或其结果多么感兴趣。人们经常从意愿的或反省的意义上，以自己的福利作为自己的行为方向。行为单位和我们可称为行为者的关切单位是同一的。当有人采取利他主义的行为时，不管是出于仁慈还是出于正义感，他仍然把自己作为一个行为单位，但是他的关切单位发生了转移或扩展。家长主义，包括道德家长主义，是利他主义的一个亚种。假如我认为同性恋者是在过一种堕落的生活，那么我可能就会认为，我参与制定把他们的行为定为犯罪的法律符合他们的利益。

根据我这里讨论的观点，一体化属于一种不同的现象，因为它假设就影响到个人福利的行为而言，适当的行为单位不是个人，而是他所属的共同体。他从伦理上属于这个行为单位：他分享着一些行为、事业或做法的成败，它们可能完全独立于他作为个人所做的事情。有一些常见的例子：例如许多出生于第二次世界大战后的德 225
国人，为纳粹的暴行而感到羞耻并觉得有责任加以补偿。约翰·罗尔斯在一个略有不同的背景下，提供了一个对于我们的论点很能说明问题的例子。[20]一个成熟的交响乐团本身就是个行为单位。加入其中的不同音乐家不是因为他们个人贡献的品质或杰出，而是为整个乐团的表现而高兴。成功或失败的是乐团，这个共同体的成功或失败就是其成员的成功或失败。

可见，一体论显然不同于利他主义和家长主义。它也不同于自我延伸的或间接的骄傲、遗憾。当父母为孩子的成就而骄傲，或朋友相互分享成功的喜悦，或兄弟（在某些文化中）为姐妹行为不检而感到羞耻时，行为单位——引起骄傲、喜悦或羞耻的行动者——仍然是个人。自我延伸的感情是第二位的、附带的；成功或失败，成就或耻辱，仍然首先是某个人的，自我延伸的关切不表示参与了任何行动，只反映着与行动者有特殊的关系。

一体论避免了我针对第二种家长主义论的反驳，因为它拒绝家长主义论证所依靠的整个行为和关切结构。一体论禁止我们从密尔的角度思考我们是否致力于保护别人或仅仅是行动者本人不受行动者行为的伤害。它完全否定个人主义的思考方式。它的行为单位是共同体本身，它只问共同体有关自由和规则的决策会对共同体的生活和性质有何影响。它坚信公民在其共同生活中，他们的生活是联系在一起的，不可能对他们个人生活的反省意义上的成败分别加以解释。由此可见，在这种一体论中潜藏着真实而深刻的拟人论。人们更为熟知的利他主义、家长主义和自我延伸的感情的观念，都是围绕着个人行为和关切单位建立起来的。一体论则设想了一种非常不同的概念结构，其中最基本的因素不是个人而是共同体。

这可能意味着，一体论依靠的是一种烦琐的形而上学，它认为共同体是宇宙中的基本实体，而人类个体只是抽象或幻觉。然而，对一体论也可以用另一种方式来理解，认为它并不依靠共同体的本体论的优先性，而是依靠人类所形成的一些社会实践中的普通而寻
226 常的事实。一个交响乐团具有集体生活，不是因为它在本体论上比它的成员更具根本性，而是因为他们的实践和态度。音乐家承认人格化的行为单位，他们不再作为个人而是作为成员存在于其中；这个共同体的集体生活是由他们认为构成了它的集体生活的活动组成的。这种认为一体化依靠社会实践和态度的一体论解释，我把它称为实践的观点，以区别于认为一体化依靠共同体的本体论优先性的形而上学观点。我不想说这种实践观点是化约主义的。当一个一体化的共同体存在时，它的公民有关它的成败的言论，不仅是指他们自己作为个体的成败的统计学总和。一个一体化的共同体有它自己的利益和关切——它自己的生活。一体化与共同体是真实的现象，甚至从实践的观点看也是如此。但是根据这种观点，它们是由各种态度和实践所创造并体现在这些创造中，而不是先于它们而存在。

因此，根据实践的观点，在能够宣布一体化之前，必须做出一

个特殊的说明。必须证明社会实践创造了一个综合的行为单位。说一个人与共同体或制度的一体化是由于个人的命令，即仅仅由于宣称并相信他是其中的一部分，是没有意义的。我不能宣称自己已经与柏林交响乐团一体化，然后便分享这个组织的成功和偶尔的过失。我也不能用命令形成一个共同的行为单位。例如，我可以宣称并相信，姓氏以字母“D”打头的哲学家，是一个从事哲学研究的共同的行为单位，我能够为唐纳德·戴维森（Donald Davidson）和迈克尔·杜梅（Michael Dummett）的研究而骄傲和光荣，就像一个铙钹演奏家能够为他的乐团的表现而感到骄傲和光荣一样。然而我是错误的。必须先有一个共同的行为单位，而且我已经属于它，我才能够认为自己在伦理上与它的行为融为一体。

可见，一体论必须依靠某种理论，它解释了集体行为单位如何形成，以及个人成员在其中如何定位。按照形而上学的一体观，集体行为单位确实存在：它们比它们的成员更真实。但是根据实践的观点，集体行为单位并没有优先性；它们是通过社会实践和态度形 227
成的，捍卫这种一体观的人必须指明并描述这些实践。我们交响乐团的例子是有启发性的，因为它指出了关键或典型情况下一个共同的行为单位的特点。第一，集体行为是以社会所说的集体行为作为前提，也就是说，是被认定为个体化行为的整个共同体的行为，而不是作为个体的共同体成员的行为。从这个意义上说，无论交响乐团的成员还是这个共同体，都把它的表现当作一种集体行为。第二，构成集体行为的个人行为是协调一致的。它们作为对集体行为的贡献被自觉地履行着，而不是偶然协调一致的孤立行为。只有当乐团成员抱着合作的意图演奏时，乐团才能演奏一首协奏曲；如果乐团的音乐家们在同一间屋子里，按照准确的节奏准确演奏乐谱上的每一个音符，却没有作为一个乐团共同演奏的意图，则这个乐团就没有演奏任何东西。第三，共同体的成分——被当作其成员的人——要为集体行为而尽力，因此共同体的行为解释了它的构成，反之亦然。既然一个交响乐团是一个制造音乐的共同行为单位，它的成员便是音乐家。

共同体的集体行为构成了它的共同生活。按形而上学的一体观，共同体是个超人，它的集体生活体现着人类生活的全部特征和方面。而实践的观点则对共同体的共同生活做了更严格的限定：它只包括使共同体成为一个行为单位的实践和态度所认定的集体行为。交响乐团的共同生活只限于演奏交响乐：它仅仅是一种音乐生活。这个事实决定着音乐家的生活整合为一种共同的伦理生活的性质和界限。音乐家把他们的共同表现当作他们的人格化的乐团的表现，他们把它的成败视为自己的成败。但是他们并不认为乐团也有着由乐团成员的性行为构成的性生活，或它有头痛、高血压、友谊的责任，或者会发生不太关心音乐而喜欢上摄影的危机。虽然第一小提琴手可能关心同事的性习惯或性反常，然而这只是反映着对朋友的利他主义的关心，而不是包括他在内的行为构成单位的自我关切。他的道德真诚不会因鼓手的通奸行为而受到损害。

3. 政治共同体的共同生活

228 我们能够在多大程度上从实践的观点认为，一个政治共同体——一个民族或国家——有着共同的生活呢？政治共同体的正式的政治行为——它的政府通过立法、行政和司法机构从事的行为——符合我们在讨论交响乐团有共同生活时列出的集体行为单位的所有条件。我们的实践确认这些正式的政治行为是明确的法人行为，而不是由公民个体组成的某种集体的行为。是美国，而不是哪个官员或公民，在按一定的税率征税，把它得到的一部分资金用于福利计划或减少对其他计划的资金分配。特定的人的行为——例如国会议员的投票和将军的命令——构成这种集体行为，仅仅是因为这些官员自觉地在一个把他们的个人行为转化为国家决策的宪法架构下行动。此外，一个健康的民主政治共同体的成员与那些正式的集体行为之间，至少存在着大体的一致性。在可信赖的民主制度中，每个达到一定年龄并符合其他一些条件的公民，都能通过投票、言论、游说、示威等方式，间接参与正式的政治决策。[21]政治共同体的公民是受着该共同体的行为的具体影响的人。把立法、行政和司法决定作为政治共同体的共同行为，有助于解释共同体的构成。它是由那些在决策中起一定作用并最直接地受其影响的人构成的。

比较而言，在这一点上似乎没有多少争议。假如一个共同体有共同的生活，它的正式的政治决策肯定是这种生活的一部分。然而我们必须问一句，除了这些正式的行为之外，它的共同生活还有哪些内容。我们正在讨论的一体论的共同体主义认为，正式的政治行为不是国家共同生活的全部。这种论点认为，政治共同体还有共同的性生活。它认为公民个人的性行为组成了国家的性生活，就像每

个音乐家的表现组成了乐团的表现，或政治共同体的公民和官员的
229 行为构成了立法行为一样。因为只有在这种情况下，一个公民的生活才能够受到别人的性行为习惯的侵犯。

如果我们接受对政治共同体的这种拟人论的、形而上的观点，我们至少可以着手说服自己，一个国家或民族是有性生活的，每个公民个人的性行为都以某种神秘的方式对它发挥着作用。但是，假如我们采取实践的观点，那么一体论就必须以非常不同的方式来捍卫共同体有性生活的主张。它必须证明，我们的社会实践、态度和习俗事实上形成并承认一种国家的性行为。你们也许已经预见到我对这种观点的判断。请考虑一下我们在交响乐团的例子中指出的支持共同音乐生活观点的三个特征，它们没有一个可用来支持国家有性生活的主张。我们的习俗不承认明确的、集体参与的全国性性行为。当我们说一个国家有性偏好和性习惯时，我们是从统计学的角度这样说，而不是像说到乐队的表现时那样，在谈论某种集体的成就或耻辱。[22]我们也没有像我们的宪法为选举总统提供一种机制那样，为全国范围的集体性行为提供一种制度的风俗习惯。

政治共同体的构成也与它的共同生活有性的一面这种观点无关。公民权的标准既不能解释任何集体性冒险的假设，也不能用这种假设来解释那种标准。公民一般而言是出生在他们的政治共同体中，大多数人都不具有离开他们出生的那个共同体的前景。[23]各个种族、信仰和有各种志向的人，有可能出生在同一个政治共同体内。认为对最符合这种共同体的共同生活的描述，是假设它像一个健康的个人必须做的那样，也要选择一种信仰、一组个人志向、一

种族群效忠意识或一组性行为责任标准，是完全没有道理的。这样的描述不但不符合公民权标准，它近乎把它们变成了无稽之谈。

也许我们不能事先排除这样的可能性：可以找到另一些社会根据来支持国家有集体性生活的主张——这种根据非常不同于我们在解释一首交响曲或一项立法是集体行为时自然而然求助的根据。然而我想象不出这会是一些什么根据。假如提不出任何根据，那么共同体主义的一体论要想成立，便只能回到恐怕会被大多数读者否定 230
的政治共同体的拟人论观点。

我在这里还应当澄清两点。首先，我不认为根本不存在集体生活有性的一面的共同体。共同体的类型多种多样——例如就有参与集体收藏的集邮迷协会，有些共同体可能有着性团体而不是音乐团体的性质。例如有人认为，一些家庭确实——另一些家族有可能——把自身视为一个传宗接代的共同体，在这种情况下，家族成员的性行为就大可以被看作一体论所设想的那种集体行为。我的观点仅仅是，不管是美国还是它的各个州，都没有共同的性生活，因此用来为这些政治共同体的非自由主义决策辩解的一体论是不成立的。

其次，我没有考虑这样的论点：政治共同体的成员应当培养那种使共同体有集体性生活所必需的实践。我无法想象如何捍卫这种论点或使它看起来合情合理。例如有人可以说，人们应当努力扩大其政治共同体的共同生活，因为一体化的现象学感觉（the phenomenological sensation of integration）本身就是可取的，这就像感官的快乐或危险的消除是可取的一样。但是，假如一体化的价值在于一种特殊的感觉，那就几乎没有必要通过与政治共同体的一体化来追求它。人们属于各种各样的共同体，而且大多数人如果愿意选择的话，他们可以属于很多共同体。他们属于——或可以属于——家庭、邻居、校友会、兄弟会、工厂、学院、体育队、乐队、种族团体、侨民社团等等。这些团体可以为人们提供充分的机会，让他们在某种程度上得到他们认为有价值的一体化体验，而不必追求在政治共同体中的体验，它在这个领域里反而难免更难以得到保障。我们应当努力创造一个有集体性生活的共同体这种观点，毕竟非常不同于我们讨论过的那种一体观。因为后者的起点是这样一种主张，并且它的力量也来自这种主张：我们已经处在这样一个共同体中——我们现在别无选择，只能监督别人的性生活，因为假如他们生活堕落，则我们的生活也是如此。[24]

五、自由主义的共同体

1. 自由主义的公民共和主义者

231 非自由主义的一体论假设，政治共同体具有包括性生活在内的生活。这种假设只对了一半。政治共同体确实有一种生活，但它不是那种生活。假如真是这样的话，一体论作为自由主义性宽容的批判者就失败了。我现在要探讨一下这个论证中正确的成分：它的政治一体化有重要的伦理意义这一重要的基本设想。我要尽力证明，虽然自由主义者不强调一体化的伦理重要性，但是承认它的重要性不会威胁到自由主义原则，反而会促进这些原则。

我首先必须提醒人们不要误解我的论证。我并没有说，人们不应当充分认同他们自己的政治共同体，或充分的认同是不可能的，因为它的条件无法得到满足。对于认同共同体意味着什么，我持一种特殊的观点。当公民承认自己的政治共同体有共同的生活时，他们的个人生活的成败在伦理上取决于这种共同生活的成败，这时他们便是认同这个共同体。因此，所谓充分的认同，取决于怎样理解共同生活。我打算介绍的自由主义一体观，对政治共同体的共同生活的内容持一种有限的观点。但是它并没有因此而成为一种被稀释的共同体一体化观点。恰恰因为它做了区分，它才是一种真实、充分而牢靠的观点。那些认为认同共同体要求非自由主义立法的人，不是在宣扬一种超越了自由主义允许范围的更为深刻的认同层面，他们只是在宣扬另一种有关共同体的集体生活的真实含义是什么的解释。假如自由主义的解释是正确的，而他们的解释是错误的，自由主义便提供了一种比它的批判者更真实的认同形式。

那么，政治共同体的共同生活是什么呢？我说过，政治共同体的集体生活包括它的正式的政治行为：立法、裁决、实施以及政府的其他行政职能。整合为一体的公民会认为，他的共同体在这些正式的政治行为中的成败，与他自己的生活息息相关，对它有着改进或损害的作用。按照自由主义的观点，事情到此为止。应当认为整个共同体这些正式的政治行为，就是一个政治机体的共同生活的全 232
部内容，因此仅仅从这种制度角度把公民的共同行为理解为集体行为。有关政治共同体的共同生活的这种观点，在许多人看来可能过于贫乏，并且对于我提出的赞成自由主义宽容的论证是不必要的。但是有必要探讨一下，为什么这种贫乏的观点也许就足够了。

共同体的集体生活仅仅是它的正式的政治生活，这种观点看起来让人失望，是因为它似乎排除了一体论的精华，使它变得无所作为。认为应当把人们的生活视为与他们共同体的生活融为一体的观点，乍看上去似乎意味着政治理论的一种令人兴奋的扩展。它似乎还预示着一种致力于促进集体良善或保护个人权利的政治。拟人论的共同生活观——共同体的生活反映着包括性选择或性偏好在内的个人生活的所有方面的观点——看来符合这种许诺。它认为，整合为一体的公民将拒绝自由主义宽容，赞成遵守对所有人有效的健康的性标准，因为关心共同体意味着关心它的生活保持良善与公正。不过我的主张——把共同生活限制在政治活动上——不让政治公正超出自由主义者已接受的范围。假如共同体的生活只限于正式的政治决策，假如因此共同体的反省意义上的成功只取决于它的立法、司法和裁决的决策，那么我们就能接受共同体生活的伦理优先性，而不必放弃或伤害自由主义在良善生活上的宽容和中立。我们只须简单地重复一句，政治决策的成功要求宽容。当然，这种立场能够而且一直受到挑战。但是，只有当一体论接受一种对共同体的拟人论描述，或至少接受一种不仅包含着对共同体的纯粹形式的政治决策的描述时，它才向自由主义宽容提出了新的挑战。如果我们把政治共同体的共同生活限制于它的正式的政治决策，一体论就不对自由主义原则构成威胁，而它令人失望似乎也是由于这个原因。

但是，断言一体论是个没有成效的观点，它没有为政治道德观做出任何贡献，却是错误的。通过接受共同体的伦理优先性而认同共同体的公民，不会为任何政治决策的公正或明智提供任何新的论证。但是他会对政治采取一种非常不同的态度。我们把这种态度与 233
批评者视为自由主义典型的人物，即拒绝一体论但有公正意识动机的人——而不是看不见的手这种幻想中的那个自利的个人——做一比较，就可以看到这种不同之处。这种人只会为他认为符合公正的政治决策而投票、工作和游说。但是他会在公正要求他做的事与他本人生活的成功之间做严格的区分。假如他在尽了最大努力后，他的共同体仍然接受极严重的不平等、种族歧视和其他一些不公平的歧视，或对个人自由的不公正限制，他不会因此而认为自己的生活也是不太成功的，除非他本人因这些不同形式的歧视而遭受损失。

整合为一体的自由主义者不会以这种方式来区分自己的私生活与公共生活。假如不管他做了多少努力让他的共同体做到公正，他仍然生活在一个不公正的共同体里，他会认为自己的生活也有所损失——他过着一种较之他可以得到的生活更差的生活。把政治道德观与反省的自我利益融为一体，在我看来是公民共和主义真正的关键所在，是公民个体把自己的利益和人格融入政治共同体的重要方式。它表明了一种独特的自由主义理念，一种只有在自由主义社会里可以发扬光大的理念。当然，我不能向各位保证，一个由整合为一体的公民组成的社会，必能成为一个较之非整合的共同体更为公正的社会。造成不公正的其他因素太多了——努力或事业的失败，意志薄弱，哲学上的错误，等等。

赞成这个意义上的一体论的人民组成的共同体，相对于由否定一体论的公民组成的社会而言，具有一种优势。整合为一体的公民同意，他自身的生活的价值，取决于他的共同体在平等关切每个人上的成败。假设这种意义明确而一目了然：大家知道每个人都持有这种态度。这个共同体就会具有重要的稳定性和正当性的资源，即使它的成员在何为公正上有很大分歧。他们将有共同的理解，政治是一种非常严格的意义上的合资项目：持有每一种信念和处在每一个经济水平上的每个人都个人风险——对自己反省的利益有鲜明意识的每个人都有强烈的个人风险——不公正的风险不仅是他个人的，而且是每一个人的。这种共同的理解，甚至为有关具体政策和原则的最激烈的辩论提供了一个基础。从非一体论的角度思考公
234 正、认为它要求个人利益为别人利益而做出必要妥协的人，会倾向于猜疑那些对要求其做出牺牲的计划表示反对的人，因为他们拒绝这种计划所依据的公正观，他们是出于自利的偏见而行动，不论是有意的还是潜意识的。如此一来，政治辩论将蜕变为破坏公民共和主义的肮脏交易。

如果人们认为政治分歧不是关于每个人应当做出什么牺牲的分歧，而是关于怎样确保真正公正的解决以促进共同利益的分歧，这种猜疑在他们中间便无立足之地。在这种背景下分歧依然存在，它既应当存在，也是可取的。然而，它是利益融为一体、休戚与共的同伴之间的健康的分歧。这样理解的一体化赋予了“共和国”（commonweal）这个古老的概念新的含义，人们在政治中有共同的利益，即使存在着深刻的政治分歧。当然，这只是一种乌托邦而已。我们不敢指望能够实现一个彻底一体化的政治社会。它在未来

几十年里也不可能实现。但是我们现在就是在探讨一种乌托邦，一种我们能够本着良善的道德和形而上良知，加以定义和捍卫甚至有可能探索出一条道路的政治理想。

2. 伦理的优先性

因此，自由主义模式的公民共和主义的结论是有吸引力的。但是在我做出的论证中还存在着一个相当大的缺陷，因为我还没有提供理由，人们为何应当接受自由主义意义上的一体化，他们为何应当认为自己生活的成败，从我说过的那种角度看，取决于其共同体的政治决策的公正。在回答这个问题的过程中我们没有办法提供一劳永逸的证明。但是我们能够通过指明在公正状态下有可能出现或得到培育的良善生活的某些方面，使自由主义共同体的理念更有吸引力。[25]

我将以提纲挈领的方式，只描述这个设想的一条线索。它的起点是柏拉图观点的一种宽松的形式，他在《理想国》中对这种观点的论述是，在一种正确的伦理学中，道德观和幸福是相互依存的，行为不公正的人，其结果就是过一种较恶劣的生活。如果我们想到的是我说过的意愿的福利，则很难说这是一种合理的观点。在我的行为公正与我拥有我需要的东西之间，似乎不存在内在的关联。但是当我们想到的是反省的福利时，柏拉图的观点似乎更为合理。反 235
省意义上的良善生活的标准，似乎不能脱离背景加以定义，不能认为历史上任何时代的任何人都有相同的标准。当某人对自己的环境做出恰当的反应时，他就是在过一种良善生活。伦理学的问题不在于人们应当怎样生活，而在于处在我的环境中的人应当怎样生活。因此，问题在很大程度上就变成了如何定义我的处境，说公正应当在这种说明中发挥作用似乎是有说服力的。于是伦理学问题就变成了：对于有资格获得我有资格获得的资源的人来说，什么是良善生活？在这一背景下，柏拉图的反省意义上的生活成功观是有说服力的。如果一个人的行为不公正，他就相应地过着更可悲的生活——他对自己的环境做出了可悲的反应。我们不必同意柏拉图事实上捍卫的那种严格的观点，即绝对不可能有人从不公正中获益。在一个完美的公正社会里，一些艺术家的伟大人生也许是不可能的，但不能因此认为他们有糟糕的生活。但是确实可以认为，任何由不公正来维持的生活，即使是他们的生活，都有损于生活的良善性。

现在来谈谈我们大多数人都持有的两种伦理理想之间的矛盾。第一种理想支配着我们的私生活。我们相信，对于跟我们有特殊关系的人，我们自己与我们的家人、朋友和同事，我们承担着特殊的责任。与陌生人相比，我们把自己更多的时间和资源花在他们身上，我们认为这是正确的。我们相信，在自己的私生活中对政治共同体的全体成员表达同等关切的人是有缺陷的。第二种理想支配着我们的政治生活。公正的公民在其政治生活中坚持给予所有人平等的关切。他为了自己认为平等对待每个公民的政策而投票和工作。在选择候选人和各种方案时，他对自己或自己的家人表现出的关切，不会多于那些对于他仅仅是统计数字的别人。

足够完备的伦理学必须协调这两种理想。但是，只有当政治按照公正的要求成功地分配资源时，这两种理想才能得到恰当的协调。假如公正的分配得到保障，那么人们控制的资源无论从道德上还是从法理上都属于他们；他们按照自己的愿望，根据具体的信念或设想来利用资源，丝毫无损于他们承认全体公民有资格得到公正份额。但是当不公正相当严重时，信奉这两种理想——一方面是个人的设想和信念，另一方面是平等的政治关切——的人们就会陷入 236
伦理困境。他们必须让一种理想做出让步，而每一方的让步都有损于他们的生活的成功。

行为公正不完全是一种消极的表现；它不但意味着不欺骗，而且意味着做一些能够减少不公正的事情。因此，当一个人没有把他认为自己没有资格拥有的资源用于资源较少的人的需要时，他的行为就是不公正的。这种错误很难用偶然的慈善行为加以补救，因为慈善行为难免有着局限性和随意性。因此，如果说生活之反省意义上的价值因行为不符合公正的要求而受到损害，那么它也因为无视自己政治共同体中的不公正而受到损害。另外，尽自己所能完全致力于减少不公正的生活，至少是同样有害的。当政治共同体中存在着严重而广泛的不公正时，任何承担起尽力克服这种不公正的个人责任的公民个人，最终都会放弃自己的个人设想和信念以及个人的享受和闲暇，而这对于健康而有价值的生活是至关重要的。

对自己的反省的利益有切身感受的人，当他的共同体没有承担起公正责任时，难免会有挫折感；当他本人已经尽力促使它成功但它依然如此，他就更会有这种挫折感。我们每个人都强大的理由要求我们的共同体成为一个公正的共同体。一个公正的社会，是使两种都不应放弃的理想生活得到尊重的前提条件。因此，从这个有限但重要的角度说，我们的私生活、我们在和我们一样的人都应当拥有的生活中的成败，取决于我们政治上的共同成功。政治共同体具有这种相对于我们个人生活而言的伦理优先性。

注释：

[1] 我在全书中一直对伦理观与道德观加以区分，我所说的伦理观是指关于人们的哪种生活良善的信念，而道德观是指一个人应当如何对待别人的原则。因此，我这里讨论的是一个政治共同体是否应当用刑法强迫其成员过一种多数人赞成的生活，而不是它是否应当用法律强制他们公正地对待别人。

[2] 478 U. S. 186 (1986).

[3] 同上书，第 192 - 196 页。

[4] J. S. Mill，*On Liberty* (Harmondsworth：Penguin，1982)，pp. 68 - 69.

[5] H. L. A. Hart，*Law*，*Liberty*，*and Morality* (Stanford：Stanford University Press，1963).

[6] 就强迫实施道德观的问题而言，我们既可以反对程序上的多数至上主义，也可以反对实质性的多数至上主义；我们可以说，这些问题不应当由选举产生的官员来决定，而应当由最高法院之类的宪法法院来决定。不过我在这里没有讨论程序问题。参见第四章，另参见 Ronald Dworkin，"Equality，Democracy，and Constitution：We the People in Court"，*Alberta Law Review* 28 (1990)。

[7] 在我看来，公平份额是尽可能使每个人拥有的物质资源给别人造成的机会成本平等化的份额，见第二章。我把机会成本的检验限于物质资源，是因为这种检验不适用于技能和健康这类人格资源。

[8] 对这种一体化要求的讨论，以及对它所要求的做出对每个人相同的决定这一原则问题的讨论，参见 Ronald Dworkin，*Law's Empire* (Cambridge，

Mass.：Harvard University Press，1986)，尤见第六章。有关这里提到的原则问题和"战略防卫主动权计划"这类政策问题的区分，更全面的讨论参见 Ronald Dworkin，*A Matter of Principle*（Cambridge，Mass.：Harvard University Press，1985)，尤见第三章。

[9] 第三章曾用相当长的篇幅讨论过这个观点以及它对自由主义的作用。

[10] 这一节的讨论利用了由唐纳基金会赞助我在斯坦福大学开办的讲座材料。讲座内容收入即将由该基金会出版的唐纳基金会讲座文集。另参见第六章。

[11] 对意愿的利益的这种说明省略了一个事实：人们所需要的一些东西有可能与他们所需要的另一些东西有冲突。不过，需要考虑这一事实的细节说明，对于我在这里做出的意愿的利益和反省的利益的一般性区分是没有必要的。

[12] 反省的福利和意愿的福利之间的区分，不是我的真正利益与我所认为的自己的真正利益之间的区分。我的意愿的利益是真实的、真正的利益，而不仅仅反映着我当前做出的、我以后有可能认为错误的有关我的反省的利益的判断。这两种利益，即两种福利模式，是有区别的。我可以明智地想得到某种东西，但并不认为得到它会使我的生活更美好；其实，人们只要求得到自己认为符合其反省的利益的东西的生活，是一种既可悲又荒谬的生活。

[13] 我不会讨论一种更精致、更学究气的反省的家长主义形式，尽管它提出了一些有关反省的幸福的难题和重要问题。假设反省的家长主义不是针对现在这一代同性恋者，而是针对遥远的未来。假设它打算从观念菜单中去掉作为一种生活方式的同性恋，使未来的一代人甚至无法想象这种生活。极难想象这种设想可以取得成功。但是，假设它能够取得成功，并且（我们许多人不会同意这一点）同性恋生活有着内在的恶劣性质。那么这种观念的家长主义能够符合那些想过同性恋生活的人的利益吗？某种观念的家长主义显

然符合公正的利益；譬如说，假如甚至没有人可以想象种族灭绝或种族主义的生活，这个世界当然会成为更美好的地方。然而即便如此，我还是认为，通过限制一个人的想象力能够使他的个人生活在反省意义上变得更美好，是一种荒唐的观点。

[14] Patrick Devlin, *The Enforcement of Morals* (London: Oxford University Press, 1965); *Committee on Homosexual Offenses and Prostitution: The Wolfenden Report* (1957; Amer. ed., 1963).

[15] Devlin, *The Enforcement of Morals*, pp. 9-15.

[16] 德弗林后来说，他的意思不是宽容同性恋会导致共同体的毁灭，而是宽容有可能威胁到社会，因此必须否定任何彻底排斥不宽容的原则。

[17] Michael J. Sandel, *Liberalism and the Limits of Justice*, 2nd ed. (Cambridge: Cambridge University Press, 1998), pp. 62-65, 179-183.

[18] 对这个问题有兴趣的读者，可以把索尔·克里普克（Saul Kripke）的《命名与必然性》（*Naming and Necessity*, Cambridge, Mass.: Harvard University Press, 1980）作为入门书。

[19] Philip Selznick, "The Idea of a Communitarian Morality", *California Law Review* 75 (1987), p. 445.

[20] John Rawls, *A Theory of Justice* (Cambridge, Mass.: Belknap Press of Harvard University Press, 1971), pp. 520-529.

[21] 我不是说这种参与行为本身是作为一个整体的政治共同体的集体行为：它们不是这样的行为。但它们可以是这个共同体内部一个较小的共同体的集体行为。比如一次示威游行可以是一个政治团体的共同生活的一部分，这个团体虽然有政治目标，但它本身并不是政治共同体，因为它不以垄断暴力的方式管理自己的事务。

[22] 当然，如我下面所强调的，这不是说没有任何共同体承认或能够承

认一种集体的性行为。

[23] 公民不是像兄弟会成员那样相互选举的，不是像交响乐团中的音乐家那样选择某种特殊的技能或抱负，也不是根据某种独立的宗教信仰、性观念，在移民和边界发生着变化的现代世界里，甚至不是根据种族和语言类型或背景加以辨别的。

[24] 当然，从我的论证中不能得出结论说，只有当社会实践创造了必要的观念背景时，伦理的一体化才是可能的，或种族一体化在任何时候都是必要的或可为之辩护的。例如，任何人都不应当认为，自己的公民利益是与一个并不把他承认他是平等一员或剥夺其最基本人权的共同体的成败联系在一起。关于这个问题，请比较我在《法律帝国》中讨论过的政治义务之条件。

[25] 这一节（我担心其含义模糊）的讨论框架来自第六章，我在那里对它有更为全面的阐述。

第六章　平等与良善生活

一、自由主义者能过上良善生活吗?

237 我在前几章捍卫了一种特殊的自由主义观点。这种观点——自由主义的平等观——坚持认为，自由、平等和共同体，不像自由主义左右两派的一些政治理论所说，是三种泾渭分明、经常发生冲突的政治美德，而是一种政治观点中相辅相成的三个方面。因此，脱离这三个政治理想中的任何一个，我们都不能保障甚至理解其中的另外两个。这是自由主义的感情中枢，它是对今天的东欧和亚洲一些地区看来很有感召力、对两百年前欧洲和美洲的革命者十分自然的观念。但是，只有当我们按照我认为应当采取的方式来理解自由、平等和共同体时，它才能够得到实现。平等必须用资源和机会而不是用福利或幸福加以衡量。自由不是随心所欲做任何事情的自由，而是做尊重别人权利的事情的自由。共同体必须不是建立在模糊或混淆个人自由和责任的基础上，而是建立在对这种自由和责任的共同而真实的尊重基础上。这就是被理解为自由主义平等的自由主义。

在这一章里，我打算回答一种反对自由主义平等的、历史上十分强大的特殊意见。自从启蒙运动以来，在许多自由主义政治理想形成的同时，它的批评者也指责这些理想只适合于那些不知道怎样生活的人。尼采和浪漫派的偶像破坏者说，自由主义的道德观是小人用来禁锢伟人的牢笼。他们认为，只有小人才会迷惑于自由主义
的平等；致力于创造并驾驭新生活和新天地的诗人与英雄，对它嗤 238
之以鼻。后来这种抱怨又倒过来了。马克思主义者谴责自由主义者对个人成功关心得太多而不是太少，保守主义者则说自由主义忽视传统道德观所提供的社会稳定和根基的重要性。不过这三种批评的传播者有一个共同的意见，它经常表现在一句咒语式的口号上：自由主义太注重权利，这是指公正原则；太不注重良善，这是指人们生活的平等与价值。浪漫派认为，自由主义对创造性的个人打破小人道德的重要意义麻木不仁。马克思主义者认为，它忽视了资本主义民主制度下生活的异化和贫困化的性质。保守主义者声称，它没有认识到只有当生活扎根于共同体制定的规范和传统之中，它才是安全的。他们一致认为，自由主义的公正使生活失去了诗意。

我们应当区分出隐含在这些说辞背后的三种谴责。第一种宣

布，在自由主义社会里不可能有真正良善的生活。这种反对意见如果成立的话，当然是致命的。可是，自由主义社会的生活如果注定是卑贱的——注定使每个人的生活变得畸形，导致令人沮丧的失败——那么自由主义就是一种荒谬的政治观，只适合于受虐待狂和伦理盲人。第二种反对意见没有指责自由主义彻底排除了良善生活的可能性，而是坚持社会公正的优先性，即使这意味着有些人必须牺牲个人生活的品质和全部成功，因此谴责自由主义把私人目标置于社会公正之上。这是一种威胁性较小的意见，但是它仍然十分重要，因为自由主义者如果接受这种意见，他们就必须为自己的政治观点找出足以对抗另一种解释的正当理由，即人们有时候——大概是经常——为何必须牺牲他们许多人都视为自己最不可推卸的责任，即让他们能为自己和家人争取到最好的生活。第三种意见只针对自由主义者在伦理上的彻底中立——完全不去支持有关生活良善的任何说明，也能建立起一种政治公正的理论。这种反对意见似乎更为软弱：自由主义者本人当然经常宣称，自由主义在伦理上是中立的，这不是一个缺点而是一个优点。[1]不过这种所谓的优点却有着实践上的代价。假如几乎所有关于良善生活的理论都能跟自由主义相容，自由主义就不能用任何这样的理论来为自己辩护——它不能把人们只有在自由主义国家里人们能够过上良善而公正的生活作为根据，为这个国家辩护。

239 自由主义真的犯有这些被指控的罪名吗？它确实排除任何良善生活，或降低这一目标的地位，或对它视而不见吗？并非如此。但是我们要想理解个中缘由，必须首先承认，一种良善生活论，就像任何重要的思想分支一样，既复杂又有着严密的结构。在伦理学的某些相对具体的层面上，自由主义能够并且应当中立。但是在某些更为抽象的层面，它不能也不应当中立，我们在这些层面上的困惑不涉及如何生活这一问题的细节，而是涉及这一问题的性质、强度和地位。

我们至少可以区分出三个这样的抽象问题。第一，这个伦理学问题的根源何在？我们为什么要为怎样生活而担忧？在人们的良善生活与人们仅仅享受自己的生活之间有何不同？如果有所不同，那么人们过良善生活而不是享受生活重要吗？还是它只对过这种生活的人重要？或者，它的重要性有着更广泛、更客观的含义，由于某种原因即使对他不重要，仍然自有其重要性？有些人的生活比另一些人更良善是否更重要？或者它对于每个人都同样重要？第二，使生活良善是谁的责任？假如有这种人的话，谁来负责观察人们确实过着良善的生活？这是一种社会的、集体的责任吗？确定良善生活并努力甚至强迫其成员过这种生活，是一个良善而公正的国家的责任之一部分，还是属于个人的责任？第三，良善生活的标准是什么？我们拿什么标准来检验一种生活的成败？这在多大程度上是一个这种生活为过这种生活的人提供的愉悦或幸福的问题？在多大程度上是此人给别人的生活或给世界的知识和艺术存量带来变化的问题？还应当从其他哪个方面或角度来判断一个人总体的成败？

在这三个问题——根源、责任和标准的问题——上聚讼纷纭，这不但出现在哲学家中间，而且出现在不同的文化和社会之间。但是，与我们谈论现代社会在伦理和道德领域的深刻多元化时所想到的具体问题相比，它们是一些更为抽象的问题。因为对这些抽象问题的任何合理回答，都会引起一些有关如何生活的更为具体的争论，比如那些使今天的美国人产生分裂的争论。例如，我们可能一致认为，人们过良善的生活，人们作为个人对自己生活的成败承担首要责任，良善的生活意味着使世界成为一个更美好、更有价值的地方，这些事情有着客观的重要性，不必非要站在如下两种人的哪
240 一边：一方坚信良善生活必须是一种有宗教信仰的生活，另一方则认为宗教只是一种危险的迷信；或者，一方坚信有价值的生活是根植于传统的生活，另一方则认为唯一健康的生活是反抗传统的生活。

我不是说这些抽象问题的答案对更为具体的问题没有影响。相反，抽象的伦理学说要求人们采用一定的视角去看待和检验自己的具体观点。同意自己如何生活有着客观的重要性、良善生活意味着使世界变得更好的人，不可能同时相信最良善的生活就是最快乐的生活，除非他还认为快乐有着内在的客观价值，但他有可能认为这是不合理的。我也不认为，甚至同属于一个社会的人，对这些抽象的问题有一致的看法。甚至在西方民主国家里，人们在抽象伦理上——而且我们就会看到，尤其是在标准方面——也存在着分歧。但是这些分歧并不像许多更具体的分歧那样突出和激烈，所以通过辩论使人们在这些抽象问题上改变看法的希望，要比在更为情绪化的具体分歧上改变其看法的希望更现实一些。

明确找出自由主义对这些抽象伦理问题的回答，有助于自由主义回答我描述过的那三种纠缠不清的反对意见吗？这要看自由主义

的回答在经过反思后还有多大说服力。我在导论中说过，自由主义的平等反映在今天西方民主国家得到广泛接受的两条原则并贯彻于其中，它们为根源和责任问题提供了令人信服的回答。第一条原则是，人的生命一旦开始，使其成功而不是虚度光阴，便有着客观上很大的重要性，而且每个人的生活有着平等的重要性。第二条原则认为，过某种生活的人，对于它的成功负有首要的、不可推卸的责任。我在这一章要探讨我指出的第三个抽象问题：标准问题。我区分出伦理价值的不同模式并捍卫其中一个模式——“挑战”模式，它假设一种生活的成功在于它对自己的特定环境做出了恰当的回应。我认为这种模式比起它的主要对手有更大的说服力，并希望揭示柏拉图的观点——公正不是对一个人过成功生活的能力有害的牺牲，而是一种成功生活的前提——中存在着什么样的真理。

不过我承认，我觉得我说服读者相信他们已经接受这种伦理学 241
挑战模式的机会，要小于说服他们相信他们已经接受了我刚才描述的平等客观性原则和个人责任原则的机会。因此我必须强调，虽然我找到了支持挑战模式的证据，而且发现它能够符合并解释我本人的伦理直觉，但是我并不想把这种支持自由主义平等的伦理学论证建立在那个模式上。我相信，我在导论中提到的那本就要问世的著作中的论证本身是具有说服力的，它不依靠任何一种有关标准的解答，而是依靠那些在我们中间不存在多少争议的原则。然而，我基于两个理由，强调这一有利于挑战模式对标准问题之解答的事例。首先，标准问题有着自身的重要性。正如我想证明的那样，我们有关怎样生活的日常直觉是混乱的，并且我相信这种混乱反映着在正确回答这个问题上的困境。其次，我希望揭示柏拉图关于公正与良善不可能冲突的观点包含着伦理学的说服力，以及这种观点为何不但给一般的自由主义，而且给自由主义平等是最好的自由主义观点提供了最强大的辩护。

在这一章里，我通篇接受一个对我所说的根源问题的一个方面的肯定性回答。我假设，这个伦理问题——在我看来什么样的生活算是成功的生活？——是一个真实而重要的问题，虽然不但在它所要求的回答上，而且在内容上，它既不同于心理学问题——我会从什么样的生活中得到享受或感到满足？——也不同于道德问题——我对别人负有什么义务或责任？我在这里不加评论地否定我在别处说过的那种“外在的”怀疑主义观点，即伦理问题是没有意义的。但我也不去严肃看待有关伦理学的“内在的”怀疑主义主张，它坚持其实根本不存在什么真正良善的或成功的生活。[2]我不单独讨论一个人的生活是否有意义或在什么情况下有意义的问题。如果不把它作为与我讨论的问题——一种具体的生活在什么情况下以及为何是良善的或成功的——同样重要的问题看待，则我根本无法理解这个问题。

我将用另一种挑战来结束这段引言。如我所说，现在人们十分熟悉的自由主义平等的各种反对者——后现代的浪漫派、经济保守主义、社群主义、完美主义等——都在伦理学上唱高调。他们以自由主义缺少伦理权威为由诋毁它。但令人不解的是，这些学派的文献对我所说的哲学伦理学问题，既缺少任何严肃的兴趣，也没有做
242 过研究这种问题的努力。我认为，最合理的哲学伦理学是以一种自

由主义信念为基础的，自由主义平等既不排斥也不威胁或忽视人们的生活的良善性，倒不如说它就是来自一种有关良善生活的有吸引力的观念。自由主义的对手应当接受这一挑战，努力对伦理学的深刻问题提出不同于自由主义的、符合他们自己取向的回答。在他们做到这一点之前，他们指责自由主义者不太关注良善生活，便仍然只能是无聊的喧嚣。

二、哲学伦理学

1. 意愿的利益和反省的利益

是什么东西组成了良善生活或成功生活呢？功利主义传统的哲学家认为，不同的生活成功与否，可从伦理价值的一个唯一要素的承载者的角度加以衡量和比较。他们抨击两种对立主张的优点：第一，伦理价值存在于一种可确认的感觉经验之中，例如愉快；第二，它存在于一个人的欲望得到满足的现象之中。现在似乎显而易见的是，虽然这些事情——愉快的经验和目标或欲望的满足——在任何有关福利的可以接受的完备哲学解释中必须占有一席之地，可是它们都不全面，甚至没有触及最有意义的部分。

我们必须超越这些哲学家的化约主义愿望，不但承认福利概念的复杂性，还要承认它的内在结构。首先，我们必须承认我所说的意愿的福利和反省的福利之间的区别。如果一个人确实拥有或得到了他所需要的东西，他的意愿的福利便因此而得到改进。如果他拥有或得到了使他的生活更良善的东西，他的反省的福利就得到了改进。[3]扬帆航行或不必看牙医，是我的意愿的福利之一部分：我需要它们，当我得到它们时，我的意愿意义上的生活就变得更美好。我对自己所需要的另一些事情的看法就有所不同：例如，与子女关系亲密，工作上获得一定成功，以及——我极想得到的——对当代科学发展状态有最低限度的了解。我把这些事情视为反省的福利，因为我相信，假如我没有达到或完全无法达到这些目标，我的生活就不是成功的生活。

243 我的生活不会因为我不得不坐在牙医的椅子上而变得更差——我没有什么可遗憾的，更不会感到丢脸。虽然我确实想航海，并且因为不能这样做而感到失望，可是我不能认为，假如自己从来没有这种欲望，我的生活就是较差的生活。扬帆航行对于我来说是重要的，因为我需要扬帆航行，而不是相反。但是，当我考虑与子女关系亲密的重要性时，事情恰恰相反。我确实认为，假如我从来没有认识到这件事的重要性，假如我不因家人的疏远而痛苦，我就是过着一种较差的生活。我不认为，与子女关系亲密的重要性，仅仅是因为我恰好认为它重要。我认为它确实重要，即使我不需要它。

但是，意愿的福利和反省的福利之别，不是有时人们所说的客观福利与主观福利之别。不错，反省的利益有着意愿的利益所不具备的客观的一面：设想我在反省的利益上犯了错误是完全有意义的，虽然不能——至少从同样直接的意义上——设想我在意愿的利益上犯了错误。但这并不是说我的意愿的利益仅仅是我对何为自己的反省的利益做出的当前判断，我以后有可能认为它是错误的。这两种利益、两种福利模式，是截然有别的。我能够合理要求某种东西，而不必认为拥有它会使我的生活更美好；其实，某人只要求他自己认为符合其反省的利益的东西的生活，是可悲的生活。

反省的利益在动机上也有所不同。许多人和我一样，认为同子女关系亲密对他们的生活是重要的。可是他们大多数人并不是因为开明的私利，才需要这种关系或在必要时竭力维护这种关系。他们要求与子女有良好的关系，是为了这种关系本身或是为了子女，而不是为了他们自己。他们的另一些关切也是如此，例如当他们为了公正而在政治中和他们自己的生活中努力时，他们关心的是公正及其益处，而不是他们自己。当然，他们不是出于私利而努力，无疑是使这种利益成为反省的利益的因素之一。但是这些动机上的事实丝毫没有减少这种利益的伦理作用——它们的作用是让有这种利益并为自己或别人而追求它的人的生活变得在他自己看来更美好。它也不排除他理解这一点并为此而感到满足，它也不排除他在是否如此以及为何如此上会产生困惑。他把自己的生活奉献于帮助穷人的 244
“真正”原因是什么？这个问题笼统了，就像大多数以“真正”一词来修饰的问题一样。人们有不同的原因，这些原因在他们的道德和伦理理想的不同层面发挥着作用。

反省的利益和意愿的利益以不同的方式相互关联。反省的利益经常与意愿的利益携手同行。假如我赋予某种欲望——例如扬帆航行——极大的重要性，成功通常符合我的反省的利益，这不是因为扬帆航行在反省的意义上十分重要，而是因为衡量我恰好非常向往的事情的成功尺度有着反省意义上的重要性。意愿的利益通常与有关反省的利益的看法一致：人们一般要求他们认为符合自己反省的利益的东西。假如他们认为与子女关系亲密符合他们的反省的利益，他们就会有这种要求，即使（就像我刚才所说的）他们不是为了那个原因而要求这样的关系。但是事情未必一定如此。在哲学家中间有个普遍的假设，即人们不可能在做了面面俱到的考虑后，认为某种事情是最好的却又不要求它。这一假设似乎忽略了两种福利之间的区别。哲学家称为“阿克拉西亚”（akrasia）的复杂问题之所以出现，至少部分原因是人们实际上并不要求他们相信符合其反省的利益的东西。所以，我有可能相信，假如我少做点儿工作，多花些时间跟家人在一起，我就会有反省意义上更美好的生活，但是我发现自己实际上并不想这样做，或对此没有足够的要求。

意愿的福利和反省的福利这些范畴，是否只是我们做了通盘考虑后称为福利的这个更大、更有包容性的范畴中的成分呢？我们可以认为，经过通盘考虑，福利是由意愿的利益和反省的利益之间的正确结合或平衡构成的。这是个诱人的想法，因为它设定了解决两种福利之间可能的冲突的一条标准。但是这种想法是没有意义的，无论它多么诱人。除了那两种福利模式本身外，不可能存在对意愿的福利和反省的福利之间是否正确结合或平衡的判断标准。我们可以问：我们为了有正确的生活应当做些什么？由此得出的回答只能是从思考我们反省的利益而得出的回答。我们也可以问我们最想得出什么，这时的回答是通过咨询（假如这是个正确的字眼的话）我们意愿的利益而得出的回答。但是，假如两种利益有冲突，例如当我要求一些不符合我的反省的利益的东西时，我无法诉诸我的第三种更高的利益范畴。在这种情况下，我为了过良善生活而能够做的，就是听从我的反省的利益，这里不存在我的利益的另一种更高 245
意识，它要求或允许我放弃自己的反省的利益。因此，我们必须接受这种二元论的观点，承认这两种观点之间的冲突既频繁又鲜明。道德观给行为提供了不同于反省的福利标准的标准，就此而言，道德观提供了一个不同的视角。但是，道德观当然不是一个既包含意愿的利益也包含反省的利益的更完备的福利范畴。

可见，我们只有意愿的利益和反省的利益，没有能够裁决两者冲突的更广义的福利范畴。我由此假设，为自由主义寻找伦理基础的任何尝试，都必须集中在独立于意愿的福利的反省的福利上。我们需要对人们的反省的利益是什么做出解释，它将揭示为什么接受这种解释并关心自己以及他人的反省的福利的人，会自然而然地走向某种形式的自由主义政体和实践。当然，我不是说自由主义者只应当关心人们的与意愿（或生物学）意义上的生活截然不同的反省意义上的生活。战胜痛苦和疾病是重要的，不管它们属于其中哪个范畴。我在这里也没有犯下我警告过两次的错误，即假设人们只关心他们反省的利益；我也没有犯下另一种错误，即假设大多数人经常自觉地思考他们的反省的利益。

自由主义的政治原则是否服务于民主制度中大多数人的意愿的利益，如果是，自由主义政治家如何让多数人相信这一点，这当然是个有意义的问题——而且是一个政治上至关重要的问题。我们的问题没有这么直接的政治性质，虽然它可能有着更深层的政治重要性。政治原则是规范性的，其含义与反省的利益是规范性的相同：

前者规定我们应当拥有的政治共同体，后者规定我们应当如何生活于其中。因此，我们寻找伦理基础，就是在寻找一种规范的一体观。我们问：严肃看待自己反省的利益的人，是否会因此而采用自由主义的政治观点？从长远看，这个问题如我刚才所建议的，是个实践问题，因为从长远看，各种政治方案，除非在人们的自我形象而不是仅在他们偶然的需要中占有一席之地，否则它们必然失败。

2. 对反省的利益的担忧和困惑

大多数人相信他们有反省的利益。他们认为，使自己的生活成为某种样子是重要的，无论这种信念对他们的实际生活是否有很大
246 影响。但是我们也清楚，反省的利益这个概念是多么成问题和含糊不清，而且有许多人担心它仅仅是个巨大的幻觉。当然，相信来世的人不为这种担心所动，因为天堂和地狱把伦理学变得很简单。但是我们大多数人都缺少这种安慰，虽然我们尽力摆脱我们的怀疑，恢复我们过去拥有的无论什么样的伦理信念，我们还是不能打消我们的忧虑，只是拖延它们而已。在下面几页，我提供了一份这些忧虑的清单。我没有把针对一种生活方式与另一种相比能提供更良善、更成功的生活这一观点的外在怀疑主义列入其中。[4] 我同意这种观点是有意义的，我只考虑它在应用方面的实质性困惑。我先列出一种十分常见的、极可怕的内在怀疑主义的担忧——人生是无意义的，其实没有一种生活是良善的，或比另一种生活更良善。然后我再补充上另一些伦理学的麻烦或困惑，它们虽不是那样可怕或为人熟知，却有着哲学的意义和个人的重要性。

意义。对良善生活有自我意识的人，认为意义至关重要。他们认为，重要的不仅是（或根本就不是）他们的生活是否舒服，而且是他们的生活是否良善。然而，从什么意义或什么角度看它是重要的？在一个人的一生这个极其渺小的空间和时间范围发生的事情，有何重要性可言呢？宇宙如此之大，它的历史如此悠久，甚至我们最杰出的科学努力，都无法赋予它到底多大或寿命多长的问题以意义。某一天——时间史中的某一刻——太阳会爆炸，一切都消失得无影无踪，使我们如何生活成为无稽之谈。我们如何调和这两种观点，即生活什么都不是与我们如何生活意味着一切？

先验的还是有背景的？反省的利益不仅是一个人们偶尔有什么要求的问题，而且是一个他们应当要求什么、他们在自己的反省的利益是什么上有可能犯下深刻错误的问题。这一事实似乎暗示着伦理价值是先验的，即一种良善生活的要素在任何时候和地方都是一样的。然而，这种想法与我们许多人情不自禁视为合理的另一假设矛盾：根本不存在适用于每个人的唯一一种良善生活，伦理标准以某种方式与一个人环境中的文化、能力、资源以及其他因素联系在 247
一起，因此在某种环境中的某个人看来最好的生活，可能非常不同于另一种环境中一个人所认为的最好的生活。这两个都有强大的直觉作为后盾的观点，哪一个正确，必须放弃哪一个呢？我们能够拒绝伦理价值的先验观，同时又保留我们的伦理学不纯粹是主观的、不纯粹是一个发现我们真正需要什么的问题这种信念吗？

伦理学与道德观。现在思考一下柏拉图的问题。自利与道德观有着怎样的关系？显然，道德观和意愿的利益经常发生冲突：我经常能够通过欺骗、盗窃或说谎，得到更多我所要求的东西。但是，当我们从反省的而非意愿的意义上理解自利时，事情就会变得更为复杂。这时似乎有可能出现三种观点。第一，我们可能认为，美好的生活，即使从反省的角度说，也完全独立于公正的生活。例如，那些认为真正美好的生活是对别人行使大权的生活，也会认为自己反省的利益不断与公正发生冲突，因为他们能够通过做那些被公正禁止的事情来增加自己的权力。第二，我们可以认为公正是反省的福利之要素，但不是它的全部。不公正（我们可以说）在整个平衡表中被计入成功生活的对立面，因此，不得不在扩大权力与公正行为之间进行选择的人，是在做伦理学之内的选择，而不是在做伦理学和道德观之间的选择。他必须经过充分权衡后做出判断，以某种公正为代价获得更多的权力是否会使自己的生活更美好，或者事情正好相反。第三，我们可以接受柏拉图的观点：在公正和自利之间根本不存在冲突，因为一个人不可能通过不公正的行为而有反省意义上的良善生活。如果为得到更多的权力必须不公正地行动，那么获得更多的权力就不能算是促进了成功的生活。这第三种观点有两种版本。其一认为公正只是良善生活的成分之一；其二也如此认为，但坚持它比任何其他成分都更重要，因此其他成分上的任何收益都不能抵消公正的哪怕最微小的损失。这第二种版本认为，公正与良善生活的关系是一种更为密切的关系。不过只有在我对我所说的挑战模式做出阐述以后，我才能按照第二种观点所要求的方式去解释这种更为密切的关系。

大多数人的直觉似乎有利于前两种观点，不利于第三种观点。

保罗·塞尚（Paul Cézanne）① 是个逃避服兵役者，但他不是出于良心的反对，而是出于一种绘画的欲望，许多人认为，尽管他的行 248 为不对，但结果是他有了更伟大的一生。[5] 然而，我们如何解释这件事呢？假设有人以无情的、不讲道德的做生意手段积累了一大笔财富，然后用它来维持一种多姿多彩的人生，这包括美妙而奇异的体验，艺术的创造与赞助、探索与发现。很难否认这样的观点：他归根到底是从自己的错误中获益了——他既有不道德的生活，也有成功的生活。但是同样难以否认一个显而易见的相反判断。他无疑享受了自己的生活，从中得到很大满足。可是，假如他的财富和成就全是来自他不应当做的事情，来自受到我们谴责的事情，我们怎能说他有良善的生活、他已经使自己的生活成为良善的生活呢？我们的直觉再次陷入混乱。

增益的还是结构性的？我们可以带着两个问题思考别人的生活。首先我可以问：他的生活包含着多少我们算作良善或健康生活之成分的经历、关系、事件或成就？其次我们可以问：他在多大程度上承认自己的生活中包含着一些良善生活的成分，不管他是否追求它们，他都认为它们是有价值的，简言之，他同意它们有助于反省的而非意愿的利益。但是我们应当如何把这两个问题结合在一起呢？有两种可能的观点。“增益观”（additive view）认为，我们不必考虑他对自己的生活的看法，就能判断其良善与否。如果他的生活包含着良善生活的成分，那么它因此就是良善的。假如他同意这

---

① 保罗·塞尚（Paul Cézanne，1839—1906）：法国著名印象派画家。——译注

些成分，这就增加了其生活的良善性。它是加在蛋糕上的糖粉。但是即使他不同意，这些成分的伦理价值依然不变。他可以因为他并不认可的经历和成就而有非常美好的生活，尽管它不如他同意时那样好。

“结构观”（constitutive view）则认为，不得到一个人的认可，任何成分都不可能促进他的生活价值。因此，如果某个孤僻的人深受爱戴，但对别人的爱不屑一顾，则他的生活并不因那种爱戴而更有价值。这种结构观并不是一种怀疑主义观点，即只有当一个人认为自己的生活好或不好时，他的生活才是反省意义上好或不好的生活。一个人在认为自己的生活美好时有可能犯错误，犯这种错误是因为他把一些其实不是良善生活成分的东西当成这种成分。他可能错误地认为和认可自己生活中的一些特征会使其更加良善。结构观
249 所否认的仅仅是，有些事情或成就能够使一个人的生活更美好，无论他是否这样认为。

我们应当采用这两种观点中的哪一种呢？它们好像都有人所熟知的直觉和信念的支持。伦理价值是客观的，不是主观的：事实上，看上去支持先验伦理标准观点的东西，似乎也支持着增益观。如果决定哪一种生活良善的不是我本人，那么就我的生活的价值而言，我对它有何想法还有何意义？在某种极端的情况下，常识证明了这一论证。假如希特勒年轻时就被关起来，就算他终生都在梦想他能够造成的那些恐怖，他不是会过一种更像样的生活吗？但是另一些不那么极端的事例有利于相反的直觉。即使我们认为宗教信仰必须是良善生活的一部分，强迫一个人虔诚地服从他根本不重视的

东西，能够使他的生活更美好吗？说一个厌世者的生活因为得到了他不需要的爱而改善，这样说真的有意义吗？在这些情况下，我们并没有感到一些美好事物——宗教信仰或友情——的价值因不受赏识而贬值。我们觉得它们的价值被抹杀了，我们觉得价值除非得到某种方式的承认，不然根本就不存在任何价值。我们的直觉似乎与另一些直觉再次发生冲突，于是伦理学好像变得更加神秘莫测。

伦理学与共同体。我们最后一组困惑与伦理价值的单位，即伦理学致力于使其良善的那个实体有关。我们觉得伦理学完全是个人的事。我们每个人都对确定什么样的生活是正确的生活负有最终责任；假如在一个人看来，没有多少舒适的生活可以选择，那么他即使是不假思索地在社会上随波逐流的人，也要为这种选择（或不选择）负责。我们每个人都对自己的生活承担着个人责任，不管这是不是他的选择。当我决定住在什么地方、干什么工作或是否为了得到好处而说谎时，我是在拿自己的生活下赌注。但是在某些时候和环境下，把伦理世界划分为我自己的生活和别人的生活却是无效的。我们感到，最基本的伦理单位是集体而不是个体，我的生活是否不错这个问题，对于我是其中一员的某个团体来说，取决于“我们”的生活是否不错。

我们必须当心，不可把这种明显的冲突混同于个人与社会的另一种关系而使它消失；后者无论多么重要，都不对伦理学突出的个体性构成挑战。诚然，别人的生活对我是重要的；我知道一种良善的生活不可能是自私的或自我中心的。诚然，我知道我的伦理信念 250
受着社会条件的限制，也就是说，我甚至无法思考在另一些文化中自然而然的生活。此外，假如我相信伦理观是有背景的而不是先验的，我就会认为信念与文化之间的关系不仅是心理的，也是伦理的，因为对于我而言，正确的生活部分地取决于我生活在什么时代、什么国家和文化之中。一方面相信我的生活取得了充分成功并且这仅仅是我个人的责任，另一方面又相信它以不同的方式与共同体联系在一起，这两者之间并不存在冲突。

在提出一种伦理学的困惑时，我心里想到的是另一种把我的伦理生活与共同体联系在一起的更为严格的方式。假设一个共同体有自身的伦理生活，任何个人生活的反省意义上的成功，都在一定程度上依靠其共同体生活的反省意义上的成功。对于许多人来说，这一假设是他们的共同政治意识的一部分。当他们自己的国家行为不公或作恶时，即使他们自己没有参与这种不公甚至努力制止它，他们也会感到个人的失败——当另一些国家如此行事时，他们则不会感到这种失败。我们这个时代最著名、最有力的事例，就是大屠杀时尚未出生或没有参与其中的德国人对其政治共同体的罪恶所感到的责任。大多数人以类似的方式把自己的生活融入非政治的共同体。合作项目中的合伙人——例如共同参与援救计划的人——不把个人成功与事业的成功区分开。如果项目失败，他们也随之失败，不管他们在其中发挥了多么杰出的作用。

真是令人费解。这种伦理整合，即个人反省的利益取决于并融入某个团体的反省的利益，是否也预设了一种本体论的优先性？是否像有些哲学家认为的那样，它假设宇宙中基本的人类单位是群体而不是组成该群体的个体？如果不是，又如何能够解释伦理整合？

像我们大多数人似乎表现出的那样，相信伦理学既是个体的又是集体的，这说得通吗？如果说得通，那么在何时采用哪一种视角——个体的或共同体的——才是合适的？

3. 反省的价值模式

我相信，这些不同的困惑和忧虑的出现，是因为我们的本能和欲望反映着我们理解伦理标准的不同的、在某些方面相互对立的方式。我将描述我们在另一些领域里采用的或形成更有限的判断的两 251
种截然不同的价值模式。我认为，它们在形成我们的伦理信念中都起着作用。这两种模式对我们都有一定的吸引力，在我们决定采用这种或那种或另一种更完备的模式之前，我们的伦理直觉将一直处在分歧或悬而未决的状态。第一种模式——作用模式——认为，良善生活的价值在于它的产品，也就是说，在于它给世界上的其他人造成的结果。第二种模式——挑战模式——则认为，良善生活的良善性在于它作为一种表现的内在价值。我打算证明，这两种有关伦理学基本性质的抽象观念，如何指导着我们对我开列出的困惑和担忧做出回答，以及伦理学的复杂性在多大程度上产生于两者之间不为人所察觉的冲突，以及我们在解决它们上的失败或无能。

伦理价值的这两种哲学模式，都不想从根本上为伦理价值提供任何普适性的论证，也就是说，它们不反对那些有着坚定不移的信念的人，他们认为只要能享受生活，他们做些什么无关紧要。这两种模式仅仅是对我们中间那些人——大多数人——的伦理经验的解释，他们的伦理信念或伦理暗示是以在生活中做些什么意义重大为前提。这两种模式试图尽可能把我们的信念纳入一种严密的解释。我提到的那些困惑的产生，是因为我们拥有太多而不是太少的信念；其中一些似乎与另一些有矛盾。一方面，我们相信有些事情的意义取决于衡量的尺度，因此相对于宇宙而言也无限大的东西，不可能有任何重要性。另一方面，我们相信——我们大多数人也无法不相信——尽管我们微不足道，但我们如何生活还是极重要的。我所描述的这个以及另一些困惑所可能具有的任何怀疑主义的力量，是内在于而不是外在于伦理学——它用一种信念来对抗另一种信念，而不是从外部去攻击整个伦理学。[6]这些哲学模式试图证明，假如我们从正确的角度来对待我们的大多数信念，它们就都可以得到保留，以此维护伦理学不受到内部的攻击。

作用模式。一个人的生活的作用，是指他的生活给世界的客观价值带来的变化。我们在判断谁的生活良善时，显然要考虑到这种作用。我们赞赏亚历山大·弗莱明（Alexander Fleming）、莫扎特（Mozart）和马丁·路德·金（Martin Luther King）的人生，我们指出青霉素、《费加罗的婚姻》、金为其族群和国家做出的贡献，来
252 解释我们为何赞赏。作用模式就是从这些事例中总结出来的，它认为一种生活的伦理价值——它在反省意义上的成功——附属于它给世界带来的结果的价值，并且是用后者来衡量的。这种模式试图把伦理价值与另一些显然不那么神秘的价值，即世界的客观状态所能具有的价值，联系在一起，以此消除伦理价值的神秘性。这种模式主张，一种生活的价值之多寡，不是因为它对一个人的生活在某个方面有着更多的内在价值，而是因为以某种方式生活能够产生更美

好的结果。

我们都持有一些关于世界在何种情况下较好或较差的看法，尽管我们的看法当然各不相同。我们大多数人认为，在治好了疾病或创作出了伟大的艺术作品或社会公正得到改进时，事情就变得更好了。有些人——他们几乎全是哲学家——认为，当人类的幸福或愉快的总量增加时，世界就变得更美好了。作用模式本身既不赞成也不反对这些有关哪一种状态客观上更有价值的不同看法。它仅仅把无论哪一种有关人们的生活之反省的利益的看法，与他们有关世界状态之客观价值的看法融合在一起。如果我认为一幅画增加了世界的价值，按照这种作用模式，我就必须认为其作者的生活因他创作了这幅画而是更美好的生活。比较有争议的是，假如我认为在商业繁荣时世界更加美好，那么我也会认为成功的企业家因此而有不同凡响的生活。这种模式不是把伦理价值的类型而是其数量，与一种生活的结果的价值联系在一起。如果我认为一个艺术家的作品从整体上说比另一个艺术家的艺术更伟大，那么我也必须认为前者的生活是更伟大的生活，至少就他们的艺术赋予他们每个人的生活的价值而言是如此。

如我所言，作用模式受到习惯性的伦理观念和习语的支持。可是它很难适用于或解释另一些常见的伦理观念的习惯。被人们视为非常重要的许多目标，根本就不是一个结果问题。我前面说过，我认为在自己反省的利益中包括与子女关系亲密以及对当代科学至少有稍许了解。另一些人也有类似的信念：他们认为至少在某种事情上有良好表现是重要的——例如熟悉某个知识领域或某种技能，或

学会演奏某种乐器，这不是因为他们这样做会使世界更美好——在
253 一些人更为出色的领域里多一个水平一般的人，这有何意义呢？——而是因为他们在做那件事。许多人为自己制定了完全附属性的目标（adverbial goals）：他们要怀着真诚去生活和发言，要在自己信念的鼓励下用自己的方式做事。这些各种各样的抱负在作用论的话语体系里是没有意义的。例如，我对天文学有多少了解，不会给任何人带来积极的变化：我无论如何也不会给宇宙知识做出任何贡献。作用模式把许多有关反省的利益的常见观点变成了无聊的自我陶醉。

挑战模式。作用模式没有否认伦理价值的如下现象：它没有否认人们有反省的利益，他们的生活的好坏取决于这些利益得到满足的程度。但是如我们所知，它描述这种反省的利益的方式是对伦理价值加以限制。它认为，生活变得更加美好，只能是因为它们对事物状态之客观价值的作用。我现在要阐述的另一种模式——挑战模式——否定这种限制。它采用亚里士多德的观点，即良善生活具有一种技能表现（skillful performance）的内在价值。它因此认为，各种事件、成就和经验能够具有伦理价值，即使它们在它们出现于其中的生活之外没有作用。技能表现有着内在价值这一概念以生活有某种内在价值而为人们所熟知。例如，我们赞赏复杂优美的跳水动作，其价值在最后一波涟漪消失后依然存在；我们赞赏攀登喜马拉雅山的人，是因为正如他们所说，他们到过那儿。挑战模式认为，过某种生活这件事本身，是一种需要技能的表现，它是我们所面对的最全面、最重要的挑战，我们反省的利益就存在于那些成

就、事件和经验之中，它们意味着我们已经成功地应对了挑战。

由此可见，挑战模式为某些反省的利益的信念提供了空间，而这些利益是被作用模式斥为自我陶醉的。因此，虽然并非显而易见或没有争议，但了解一些当代科学知识是生活美好的内容之一这种想法是有意义的。挑战模式也不否认被作用模式接受的直觉。因为它认为这样的观点——其实这看上去不言自明——也是有意义的：通过战胜疾病减少世界的痛苦，是应付挑战的杰出方式。挑战模式这种通融的性质，也许会让你觉得是挑战模式的一个弱点，它表明这种模式空洞无物或至少缺乏解释力。作用模式把伦理价值与客观世界的价值挂钩，因此至少为良善生活的实质提供了某种指南。比 254
较而言，挑战模式允许伦理价值的观念漂浮在其他任何价值之间。假如我们能够随便把任何行为或事情都算作应对生活的挑战，那么这种模式（也许看起来就是如此）与其说是一种模式，不如说是一种老生常谈：生活美好就是去做任何可算作美好生活的事情。

此言差矣。两种模式都依靠它们假设我们已经拥有的某些信念。作用模式假设，我们都拥有一些有关什么样的世界状态有独立价值的信念；它没有从中做出裁决，而是仅仅通过揭示我们有关两种价值的看法之间的关系，对我们的伦理价值做出解释。挑战模式也假设我们拥有关于怎样生活的信念；它不对这些信念加以裁决，而是告诉我们，假如我们遵照它的建议，把这些信念视为有关重要的自我决定之技能表现的观点，而不是视为我们能够如何让世界变得更美好的观点，我们就能更好地理解我们的伦理生活。不错，正如我们所知，作用模式使一些人的伦理信念看起来很无聊；如果由衷接受这一模式，这些信念很可能将不复存在。但是正如我们看到的，挑战模式也使一些信念显得很古怪。在这个方面，两种模式的差别是，因挑战模式而变得很古怪的信念，毕竟只是极少数人实际坚持的信念。

4. 伦理学与意义

我们现在必须谈谈两种模式所建议的对各种伦理困境的不同回答，我先从我列出的第一种困境入手：意义问题。作用模式把一种特定的生活方式的价值定位于其结果的独立价值，它尤其容易受到这样的指责：即使最强大的人，他能够给宇宙中的价值状态带来的变化也是微不足道的。作用模式只有采取某种支持无限夸大的客观价值的理论——使人们能给世界带来的变化大于反对者认为它能达到的程度的理论——才能够使伦理学得到拯救。这一事实大概解释了浪漫主义主张对一些人的吸引力，这种主张认为，宇宙间最伟大的价值是审美价值，因此一件伟大艺术品的价值，不可能因为前后数十亿光年里根本不存在审美价值而有所减损。这种与作用模式联
255 系在一起的价值论，能够解释为何艺术天才有伟大的人生。可是，假如艺术是宇宙间唯一有意义的价值，大多数人如何生活就无关紧要了。伦理学将只为伟大的灵魂而存在。

不过，还有一些不是如此冷酷无情的精英主义价值论也能对付宇宙。其一是神学的人类中心论。假设有个神，尽管他创造了万物，但对人类有一份特殊的关切，他按自己的形象造人，他们的生活能够大大地使他喜悦或不快。假如这是真实的，那么客观地判

断，人们的生活可以给宇宙带来重要的变化。或者考虑一下一种最近十分流行的观点：享乐主义的人格论。按照这种观点，人类的快乐或幸福是唯一客观的价值，即使人类只存在于一个极微小的空间和一个极短的时间中。这种与作用模式相关的价值观，产生了一种公认的功利主义伦理学：我们为我们自己和别人创造了多少快乐和幸福，我们的生活就在多大程度上从反省的意义上讲是良善的。神学的和功利主义的伦理学，就其大多数版本而言，在一定程度上都是精英主义的，但并没有达到审美精英主义那种显然不可接受的程度。有一些人，由于他们是神的选民或有神的赐福，或是有天赋或运气好，能够过一种反省意义上比别人更美好的生活，它符合神学的或功利主义的标准。但是没有人被排斥在伦理学之外，因为我们都能在让上帝满意方面，或对世界的幸福的一般水平，发挥一定作用。按照功利主义的版本，有些人只要能让生活给自己带来巨大的快乐，就可以过一种完美的良善生活。因此，只要我们接受某种客观价值论，它使人们所能做的事情对宇宙有着真正的重要性，比如说神学的人类中心论或人类的功利主义，作用模式就能够解决伦理学的第一种困境。

挑战模式以非常不同的方式回答意义问题，因为一种表现作为面对挑战而发挥的技能，其价值完全存在于它本身，不依靠任何特殊的或独立的价值。我们不必认为，当出现了一个令人印象深刻的跳水动作或有人登上喜马拉雅山时，世界上有持久性的价值的总量便增加了。这种回答既不承认也不想迎合那种面对无限性人类能够做的任何事情都不重要的反对意见。挑战模式不理会这种意见，认为它是建立在对伦理价值性质的误解上。

这种模式也不依靠某件事情的独立的重要性，尽管它承认给世
256 界带来变化的重要性。创作出伟大的音乐、战胜肺炎或减少种族不公正是良善的生活方式，这显然是令人信服的；并且，假如挑战模式不能像作用模式一样给这些判断一个适当的位置，我们也不可能接受这种模式。说一个消除了世界上许多痛苦的人是在自己的生活中做着有技能的工作，这并没有歪曲表现或挑战的概念。然而这不单纯是一种把作用模式纳入挑战模式作为其一部分的方式，因为前者不会把成就的独立价值作为其伦理价值的尺度，而后者必须如此。按照挑战模式，一个人的创新、发现或创造对其生活的美好做出的贡献，有着他所创造的东西的独立价值之外的重要意义。例如，可以认为一项发明的伦理价值取决于其难度和原创性、其作者充分利用自己能力的程度、他的专注程度或他的工作源于他在某个共同体或传统中的角色或献身意识。当然，挑战模式本身不规定应当用这类成百上千的考虑中的哪一种来判断一项成就对某个人的生活技能起着多大作用。我的观点未变：以这种方式去看待成就的伦理价值，而不是仅仅考虑它们的作用，使我们可以对自己以及别人的生活做出更细致的判断。

挑战模式也允许我们去赞美一些成就——例如创作伟大的艺术品——而不必得出只有能够取得这类成功的生活才是真正有价值的生活这种精英主义的结论；或认为假如两个艺术家的生活从他们创作的艺术作品看都是良善的生活，那个创作出更杰出的艺术作品的人就有着更伟大的人生。在这一点上，我承认“挑战模式”这个说

法可能引起误解。我并不是说根据这种模式，只有充满内在挑战，为攀登难以征服的山峰这类英雄行为提供机会的生活，才能够成为成功的生活。我的意思是，可以把生活本身看作一种挑战；应付这一挑战的技能，可以被视为要求避免而不是接受艰难的探索，以便使生活更适合于一个人的技能、处境、兴趣或文化愿望。这仍然是一种形式主义的观点。把伦理价值视为一种表现的价值而不是把它与结果的独立价值挂钩，这样就可以利用另外一些考虑和信念做出 257
伦理判断，虽然这种做法本身不选择任何特定的考虑或信念作为更恰当的标准。

5. 先验的还是有背景的？

作用模式把伦理价值与事物的独立价值联系在一起，所以根据这种模式，伦理价值必然是先验的，因为说使生活良善的作用的独立价值取决于这种作用的地点或时间是非常不合理的。我们也许可以想象出某些古怪的价值论，它们从时间或地理的角度确认事物的价值。但是任何合理或常见的理论都会避免背景的考虑。如果我们认为唯一客观的良善是上帝的愉悦或人类的幸福，则我们就不能认为同等数量的上帝的愉悦或人类的幸福的价值，在世界史的这一时刻少于另一时刻。这也适用于有关客观价值的更为复杂的理论，例如那些赋予一种事物的不同成分不同价值的理论。任何独立价值的复杂结构都必须有相同的价值总量，无论它出现在何时何地。因此，作用模式，就它所假设的价值的任何合理解释而言，都意味着伦理价值是先验的。当然，按照任何特定的解释，什么创造了伦理价值要取决于环境。在发达的经济体中使人们幸福的东西，也许不同于那些在经济比较简单的社会中使人们幸福的东西。但是价值的尺度，即衡量一个人的生活在良善上取得成功的尺度，必须在任何地方都是一样的。根据这种独立价值的正确理论，他为世界增加了多少客观而永恒的价值？

挑战模式则让接受它的人倾向于认为，伦理价值是有背景的而不是先验的。不错，可以设想接受这种模式的人会在何为良善生活上采用一种先验观。例如，他可能认为生活的良善仅仅是指一种健全的生活，他也可能对健全的成分持一种超越时间的观点。但是，任何这类不考虑时间的解释都注定是肤浅的，被判定为一种表现的生活，首先意味着对一个人的文化环境和其他环境做出适当反应的
258 生活方式。有着骑士风度和谦恭礼让美德的生活，在 12 世纪的波希米亚可能非常良善，而在今天的布鲁克林则并非如此。

在这里拿艺术做个类比可能是益的，虽然也是危险的。我前面提到一些人持有这样的看法：伟大的艺术具有独立的、超越时间的价值，因此世界若是得到一幅优秀的绘画，从客观上说它就变得更加美好了，无论这幅绘画是如何出现的。但是我们现在应当指出，这种观点忽视了艺术的一个重要特征。一幅绘画确实有独立的价值，我们可以称为它的产品价值：它激起审美体验和另一些可贵体验的能力。但是，一幅绘画的产品价值不同于它的艺术价值，后者是一种并非独立于而是取决于它被如何生产出来的过程的价值。我们需要区分产品价值和艺术价值，以便解释原作与完美无瑕的复制品之间的差别。我们赋予伟大的艺术品的价值，不仅反映着它作为

产品的价值，还反映着我们对生产该艺术品的表现的尊敬，认为它是对判断准确的审美挑战做出的技能反应。

按照挑战模式，拿艺术来比喻生活，要优于我前面用过的比喻。因为艺术的挑战不同于跳水或攀登高山的挑战，它包含着既要定义成功又要保障成功的挑战，如果把过美好的生活视为一项挑战，那么对怎样才算生活美好加以定义，便也是这种挑战的内容之一。艺术家没有蓝图可用，甚至在学院派中间或沿袭成规的时候也是如此。当杜乔·迪·博尼塞纳（Duccio di Buoninsegna）从拜占庭发展出了锡耶纳传统，或马塞尔·杜尚（Marcel Duchamp）把自己的尿壶挂在画廊的墙上，或杰克逊·波洛克（Jackson Pollock）①往铺在地板上的画布倒油彩时，他们都是在宣示一种艺术成就的特点。对于艺术成就是什么，并不像（我估计）跳水成就那样有着很确定的观点。我们期待艺术家做出一些宣示，假如成功的话，它们能够扩展或至少改变被视为优秀的传统。这些宣示（我们可以说）是想无中生有，是想用过去不为人知的表现创造出艺术价值。如果我们把伦理价值视为一种表现的价值而不是一种产品的独立价值，则我们也可以对一种有技能的生活表现持相同的观点。不存在有关生活技能的固定标准，至少有些人的生活做出了伦理技能的宣示，假如它们被广泛接受的话，就会改变对这个问题的现有观点，甚至

---

① 杜乔·迪·博尼塞纳（Duccio di Buoninsegna，13世纪中叶—1318）：中世纪晚期的意大利画家，锡耶纳画派的创始人。马塞尔·杜尚（Marcel Duchamp，1887—1968）：法国现代派画家，1917年曾把自己的尿壶命名为《泉》展出。杰克逊·波洛克（Jackson Pollock，1912—1956）：美国抽象表现主义画家，以在画布上滴洒颜料作画的手法而著名。——译注

259 有可能形成一种美好生活的新模式，这也是凭空创造的伦理价值。我并不是说过美好的生活要求打破伦理习惯或传统，或是以某种特别原创的方式去发展它。挑战模式给这样的建议留出余地：它给人们应当让生活变成一件原创性的艺术品这种浪漫主义要求留出余地。然而它并不坚持这种浪漫主义理想，或预设缺少原创的生活就是不成功的生活这一前提。

我把伦理学和艺术加以类比，不是对浪漫主义理想表示赞成，而是要提出一种非常不同的观点。认为艺术价值是先验的，风格相同的绘画有着相同的价值，从原则上说存在着绝对最伟大的艺术创作方式，可以用它来判断一切，这显然是不合理的，也是与几乎每个人的审美愿望相左的。艺术家是在某个特定时刻走进艺术史的，必须据此判断他们的作品的艺术价值，这不是因为他们的环境限制着他们能够在多大程度上接近那个完美的艺术理想，而是因为相反的理由，即他们的环境有助于他们确定自己必须为之奋斗的理想。我们可以说，艺术家在艺术史上的地位，他那个时代的政治、技术和社会条件，都会成为他所面对的挑战的“参数”（parameters）。杜乔的挑战非常不同于杜尚或波洛克的挑战。就算我们认为当代艺术必须探索和研究现代技术材料，我们也不把这算作对一位没有树脂或环氧材料可用的14世纪艺术家的限制。就算我们认为基督教神话如今是个贫乏的主题，我们也不会认为杜乔的作品陈腐落伍。

可见，这种艺术的比喻提醒我们，一种表现的价值可以是有背景的，但不必是主观的，因为这种背景可以由随着时代和环境而改变的参数来提供，但后者也提出了规范的要求。生活之美好，恰如绘画之卓越一样，意味着以恰当的方式对环境做出反应，尽管某个特定时代和地点的伦理挑战非常不同于它的艺术挑战。根据这种观点，艺术和伦理有着相同的背景含义。作为它们提出的挑战的内容之一，它们都要求人们做出抉择，以正确应对必须做出抉择的复杂环境。这两种环境中都包含着另一个问题，即对于任何特定环境中的任何人来说正确的伦理回应是什么，或对于特定环境中特定的个人来说是否存在唯一正确的回应。挑战模式在我们探讨的抽象层面上不试图回答这些问题。它仅仅强调它们属于哪一类问题——它们 260
要求个人对环境的全部特性做出回应，而不是针对这种环境采取一种无时间限制的理想生活。

6. 限制与参数

我们现在必须探讨我刚才提到的区分。在作用模式的任何合理的版本中，任何人的实际生活的整个环境都对他能够拥有的生活的品质构成限制。理想生活是一成不变的：它是在一个人可以预期的创造范围内尽可能创造更多独立价值的生活——极大地取悦于上帝或给人类带来许多幸福的生活。环境限制着这种理想的实现程度。例如寿命就是非常重要的限制：假如寿命更长的话，大多数人能够创造更多的愉快。技能、财富、个性、语言、技术和教养构成另一些限制，它们作为限制因素，对于某个时代或某个地方的一些人来说，比另一些因素构成更大的限制。但是，如果我们采用伦理学的挑战观，把生活美好作为对个人环境做出的正确回应，则我们必须把特定的个人以不同方式生活于其中的某些环境因素，作为有助于他定义自己的生活之美好表现的参数。

根据挑战模式，某人的生活美好，包括他在实现一种生活时感到自己面对什么样的真实挑战，这就像艺术家创作优秀绘画，包括他感到要对自己整个环境的哪个方面加以继承或挑衅一样。我们在这种决定中没有确定不变的样板，不管艺术或伦理都是如此，也没有哲学模式能够提供一个样板，因为我们每个人的生活环境都是非常复杂的。这些环境包括我们的健康状况、生理能力、寿命长短、物质资源、朋友圈和社交，我们的家庭、种族和民族的信仰与传统，我们生活于其中的宪政体制和法律制度，我们的语言文化所提供的思想、文学和哲学机会，以及我们的世界中的成千上万种其他因素。凡是严肃思考对自己来说哪种生活正确这一问题的人，都会自觉或不自觉地对这些因素加以区分，把其中一些视为限制，把另一些视为参数。例如，我可以把自己是个美国人这个事实，当作在某些情况下有助于、在另一些情况下有碍于我过我认为的最佳生活
261 的事实。我也可以把自己的国籍作为一个参数，并假设——无论是否自觉——做个美国人是过一种正确生活的因素之一。

不存在裁决这种区分的哲学模式，它们肯定没有任何具体内容。大多数人会自然而然地把自己的环境分成两类，而深入思考这种划分的人，也不太可能用他们得出的结论归纳出任何完备的理论。但是，假如我不认为伦理学是先验的——假如我不认为一种生活对于所有活着的人来说是最伟大的生活，我就必须把一些使我的处境有别于他人的事实当作参数而不是限制。我的生物学的、社会的和民族的群体——我生于其中，它们不是出于我的选择——似乎

是我明显要考虑的参数，尽管它们对于别人可能不是这样。我是美国政治共同体的一员这个事实，并不是对我过一种我可以脱离这种关系而加以描述的美好生活的能力的限制。倒不如说它表示我过一种美好生活的条件：它是处境中包含着这种关系的人适合过的生活。

不过，我当然不能把与自己处境有关的一切都当作参数，这样做我会彻底摧毁自己的伦理学。假设我把自己的性格、欲望、资源、机会和嗜好作为我的参数；我声称，在我看来美好的生活，对于在物质财富、教育、情趣和抱负上同我现在一样的人也是美好的生活。我就会把我对美好生活的解释完全以我当下的处境作为背景，使这种生活不可能再提供任何挑战。因此，美好生活需要对限制和参数做出比两种极端观点——它们或是把一切都当成限制，或是把一切都作为参数——更多的区分。

幸运的是，如我所说，我们需要的大多数区分大体上都是自发产生的，它们就像伦理学一样，大都蕴含在我们的文化之中。不过我们还是能够分辨出一些我们隐然做出的决定，我们能够强迫自己思考做出这些决定的方式是否正确。例如，有人可能认为，与他的政治环境相比，他的职业或宗教信仰或其他方面对于限定他面对的挑战更为重要，因此他有可能追求另一个国家的公民身份。当我们以这种方式思考我们的伦理信念的结构时，我们看到了重要的复杂状况。例如我们看到，我们的许多参数是规范性的：它们限定着我们的伦理处境，但不是从我们的实际处境方面，而是从我们认为自己应当有的处境方面。换言之，我们的生活有可能变得更差，不是 262

因为我们不愿意或没有能力对我们的环境做出恰当的反应，而是因为我们处在错误的环境之中。我们甚至不会遇到被我们确定为正确的挑战。就算我们在自己的环境中尽力而为，根据我们认为应当拥有的机会相比，我们还是谈不上成功，因为在我们看来是那种机会规定着美好的生活。

例如，考虑一下我们大多数人对待自己的道德观的方式。我们不把我们终有一死这个事实当作对我们能够拥有的生活价值的限制，虽然我们有可能惧怕或厌恶这个事实。我们不认为与那些能活数千年或长生不死的人相比，我们的生活再美好也微不足道。我们认为寿命只要符合人类的标准就可以了，因此它能够具有受到我们有关美好生活之文化标准制约的寿命和世代的各种关系类型以及另一些内在的复杂类型。[7]但是我们并不单纯根据生命的实际年限来判断一个人生活的良善性。我们做出有适当营养和医疗条件下人的合理预期寿命的假设，假如根据这一标准有人去世得很早，我们就把这算作一件可悲的事。他的生活与他有可能得到的生活相比只能说部分地美好。从这个角度说，我们的许多伦理参数都具有规范性：它们有助于确定人们将面对的挑战。基于这个原因，不允许出现这种挑战的生活就是不好的生活。

这个事实指出了通向另一个复杂问题的道路。我们必须区分我们所说的硬参数和软参数（hard and soft parameters）。有各种参数被用来描述挑战或安排：它们描述成功表现的条件。硬参数是指某种特殊表现的基本条件：如果这些条件受到破坏，那种表现就会彻底失败，无论它在其他方面多么成功。一首十四行诗的形式结构规定了硬参数：多增加一行，就会使一首十四行诗彻底失败，不管它写得多么精彩。软参数也限定一种安排，软参数受到破坏虽然也是严重而有害的缺陷——是金杯上的裂缝——不过这种损害不是致命的，也是可以克服的。我认为竞技性花样滑冰中的规定动作就是软参数。它是对滑冰者做出某种动作的要求的一部分，任何偏离不管多么漂亮，都会被算作失误而导致失分。但是，这种偏离并不意味着一无所获，包含着特别出色的偏离动作的表现，从整体上说也许 263
比毫无特色的完美表现得分更多。

至少我们大多数人相信，对生活的成功加以限定的参数都是软参数。生活因过早的死亡而中断，这有损于一个人生活的美好，因为对于人类来说，美好的生活至少要有正常的寿命可以利用。但是短暂的生命也可以取得辉煌的成功，比如莫扎特。有些软参数要求做出选择，这有可能引起冲突或困境。假如我认为自己的生活必须既是与一个美国人相称的生活，又是与一个犹太复国主义者相称的生活，这时我会认为——无论对错——完全接受这两种效忠意识会给我的生活造成分裂。这时我会认为，对我来说最好的生活需要某种妥协，或需要接受一个参数而放弃另一个参数。我也可以认为，在这种情况下任何选择都不能被认为真正优于另一种选择，我所能做出的选择是，承认我的生活无论如何都受到了损害。挑战模式比作用模式赋予了所有这些情况和困境更多的意义。

7. 公正作为参数

我谈到的第四种困惑，是由于伦理学和道德观之间的相互作用而产生的。行为不公正能够让人过上良善生活吗？我现在要区分出这个问题的两种形式。第一，一个人的不公正行为对其生活之反省意义上的价值有何影响？第二，他的社会不公正——尽管与他本人的行为无关——这一事实对此有何影响？对于涉及一个人自身的不公正行为之伦理结果的第一个问题，抽象形式的作用模式没有立场，因为我们能够发现它的解释和两种回答都能相容。例如，按照一种解释，只有我们减少了世界的不公正，我们才能使它变得更美好。那么按照这个解释，没有人可以因为给世界造成更多的不公正而拥有更美好的生活。按照另一种解释，最伟大的生活是创造伟大艺术的生活；按照这种解释，塞尚逃避服兵役确实使他的生活变得更伟大，尽管这种生活的不公正是不容置疑的。

但是，作用模式，甚至就其抽象形式而言，对第二个问题确实有确定的立场。它认为，有人生活在一个不公正的社会里这个事实，不会给他本人的生活的成败带来任何变化。美国现在有些人
264 ——我要把他们称为富人——拥有的财富超过了公正所能允许的范围，而另一些人——穷人——的财富甚少，这似乎是不可否认的。但是，富人可以用他的财富对世界产生积极作用。他可以用财富创造或赞助伟大的艺术，或拿钱让自己或别人研究抗生素，或致力于争取平等的政治，或更直接地帮助穷人，送钱给他们。我们无论怎样解释客观价值，他的生活的作用与他只有平均财富的情况相比都有着更大的价值；并且不公正的状况既然（我们假设）不是由他造成的，那么在他本人的生活中就不存在抵消收益的负面作用价值。再来考虑一下穷人。与他有更多财富的情况相比，用作用来衡量的

话他几乎无疑有着较差的生活。然而这并非他的财富较少是不公正的这个事实的结果：不是他的资源份额的不公正，而是这一份额的绝对量，对他能够发挥的作用构成了限制。即使我们改变对公正的看法，认为他的份额是公正的，我们也不能断定他的生活更美好。

挑战模式建议对这两个问题采取一种非常不同的态度。接受这种模式，从而同意我们环境的某些方面必须被当作生活幸福的规范性参数的人，会觉得很难把公正当作那些参数之一。资源当然要算作参数。不能只把它们视为限制，因为我们不能认为理想中最美好的生活，就是拥有能够想象的一切资源的人的生活。这就是说，不对美好生活应当拥有的资源做出某些假设，我们根本无法描述美好生活的挑战。所以，我们必须找到某种恰当的解释途径，让资源作为美好生活的参数进入伦理学，而且我认为，我们别无选择，只能规定美好生活就是符合公正所要求的环境的生活，以此把公正引入这种解释。

假如生活美好包括我们在生活中能够面对公正的挑战，这反过来又意味着要求作为参数的公正的资源，那么我们的任何有关资源公正分配的规范性信念就似乎不可避免地与此具有相关性。正如我讨论过的道德判断所示，宣布每个人拥有按某种方式规定的一份公平资源是恰当的，但是在做出有关我们在决定什么生活在我们看来是美好生活时我们应把什么样的环境作为恰当环境的伦理判断时，却不认为这样规定的公平环境是恰当的，这种做法未免荒唐。我们不能用道德上恰当的事情未必在伦理上也恰当这种说法回避那个结 265
论。因为假如我们坚持这种区分，这会使规范性参数的概念变得毫无意义。我们必须尽可能确定一种美好生活的资源参数，以便使它们符合我们的公正意识。

假如生活美好意味着以公正的方式对公正的挑战做出反应，那么当有人为了自己不公平的利益而骗人时，他的生活就会变得更糟。如果他生活在一个不公正的社会里，即使不是因为他本人的错误，他的生活也会变得更糟，因为这时他无法面对公正的挑战，不论他是富人——他的拥有超出了公正允许的范围——还是穷人——他的拥有少于公正允许的范围。这解释了为什么根据挑战模式，不公正本身对人们是有害的。被剥夺了公正允许他拥有的东西的人过着较差的生活，原因即在于此；比如说他拥有的资源的绝对数量不变，但他生活在一个较贫穷的时代，别人的资源都比他少，他的生活还是较差。我当然不是说，只要一个人拥有公正的资源份额，他所支配的无论什么东西的绝对价值或质量就不会给他的生活带来任何变化。生活在较为富裕的共同体或时代里并拥有一份公正财富的人，可以面对更有意义或更有价值的挑战，能过上更令人兴奋、更丰富多彩、更复杂和更有创造性的生活，这非常类似于下国际象棋的人比玩连城游戏（tic-tac-toe）的人有更多有价值的机会。生活良善可以有许多不同的方式，面对更有价值的挑战即是其中之一。但是，承认公正是一个伦理学参数，这给人们在任何既定的经济环境中生活的良善性做出了限制。我假设，如果环境发生变化，公正允许我拥有更多的资源，我就能过上更美好的生活。但这并不是说，如果我现在不公正地拥有更多的资源，我也能过上更良善的生活。

但是，拥有的资源超过公正允许的范围，不管在什么情况下，肯定不能使人过上更良善的生活吗？如果我们把柏拉图的观点理解为公正是生活良善的硬参数，凡是可利用的资源超过了他有资格得到的数量，他便不可能使自己反省意义上的生活得到改进，就像不能通过增加一行而为一首十四行诗增色一样，那么他的观点就有一定的合理性。只要我们同意，最美好的生活是指对正确的环境做出出色反应的生活，而正确的环境就是公正的环境，我们就会明白，当环境非常不公正时，过正确的生活是多么不易。我们当然也会明白，甚至设想一种完全良善的生活也是非常不容易的事情。

我们的社会是不公正的。所以，我们的文化也没有提供在应当 *266*
存在的环境中繁盛的或被视为成功的生活范例。我们中间的那些富人，无法与另一些人尤其是那些因我们的富裕而贫穷的人建立关系，而这种关系在一个公正的社会里对于美好生活是重要的。我们可以尝试只用我们认为在一个公正社会里我们能够拥有的资源去生活，通过个人的慈善行为用剩余去尽力纠正不公正。可是，既然不能以违反事实的方式，而只能通过动态的公正制度，来建立公正的分配，那么我们便无法判断我们财富中的哪一份是公正的。另外，干脆忽视不公正的事实，用我们的所有去满足受到我们文化鼓励的人们的意愿的利益，也很难说是一种恰当的反应。我们可以从事政治活动。但是我们不太可能做得很出色，我们在使共同体变得更公正上的失败，会使我们的生活变得更糟，因为共同体的失败也是我们的失败。因此，一旦我们以清醒的头脑确定了真正良善的生活的条件，我们也许会在很大程度上赞成柏拉图的观点：公正是伦理学的一个硬参数，受到不公正的国家中的不幸状况玷污的生活，不可能得到救赎。

然而，这种强硬的观点也许过于严厉了。另一种立场，即公正是软参数而非硬参数的立场，也会把公正作为伦理学的构成要素，但对于对立的伦理直觉具有较小的破坏性。根据这种观点，利用不公正财富的人，虽然不可能在回应恰当的挑战上完全成功，这是只有公正社会里的人才能有的生活，但是他的生活不会因此而毫无价值，而是也可以成为非常良善的生活。其实，就像偏离规定动作的滑冰表演一样，虽然十分罕见，这种生活甚至能够优于他在完全公正的社会里所能拥有的生活。然而，对于财富多于应当拥有的数量的大多数人来说，这是不可能的。他们不可能用剩余做一些公正让他们做的事，以弥补他们无法在公正社会里过良善生活的损失。当然了，他们中有些人的享受可能多于他们在一个公正的共同体里得到的。然而这并不意味着他们有着反省意义上更好的生活。不过我们必须承认，一些得到不公正财富资助的天才——美迪齐家族资助的米开朗琪罗（Michelangelo）——可以实现一种比公正的国家里任何人所过的生活都更伟大的生活。[就像哈里·李默（Harry Lime）在《第三者》（*The Third Man*）中告诉我们的，15 世纪的意大利开创了专制制度和文艺复兴。而同一时期的瑞士创造了民主和自鸣钟。] 可以通过费用极昂贵的手术——在公正的社会里没有
267 人买得起的手术——拯救其生命的儿童，他只能利用自己父母的不公正的财富，但结果是他很可能过上非常美好的生活。我们的伦理可能性的意识似乎要求做出这样的让步。但是，它们虽然构成了对

柏拉图的观点的限制，却没有使它失效。按照挑战模式，柏拉图的观点接近于正确。

8. 增益的还是结构性的？

我们的下一组困惑涉及对我们的信念与我们的生活之良善性之间的关系的担忧。我得到良善生活在多大程度上以及在哪个方面取决于我们对良善的看法呢？我们本能地假定伦理标准是客观的：我们认为，一种生活不可能仅仅因为某人认为它良善便是良善的。他认为它良善，但他有可能搞错。不过我们也知道，这些信念在伦理学中发挥的作用，要大于那种肤浅的说法所暗示的。一个人过着他所厌恶的、他认为毫无价值的生活，这怎么会符合他的即或是反省意义上的利益呢？于是我们不禁还要说，细想起来，伦理价值一定是主观的——过良善的生活必须是一种伦理上的满足，这说到底意味着它必须是一个个人认为自己生活良善的问题。可是绳子兜了一圈又转回来了：除非我认为我的生活的良善性不依靠我对它的看法，不然我不能认为它是良善的。

作用模式能消除这种缺陷，因为它认为伦理价值是完全客观的，即使人们认为自己的生活较差，他也能过一种较之他选择的其他生活更为良善的生活。按照作用模式，伦理价值是增益性的而非结构性的，因为伦理价值是指一种生活为人间增加的独立价值，这不可能依靠一个人对于它增加了多少价值有何看法。创作伟大的艺术品，并不需要艺术家认为自己正在创作伟大艺术品的信念。有人改善了别人的生活，也不需要他认为自己正在这样做，更不需要他认为自己正在通过这样做而获得更良善的生活。在某些情况下，行为主体的伦理信念有可能扩大他的行为的作用。如果别人知道我认为自己的行为良善，我大概能够创造更多的快乐。但是这种额外的作用是附加的。因此，作用模式不会费心解释我前面说过的那种普遍感觉：假如希特勒在出生后不久就被关起来甚或被杀掉，他也许
268 会使自己得到一种更良善的生活。这样的话，希特勒的一生的作用也许更值得赞扬，即使他没有起过任何作用，从反省的意义上说，他的生活对他本人也是一种更良善的生活。

挑战观对这些困境的解决方式有所不同。按照这种模式的任何合理解释，信念与价值的关系都是结构性的：我的生活不可能因为一些我认为没有价值的特征或成分而更良善。甚至这种模式的抽象形式也倾向于强调结构观。因为意图是表现的一部分：我们不会因为某人在表现中想竭力避免的某种特点而信任这个表现者。当艺术专业学生的老师对画布做个不屑的手势，或把自己已经画出的东西全都涂掉时，学生们的表现不会变得更好。厌世者的生活不会因为他不屑一顾的友情而变得更好。当然，如果希特勒死在摇篮里，这对大家都是好事。可是根据挑战观，说假如发生了这事他就会拥有与最差的生活相比较好的一生，是没有意义的。按照那种模式，不存在任何事情可以与他对世界的消极作用相比。

在这一点上，思考一下这个问题也许是有益的：这两种模式的差别反映着政治哲学中的一个典型问题——强制性的反省式家长主义（coercive critical paternalism）的正当性。国家通过强迫人民采取他们认为会使自己的生活变得更差的方式，来让他们的生活变得

更良善，这样做正确吗？大量的强制性家长主义并没有反省的性质。国家让人们系上汽车安全带以免他们受到伤害，它认为人们总会认为这种伤害是不好的，这就足以证明这类限制的正当性，即使人们在没有强制的情况下实际上不会系上自己的安全带。但是有些国家认为，有权甚至有义务从反省的意义上使人们的生活变得更良善，这不但违背他们的意愿，而且违背他们的信念。这种强制的动机在我们的时代已经变得不是十分重要。相信神权的殖民者是要努力使自己得到拯救，而不是想让他们强迫其皈依的人得到幸福；有偏执的性观念的人，其行为是出于仇恨，而不是出于对那些他认为行为不道德的人的关切。不过有些哲学家确实表现出家长主义动机：例如，一些所谓的社群主义者或完美主义者要强迫人们去投票，其理由是只有具备公民觉悟的人才能过上更良善的生活。

作用模式接受反省式家长主义的理论基础。我不是说凡是接受这种模式的人肯定也赞成家长主义。他也有可能认为，官员有可能滥用权力，或在伦理价值上做出比普通人更糟的判断。但是他会理 269
解伦理家长主义的核心：例如在他看来，强迫人们祈祷可使他们拥有更良善的生活，因为在这种情况下他们可以更多地取悦于上帝，所以发挥了更好的作用，即使他们仍然是无神论者。

挑战观否定反省式家长主义的根本假设：强迫一个人接受他认为没有价值的行动或节制，可以使其生活得到改进。接受挑战模式的人也许同样认为，信仰的虔诚是人类应当对自己的现世处境做出的回应的重要内容。但是他并不认为非自愿的服从——在痛苦阴影笼罩下的祈祷——有任何伦理价值。他也许会认为，活跃的同性恋者因为没有理解性爱的本质而玷污了自己的生活。但是他不会认为，同性恋者违背自己的意愿，仅仅由于恐惧而自我节制，就能克服其生活中的缺陷。这就是说，根据挑战模式，重要的不仅是外在的结果，正确的动机或感觉对于正确的表现也是重要的。

若是说挑战模式排除任何形式的家长主义，这就言过其实了。因为它在家长主义中看到的缺陷可以因得到赞同而被克服，假如这种家长主义相当短暂而有限，那么即使赞同根本没有出现，它也可以对选择做出有意义的限制。我们知道，被迫学习音乐的孩子，以后很有可能同意这种强制，认为它事实上使他的生活变得更美好；假如他不认为这样，他在那种知识没有用处的生活中也未失去多少基础。不过，同意无论如何必须是真正的同意，当一个人被施了催眠术、洗了脑或因为恐惧才改变时，就不可能有真正的同意。只有当同意本身是行动者的表现，而不是灌输到他脑子里的别人的想法，这时才有真正的同意。[8]

我所采用的反省式家长主义的事例，是外科手术式的家长主义：强制的正当性的基础是，被植入的行为对于人民来说是良善的，而被切除的是恶劣行为。现在来思考一个更为复杂的家长主义形式。替代的家长主义（substitute paternalism）为一种禁令辩解时，不是说它所禁止的事情是恶劣的，而是指出它所提供的替代的生活有正面价值。假设掌权者认为虔诚的信仰是浪费生活，因此禁
270 止宗教组织。在这种组织中生活的公民，这时就会过另一种生活，获得另一些他们认为有价值的体验和成就，尽管（除非他们改变自己的信念并同意家长主义）他们认为这种生活不如他们被剥夺的生

活。例如，某个本来要过僧侣生活的人，可以按他认为使自己生活更良善的方式接受一种政治生活，取得突出的成就并且对别人是有价值的。我们前面提到的困境在这里又出现了。假设我们同意有虔诚信仰的生活是浪费。这位政治家的生活显然没有被浪费。不错，他不能把为政治而放弃信仰的决定视为荣幸，因为这不是他所做的或同意的事情。但是他可以对使他的政治生活取得成功的各种行动和决定而感到荣幸；他选择那种生活，怀着做有价值的感情做出那些决定。我们为什么不可以认为，不管他本人怎么想，他事实上拥有的健康生活都优于我们认为没有价值的生活呢？但是难题依然存在：如果他在弥留之际认为自己的一生较差，他的生活怎么会是更美好的生活呢？让人最后感到痛苦、认为自己的一生是一种错误的、被扭曲的、与自己的伦理信念相对立的生活，从什么意义上能够说是更美好的生活呢？

挑战模式具有（虽然作用模式没有）解决这种难题的资源。假如我们接受挑战模式，我们在判断一个人的生活之良善性时，就可以坚持伦理真诚的优先性。我们可以说，当一个人的生活是出于他的信念，即他相信就其核心特征而言这是一种恰当的生活，那么他可以得到的其他生活，按照正确的判断，不可能是对他的伦理环境参数的明显更佳的反应，这时他便做到了伦理真诚。这种真诚的优先性提出一种更有力的主张，而不仅仅是说失望或遗憾伤害了生活，生活中的这些特点预先就使它成为一种较差的生活。假如是这样的话，这些消极的成分就很容易被另一种生活中积极的成分抵消。我们可以放心地说，即使那个政治家极想过一种虔诚的宗教生活，但是平衡地看，甚至把他本人的感情也考虑在内，他的政治生涯也是一种比他有可能浪费掉的生活更美好的生活。假如我们赋予伦理真诚优先性，我们就把生活和信念合并为一个伦理成功的参数，我们规定，从来没有做到这种真诚的生活，不能被算作比在反省意义上做到这一点的生活更美好的生活。

当然，伦理真诚可能因为许多原因而失败。当人们过着机械的生活，意识不到拥有伦理信念或对它做出反应时，它就是失败的。
271 当人们把自己的信念弃之一旁，怀有一种自己没有按应当做到的那样生活的模糊而持久的感觉，追求自己的意愿的利益时，它就是失败的生活。当人们无论对错，认为正确的规范性参数没有得到满足，例如他们的资源少于公正所要求的数量时，它就是失败的。当人们因为别人的错误而过着一种令他们感到遗憾或根本不赞成的生活时，它显而易见也是失败的。

可见，承认伦理真诚的优先性，不会使伦理学在当事人，即那些考虑自己应当如何生活的人眼里变成主观的。甚至在当事人中间，伦理真诚有时也获得一种独立的力量。我不能一生为伦理学而痛苦；我至少必须暂时与那些经受住了有分寸而又可靠的检验的信念达成妥协。此后我不会再把这些信念仅仅当作有关伦理价值的假设，而是——无论正确与否——当作规定了伦理真诚对我的要求。我以此表明接受它们是一种显而易见的美德。但是，我在何时以及多大程度上能够以这种方式坚持早先的决定，是有一定限度的。因为基于信念的生活要求自觉的反省，即使不必一直如此，至少要严肃地对待可能出现的任何怀疑或痛苦，以及教师或朋友的劝说。

伦理真诚的作用在第三者那儿有所不同。当我考虑什么样的生活对人们最好时，我必须在有关他应当过哪一类生活的判断中，把他的明确的信念作为事实加以考量。如果我的朋友在自我评价之后，在以开放的头脑面对另一些观点之后，决定过一种宗教生活，那么我可以想象他的生活会有三条道路。他有可能改变自己的想法（大概是对进一步的论点深思熟虑之后），为了国家的利益而成功地参与政治，并且对自己行为的价值和选择的明智既满足又信心十足。他也有可能继续自己的事业，过一种信仰虔诚的生活，对自己的选择也是既满足又自信。他还可以由于某种原因听从朋友的劝告，违背自己的本能和信念而参与政治；他也会取得成功，但不会有真正的满足或自我认可，因此绝对不会停止为自己的选择而遗憾。我不怀疑，第一种生活对于他来说要优于另外两种。可是我同样不怀疑，第二种要优于第三种，这反映着我有关第三者的真诚之优先性的信念。在我的排序中不存在怀疑主义。我没有说因为他认为有虔诚信仰的生活是最好的生活，它对于他来说便是最好的生活。我没有改变自己的观点，即他的生活与他本来可以拥有的生活相比不是太成功，如果我认为能够改变他在这件事情上的想法，我 272
会继续同他辩论。我的意思是，在他有坚定信念的情况下，这是唯一能够做到与他自己和谐相处的生活，因此也是他在应付自己的环境——现在被理解为也包括那个事实在内——的挑战时所能拥有的最佳生活。当然，有些伦理信念极为可怕或恶劣，使我们不可能鼓励那些无法抛弃它们的人去过一种与它们和谐相处的生活。然而，这是因为邪恶的生活对别人不利，而不是因为我们认为违反天性的生活对于他来说更美好。

假如我们接受伦理真诚的优先性，那么只要别人对自己的生活感到满足，我们为何还要在乎别人的生活多么良善呢？我们为何应当努力说服某个只认为财富和权力有价值的人重新思考一下，他的物欲至上的信念是否健康呢？答案可能存在于似乎非常抽象的仁爱（benevolence）之中：我们相信人应当过更良善的生活，在一个更高的层次上做到真诚，即使他们在新生活中得到的满足小于他们从过去的生活中得到的。这一优先原则没有提供理由说明我们为何不应当以那种方式，例如用说服和典范去改进人们的生活。不过在大多数情况下，这一原则提供了更积极的理由，说明仁爱为何应当采取那种形式。因为我们怀疑物欲至上的人和厌世者终究不会认为他们过的是充实而令人满意的生活；我们怀疑他们的伦理意识总有一天会揭示出他们的生活是贫乏而无益的，尽管这一天可能来得太迟。我们还知道，真诚在一定范围内是个程度问题：就算他们现在认为自己的生活很成功，所以要继续这样生活下去，我们还是认为他们可以把生活和信念更为成功地统一起来，即使存在着不同的信念。

但是，真诚的优先性是否因此而建议一种较之我们前面讨论过的更为深层的家长主义形式呢？我这里想到的是文化家长主义（cultural paternalism）：应当保护人们不去选择那些浪费人生的或恶劣的生活，但不是通过刑法中直截了当的禁令，而是通过教育中的限制和机制，从人们的观点和想法中剔除那些坏的选择。人们在文化真空中无法做出有关如何生活的决定。他们要利用现有的文化资源，根据各种可能性、典范或建议，以不同的方式做出回应。那么，我们为何不应尽力使这种文化环境更加健康，使其符合在决定如何生活时受其影响的人的利益呢？

当然，我们的环境，包括我们文化中的伦理语言和典范，影响 273
着我们的伦理反应。但是这种环境在一定程度上是整体性地影响着我们，既然如此，我们就必须问一下这种环境应当是什么样子。也就是说，我们必须问：什么样的环境适合于通过在生活中展示技能而赋予自己生活价值的人？在前一节里我们看到，公正是如何以这种方式既变成一个政治问题又变成一个伦理问题的。我们需要规范的参数来定义生活的挑战，当我们问自己应当如何计算资源在人们对这种挑战的理解中的作用时，公正便进入了伦理学。按照挑战模式，与反省式家长主义有关的问题以同样的方式出现在伦理学之中。事实上，维护文化家长主义的人主张，适合伦理思考的环境是杜绝了恶劣或无益的生活的环境，这样每个人就可以根据一份精心制定的菜单做出决定。假如这是一个有关应当如何进行伦理反思的合理观点，则我的论证，即家长主义动摇了伦理价值，因为它破坏了伦理真诚，就是错误的。生活良善意味着从经过挑选的菜单中做出选择，家长主义对于伦理成功将是不可缺少的，而不是对它的威胁。然而这种观点是不合理的：如果有人事先把挑战狭隘化、简单化或加以删减，那么这种挑战不可能更有意义或更有价值，无论我们不知道他们所做的事情还是对此非常清楚，情况都是如此。

假设有人回答说，在选择真正良善的生活的机会得到改进时，例如由集体的统治者对各种可能性进行了过滤，挑战就更有价值。

这种回答深刻误解了挑战模式，因为它把参数和限制混为一谈了。它假设我们有某种关于良善生活的标准，它超越了什么环境适合于人们决定怎样生活的问题，所以可以用来回答后一个问题，因为它规定了最佳环境就是最有可能导致真正正确的回答的环境。根据挑战观，生活良善是对经过正确判断的环境做出的恰当反应，这意味着必须从另一个角度加以论证。我们必须有一些独立的根据才能认为，人们最好在选择时不去考虑那些别人不赞成的生活；我们不可能在不引起问题的情况下主张，假如人们的选择受到限制，他们就会有更好的生活。

274 一旦理解了这一点，文化家长主义的诱惑就彻底消失了。这并不是说政府对人们据以决定如何生活的文化背景没有责任。打算为选择如何生活的公民提供正确环境的政府，可以努力让其共同体的文化提供过去的人认为良善、现在也是合理或恰当的机会和生活典范，假如大众文化没有提供多少这种典范的话。我在《一个原则问题》中赞成政府支持艺术的论证中不包括这种论点，因为我在那里试图回答的反对意见是，当资金可以用来减少疾病和不公正的贫困时，这种支持是不公正的。[9]然而一个满足了公正要求的国家可以正确地运用公共资金支持市场将导致其灭亡的艺术，其基本的依据是艺术促进共同体内的生活价值。

因此，家长主义问题为作用模式和挑战模式的差别增加了一个新的维度。作用模式允许外科手术式的家长主义，因为这种模式把伦理价值与伦理选择加以分离。挑战模式则融合价值与选择。它坚持改进除非被过着一种生活的人自己视为改进，不然不可能有任何人生的反省价值的改进，这使外科手术式的家长主义不攻自破。如果一种替代的家长主义缺少伦理真诚，它也会使这种家长主义不攻自破。最后，挑战模式也动摇了文化家长主义，因为这种形式的家长主义假设存在着一个独立的、先验的伦理价值图表，而挑战模式不接受任何这类图表。这种模式不排除这样的可能性：共同体应当以集体手段赞成并鼓励没有得到文化充分支持的伦理理想。它也不排除经验表明很可能得到赞成而不会沦为操纵的强制性教育和其他形式的管制，只要它们是相当短暂的和非侵犯性的，并且不会被另一些独立的反对意见驳倒。所有这些都是来自挑战模式赋予反思或本能信念的关键性结构作用。伦理价值是客观的，但是我们现在已经知道，它具有的特点使我们倾向于也把它称为主观的。不过我们最好抵制这种危险的倾向，多关心一下揭示伦理判断的复杂现象，特别是为自己判断和为他人判断之间的差别。

9. 伦理学与共同体

我所描述的最后一组问题，涉及伦理学是否以及在多大程度上 275
能够具有社会的而不是个人的性质。伦理整合——一个人反省的利益不但涉及他本人的经验和成就，而且涉及他所属群体的经验和成就的观点——有意义吗？作用模式认为，每个人的反省的良善存在于他对世界的作用之中。它要想为伦理整合辩护，就必须证明当个人不是考虑自己的作用而是考虑他所属的群体的作用时，他有时可以发挥更有价值的作用。博弈论以及随之出现的道德和政治哲学设定的一种情景——所谓的囚徒困境——能够使这一观点成立。在这种情况下，每一个理性地促进其利益的个人，会一起做出对每个人都有害的事情，不但当人们致力于符合他们各自的狭隘利益的事情时如此，而且当他们致力于发挥对世界有客观价值的作用时也是如此。[10]在这种情况下，每个人最好不是去问他如何能够发挥最大作用，而是去问一个群体如何能够发挥这种作用，然后在这个群体的计划中做好自己的事情。

但是作用模式无法以囚徒困境的架构来解释我们的实际信念，因为对伦理整合的最普遍的信念或直觉并不符合那种架构。只有我们已经以某种方式属于其中的群体，我们才会感到与它有着伦理整合的关系，因此我们只会赞成已经在该群体的集体实践中养成的群体行为——我们只会与我们是其公民的政治共同体建立伦理整合的关系，只会赞成这种共同体的行为，例如它的制度化的集体政治决策。[11]因此，在许多情况下，至少只有当看来不存在比我们所赞成的设想更好的选择时，我们才会承认伦理整合。我没有博弈论的根据认为，假如我的共同体做了我不让它做的事情，我的生活会变得更糟。囚徒困境之解决方案的合理性，无法解释越南战争使我感到的个人耻辱。此外，当合作显然十分充分时，我们却时常没有伦理整合的感觉。我的囚徒伙伴和我本人有充分的理由签署一份不坦白
276 的协议，而且即使不存在这种协议，我们每个人也有道德上的理由不坦白。但是，除非我们是伙伴、朋友、亲戚或参与共同项目的人，不然我们双方都不太可能意识到伦理整合的理由：除非我们这个两人的群体和睦兴旺，不然他自己的生活就会变坏。可见，对有关作用模式可以提供伦理整合的任何论证的解释都会误入歧途。伦

理整合有时提供了集体理性所需要的动机。但反过来说就不对了。

挑战模式以完全不同的方式看待伦理整合。为了使这种整合有意义，现在需要证明，个人通过共同体的集体行动与只依靠个人的行动相比，能够发挥更大的作用。只须证明，伦理整合可以怎样合理地成为对个人环境中的重要参数——他的生活与形形色色的共同体中的另一些人纠结在一起这个事实——做出的反应。事实上这是一种有关生活良善的十分广泛的观点，因此挑战模式能够用一种自然而非牵强的方式使伦理整合具有意义。我也许应当再说一遍，挑战模式不是一个支持那一类信念的机制。我不必提到这种模式的抽象形式，即生活的良善性是一个表现而非作用的问题，把它作为有利于伦理整合的证据。在篇幅甚长的这一节里，我最后只想指出，把我已有的信念解释成对复杂挑战的有技能的回应的信念，赋予了它们较之其他一般解释——它们是有关发挥最佳作用的信念——能够给予它们的更多的意义和完备性。

三、从伦理到政治

我说过，我在这一章里有两个目标：研究伦理学中的标准问题，它有其自身的重要性；揭示对这个问题的一种回答——挑战模式——为我一开始描述的反自由主义论点提供了一种重要答复。我现在就来谈谈第二个目标。在下文中我将假设，我们已经自觉地接受了伦理学的挑战模式，也接受了我所说的无可辩驳的结论——公正至少是我们良善生活的一个软参数。（我假设我们已经成为政治和伦理上的自由主义者。）我将根据这些假设努力证明，我们有着特殊的理由把自由主义平等作为我们的政治道德观，否弃与它对立的各种观点。

1. 公正与资源

277 经济分配的公正性取决于资源的分配而非福利的分配，这是本书前面几章的论题。伦理自由主义不能接受从后一种角度定义的任何公正目标，因为政府无法实现任何这样的目标，除非它采用人们认为无法容忍的两种方式之一。我们生活在伦理多元化的社会里：人们在怎样过良善生活上存在分歧。政府可以克服这种困难，选择一种良善生活观——比如利他主义观点——并以这种观点来判断大家的成功。但这是伦理自由主义者无法接受的，因为这样一来政府就会侵犯人们在生活中面对的挑战中的最重要的内容，即为自己找到生活的价值。

政府也许有望避开这种困难，通过某种分两步走的办法，把伦理与公正严格区分开。第一步，每个公民先根据他个人在所建议的不同制度安排下的生活幸福的标准，表明他要达到什么样的福利水平。第二步，官员选择一种安排，他们判断（我不考虑他们做出这种判断的可能性有多大）在这种安排下人们的福利按他们自己的标准与官员打算进行的正确分配相符——例如这样来衡量的福利是平等的，或是总体上达到最大化的。这种分两步走的办法使伦理与公正相互分离。公民在第一步时为自己决定能使他们的生活获得成功的是什么，第二步由官员根据他们认为公平的方式分配这种成功。但是伦理自由主义者无法参与这种过程，因为他们无法以它所要求的方式把伦理与公正分开。他们为了决定哪一种生活方式是良善的，必须依靠公正的假设或本能——有关我们所拥有的或我们所做的事情对我们的邻居和同胞的生活的作用是否公平的假设或本能。（这一点在第二章和第七章有更详尽的阐述。）

2. 平等

因此，只要我们接受挑战模式，我们就必须坚持分配公正是一个人们有多少资源的问题，而不是一个他们利用这些资源获得了什么样的福利的问题。可是，什么样的资源份额是公正的份额呢？按 278
照挑战模式，我们有理由认为唯一公正的份额就是平等的份额吗？伦理学的挑战模式骨子里是一种平等主义模式吗？

在我们能够回答这个根本问题之前，我们要应付一个具有三重性的难题。伦理自由主义在思考公正时采取什么战略呢？当代的大多数自由主义政治哲学，都建立在一种自然的甚至是强制性的假设上——对于组成政治共同体的不同公民的利益，能够在做出他们在中间怎样分配资源才算公正的决定之前加以确定。这是契约主义公正理论的前提，它认为公正的原则可以从思想检验中得出，即问一下人们根据自己的利益，或是根据他们希望在不同的人的利益之间达成合理妥协的动机，他们会同意什么样的原则。例如，罗尔斯对“差别”原则的论证就假设，在做出任何有关公正要求什么的决定之前，至少可以用一种“大约的”方式（“thin” way）来定义人们的利益；他说，甚至对那些不知道自己较为具体的利益的人，也可以合理地假设，他们拥有的资源越多越好——因此他们可能致力于不让自己在如此理解的“大约的”利益上蒙受太大的牺牲。

伦理自由主义者则认为，人们的反省的利益之性质至少要取决于公正：他们只有在至少大体上知道他们之间的资源分配公正时，才能较为充分而细致地得知他们的反省的利益是什么。每个伦理自由主义者都可以希望，他的公正的份额是很大的一份，但是他知道很大的一份对于他可能不是好事，除非它同时也是公正的一份。因此，他甚至不能接受认为他拥有的资源越多越好的“大约的”良善理论，或对他提出如下问题的任何理论：在他看来，出于对别人利益的尊重而放弃自己的利益是合理的吗？

因此，伦理学的挑战模式对政治哲学的影响是深刻的。假如我们是伦理自由主义者，我们就会发现当代自由主义政治理论中的大多数基本假设或战略都是不自然的或无效的，因为我们的挑战模式把公正与伦理融为一体的方式，使那些战略和假设无立足之地。我们必须以更具统一性的方式思考公正和良善生活：我们必须通过没
279 有预设我们能够对那些问题分别做出圆满解答的论证，得出一种有关公正要求什么和我们的利益是什么的认识。因此，我们只能再退回去（我们可以这样说），从更为一般的价值理论重新开始。伦理自由主义假设，人们怎样生活是重要的——他们有成功或良善的生活而不是恶劣或无益的生活是重要的。可以合理地认为，这对于一些人比对于另一些人更重要——不是对于他们更重要，而是作为一种客观价值更重要吗？

确实，数百年来，一直有人认为自己的生活有着特殊的重要性，例如，他们指出自己属于一个得到神宠的民族，或他们有着特殊的血脉、才华、美貌甚至财富。幸运的是，这些主张如今在我们中间已经过时，我们不必费很大力气去反驳它们。但是值得指出的是，伦理自由主义者有一种特殊的理由坚持这样一种主张。挑战模式有一种深层要求——良善生活的价值确实不依靠这种生活开始之前的任何环境，而是依靠生活本身的表现——它没有为这样的想法提供余地：任何先前的环境都能够增加或减少那种价值。接受挑战模式的犹太人也许会认为，决定是否应当使自己的信仰成为其生活的核心内容，对于他来说至关重要。但是他不能认为，他正确地做出这种决定之所以至关重要，仅仅因为他是犹太人。只有当我们把挑战理解为出现在所有人、所有需要过某种生活的人面前时，才能使挑战模式所规定的挑战之包容性具有意义。因此，伦理自由主义者首先有着强烈的理由坚持平等主义的资源分配。假如每个人如何生活有着平等的重要性，那么我们的生活就应当反映这一重要假设，而只有当资源分配的方式与之相符时，它们才能够做到这一点。

把我们引向这种论证的要点具有某种对称性。它始于这样的观点：公正制约着伦理，当同样一份资源无论是多是少都不公正时，拥有这份资源的人的生活就不够良善。这里我们看到了公正如何制约着伦理。公正的方案必须符合我们对伦理挑战的性质和深度的意识。我并不是说不同的伦理观——例如作用观——不能支持平等，虽然按照这种观点，任何严格的平等都有可能变成一种极端的教条

主义立场。我仅仅想说，挑战观直截了当地支持平等，它来自人们
280 对自己反省意义上的最佳利益的意识。生活幸福有着社会的维度，假如我与另一些人生活在一个共同体内，他们认为我追求良善生活的努力不如他们的努力重要，则我生活就不是十分美好。其实，造成不平等的政治和经济系统伤害了每一个人，甚至那些从不公正中获得资源利益的人。按照挑战模式，反省的自我利益和政治平等是同盟军。黑格尔说主人和奴隶都是囚徒；平等为两者打开了枷锁。

3. 伦理学和偏好

但是我们又遇到了一个麻烦。伦理自由主义者拒绝个人角度的平等。他们认为对自己的命运、对家人和朋友的命运的关心少于对陌生人的关心的人，是伦理学上的白痴。既在政治中坚持平等，又在日常生活中谴责它，这是否有不一致之处呢？伦理自由主义者必然因为他们在平等上明显的自相矛盾而陷入窘境吗？

假如平等意味着福利的平等，政治平等和个人偏好当然不会一致。如果我们共同在政治上奋斗十年，使共同体中每一个人的福利在某一天达到平等，然后便回到各自的私生活中，用自己拥有的资源来改善本人、家人和朋友的福利。如果这样的话，我们中间的福利平等只能存在于极短的一瞬间。我们会以个人的方式，破坏我们集体取得的成果，我们只好重新开始。然而至少从原则上说，假如平等对于我们意味着资源，事情就不会这样。根据这种公正理论，当我没有挪用他们正当拥有的资源时——当我没有以他们为代价超过我的公平份额时，我便是对别人表示了平等的尊重。假设我在第

二章描述的拍卖是以平等出价的资源开始，以共同承认无须再进行新的拍卖结束。那么，一旦拍卖完成，我做出的通过自己的设想和投资去追求自己的福利、为家人和朋友的福利而工作的决定，便不可能损害拍卖所取得的平等。[12]资源平等在这一点上认可偏好。

对此我们可以换一种说法：在资源平等的条件下，存在着政治生活和私人生活之间的劳动分工。假如政治为公开和平等的分配提供了保障，并且也正因为如此，人们可以在自己的私生活中怀着充分的信念自由地选择个人目标。当然，切莫认为这种劳动分工意味 281
着作为私人的个人与分配公正无关，他们仅仅致力于花费由统治体系分配给他们的资源，对资源较少者的要求不闻不问，仿佛分配公正总是别人的事情。例如，一种公正理论对不公正社会里生活非常富裕的人不应提出任何要求，这是说不过去的。不过正如我们在讨论公正与伦理的关系时所说，在我们这种不公平的社会里，资源平等对作为个人的我们有何要求，是个复杂甚至无法回答的问题。这就是用挑战模式来衡量的话，假如我们生活在不公正之中我们的生活就会较差的原因。因此，我们应当说，难以消除的私人角度的偏好与真正平等的政治并无冲突，而是与任何其他类型的政治有冲突。

4. 诉求的中立性

我们终于触及了在许多人看来自由主义平等中最成问题的特点，即它对中立性和宽容的特殊观点。我们应当区分政治理论对不同的伦理信念保持中立或宽容的两种方式。第一，它可以在自己的诉求中保持中立，也就是说，保持一视同仁。它可以提出一些能够被来自非常不同的伦理传统的人所接受的政治道德原则。第二，它可以在落实自身时保持中立，即宽容。它可以根据一项政治道德原则，规定政府不可以因为它不赞成一些人的伦理信念而惩罚或歧视他们。显然，中立性的这两个方面关系密切。在许多（虽然不是所有）情况下，从不同的群体中争取广泛支持，最有希望的办法就是反对任何迫害的某种一般性保证。但是这两个方面是有所不同的。

伦理学的挑战模式是普适性的吗？作为一种形式，它在具体的伦理信念中不偏不倚。认为美好生活取决于信仰虔诚的人，和那些认为这种生活需要不合常规的性表现的人，都把他们自己的信念看作有关最有技能的生活表现的意见。但是我首先得承认，挑战模式只接受和包容人们的某些伦理学直觉，这种模式有着一些至今仍很
282 少有人想到的含义。例如，大多数人至少就其第一印象而言，会对公正是良善生活的参数，所以他们的资源如果超过公正允许的数量他们就会生活较差这一立场感到迷惑。我们必须提出较为宽松的要求，以便使挑战模式能被普遍接受，又不必让许多人放弃他们自己认为的十分重要的信念。接受这种模式不会迫使他们改变自己的一些想法，例如有关其环境中的哪些方面——他们的宗教信仰、民族或职业——为自己的良善生活提供了最基本参数的看法。

5. 自由主义的宽容

自由主义的平等在下述意义上是宽容的：它对政治共同体可以用来为否定自由进行辩护的两种理由做了区分。第一种是公正的理

由：当最好的公正理论要求共同体禁止某些行为时，它就必须这样做。第二种是伦理学的理由：共同体可以认为，它所禁止的行为即使不违反公正，但对行为人的生活也可能是有害的、恶劣的或不好的。譬如说它可以认为，同性恋者的生活是堕落的生活，它可以据此禁止同性恋关系。自由主义平等否认第二种禁止某些行为的伦理学理由的正当性。

这当然不是说，自由主义平等在伦理上的最终立场是中立的或它致力于这样做。任何政治或经济方案，都会使某些生活类型变得比在另一些方案下更为困难或昂贵。在自由主义平等的条件下，与不受限制的资本主义相比，人们不太可能处在能够大量收藏文艺复兴时期艺术品的位置上。但是自由主义平等不利于这种生活，仅仅是因为公正的资源分配有此结果，而不是因为它认为艺术收藏没有内在价值或是堕落行为。因此，自由主义平等否定最高法院说过的话就是宪法之一部分的观点：某个多数可以因为大多数人认为同性恋者生活恶劣而把同性恋定为犯罪。[13]

有着强烈的伦理信念的人，能够成为伦理自由主义者吗？有人认为同性恋者过着恶劣的生活。另一些人认为生意人是卑鄙的，无神论者浪费了自己的生命，美国已经变成了一个可怜的懒汉国家，福利腐蚀着人们的灵魂，人们需要回归自然，必须维护种族或宗教 283
认同，爱国主义是最基本的美德，等等。有人热情地坚持这一类观点，将它视同生命并大加宣扬，他们的子女的拒绝会令他们感到绝望。他们怎么会同意自由主义平等的宽容呢？有着如此强烈信念的人，为何不应当努力说服别人相信他们视为良善的事情呢？

他们应当这样。问题不在于他们是否应当为他们眼里的良善而努力，而在于如何这样做。自由主义的宽容只禁止他们使用一种武器：即使当他们属于多数时，他们也不可以仅仅以他们认为某个人的伦理信念有严重错误，便利用法律去禁止任何人过他自己需要的生活或惩罚那些这样做的人。假如人们接受伦理自由主义——甚至有着非常强烈的个人伦理信念的人——他们就没有理由反对对他们宣扬自己信念的权力做出的这种唯一的限制。伦理自由主义者清楚，他们不能用自由主义宽容所禁止的强制性手段使别人的生活变得更良善，因为他们知道，人们的生活不可能得到改进，如果他们坚信不是这样的话。就算他们认为如果那人改变自己的信念，他的生活会变得更良善，他们也知道他们不能使其生活更良善，除非他本人确实通过正确的方式改变了信念。他们同意，与他在外部压力下过一种与自己的坚定信念相矛盾的生活相比，与自己的信念和谐相处的生活更为美好。这是对我将在第七章予以强调的一种观点的重要补充。止像没有人应当因为自己的伦理信念的（根据我们的判断）错误而得到补偿一样，根据同样的理由，也不应当剥夺任何人的自由。在这种两种情况下，家长主义都是错误的，因为它把信念错误地当作限制或障碍。

在评价这种自由主义宽容的论证时切不可忘记，这种宽容缺少所谓的绝对中立性。如我所说，自由主义平等不能对结果保持中立：它必须让一些生活变得比另一些更难以获得。在恰当的环境中，自由主义平等为短暂的教育式家长主义留下一定空间，它充满信心地期待着人们将来会自愿对它表示真正的认可。自由主义平等也不能对直接向它发起挑战的伦理理想保持中立。它对第三者伦理不保持中立，例如它坚持我刚才提到的立场：没有人能够通过强迫别人违背自己的意志和信念去改变行为来改进别人的生活。并非人 284
人都接受这种立场，但自由主义平等必须坚持它。

四、结束语

我非常清楚，这一章的论证缺少历史的考虑。我没有做出努力（我也没有这样的能力）把我的核心论证建立在思想史上。我相信挑战模式支配着古希腊的伦理学，尤其是亚里士多德的伦理学，它在现代人道主义伦理学的发展中也起着举足轻重的作用（在与伦理怀疑主义的不懈斗争中）。相反，作用模式在我看来似乎是神学伦理学和各种形式的功利主义伦理学的特点。不论这些能言善辩的历史评说有何意义或多么恰当，我都不认为它们暗示着我前面所否定的观点：宗教伦理或功利主义伦理在挑战模式中无立足之地。技能出色的生活意味着承认神并与它形成恰当的关系，或它意味着承认并对付人类的苦难，这不是对挑战模式唯一可能的解释，在许多人看来，它只是一种有竞争力的解释。不过，一些学者从神学或功利主义伦理学中归纳出许多政治意义，依靠的是作用模式，不过，如果本着挑战模式的精神对这些伦理学重新加以表述的话，那么就必须为了更加自由主义的立场而放弃这种模式。

注释：

[1] 包括我本人在内。参见 Ronald Dworkin，*A Matter of Principle*（Cambridge，Mass.：Harvard University Press，1985），chap. 8，etc。

[2] 参见 Ronald Dworkin，"Objectivity and Truth：You'd Better Believe it"，*Philosophy & Public Affairs* 25（1996）。

[3] 更全面的阐述还可以区分出第三种更基本或更具生物学意义的福利范畴，如健康、免除痛苦和性生活挫折的自由等等。不过只要认识到这些生物学意义上的利益可以被归入我列出的两种类型，对于我这里的论证就足够了。避免痛苦是我所需要的，因此对我来说，它可以算是我的意愿的利益之一部分。避免痛苦也可以算作我的反省的利益之一部分，虽然这要从另一种一般来说更为狭义的角度来理解。

[4] 见注 2。

[5] 这个例子来自艾耶尔（A. J. Ayer），不过他特别反对第三种观点。

[6] 见注 2。

[7] 参见《意大利文艺复兴百科全书》（*Encyclopedia of Italian Renaissance*，New York：Oxford University Press，1981）中的"年代"（age）条目。

[8] 我在第五章对这个问题的讨论稍多一些。

[9] 同注 1，第十一章。

[10] 参见 Derek Parfit，*Reasons and Persons*（Oxford：Oxford University Press，1984）。

[11] 参见第五章。

[12] 我没有考虑一个更为复杂的问题，我认为对它的解决要求构想某种我或其他人都没有构想过的资源平等的虚拟保险特点。假设我用光了自己的全部资源，而你节俭度日，把大部分资源留给自己的子女。或你投资有方，因此保留了更多的资源。或我的子女比你的多，所以只能把资源分成更小的

份额。在这种情况下，即使我们都没有侵犯别人的正当资源，我们的子女还是不会有平等资源：有些人会嫉妒别人的所有。资源平等必须找出某种方式以确定并至少减少由此产生的不平等，譬如像我建议过的那样，把受益人的处境作为原则上不能投保的风险。我在正文里只讨论了核心问题：在政治中为平等而努力，但在日常生活中只努力改进与我们关系密切的人的处境。

[13] Bowers v. Hardwick（巴威尔诉哈德威克案），106 S. Ct. 2841 (1986)。

第七章　平等和能力

一、两种反对意见

285 现在我必须来讨论针对我们一直在构想的平等之一般性解释的两种反对意见。在第一章里，我们区分出我们可以用来比较人们的不同处境的两种方式。我们可以比较每个人能够利用的生活资源，我们也可以比较每个人凭借自己确实能够利用的任何资源所能达到的福利或幸福。接下来，我利用这种区分，又区分出两个极为不同的政治目标，其中的每一个都可被视为平等的目标。一个政治共同体既可以致力于使其成员在资源上达到平等，也可以致力于使他们在福利上达到平等。

然而，对这两个目标的表述是极为抽象的，许多不同的理想，都可以被纳入这两个一般性目标中的任何一个。福利或幸福的平等可以有不同的解释。人们对真正的幸福究竟是什么，看法并不一致。比如，有些人认为，当他们的生活中充满刺激时，他们即获得了幸福。另一些人则认为，较之于转瞬即逝的陶醉，可以持久的成就更可以算作幸福。在给福利的某种特定理解和认识做出具体限定之前，福利的平等不会成为具体的政治目标。我在第一章曾经指出，恰恰是通过保持抽象性，从而保持它的模糊性，福利的平等才具备它的吸引力：只要对一种特定的幸福观做出具体的规定，这种理想就会失去其号召力，这大概解释了为什么那些捍卫福利的人极少尝试做出任何这样的具体规定。

资源的平等也需要进一步的具体说明。一个人的资源可以被理解为只包括其财产，或者其财产加上其体格、技能、性格和抱负等
人格特征，或除此之外还有他的合法机会和其他一些机会。在第二 286
章和随后几章中，我把资源平等界定为从不同的角度包括所有这些种类的资源，我尝试着通过第二章和第三章中描述的虚拟拍卖、虚拟保险市场和法律结构，来描述一个平等的尺度，把它们统一在一个资源平等的完整解释之中。不过，我在人格品质这个宽泛的范畴之内又做了进一步的严格区分：一方面是从广义上理解的一个人的人格，这包括其性格、信念、偏好、动机、嗜好和抱负，另一方面是他的健康、体格、技能等人格资源。我说过，政治共同体应致力于消除或降低人与人之间在人格资源上的差异——比如，应致力于改善身体残疾或无力获得满意收入的人们的境况，但不应当致力于减小或弥补人格差异，譬如从以下事实中看到的差异：有些人品味

高雅，抱负远大，而另一些人则低俗平庸。

我在这一章中所要讨论的反对意见坚持认为，福利平等和资源平等都没有穷尽所有相关的可能性，第三种理想——机会或某种“能力”（capability）的平等——比二者更为可取。事实上，正如我们将要看到的，这些想象出来的替代方案并非真实的方案。一些批评家——我将以柯恩（G. A. Cohen）的观点为代表——提出，公民应当是平等的，不是在每个人得到的福利上平等，而是在他们所拥有的得到福利的机会上平等。我们就会看到，这种所谓的不同理想，最终还是会变成福利平等，只是换了个名称而已。另一位杰出的批评家阿马蒂亚·森提出了另一种理想：公民应当是平等的，不是在资源上平等，而是在不同的“功能表现”（functioning）的能力上、在他们以特定方式行动或达到目标的能力上平等。然而，森对这种理想的阐述是含混的。假如可以用两种可能的办法之一克服这种显而易见的含混性，则能力的平等会还原为福利平等。假如用另一种方式将它克服，那么能力的平等还是等同于资源的平等。这两种试图建立真实的方案以替代我一开始描述的两种平等观的反对意见的失败，表明这两种平等观之间的差别是相当深刻的。我认为，它是有关政治哲学在民主政治中应起作用的两种见解之间存在着一种两极分化的标志。

二、偶然性与选择

287 我们有关个人责任和集体责任的判断，取决于在机遇（chance）

和选择（choice）之间的关键区分（我还会在第十三章，在基因发现和控制的背景下考察这一区分）。我们命运中的一些事情要面对承担责任的要求，因为它是人们选择的结果；还有一些事情不适合责任要求，因为它并非出自人为，而是自然或运气不佳使然，对此加以区分是有着充分理由的。当技术或科学发现使这两种事情的界线出现重大变化时，我们的整个道德和伦理信念体系也会随之改变。当人们开始把自然灾害归因于偶然，而不再归因于可能被他们激怒的超自然神灵或魔鬼的选择时，一个翻天覆地的变化发生了。当生物技术有一天能让父母具体决定其子女的生理和智力特征时，我们将从相反的方向承受另一次翻天覆地的变化。

选择和机遇的区别表现在不同类型的责任上。它表现在因果责任上：我的选择是我的行为的原因，但不是我患特殊疾病的先天基因倾向的原因。在本书中，我们主要讨论的是有关为结果承担责任的不同观念。在什么时候，在多大程度上，个人独自承担他们自身处境的不利或不幸是正当的？相反，在什么时候，别人——例如，他们生活于其中的共同体的其他成员——帮助他们走出这种逆境或消除这种逆境所导致的后果是正当的？我在回答这些问题时，对选择和机遇做出区分。我曾说过，从原则上说，应当解除个人因其运气不佳的处境的不幸特点而造成的结果的责任，但不应解除他对那些应被视为出自他自身选择的结果的责任。如果某人天生双目失明，或不具备其他人具有的技能，这是他运气不佳，那么在可以做到的限度内，公正的社会应对他的厄运给予补偿。但是，假如他过早地在奢侈品上花费太多，或他选择了不工作，或选择了比别人报酬低的工作，使他的现有资源少于别人，那么他的状况就是选择而非运气的结果，他也没有资格得到任何补偿以弥补他当前的不足。

柯恩等人对这种选择和运气的划分方式提出了挑战。他们指
288 出，即使一个人的不幸处境是其自愿选择的结果，这种选择也可能是受制于他无法选择的身体或人格特征。假设有人受不了普通自来水的味道——对于他来说有着不堪忍受的刺激味道——因而他选择购买较贵的瓶装水。诚然，他能够选择是否这样做。但是，具有这种特征——一种特殊的感官反应——并不是他的选择，而这种特征使得不做以上选择就令他烦恼。这种生理状况是他的运气不好所致，因而他应当因自己的不幸而得到补偿：他应当得到额外的资源，使他不会因为购买瓶装水而过得比喝自来水的人更糟。再假设有个人很想成为摄影家，但是他发现要想实现自己的梦想，就必须用大部分收入购买昂贵的照相机和镜头。同样，他可以选择不去购买这些设备，但这种选择会令他痛苦，至少在一段时间内如此。而且他同样不是主动选择了这个具有如此结果的志向。正如使那些在其他方面有残疾的人——天生双目失明，天资愚钝或不能忍受自来水——承担这种状况的经济后果有失公平一样，使其承担选择购买设备的后果责任当然（这些批评者认为）也是不公平的。

这种论证没有求助于任何一般形式的形而上学或心理学的决定论，指出这一点是非常重要的。它不否认人们可以自由选择：比如，它不否认这个未来的摄影家有不去购买昂贵设备的自由，它只是坚持认为，假如他确实决定了购买设备，他不应被迫陷入经济困境。其实这些批评家在很大程度上依赖人们有着选择的自由这一假

设，因为他们坚持认为，当人们是自觉培养自己奢侈的嗜好时，他们应当对这种嗜好承担后果责任。关于这一点，柯恩是这样说的："人们当然要为自己的嗜好负责，就此而言，相关福利赤字不应当要求公正的关注。因此，我们只应对在某种程度上与个人选择无关的福利赤字进行补贴。"他宣布，这就是为什么社会应当补贴的是摄影家，而不是路易，因为他坚持认为，摄影家对摄影的嗜好出于别无选择，而路易，即我在第二章谈到的那个爱喝香槟酒的人，他（用柯恩的话说）"不只是陷在自己的嗜好中不能自拔，而且还培养自己的这种嗜好"[1]。

因此，柯恩认为，福利平等是一个不恰当的政治理想。它未能在人们与生俱来的昂贵嗜好与自觉培养的奢侈嗜好之间做出区分。289
因而他和持相似论点的其他批评家们一道，摒弃福利平等和资源平等，赞同想象中的第三种理想：在确保福利或其他一些有利条件的"能力"或"机会"上使人们达到平等。既然路易在培养自己的奢侈嗜好之前，有着与其他任何人同等的福利机会，那么就没有必要为此而奖励或补贴他。但是摄影家没有选择他所热衷的志向：它完全是在不知不觉地控制着他。他没有平等的机会得到福利，他理应为此而得到补贴。

柯恩声称上述区分至关重要，然而它是凭空想象的。路易并不是以尽情享乐或不断满足欲望的方式来培养他这种铺张的嗜好：这样做是不理性的，因为即使在一个赞同福利平等的共同体里，他终究也只会得到较少的享乐。[2]路易培养高雅的嗜好，是因为既然他身为法国波旁皇室的后裔，他认为这种嗜好对他是合适的：我们也可以说，他有着对高雅嗜好的嗜好。但是，引起他的行为的这种背景嗜好，与摄影家对摄影的嗜好一样，都不能“归因于”选择。(这个事实也不取决于路易的皇室血统和教养：我也可以称他为杰伊而不是路易。)

假如柯恩把路易后天培养的嗜好描述为“次级”嗜好，然后提出一个补偿非经培养的一级而非次级的铺张嗜好的原则，这样做是没有用的。柯恩“减少”选择和运气的区别，是想表明自己的深刻见识，他不顾一切地假定，如果他的摄影家买不起昂贵的镜头就会受苦，那么假如路易发现自己只能沮丧地继续在边看电视边吃晚餐中度日，他也是在受苦。[3]可见，获取福利或利益上的机会平等，如果像柯恩那样去理解，根本就不是一个独特的政治理想，它又还原成了柯恩本人所要摒弃的单纯的福利平等。假如我们以我们的一些“昂贵”嗜好并非出于我们的选择为由，对其结果不承担任何责任，那么我们对所有这些嗜好都不承担责任，根据他的原则，社会就有责任保证我们不蒙受由此造成的任何相对经济损失。

柯恩的论证其实是一个支持简单的福利平等的论证，而这一论证所依靠的是对偶然性和选择的一种区分，它有别于我的区分。我
290 遵循的是正常人的伦理经验，普通人在日常生活中对他们自己的人格承担后果责任。我们知道，当我们做出将会影响我们人生的大大小小的决定时，我们必须经常对抗、调整、压抑或减轻我们的倾向、性情、习惯和原始欲望，我们必须为了我们的各种判断和信念——这包括怎样公平对待别人的道德信念，以及哪种生活对于我们是合适而成功的伦理判断——而这样做。我们不认为自己是在一

张开列出性质相同的备选方案的单子上选择了这些不同的判断与信念，就像我们从抽屉里选一件衬衫，或从菜谱上点一道菜一样。诚然，读什么、听什么、是否学习与思考，以及做多长时间、在什么情况下做，都取决于我们自己。但是，在我们以那种方式做完了我们所做的事情时，我们得到什么结果并不取决于我们。然而，对于我们得到了某种特定的道德或伦理结果这一事实，我们不把它视为运气好坏。那是把我们自己当作人格分裂而不是统一的人来对待——把我们自己当作随机的神经放射轰击下的牺牲品来对待。我们认为自己不是这样的——我们是道德和伦理的主体，为我们现在感到不可回避的信念而奋斗。如果有人说，由于他运气不好，居然决定帮助自己的朋友，或居然觉得莫扎特比嬉皮士更有意思，或觉得美好的生活应当是周游列国，所以他应当得到同情或补偿，我们会觉得这人太荒唐。

采用 18 世纪心理学和 20 世纪经济学语言的哲学家，把人类的众多动机，简单的或复杂的，原始的或精心设计的，一律称为“欲望”或“偏好”。这些术语暗示着在那些动机与合理的判断和信念之间存在着鲜明的差别。事实上，人们在解释行为时提到的大多数动机，不是判断力所面对的原始感情，而是这种面对所导致的结果。[4]人们对自己生活的范围广阔的希望——他们的抱负——中显然充满了各种判断。一个希望改变建筑外观的人，或一个希望当总统的人，或一个希望为更多无家可归者提供住房的人，并不是对这类成就有欲望，而是看重它们的价值。如果他的梦想实现，他无疑会兴奋地感到满足。然而这种成就的重要之处不在于支持他做出努

力的激动人心的前景，就他而言，激动要由成就的重要性来解释而
291 不是相反。甚至大多数我们可以较自然地称为“嗜好”的东西，也渗透着各种判断。也有一些嗜好不是这样；有些确实是运气不佳造成的。觉得自来水有酸味的不幸者并不喜欢这种无能：他这是一种残障状态，资源平等会这样看待此事。但是更为复杂的嗜好却是与认可和赞成的判断纠结在一起的。热衷于摄影的人，确实品味着用自己擅长的技术和技巧不停捕捉光线所带来的愉悦，他在解释自己的热情时会提到这些感受。但是，他陶醉于此，在一定程度上——往往在很大程度上——是因为它们与另一些更为一般的看法非常吻合，这些看法涉及审美的判断与反应、技术的把握与眼光的价值，以及其他各种相关价值，而这些更为一般的看法又是来自并作用于更为一般的生活观，这种生活即使不是对于所有的人，也至少对于他来说是正确的。这些事情都不必（或不是经常）成为一种自觉的评价。但是，由各种相互关联、相互强化的嗜好、信念和判断交织而成的架构，对摄影家的心理发挥着作用。这个构架解释了当他的艺术兴趣被剥夺时，他为何会产生强烈的反感。把他的执着称为运气不佳，就像这样去描述人们对朋友的忠心耿耿一样，是荒唐可笑的。

三、陶醉感与我们

很难设想，像我们这样的动物，如果把自己的信仰、信念、嗜好、判断和抱负当作幸运或不幸的偶然事件，那么我们会有怎样的

行为。但是我们还是要这样来想象一下这种动物，看看是否能更好地理解柯恩论证的前提。假设有个痴迷于陶醉感的人，他唯一的目标就是给自己造成一系列情绪高潮或陶醉感；也许是利用试错法吧，经验告诉他，从有些活动或事情——例如当他飞快地开着时髦跑车，或当他知道一个无房家庭有了住房时——中他可以找到他所渴望的陶醉感，而在另一些事情中则找不到这种感觉。他把引起这种陶醉感的活动或事情称为“偏好”。他这种说法的意思仅仅是它们有助于达到那种工具性目标，他看重自己的偏好，仅仅是因为它们以这种方式服务于他。

对于他来说，他的偏好并不比他的身体器官状态有更多的内在价值；其实他就是把这种偏好视为他的生理状态，他可以找到恰当的医学类比。他可以说，他的神经系统的特点是，有些药物与另一 292
些相比，能使他减少更多的痛苦，这与它的另一个特点是一样的，即有些活动与另一些相比，能使他得到更多他所需要的感觉。脱离了某种药物对痛苦的疗效，他对药物并无特殊偏好；同理，脱离了某种体验产生陶醉感的作用，他对它们也没有特殊偏好。他知道，如果他的心理和生理结构不是这样，他就会有不同的嗜好或抱负，它们会成为引起陶醉感的更有效的手段，这要么是因为满足嗜好或促进抱负的任何一次行动会带来更大的陶醉感，要么是因为它能产生相同的然而较为便宜的陶醉感，这使他能够买到更多这样的行动或陶醉感。他会选择让自己拥有这样的偏好，他把它们不属于他算作自己的不幸。假如他能得到改变偏好的有效药丸，他就会抓住机会得到它，正如处在减轻痛苦的治疗过程中的人，会抓住机会取得更便宜或更有效的药物一样。

我们还可以想象另一种类似但有所不同的动物：计分迷。他所渴望的目标不是陶醉，而是得到他认为自己需要的东西带来的满足。他的使命是为尽可能多的“欲望满足”——他这样来称呼那些成就和事件——之事计分。（当欲望在他看来较为强烈时，他大概会有一个使他计分更多的成就范围。）他发现自己有各种不同的欲望：例如他喜爱歌剧，着迷于保护大森林和漂亮的老建筑。就像迷恋陶醉感的人一样，他把这些欲望看作工具：既然这恰好是他所需要的，在这些事上得到满足对于他就是重要的。然而这些欲望是什么，从反省的意义上说对他并不重要：它们只是他的神经系统状态的随机事实，也只是由于这个原因才重要。他把自己当前的欲望状态视为有利因素，这取决于它们较之他可以拥有的其他欲望更易于得到满足的程度；他把它视为不利因素，这取决于它们较之他能设想的其他欲望更难以满足的程度。譬如说，他可以设想一种收藏火柴盒火花的极强烈愿望，并且说他不想这样做，因为他可以轻而易举地成为这项活动的冠军。假如有一种能够把欲望对象从歌剧变为火柴盒火花的药丸，他也会接受它，而且在没有这种药丸的情况下，他会把自己有着费用更高的欲望这一点算作他的不幸。让他去
293 收藏火柴盒火花是他不想做的事情，所以收藏它们对于他来说不能算作满足了偏好的事情。

这些痴迷者（我得抱歉地说）在哲学和经济学中发挥过重要作用，并且在某些这样的领域里依然非常兴旺。因此，值得指出，他们会觉得柯恩的论证很有说服力。在考虑人们的资格时，把无能力

和残障同嗜好和抱负做出重要的区分，在他们看来带有随意性。在这些痴迷者看来，需要较多花费才能满足的嗜好、信念或抱负是残障，认为它们不同于另一些残障是没有意义的。你和我有着不同的痴迷方面，因为在被我们算作抱负、偏好甚至嗜好的几乎每一件事情中，如我所说，都充满了独立价值的判断。[5]如果你喜欢爵士乐，那么你所喜爱的是爵士乐，而不是你从爵士乐音乐会上恰好得到的、你也可以用其他较便宜的方式获得的感觉。假如你致力于拯救某一种动物或某一栋建筑，它们是你所需要的东西，你就不会在乎其他欲望的满足。当然，你可以陶醉于爵士乐之中；当推土机从破坏工作中退出，你会为此而激动。但是这些感觉从判断上说是可预期的——例如，优秀的爵士乐是美妙的，拯救一栋建筑是极为重要的。

使我们与痴迷者有所区别的各种嗜好、偏好、抱负、动机、信念和另一些判断之间的相关性，使我们不可能把那些批评者所说的大多数嗜好当作残障看待。我们不能认为，假如我们放弃某种抱负或不再满足于我们现在深感满足的东西，我们就会生活得更好。相反，正是我们的各种嗜好、信念和抱负，为我们规定了什么是令人满意或值得感激的生活，把它们当作我们实现这种生活的障碍是说不通的。资源和残障——包括我们不想要的那些渴望和困扰，以及为克服和消除它们而做的斗争——使我们能够做我们想做的事或是对此构成限制。信仰、信念、抱负、设想和平常的嗜好——我们不想克服或消除，而是从中得到满足——决定着我们希望做的事情。我们在前者的支配下享受或工作。但是我们对于后者则进行思考、感受或产生困惑，我们要对这些判断负责，这是我们的伦理假设中最基本的内容。

柯恩不是个陶醉迷或计分迷，因此我们必须深入思考他对那种
294 只对这些痴迷者有吸引力的论证的热情。他和另一些做出类似论证的人也许有两条理由。他们可能持一种激进的观点，认为我们习惯性的个人伦理建立在一种严重的哲学谬误上，即我们不应当努力为我们自己的信念承担责任，而应当像痴迷者那样思考和行动。但是，这些批评者并没有提出论证来支持这种荒唐的看法，而且也难以想象他们能提出什么样的论证。他们不能诉诸任何一般的心理学决定论，这有两个原因。第一，它们本身没有对我们一般的选择自由构成挑战。第二，我们对环境和人格之间的传统区分不承认我们选择了自己的人格，所以不会被我们不能选择它的任何论证——不管它多么具有普遍性或形而上学特点——所动摇。此外，任何有助于动摇我们的个人责任意识之基础的论证，本身都必然是一种道德或伦理论证：它必须证明那一基础的某种不可欲的结果，或是为我们提供某种放弃它的规范性理由，而任何这样的论证似乎都不太可能动摇我们的伦理经济学（ethical economy）中如此重要的内容。[6]那些批评者不能求助于假设性的规范原则，即认为人们绝对不应当为不是由他们自觉选择的事情承担责任的原则，无论这里的责任是指什么意思。这种原则不仅会被我们为个人信念的结果承担责任的习惯否定，而且会被伦理和道德经验否定，例如我们大多数人认为他们对自己的政治共同体、自己的父母和兄弟承担的义务和责任。[7]

更有可能的是，这些批评者的论证建立在一种完全不同的基础上：他们假设，政治理论不必或不应当追随我们的个人道德观和伦

理观的常见结构。资源平等确实追随这种结构；它把它原封不动地带入政治。它所提议的政治，可以被我们当作从我们的其他信念中产生的政治，是公民能够提出公正要求或对这种要求做出回应而不必转向一种专门为政治制定的道德观的政治。它允许我们只去提到我们在自己的伦理生活中作为劣势或残障以相同的方式加以对待的东西。那些批评者或许更愿意从另一种角度看待政治：它是外在的执行人采用一种独立的道德观而从事的行为，这种道德观可能与他们的国民的信念有矛盾。例如，柯恩说，虽然有些因宗教信仰承受负担的人，不会认为自己的信仰是一种残疾，或假如有可能的话就 295
放弃它，但是不存在不接受这种宗教的“我们”不能把它视为一种残障、用额外开支给予他们补贴的理由。[8]“我们”显然是指一个政治上的多数，它所采用的分配方式，会被那些打算使其受益的人当作令人憎恶的事情而加以拒绝。但是，任何这类做法与合作式民主的如下基本前提都是不相容的，即公民能够把他们自己视为集体决策的共同作者。[9]无论如何，根据对他们的论证的这种解释，这些批评者不仅践踏了极少数人的个人伦理，而且践踏了每一个人的个人伦理。也许这种集体的自我贬低有某种理由，可我不清楚这是一种什么理由。

此外，即使我们普通人像这些批评者所建议的要求那样做，我们也无法切断我们的个人伦理和我们的政治道德观之间的连续性。既然我们的偏好和抱负是与价值判断纠结在一起，既然至少对于我们大多数人来说，这些判断包括有关一种完全成功的生活形式的伦理信念和有关资源分配的合理、公平和公正的道德判断，那么我们就无法用福利语言定义的公正方案所要求的方式去区分抱负与判断。痴迷者能够把他们唯一的价值——陶醉感或计分——与他们可能具备的有关预期的或正确的资源分配的知识或信念做出截然区分。他们的偏好不反映独立的价值或判断，而仅仅是同在他们看来什么因素能产生陶醉感或计分有关的神经系统的事实，所以这些偏好与他们期待或赞成的资源分配无关。如果他们喜欢的是香槟酒或老建筑而不是啤酒或建筑工地，他们知道与假如他们有相反的偏好相比，他们所能得到的陶醉感或分数就会较少。但是，他们有哪一种偏好，丝毫不取决于他们预期自己能够达到的财富水平，更不取决于有关他们达到什么样的财富水平才是恰当的判断。（他们当然可以有建立在后一种考虑上的偏好，这可能会影响到他们形成的另一些偏好，但是后者会有自身的神经系统的表现。）既然他们的偏好由于这一原因是稳定的，他们可以把这些偏好告知一个委员会或一台计算机，后者可以利用这些信息计算出哪一种资源分配能够从
296 整体上平等地满足这些偏好（或者换句话说，使满足偏好的机会达到平等，如果用重新流行起来的功利主义的话说，做到全部偏好满足的整体最大化）。我这里不打算建议，这种可笑的做法有现实的可行性，即使在一个由痴迷者组成的共同体里。

但是，我们这些现实中的人，即使在想象中也不可能参与这种游戏，因为几乎我们的所有偏好，包括一切重要的偏好，都渗透着判断，它们使这些偏好在很大程度上反映着有关我们可能拥有的财富的假设。我是否赞成——从而拥有——一种抱负，取决于我的判断，即追求那种抱负给我生活中其他方面带来的后果，而这些结果

又取决于我至少在一定数量范围内所能预见的自己可以利用的资源总数。我可以认为，有些抱负是如此重要，甚至只是为了得到实现它们的机会，我也愿意让自己变成穷人：我们习惯认为大艺术家在年轻时就是这样想的。不过，即使是这种判断，也要求对我可能遭受的穷困，以及它给可能依靠我生活的其他人带来的结果有一定的预期。既然现实中人们的预期以这种方式影响着他的嗜好和抱负的形成，那么他们就不可能在分配之前形成稳定的偏好，所以他们也不可能把计算机或委员会需要知道的事情告诉它们。此外对于许多人来说，在偏好和资源的关系中还有一个道德因素：他们至少把公正作为幸福的一个弱参数，所以他们在能够稳定地形成自己的抱负和偏好之前，肯定不仅持有关于他们有可能得到的资源的看法，还会持有关于他们应当得到多少资源的看法。可见，即使这些人自己因为其公正意识而信奉福利平等主义，在他们知道根据他们和其他人的偏好所做的计算会产生什么结果之前，他们不会也不能说出自己的偏好，因此这一过程如同芝诺的箭一样根本不可能离弦。

四、人民与运气

柯恩对资源平等的另外两种反对意见，至少按他本人的观点，不依靠任何痴迷者假设：人们的偏好和抱负是运气好坏的问题。他用了数页篇幅来阐述其中的第一种意见，但是我相信它是建立在一种误解之上。他说，资源平等不会允许一个共同体以平等的名义给 297

某些人做出特殊规定，他们或是需要昂贵药品以减轻痛苦，而这种痛苦尽管十分严重，但并不会使他们失去落实个人计划的能力；或是持久而严重的（虽然不至于让他们失去能力）消沉或忧郁，破坏了他们的生活，而他们却无法从中解脱出来。[10]柯恩的主张引起两个独立的问题。第一，处在这些不幸状态中的人，从原则上说有资格得到第二章所描述的那种方案的补偿吗？第二，假如把这种方案在现实世界付诸实施，是否有可能为那些处境提供补偿呢？（我在这一章的后面讨论阿马蒂亚·森反对资源平等的观点时，采用了同样的区分。）

第一个问题的答案显而易见。几乎人人都会同意，健康的生活不管有什么其他的特点，都是摆脱了严重而持久的生理和精神痛苦或不适感的生活；生理或精神上虚弱，或处在一种没有贵重药品或服装便无法摆脱的痛苦、消沉或不适感的状况中，都是显而易见的残障。处在这种虚弱状态的人并没有选择它；如果他能够做到的话，他会加以治疗，他的信念、判断、信仰或偏好都不会反对这种治疗。引起痛苦的虚弱状态是缺少人格资源的一个典型例子，资源平等从原则上说能够对此做出补偿。对第二个问题不能抽象地加以回答。但是，如果柯恩所想象的痛苦很严重，而且亦如他设想的那样，能够用药物加以消除，那么一种假想的保险方案几乎肯定能够提供购买这种药物的足够资金。为了确定消沉的人或需要厚套衫的人是否希望按照针对这些不幸的保险的成本得到这样的保险，我们要比柯恩设想更多的事实。但是，如果他们的处境恶劣，并且金钱可以帮助他们，我们就很可能认为他们可以得到这种帮助。[11]

柯恩对资源平等的后一种反对意见，是以另一种方式来表述的。他说，就算人们不能合理地声称，他们有那些嗜好和抱负是运气不好，但他们肯定能够声称，与另一些人的嗜好和抱负相比，他们所需要的东西太昂贵是交上了坏运气。我能够得到多少我所需要的东西，其实取决于另一些人需要什么。在某些情况下，假如别人 298
需要同样的东西，我就能得到更多我所需要的东西，因为制造这种东西的单位成本会较低；在另一些情况下，人们的相同偏好会使我所需要的东西更贵——例如在拍卖场所。但是，别人的偏好（或在这种偏好对价格的影响中起着支配作用的某些物品或原料的稀缺性），肯定不是一个我的选择或我的判断的问题。柯恩坚持说，它们是无情的运气问题，因此即使从我本人的观点看，也应当得到补助。

这种论证如果能够成立，必定会动摇我的主张，即花钱多的嗜好不能使任何人有资格得到额外的资源。但这一论证本身也会取消柯恩本人对福利机会平等与直接福利平等之间的区分。即使我们接受柯恩的主张，即虽然路易这类人选择了他们自己的香槟酒嗜好，我们也必须同意他们并未选择这种嗜好的昂贵性：他们可以合理地抱怨说，由于适宜的土壤和地理方位的稀缺性，造成香槟酒比啤酒贵，这是他们的运气不好。其实，每一个人，不管满足其嗜好和抱负多么省钱，都可以抱怨自己运气不好，因为如果别人的嗜好或供需运气不是那样的话，他们的嗜好会更加便宜。

柯恩这种新论证的肤浅的说服力，也暴露出了它的缺陷。我们还是应当从伦理学入手，思考一下运气、选择和判断如何形成我们个人的责任感。然后我们就会认识到，假设别人的嗜好或偏好是一个运气问题，它可以使我们摆脱对自己的行为和环境的责任，是错误的。我在自己的共同体中发现的个人抱负、态度和偏好的组合状态，或世界资源的整体状况，对于我来说谈不上公正或不公正；相反，这种组合状态是能够确定我做什么或拥有什么才算公平或不公平的事实。[12]这在政治中是不言自明的事情：很少有人有着与我相同的对古代建筑的嗜好或对外交政策的看法，所以我在每次投票中都属于失败的一方，声称这种事实不公平或不公正是荒谬的。这一点在道德观中也显而易见：我不能通过指出自己的运气不好，因为被我偷盗的人缺少一种使盗窃没有必要的偏好——使我没有必要去盗窃，就可以逃避罪责。别人的需要和看法不是能够在我们中间进
299 行公正或不公正分配的资源：再说一遍，它们是我们在判断何为不公正或公正要求什么时必须考虑的因素之一。用第六章中的用语说，它们是公正的参数。

五、平等与能力

森也否定从资源角度解释平等，他赞成一种机会或才能或（森本人的用语）能力的平等观。但是，与柯恩有所不同，他反对以资源为基础的理论，不是因为它们使我们远离了福利平等，而是因为它们没有使我们离开福利平等足够远。森说，想从资源角度衡量平等的哲学家——他提到了罗尔斯和我的名字——方向是正确的，即

个人的人身自由。他说："认为（他们的）动机是使我们走向自由——摆脱一味关注评价成就的做法——并非不合理。如果我们的目标是资源或基本物品的平等，则可以把这看作是使评估自由的评价工作脱离对成就本身的评价。"[13]

但是，根据森的观点，这些阐述没有涉及自由的真正平等，因为它们忽略了关键的事实，不同的人在用相同的物质资源实际做他们希望做的事情上能力水平大不相同——用他的话说，他们能够达到不同的"功能表现"（functioning）的水平。他又说："然而同时必须承认，要在资源的所有权或基本物品的占有上做到平等，没有必要把不同的人享有的基本自由也平等化，因为在把资源和基本物品转化成自由这件事上，能够出现重大的差别。"这些差别可能反映着"复杂的社会问题"，但是它们也源于"单纯的生理差别"。他写道："一个穷人……免于营养不良的自由，不但取决于她的资源和基本物品，……也取决于她的代谢速率、性别、妊娠、气候条件、与寄生虫病的接触等等。收入、基本物品和资源相同的两个人（如罗尔斯和德沃金的架构中所描述的），一个人有可能完全避免营养不良，而另一个人可能完全没有这样的自由。"[14]

森相信，不去比较人们的资源，而是比较他们不同的功能表现或参与各种活动的能力，能更充分地有利于平等的自由。他看到了显而易见的困难。不同的人对不同活动的重要性有不同的排序。比 300
如说，有些人认为，高水平的思想或艺术成就比身体技能更重要，而另一些人的观点则相反。这是我说过的任何福利平等理论都会遇到的难题：不管如何定义福利概念，想使人们在如此规定的福利上达到平等的努力，都会致力于使他们在一些他们的评价大不相同的事情上达到平等。森建议，也许能够设计出一种客观的活动排序，虽然他承认这样的排序肯定有某种不确定性的缺陷。但是，正如我在第一章指出的，客观的排序是有争议的，即使它有不确定性的慷慨帮助，把分配建立在这种排序上也是与平等关切每个人不相容的。

不过我现在要把这种反对意见放一放，先来谈谈森对以资源为基础的平等理论的批评是否成立，然后谈谈他的“能力平等”是否真像他认为的那样，提供了一种真正的、有吸引力的替代理论。这里我不打算捍卫罗尔斯的以资源为基础的分配公正观，因为正如本书已多次表明的那样，我本人有一种不同的立场，可以认为它使罗尔斯的立场较之我的立场更易于受到森的批评。[15]但是，森在针对我本人对平等的解释的批评中，却做出了令人不解的错误判断。我在本书前面几章强调过，一个人的资源既包括货币之类的非人格资源或可转移资源，也包括健康和生理能力这类人格资源，虽然纠正或缓和这两个资源领域的不平等需要不同的技巧，但是平等主义者必须对它们都给予注意。例如，第二章所描述并在第八章做了具体说明的针对疾病和残障而设的虚拟保险拍卖，目的就在于增加那些人格资源从不同方面受到损失的人的非人格资源。

森在具体分析人格资源时，确实是在一个比我更细致的层面上描述了生理差别：例如，他让读者注意人们的新陈代谢速率的差别有可能很重要。但是，在考虑他的更为细致的层面在多大程度上标志着一种理论分歧时，对两个问题加以区分是很重要的。第一，人们之间的哪一类差别，应当从原则上认为给补贴或减轻那种差别的措施提供了正当理由？第二，哪一些差别是在现实世界里行得通的促进平等的方案会实际减轻或给予补贴的差别？森的批评在第一个 301
理论层面的问题上走入歧途。新陈代谢速率显然是人格资源，所以资源平等从原则上把它算作一个平等关切的问题。第二个问题较难以做出抽象的回答。任何实践性的公正方案是否会对新陈代谢速率很低的人进行补贴——比如用额外的食物券——必须取决于一组事实，其中最显而易见的事实是低效率的严重程度。按照虚拟保险市场制定的再分配方案，如果新陈代谢紊乱使昂贵或大量的食物成为生存所必需，就会对它给予补贴。不过我相信，比如说，它不会通过给予处在边缘的很多人边缘性的食品补助，对新陈代谢的需求进行微调，因为这种计划的行政成本大到不成比例。然而，森本人并没有为其平等观的制度化提出任何具体的和政治上可行的方案，他讨论问题的口气似乎表明，他的批评只是理论的而非实践的。

森本人的这种积极的平等观——能力的平等——真的不同于资源平等吗？如果是这样，那么它真的也不同于福利平等吗？看看他的立场表述吧：

> 一个人在这方面的成就，可以被视为由生存和行动构成的他或她的“功能表现”的矢量。相关的功能表现会从这些基本物品——例如适当的营养、良好的健康状况、避免疾病和夭折等等——中产生出各种变化，直到更为复合性的结果，如幸福、有自尊、参与共同体生活等等。我的观点是，一个人的生存是由各种功能表现构成的，对福利的评价必须采取对这些构

> 成因素进行评估的形式。与功能表现这一概念密切相关的是功能表现的能力的概念。它表示人能够做到的各种各样的功能表现（生存和行动）的组合。能力……表示一个人从可能的生活中进行选择的自由。[16]

我担心，对这段话的最自然的解读是，它意味着应当使人们在实现幸福、自尊和有意义地参与共同体生活这种“复合”成就的能力上尽可能平等。但是，如果这样来解读的话，它所提出的就不是
302 什么新见解，而是福利平等的一种形式——一种特别让人心灰意冷的形式。人们在获得“幸福”的能力上各不相同的原因成千上万，包括他们的财富，他们的个性，他们的抱负，他们对别人苦难的同情心，他们对弥尔顿（Milton）笔下那些相互仇视的女神的态度。莫里哀（Molière）笔下的厌世者，缺少伏尔泰（Voltaire）的《老实人》中那个乐天派的幸福能力。人们的“自尊”能力各不相同也有无数种原因，这包括他们有关什么样的生活当得起自尊之名的看法。[例如，托尔斯泰（Tolstoy）笔下的伊万·伊里奇，在其一生的大多数时间里有着巨大的自尊能力，却根本没有达到目的。] 人们“参与共同体生活”的能力，或在共同体中得到别人高度评价和尊重的能力，也因其他许多原因而各不相同。我的共同体中的许多人也有各种嗜好、信念、标准和态度；这反映在他们对我和我的各种信念的看法以及他们希望同我一起致力于共同事业的程度上。如果有人很幸福，认为自己过得不错，别人也认为他们过得不错，这当然很好。但是，人们达到这些可欲状态的能力应当平等的观点却很难说得通，这肯定是一种荒唐的观点——为什么这就是“好事”

呢？政府应当采取措施——你们能够想象出这会是什么措施吗？——取得这种平等的想法是可怕的。

难道这不是显而易见的事情吗？因为我们知道，对于大多数人来说，无法获得幸福、自尊和在共同体生活中发挥良好的作用，是因为缺少资源——主要是包括教育在内的非人格资源，但是在许多情况下也包括人格资源。这使我们情不自禁地想说，我们通过资源再分配和创造机会而要做到的事情，就是改善人们在这些重要权益上获得保障的能力。但是这样想是有危险的——陷入一种幻想的危险：以为我们的终极政治目标不仅是使人们在他们实现幸福、自尊和类似的愿望所需要的资源上达到平等，这当然是一些可欲的目标；而且要让他们在实现这些目标的能力上达到平等，不管他们有什么抱负、计划、嗜好、情趣、信念和态度，这是福利平等的错误目标。

幸运的是，我们有充分的理由否定这种对森的建议的"自然而然的"解读，因为如我所言，他的建议的关键在于远离福利平等，其远离程度比他认为罗尔斯和我所做到的还要远。所以，我们对他的意思可以做出非常不同的解读。政府应当努力保障的是，人们在 303
实现幸福和其他"复合"成就的平等能力方面的任何程度的差别，都可以归因于他们的选择和人格方面的差异以及别人的选择和机会，而不可以归因于他们所支配的人格和非人格资源方面的差异。如果我们这样来理解能力平等，它就不是资源平等之外的观点，而是以不同的语言表达着同一个理想。当然，人们为了改善自己"功能表现"的"能力"——为了改善他们做自己希望做的事情的能力——需要各种资源。但是（根据对森的立场的这种解读）与平等关切有关的是他们自己的人格和非人格资源，而不是他们能够通过自己的选择而取得的幸福或福利。由此可见，森为了做到“功能表现”的客观排序而付出的努力，说到底是没有必要的或无益的。平等地分配非人格资源，用类似于虚拟保险市场的办法尽可能减少人格资源的差别就足够了。这样，我们就能使人们在更接近于平等的背景下，通过自己的选择，使他们自己的“功能表现”排序对他们有重要意义。

即使森的理论仅仅是换了一种说法的资源平等，这种说法也只是强调了我认为显而易见的观点——人们需要资源不仅是为了拥有它们，而且是为了用它们来做某些事情。但是，只有当我们谨慎地采纳我刚才阐述的另一种观点时，这种强调才是有益的：我们所追求的平等是人格和非人格资源本身的平等，而不是人们用这些资源实现福利的能力的平等。这些平等的目标有着深刻的差别：它是人人平等的国家与痴迷者组成的国家之间的差别。

注释：

[1] G. A. Cohen, “On the Currency of Egalitarian Justice”, *Ethics* 99 (July 1989), pp. 914, 923.

[2] 参见第二章。

[3] 柯恩通过引用罗尔斯的论述来推出他的原则：罗尔斯认为，补助人们的奢侈嗜好的前提是，公民的偏好作为偶然发生的嗜好或欲望不受他们控制。公民似乎被当作“欲望”的被动承受者（柯恩的引文见注 1，p. 913）。柯恩坚信，有些“偏好”当然具有那种性质，因为它们不是人们故意选择的，

罗尔斯的评论的意思是这种偏好应当得到补助。但是我认为，罗尔斯的意思并不是公民只应当对他们选择的价值承担责任；他的意思是，他们应当对——用罗尔斯本人的话说——“他们在其形成中起着一定作用”的价值承担责任。

[4] 参见 T. M. Scanlon，*What We owe to Each Other*（Cambridge：Cambridge University Press，1998），chap. 1。另参见 Warren Quinn，“Putting Rationality in Its Place”，in *Morality and Action*（Cambridge：Cambridge University Press，1993）。斯坎伦对他所谓的附加责任和实质责任做了有益的区分。前者是对某种行为的过失感，后者是指我所说的结果责任，即一个人因那种行为而处在较好或较差处境中是得当的。斯坎伦相信，这两种责任有时是相互分离的。他举了两个例子：一个自愿的可卡因成瘾者，他不为这种嗜好而悔恨，并且即使悔恨他也无法克服；一个年轻人没有工作的兴趣，因为他是在一种把工作视为无意义或低贱的文化中成长起来的。斯坎伦说，我们可以从道德上谴责这两个人，因为他们的愿望或性情有着判断的性质，而不是真正的残障。但是我们不能要求他们承担自己行为的经济或其他结果，因为就可卡因瘾的情况而言，他现在没有改变行为的自由；就厌恶工作的情况而言，他的处境是不公正环境的后果。

[5] 柯恩不同意这种解释：他说：“并非所有的抱负、只有少数嗜好是信念和态度形成的：大量的爱好和抱负的出现，没有任何信念力量的推动”（见注 1，p. 930）。这似乎表明他与我的分歧首先是一种经验主义的或哲学心理学的分歧。但是他还认为，爱好和抱负是否与信念和信仰纠结在一起无关紧要：例如，他承认有一些在信仰的激励下要建造耗资甚大的庙宇的人，他们的欲望是因信念而产生，但是他坚持认为有这种欲望的人为此而需要额外的资源，因为他们并不喜欢让自己的计划花费太多。

[6] 参见 Ronald Dworkin，“Objectivity and Truth：You'd believe It”，

Philosophy & Public Affairs 25（1996），p. 87。

［7］Ronald Dworkin，*Law's Empire*（Cambridge，Mass.：Harvard University Press，1986），chap. 6.

［8］G. A. Cohen，"On the Currency of Egalitarian Justice"，pp. 938－939.

［9］斯坎伦建议，在某些情况下，因人们的决定而指责他们是恰当的，但是他们的共同体有理由免除他们对那些决定的结果的责任。参见 T. M. Scanlon，*What We owe to Each Other*，p. 292。他讨论了一个在他的同类不鼓励工作爱好的环境中成长起来的逃避工作的人。我们也许不想以他不愿意工作为由拒绝此人得到失业救济，就像我们不会拒绝没有这种背景的人一样。但是我们必须仔细区分出我们这种特殊对待的两种理由。第一，我们可以认为，既然他对工作的厌恶并非他本人的选择，那么就不应当要求他克服这种厌恶。第二，我们也可以认为，假如他和他的同类没有培养出工作的爱好是因为不公正和不恰当的教育，或是因为贫穷或偏见使他们根本无法按合理的条件得到工作，那么强迫他接受自己现在这种讨厌的结果是不公平的。我们可以想象两种经历以区分出两种情况：［第一，］斯坎伦所说的那个厌恶工作的人属于上流社会，认为工作是下等人的事；第二，他是在失业率极高的极端贫穷的城市贫民区长大。刚才区分出的两种理由中的第一种，对这两种经历会持相同的态度。第二种理由对它们则会有所区分。我接受第二种理由，并且会区分这两种经历。参见第二章。而且我相信斯坎伦也会这样做，因为他也清楚即使在他想象的事例中，不愿意按公平的条件工作的人应当受到指责，而这与第一种理由似乎是不相容的。

［10］G. A. Cohen，"On the Currency of Egalitarian Justice"，pp. 917－921，930.

［11］柯恩显然认为，对他的资源平等不会补助痛苦的主张的这种显而易见的回答，是从有损于我的反对福利平等的论证的角度借助了福利的概念。

不过我认为他误解了我在第一章做出的论证。我并不想排斥政治哲学以任何方式思考人们的福利——这样做太荒唐了；我仅仅否认福利平等是公正的标准。当我们考虑一个人的生理和精神状况中的哪一种特点应当被算作有资格得到补助的残障时，我们当然必须考虑这些特点给其福利带来的结果：基于这一理由，导致严重而持久的沮丧的精神疾病当然是残障。但不能因此便说，我们必须同意他的任何降低其福利的人格特点，包括他的嗜好和信念在内，都是残障；第一章和本章的主要目的就是解释为何不能这样认为的原因。在任何情况下，为柯恩想象的那些不幸者提供补助，都并不意味着我们把福利平等作为一个目标。假如共同体给人们钱用于解除痛苦的治疗，这并不是为了使他的福利与其他人平等，而是因为他的生理状况妨碍了他按自己的愿望生活的能力。

[12] 同意人们的命运取决于别人的外部偏好，包括他们对自己的种族或阶层的偏见，当然是不公正的。有关个人偏好和外部偏好的不同的解释，参见 Ronald Dworkin，*Taking Rights Seriously*（Cambridge，Mass.：Harvard University Press，1977），chap. 12；Ronald Dworkin，*A Matter of Principle*（Cambridge，Mass.：Harvard University Press，1985），chap. 17。关于资源平等如何看待外部偏好，参见第二章。

[13] Amartya Sen，*Inequality Reexamined*（Cambridge，Mass.：Harvard University Press，1992），p. 33.

[14] 同上。

[15] 例如，罗尔斯列出的基本物品，不包括可以使两个人在达到相同目标的能力上大不相同的生理能力。但切不可忘记，罗尔斯试图描述一个政治共同体的“基本结构”的公正原则，他希望有关生理无能的条款是下一个立法阶段的目标，而不是立宪阶段的目标。

[16] Amartya Sen，*Inequality Reexamined*，pp. 39 - 40.

第二部分　实践

第八章　公正与保健的高成本

一

人们都同意，美国今天花在医疗保健上的钱太多了。医疗开支 307
在1991年占我们国内生产总值的14%——法国和德国是9%，日本和英国是8%，而且经济学家预测到2000年将达到18%。但是，像我们这样一个国家，究竟应该把多少钱用于公民的医疗保健？我们如何知道不是别的国家花钱太少，而是我们花钱太多了呢？

大多数人也同意，美国的医疗保健分配是不公正的。有4 000万美国人缺少足够的医疗保障或根本没有保障，许多现在有足够保障的人会失去保障，因为他们有可能失业、患病或陷入一种失去保障的状况。总之，不进行改革，在未来五年里将有四分之一的美国人没有医疗保障。但是，一个健全的社会应当为每个人提供多少保障？我们不能为每个人提供只有最富的人才能为自己买到的保健。我们如何确定公正要求最穷的人也应当得到的较低保健水平呢？

比尔·克林顿（Bill Clinton）总统在 1993 年提交国会但根本未获批准的保健计划，能够使一种定量配给方式制度化。它提供了一个保证人人能够享有的一揽子基本保健方案。这项计划相当具体地规定了该一揽子方案中的一些内容：比如其中包括完备的婴儿和
308 儿童免疫计划，不同年龄段群体的常规透视和体检，50 岁以上妇女每两年一次的乳腺癌 X 射线透视检查，这项计划还把一些治疗方法完全排除在基本保健之外——例如整容手术。

但是，这项计划最重要的定量分配条款并不具体，而是极为抽象。它规定只有当治疗是“必要而恰当的”时，才能把它纳入那个一揽子方案；它打算成立一个全国保健署，负责决定哪些治疗以及在什么情况下是必要而恰当的。比如说，该署必须确定骨髓移植或其他实验性手术形式对具体的病症是必要而恰当的；它必须确定，当医生告诉人们这是他们的唯一机会，尽管仍然希望渺茫时，大多数人是否能够享有那种昂贵的手术。

承担这种责任的机构，应当如何做出这些决定呢？什么情况下应当为那些自己无力负担的人提供昂贵的磁共振造影？是否应当提供复杂的脏器或肾移植？如果应当，为患有哪些疾病的哪些病人提供？如果国家无力支付它的公民可能需要或要求的检查和治疗，它该如何决定为每个公民支付多少呢？

有些批评者否定任何这类定量配给式的保健有任何必要性。他们认为，只要消除美国医疗体制中的浪费和贪婪，我们就能节省下足够多的钱给人民提供医疗服务使他们从中受益。但是，行政开支虽然占医院成本中相当大的一部分[1]，按其他国家的标准美国医生的薪水也高得出奇[2]，但是在最近几十年里，对医疗成本的上升起作用最大的却是新的高技术诊疗手段的出现，例如磁共振造影术和器官移植这类极昂贵的手术，以及正在出现的单克隆抗体癌症疗法。美国并不是在为它过去较为便宜地买到的东西支付更多的钱，而是它现在能够买到的东西太多了。

许多政治家和一些医生说，有很多新技术是“不必要的”或“浪费的”。他们的意思不是这种技术没有任何好处，他们的意思是这种好处有限，不足以使其成本具有合理性。这是一种支持定额配给的论点，而不是证明定额配给不必要的论点。在医生中间正在形成一种共识：50岁以下的妇女进行昂贵的常规乳房X射线透视检查，并不能挽救很多妇女的生命。但这确实能挽救一些人的生命。[3]大胆的移植很少成功，但确实有极少的成功病例。因此，我 309
们不能认为任何保健计划的制定仅仅是为了避免浪费，以此来捍卫定量配给制。我们不能回避公正问题：“恰当的”保健是什么，以成本太高为由放弃是否公正？

二

有上百万的医生至少在嘴上谈论一种医疗保健的公正理想，我把这一理想称为拯救原则（rescue principle）。它有两个相互关联的主张。第一种主张认为，生命和健康，正如笛卡尔所说，是一切利益之首，其他一切都不如它们重要，必须为它们而做出牺牲。第二种主张认为，必须在平等的基础上分配医疗服务：即使在财富非常不平等甚至藐视平等的社会里，也不能因为一个人太穷，无力支付费用，就不让他得到他所需要的治疗。这是可以理解的甚至很高贵的理想。它们的基础是人类的理解，即人们害怕痛苦，我们做任何事情都需要生命和健康。拯救原则的历史如此悠久，直觉上如此有吸引力，在政治语言中得到如此广泛的支持，所以很容易把它视为解决定量配给问题的正确标准。

但事实上，拯救原则在这方面几乎毫无用处，认为它为医疗改革确立了标准只能是弊多利少。这一原则确实给美国人应当为保健花多少钱提供了一种回答：它说，我们应当尽量多花，直到再多花一美元也不能为健康或生命预期带来任何好处为止。任何健全的社会都不会遵守这一标准，任何神智比较健全的人，都不会根据这种原则安排自己的生活。不过在过去几百年里，在拯救原则与一个社会在医学上可能做到的事情之间不存在如此巨大的差距。现在科学已经创造了如此多的费用极高的治疗手段，一个社会如果把延长寿命视为不惜任何代价也应当获取的利益，即使这种代价只能延长已无多少价值的生命，这未免太荒谬了。

可见，拯救原则对于一个社会应当把多少钱花在保健上这个问题的回答，只能被视为不足凭信而加以放弃。一旦否定了这个回答，这一原则便连次优或让步层面上的建议也算不上了：它什么也解释不了。这比它没有用处更糟，因为它会助长这样的想法：对于社会应当把多少钱用在保健上这个问题，与另一些福利如教育、控 310
制犯罪或物质繁荣和艺术不同，公正派不上用场。

拯救原则确实包含着一些有用的因素，虽然是消极性的，但它有助于回答公正的另一个问题，即应当怎样分配医疗保健。它说，即使定量配给是必要的，在这样做时也不应当像如今的美国这样，主要以金钱为基础。但是我们需要更正面的回答：定量配给应当以什么为基础？这一原则中的平等主义欲望暗示，对医疗保健应当按需分配。但这意味着什么呢？如何计算需要？人们“需要”一种有可能拯救生命但可能性又极小的手术吗？治疗成功而导致的生命质量，是否影响着一个人对拯救生命的治疗的需要？病人的年龄是否重要？——70 岁的人是否比较年轻的人需要或应当得到较少的治疗？为什么？我们应当如何平衡许多人解除痛苦或丧失能力的需要与少数人拯救生命的需要？俄勒冈州一个委员会的程序，一度规定确定医疗的优先次序，它把补牙列在阑尾切除术之前，因为一次手术的价格可以补许多牙齿。为什么它显然是错误的？

在医疗保健的理想公正问题上，我们需要另一种更为有用的论述，我们首先应当指出一个使改革成为必需的问题。美国在医疗上为何花钱如此之多——多于任何一个国家？这主要是因为做出购买多少医疗服务的个人决定的是病人和医生，而为此付钱的却是第三者，即保险公司，因此做出决定的人没有节约的直接动机。此外，对保费实行减税，雇主的支出也不作为应税收入的一部分。这使病人在做出决定时不太考虑成本，这种保险的真正成本是由国家支付的。如果人们必须自己支付实际成本，牺牲他们所需要或希望其家庭获得的另一些物品或机会，他们很可能会把较少的钱用于自己和家人的保健。

当然，从长远看，大多数人确实为他们的保健支付了真实成本，但是他们的这种支付是间接而不明智的，因为假如他们自己可
311 以做出选择的话，雇主的支出和税金能被用来购买他们所选择的东西：例如让孩子受到更好的教育，或用于能够促进美国的竞争力和他们的就业安全的经济投资。因此，我们的医疗支出是不合理的：这种制度为人们做出了他们自己不愿意做出的选择，其结果是，用我们真正愿意支付的价格上我们真正需要的保健服务总量来衡量，我们的集体支出太高了。

保守派的经济学家抓住这一点不放。他们说，我们应当建立一个医疗自由市场，取消一切纳税优惠和补贴，使人们只能购买他们有能力支付的医疗服务。这当然是一种不可接受的办法，但重要的是理解它为何不可接受。这有三个原因。第一，美国的财富分配太不公平，许多人根本无力按市场价格买到基本医疗保障。第二，大多数人对健康风险和医疗技术没有充分的知识，例如，他们不知道50岁以前患乳腺癌的风险有多大，或在这个年龄之前几年做一次常规乳腺透视可以提高他们的预期寿命。第三，在放任不管的市场上，保险公司会因为一些人有较高的健康风险而让他们支付更多的保费（其实现在许多保险公司就是这样做的），这使那些健康史不佳的人，或那些特别容易患上某种病症的种族群体，或生活在受到严重伤害之风险较高的地区的人，必须负担他们无力支付的费用。

这些分析指出了医疗保健的一个更令人满意的公正理想——“节俭式保险”的理想。我们在保健和其他社会需要之间、在需要治疗的不同病人之间配置资源时应当设想，假如让自由的和不存在补贴的市场来决定，假如我上面提到的三个问题得到改正，保健服务会是什么样子？这样便可以尝试设想用三种方式来改造美国。第一，假设财富和收入的分配达到了最大限度的公平。在我看来，这意味着人们在做出他们有关教育、工作和投资的决定时可以支配的初始资源也接近于平等。不过你也可以想象一种你认为公平的经济分配，不管它是什么样子。（不过我要假定，按照你的观点，就像按照我的观点一样，在一个公平的社会里，每个人的财富与美国现 312
在的状况相比会更接近于平均分配：作为我们现在经济生活之特点的贫富两极分化会在很大程度上消失。）

第二，设想美国也发生了变化，所谓技术现状知识的有关具体医疗过程的价值和成本的所有知识——优秀的医生所知道的一切——也为公众普遍了解。第三，设想任何人——包括保险公司在内——对某个具体个人可能患上特定疾病或遇到特定事故的可能性全都一无所知。不论他本人还是别人，谁也没有资格说，这人与那人相比，染上红血细胞性贫血、糖尿病或成为街头暴力牺牲品的可能性是大是小。[4]

我请读者设想的这些变化是非常重大的，但是我认为，它们并非不可想象之事。现在假设，在这个转型后的共同体里的保健服务，完全交给在一个我们所能想象的尽可能自由的市场中个人的市场决定，这样医生、医院及制药公司可以按自己的希望自由定价。

医疗服务不是由政府向每个人提供，医疗开支或医疗保险保费也不能减税。没有必要以这种方式补贴医疗服务，因为人们有足够的资源为自己购买他们认为恰当的医疗服务。在这个共同体里实际形成医疗服务体制会是一种什么样子呢？大多数人会不会加入由全体医生以相对较低的价格提供医疗的保健组织呢？会有相当一部分人选择较为昂贵但能为选择医生和医院提供更多自由的保险计划吗？平均水平的计划或政策会提供常规医疗检查或诊断的费用吗？它们是哪些类型？次数是多少？是为什么年龄段的人？计划或政策会提供多少各种试验性的、极昂贵的、高风险的或成功预期很低的治疗方法？共同体会把全部资源中的多少通过这种个人决定用于医疗服务？

准确回答这些问题是不可能的。[5]不过我们可以提出两个事关公正的重要主张。第一，这个转型后的共同体实际用于医疗服务的
313 开支总数无论是多少，这种开支从道德上说都是恰当的：不能以公正为由批评它支出得太多或太少。第二，在这个社会里，不管怎样分配保健服务，对于这个社会来说都是公正的：公正不要求为那些没有购买的人及其家庭提供保健服务。这两个主张直接来自一个极有说服力的假设：公正的分配是充分知情的人通过个人选择为自己进行的分配，假如这些选择发生于其中的共同体的经济体系和财富分配本身是公正的话。[6]

这些重要的结论有助于我们确定，在我们这个不完美、不公正的社会里，应当为每个人提供什么样的保健服务。我们可以思考一下，假如真的发生了我所说的这些变化，大多数美国人会谨慎地为

他们自己购买什么样的医疗服务和保障；我们可以遵照这种思考的指导，确定现在公正要求什么——例如确定在《健康保障法》获得通过的情况下，全国保健署应当决定哪些医疗检查和手段是“必要而恰当的”。

想一下一个 25 岁的人，他的财富和前程属于平均水平，掌握有关医疗现状的知识。假设他在自己的一生中，在不同的偶然因素的条件下，能够在他所需要的提供医疗服务的许多不同的可能方案中进行选择。他会谨慎地为自己选择什么样的方案?[7]最初他有可能想购买提供所有治疗手段或服务的保险，他可能认为这在任何情况下都对他有利。但是他很快就会认识到，他根本付不起这种野心太大的保险成本——这会使他变得一无所有，于是他决定，审慎的考虑要求一种完备性低得多的保险计划。

当然，审慎对于一个人意味着什么，取决于此人的个人需要、嗜好、个性和偏好，但是我们可以做出一些符合大多数当代美国人的需要和偏好的可靠判断。例如，我们能够有把握地说，购买什么样的医疗保险对于大多数人来说是不审慎的，因为有些保险是错误的，不管将来发生什么事情，包括最糟糕的结果。例如，25 岁的人为自己购买一种保险，能够使他在变成植物人时得到维持生命延续的治疗，这种做法就是不合理的。他为了这种保险年复一年地支付保费的巨大数额，最好还是用在别的地方，用来促进他的现实而 314
有意识的生活。甚至一个从购买这种保险到变成植物人状态之间只有几个月时间的人，如果回头来看的话，他也会认为为了购买更长时间的失去意识的生命而放弃可以使他短暂的有意识生活更美好的资源，是一个错误。

我们可以把这一观点延伸到痴呆和无意识状态。对于几乎所有的人来说，为患上早老性痴呆症或其他不可逆转的痴呆症后得到昂贵的治疗手段而购买保险是不明智的，即使它能够拯救生命。不管有可能发生什么，为这种保险支付的保费，最好还是用于使发生痴呆之前的生命更有价值的事情上。当然，大多数明智的人会购买假如变成痴呆时的监护人保险，这是为了尊严和适当的舒适；即使这是必要的，提供这种护理也会比维持生命的治疗——如肾透析或器官移植——便宜得多。[8]

现在考虑一个更有争议的设想。在大多数发达国家，医疗费用中的相当大一部分——在美国超过医疗开支的四分之一——是花在人们生命的最后六个月。当然，医生并不总是知道，在某个病人身上无论花多少钱，他都会在几个月内去世。但可悲的是，在许多情况下他们确实知道他会如此。大多数年轻人在深入思考后会认为，为老年时再多活四五个月而去购买高昂的医疗保险是不智之举。他们会认为，更聪明的办法是把钱用于提供较早的保健的保险，或用于教育、培训和投资，这会带来更多的益处或更重要的保障。当然，大多数人如果病倒了，他们都希望多活几个月；大多数人想活得尽可能长一些，如果他们仍然有意识，仍然清醒，痛苦也不算十分严重的话。但是，明智的人并不想为了那几个月，就牺牲这之前精力充沛的生活，尽管他们肯定愿意通过保险得到费用低得多的保健，使他们能够舒适地生活并尽可能减少痛苦。

我们可以把这些有关大多数人在比我们现在的状况更公正的条

件下会认为怎样做是明智的假设，作为公正要求人人享有的医疗保 315
健之指南。如果大多数明智的人在资源平等的条件下，会在自由市场上购买一定水平的医疗保险——假如几乎每个人都会购买包括必要的住院治疗、孕期和儿科保健、常规体检和其他预防性医疗在内的正常医疗保险——那么我们社会的不公平几乎肯定是现在这些人没有这种保险的原因。从公正的角度说，全民保健体系应当保证每个人都得到它。

另外，假如在公正的条件下，很少有人购买很贵的保险——假如像我说过的那样，没有多少人会为了在变成痴呆时得到拯救生命的治疗或大胆而价格昂贵但只能延长寿命几个月的治疗手段而购买保险，那么用强制性的计划强迫每个人得到这种保险，就是违背公正的做法。当然，任何有关大多数明智的人会做什么的判断，都会存在一些例外；有些人有特殊的偏好，他们做出的决定会与别人的决定大不相同。比如说，有些人可能在深思熟虑之后仍然认为，为了保证最后多活几个月，值得提前做出重大的牺牲。[9]但是，根据有关极少数以外的人认为恰当的做法的假设制定一项强制性方案，它允许那些愿意把更多的钱用于特殊治疗的少数人只要有支付能力就可以通过另买保险这样做，似乎是公正的。

如果我们用明智的保险原则取代拯救原则，作为我们保健公正的理想，我们就会同意对全面保险做出一定限制，我们会认为，这不是在公正方面做出的让步，反而是公正所要求的事情。我们如果接受这种立场，对无意识状态、痴呆症或晚期病人的昂贵治疗这类情况就不难做出决定。还有一些决定更难以做出，例如天生畸形或罹患疾病的婴儿，即使用最大胆最昂贵的治疗也不太可能活过几周，在这种情况下做出的决定是令人心碎的。几年前，费城的医生为只有一个心脏的连体新生儿做了手术，这次手术肯定会杀死一个，而另一个也只有存活一百天的机会，其费用估计需要一百万美元。（连体婴儿的父母没有医疗保险，但是他们居住的印第安纳州
316 支付了第一天一千美元的费用，费城的医院承担了其余费用。）主治外科医生就是用拯救原则来为这一手术辩护的，他说：“存在着无异议的共识，即只要有可能拯救一条生命，就值得这样做。”

但是，我打算维护的另一种标准很可能会反对这种手术。假设在结婚时财富处在平均水平上的人，给他们提供在两种保险政策中购买其一的机会：第一种保险是，假如他们的孩子一出生就有危及生命的缺陷，那么只有当存在合理的成功机会（比如说25%）时才为其提供婴儿治疗；第二种保险的价格要高得多，它保证即使希望极其渺茫也提供治疗。我相信，大多数未来可能成为父母的人，都会认为最好还是为他们自己和家人购买第一种保险，用他们每年从保费中省下的钱使他们的健康受益——例如提供更好的常规保健、更好的住房、更好的教育等等，即使他们要放弃为救一个有缺陷的孩子而做绝望一搏的机会。

负责监督保健分配的公共机构，必须决定什么样的治疗是“必要而恰当的”，从而应当成为使每个人得到保障的完备的一揽子方案之一部分。有些这样的决定尤其难以做出：例如决定高昂的诊断技术或成功率很低的实验性器官移植在何时是恰当的。当然，这种决定必须根据最好和最新的医学证据，而且必须随着证据的更新不

断进行审核。但是它也应当参照个人谨慎决定的标准：一个人在年轻时保证自己能够进行极昂贵的血检，假如他有心脏病的可疑征兆的话，这种检查只能少许提高诊断心脏病的准确度；或进行既有风险又很昂贵，而且很可能无效的器官移植，假如医生断定这可以使他得到一线生机的话。这样做有意义吗？

拯救原则认为，只要有一线救命的机会，不管它是多么渺茫，社会就应当提供治疗。明智的保险原则根据另一些利益和风险，对治疗的预期价值进行权衡：它假设人们有可能认为，如果他们把较少的钱用于不可靠的医疗，把更多的钱用于使生活成功而舒适或抵御包括有可能毁掉其生活的经济风险在内的其他风险，从整体上说 317
他们就会有更美好的生活。一个机构也可以断定，明智的人会为他们的家庭提供今天许多美国人所缺少的孕期和婴儿保健，他们在生命的所有阶段都会用保险方式来抵御严重的医疗风险，一旦需要就能得到合理而有效的治疗；他们会放弃一旦需要就能得到的大胆而价值不大的治疗，而转向更多其他方面的好处，如教育、住房和经济安全。如果是这样的话，公正不会要求全面的健康方案提供这类治疗。

总之，谨慎的保险标准有助于回答我一开始提到的两个公正问题：美国应当把多少钱花在保健上？在公民中应当如何分配保健？这种检验标准要搞清楚的是，假如人们作为个人在公平的自由市场条件下购买保险，他们决定把多少钱用在自己的医疗上。它主张：第一，我们国家的集体支出，应当与这种情况下个人支出的数量一样；第二，我们应当用这一总支出确保现在所有的个人拥有他们在那种情况下所拥有的东西。

当然，我所讨论的一些决定，在试图采用这种谨慎的保险标准的不同人之间也会有所不同。十分重要的是，任何负责做出这些决定的机构，都应当由预期会做出不同判断的不同团体的代表组成；它当然应包括医学和保健专家，但是它也应包括不同年龄、来自全国各地的普通人，如果可能的话，他们还应当有不同的生活方式。这样一个机构能够与必须系统地分配保健、作为"唯一支付者"的政府保健部门一起利用全国的经验。

例如，英国的全国保健体系中的医生，就必须分配肾透析设备和用于移植的器官这类稀缺资源，他们已经制定出非正式的指南，对潜在的器官接受者的年龄、一般健康状况、生命质量和前景以及家人和朋友的护理前景进行通盘考虑。虽然如此设想的成本-收益标准不同于谨慎的保险标准，医生按前一种标准做的决定，大概反映着他们在经验指导下有关不同年龄和不同条件下不同类型的治疗
318 之价值的判断。这也是谨慎的投保人需要做出的决定。

谨慎的保险标准也使另一件事的重要性变得一目了然：在做出分配决定之前为何要征询公众的意见。既然分配不仅应当反映技术性的成本-收益计算，也要反映公众的优先意识，那么这种征询就是至关重要的。当俄勒冈州在医疗补助计划领导下着手确定医疗保健的优先顺序时，它组织了一系列"市镇会议"和讨论该问题的一个"议会"，虽然这些会议受到一些人的批评，因为只有很少的穷人出席而争论的却是他们的保健问题。然而这些会议却是有关那些参与会议的人认为怎样做出谨慎的保险决定的有价值的信息来源。

此外，一个打算采用谨慎的保险标准的机构，无论可以收集到多少信息，其结论肯定都是临时性的，需要根据未来有关公众偏好和医学技术及经验的证据加以修正。克林顿的那项失败了的保健计划，本来是想允许被纳入该计划的人按市场价格购买额外的健康保险，但不对其实行减税或补贴。这一规定特别符合谨慎的保险原则。[10]假如在一个机构建立起基本的一揽子保险方案之后，平均收入水平上的相当数量的人还是不在乎费用而购买额外保险，那就应当扩大这一基本计划。比如说，如果平均财产水平上的大多数人还在购买额外保险，以便在早于那项基本计划规定的年龄之前每年做前列腺检查，则谨慎的投保人标准就会要求降低基本计划中规定的年龄。

三

克林顿的保健计划失败了，传统的政治智慧现在认为，至少在一代人之内，覆盖这项计划之范围的任何保健改革都不可能在美国出现。如果真是这样，我们的民族耻辱将继续存在：一个如此繁荣的国家，竟然不能为它统治下的每个人保障最低限度像样的保健，此乃可耻之事。回顾起来，克林顿的计划过于复杂，在某些方面研判不当，而且提出的方式缺少技巧。然而，这项计划的一些最激烈的反对者也认为，它不是在细节上或设计上有问题，而是它建立在无法令人接受的“社会主义”理念上，即政府应当用从摇篮到坟墓 319

的方式照顾人们，而不是让他们为自己承担起责任。

如果这一章——当然也包括全书——的论证是正确的，那么这些反对意见就是错误的。一个致力于资源平等、使人们能够自己决定什么样的生活对他们最好的共同体，应当落实而不是破坏恰当的个人责任原则。它同意，为了提供一个可以公平地要求每个公民为自己的生活承担责任的环境，政府的干涉有时是必要的。但是它尊重公民实际做出的或在适当条件下以负责的态度可能做出的有关需求和价值的个人判断。这一目标是资源平等观和它所建议的虚拟保险战略的核心所在。制定一项尊重作为谨慎投保人的公民之决定的保健计划，当然是平等主义的计划，然而它与家长主义的计划是截然对立的。

注释：

[1] 据《新英格兰医学杂志》(*New England Journal of Medicine*)的一项研究，1990 年医院的行政开支占其总开支的 25%。参见 Erik Eckholm, "Study Links Paperwork to 25% of Hospital Costs", *New York Time*, August 5, 1993。

[2] 1992 年美国医生的平均薪水超过 160 000 美元。薪水因专业而大不相同：心血管外科医生的平均薪水是 574 769 美元，而家庭护理的平均薪水只有 119 186 美元。参见 "Health Plan Would Hurt Most the Doctor Who Make the Most", *New York Time*, November 7, 1993, p. 1。

[3] Gina Kolata, "Mammogram Guideline Is Dropped", *New York Time*, December 5, 1993, sec. 1, p. 30.

[4] 我省略了一个我的论证所带来的，但我不想在这里进一步讨论的问

题。在我构想的虚拟条件下，排除与疾病风险有关的信息的自愿选择行为是正确的吗？例如，保险公司应当向吸烟者或登山爱好者收取更高的保费吗？这似乎是合理的。但假如这样的话，什么样的行为才算是自愿行为？为此目的，应当把某种性行为视为自愿行为吗？保险公司因为考虑到男同性恋者更有可能染上艾滋病而要求他们支付更高的保费，这似乎是错误的。这是因为性偏好比尼古丁瘾更不受人们的控制吗？还是因为放弃性欲的牺牲大于戒烟的牺牲？

[5] 这个假想的共同体的成员即使把做出个人保险决定作为起点，他们也很可能通过这种个人决定，建立起类似于购买代理或联营的合作保险的集体制度和安排，因为这能够为自由市场中财富大体平等的人提供经济上的好处。这个过程的结果从作用上说，可能十分接近于克林顿的计划中建议的情况。

[6] 对我的主张需要做一些限制。甚至在这个假想的共同体中，为防止人们做出草率的保险决定，尤其是当他们很年轻时，某种家长主义的干预可能是必要的。为给下一代人提供适当的资源，一些限制可能也是必要的。

[7] 这与另一个问题有所不同：任何25岁的具体的个人事实上会做什么？因为有许多人，尤其在年轻时，并不做出谨慎的决定。也就是说，他们并不做出最有利于他们如果深入思考就会发现自己具有的设想、信念、爱好、偏好的决定。当然，做出修改的规定是明智的——任何谨慎的长期保险，都用一般性条款而不是根据具体的手术细节写成的，并且可以每年进行修改。

[8] 参见 Ronald Dworkin，*Life's Dominion*（New York：Alfred A. Knopf，1993），chap. 9。

[9] 例如，有某种宗教信仰的人有可能做出那种选择。但值得指出的是，甚至天主教徒以及相信拒绝采用延长生命的现有治疗手段是错误的人，也未必认为，为了提前保证得到那种十分昂贵的延长生命的治疗，必须做出一切

可能的牺牲。有人可能认为，放弃他支付得起的能延长生命几个月的昂贵而困难的治疗，按照宗教原则是错误的，但他也可以认为不购买这种他能付得起的保险是明智的，这两种观点之间完全不存在矛盾。他有可能认为，更合理的做法是，把与这种保险成本相当的钱，用来为自己或家人提供更好的医疗保健或更好的教育，或他的信仰也视为重要的其他物品或机会。如果是这样的话，谨慎保险的标准就没有为以下做法提供答案：国民健康计划为何要为他提供他不会为自己投保的医疗。

［10］拯救原则可能认为，购买比别人更好的医疗，对于任何人来说都是不公正的，因此应该废除或像加拿大那样严格限制全民承保体系以外的一切医疗服务。但是谨慎保险原则的起点是一个非常不同的观点：没有人可以站在公正的立场上抱怨说他所得到的少于别人，只要他拥有在社会总体公正的条件下他所能够拥有的一切。例如，假设财富得到公平的分配，从成本和前景的角度看，凡是谨慎的人都不会为自己购买肾和内脏移植的保险，即使某一天这会拯救他的生命。如果是这样的话，则公正并不要求现在就给每个人提供这种移植，即使一些有着不公平的财富的人能够为自己购买这种手术。参见 Ronald Dworkin，“Justice in the Distribution of Health Care”，*McGill Law Journal* 38（1993），p. 883。

第九章　公正、保险和运气

一、导言：公正不幸的一天

1996 年的《福利改革法案》，显然是社会公正的一次失败。[1] 320
总统动员各方力量，许诺要“结束我们所熟悉的福利”，他在签署这项法案时坚信，对长期由联邦提供资金的福利计划必须进行大刀阔斧的改革。他说，这项法案中虽然有一些较具惩罚性的条款令人遗憾，但是从整体上说，它是能够期待共和党支配的国会制定的最好法案了，并且做出一些改革总比什么都没有强。

克林顿声称，目前的福利制度已经失败，必须用另一种制度取而代之。他的这一声明甚至没有受到那些让他否决这一法案的人的挑战。但是并没有人充分清楚地证明，原来的联邦计划错在哪儿，以及用什么办法去检验建议中的替代方案是否属于改进。全国范围的福利论战，在许多方面就像几年前的保健论战一样。据说，我们的国家花在福利上的钱太多了，正如过去说我们花在医疗保健上的钱太多了一样。现在我们为何应当认为花钱太多而不是太少了呢？另一种普遍的意见是，现行福利制度被人滥用，毫无价值的人，即能够养活自己的人，却要靠从勤奋工作的人那儿征来的税金养活，一些兴高采烈的乞讨者坐着出租车去福利部门，以及行为不检点的少男少女用公款生儿育女，这些景象给抱怨之声火上浇油，因为它们让工作的人心灰意冷。种族主宰着这种景象，就如同它在我们政
321 治中的作用一样，有人非常怀疑滥用的主张是在夸大其词，也是出于这个原因。但是，不管过去还是现在，当然都存在滥用的现象，然而根据这个明显的事实本身，并不能断定原有的福利计划从根本上是错误的。倒不如说，它提出了合法的政策和社会公正的综合性问题。我们要避免两种过失：一种福利计划疏漏太多，放纵铺张浪费；另一种福利计划过于严格，剥夺了许多既需要也应当得到福利者的福利。这两种过失中哪一种更坏？我们能够设计一种福利方案，从这两个方面改进原有的计划吗？如果做不到这一点，应当寻求什么样的平衡呢？

抨击这一法案并力促总统不要签署它的自由派也承认，现行制度存在严重的问题。自由派与保守派的分歧仅仅在于，这一改革法案走得太远了。但是在为上述问题的解决方案进行辩护方面，自由派并不比保守派做得更出色。社会应当把多少钱花在穷人身上，这

种福利开支应当采取什么形式，或应当为它附上哪些条件，自由派甚至没有提出一个大致的判断标准。在制定公平的再分配计划上，我们是不是能做得更好一些呢？

我们必须面对并回答一些更为具体的不同问题，我们可以把它们分成以下几类。

资格。从任何公正的角度看，谁有资格得到政府的支持？对那些没有找到令自己满意的工作的人，应当——像一些自由派人士所坚持认为的那样——给予支持吗？有些人只能找到自己不感兴趣的工作、地位很低的工作或无法发挥和增进其技能与专长的工作，应当如何对待他们的情况？还有一些人虽然能找到工作，但代价是必须把自己的孩子交给别人照看，该如何看待他们的情况？

水平。那些有资格得到支持的人，他们有资格得到多大的支持？如何对待一般的就业人员？国家如何确定最低工资？如何确定贫困线？标准是什么？除了政治妥协以外，根据什么原则来回答这些涉及标准的问题？

行政。假设我们已经恰当地区分出了使一些人有资格得到福利救济的特征和使他们失去资格的特征。我们得确定把要求福利的具体人纳入其中的类别，既然花在这些行政决策上的每一美元都在减 322
少福利开支，那么我们该把多少钱用在这种决策上？我们能够拿出钱来用作确定各种资格的经费，使其符合我们可能做出的最为精细的道德区分吗？如果做不到这一点，我们应当如何确定它们，以便在行政开支和个人公正之间达到正确的平衡呢？公正的社会应当采用什么办法——例如什么样的前提和有关举证责任的分配——来检验某个具体的主张是否有资格得到满足呢?

依赖性。在很多情况下，要求福利的人承担着照顾别人的责任：比如婴儿和儿童。以申请人的行为使他失去得到支持的资格为由，对一个人得到的东西进行限制，而这样做对依靠他生活的人有着严重的或灾难性的影响时，这公正吗?保守派说，政府不应当在少女生孩子时为她们提供福利援助从而鼓励她们生孩子。但我们能够接受那种惩罚这些必然降生的婴儿的政策吗?

这是一些任何实用的社会公正论都必须承认并予以说明的难题。指望什么哲学理论对它们做出详尽的回答是愚蠢的，指望它提供一种相关的政治共同体中人人都会接受的回答，就更是愚蠢。不过我们应当努力提供一个框架，使有益的公开辩论得以展开，这个框架既设定了辩论的术语，也为答案的范围规定了界线，任何一方中凡是有良知者，都会认为它们是合理的。

二、策略问题

人们的命运是由他们的选择和他们的环境决定的。他们的选择反映着他们的个性，而这种人格本身包含着两个成分：抱负与性格。我所说的抱负是广义的。一个人的抱负不但包括他的总体人生计划，还包括他的各种兴趣、偏好和信念：他的抱负为他做出这种选择而不是那种选择提供了理由或动机。人的性格是由一些人格特征构成的，它们不为他提供动机，而是影响着他追求自己的抱负。

这些特征包括他的适应能力、精力、勤奋、顽强精神以及现在为长远回报而工作的能力，对于任何人来说，它们都既可以是积极因素，也可以是消极因素。人的环境是由他的人格资源和非人格资源构成的，他的人格资源是指他的生理和精神健康及能力——他的一般健康状况和能力，这包括他创造财富的技能，即他生产供别人购 323
买的物品或服务的内在能力。他的非人格资源是指能够从这人转移给那人的资源——他的财富和另一些由他支配的财产，以及在现行法律制度下为他提供的利用自己财产的机会。

对于我们的个人伦理来说，也就是说，对于我们有关自己应当如何生活以及我们的生活之优劣的意识来说，这种区分至关重要。我们以不同的方式对自己的选择承担责任。假如我们是自由地做出这些选择，而不是受着别人的支配或操纵，那么我们若是后来发现应当做出另一种选择，我们就会责备自己。我们的选择来自我们的抱负，我们对后者进行评价和反省。我们的某些性格特征会使我们做出我们不愿做的选择，我们便试图改变或克服它们。我们的环境则是另一回事，除非它们是选择的后果，不然为它们承担责任是没有意义的。相反，假如我们对自己的非人格资源不满意，并且不应当为影响我们份额的任何选择而责备自己，我们自然就会抱怨另一些人——通常是我们政治共同体中的官员——对我们不公正。对选择和环境的区分不仅常见于主体伦理学，而且是其要素。从推理的角度，我们可以设想自己被一种哲学观点说服，它主张人是没有自由意志的，即使我们自己的命运是我们的选择之结果，我们也不为它承担因果责任，就像它完全是残疾或社会分配之结果时的情况一样。但是我们不能按照这种哲学信念生活。我们无法筹划或判断我们的生活，除非我们做出以下区分：我们要对某事负责，因为那是我们的选择；我们不能对某事负责，因为它不在我们的控制范围之内。

我们还需要做进一步的区分：对两种类型的公正理论的区分。反映着伦理意识的（或“有连续性的”）理论，它们源于我们的内心生活，因为它们有关任何非人格资源的分配公正或不公正的判断，都是基于伦理学的责任安排——以刚才描述的方式对选择和环境做出区分的安排。[2]我在本书中捍卫的分配公正的理论——资源平等——就是具有连续性的理论。它的目标是使人们的非人格资源反映他们的选择而非他们的环境。另一方面是对不反映伦理意识的
324 （“非连续性的”）政治理论，它们采取专门用于政治的公正分配标准，它们不反映我们在个人生活中从内心做出的区分和规定。譬如说，功利主义的公正理论就是非连续性的，因为它在最终的评价层面上，没有为选择和环境之分留有余地。假如一项福利方案为每个失业者提供相同的好处，不考虑假如他做出选择的话他是否能够找到工作，以此做到平均福利的最大化，功利主义的政治理论就会赞成这种方案。

我在本书第二章和另一些地方说过，我们应当坚持有连续性的公正理论，它来自并且尊重两条主要的伦理原则。第一条原则认为，从适合于一个政治共同体政府的客观立场看，使人们生活幸福是重要的，而且每个人的幸福生活是同等重要的。第二条原则认为，每个人对自己的生活负有特殊责任，这种责任包括决定哪一种

生活适合于自己，以及如何最好地利用自己的资源来保障这种生活。凡是相信这两条原则的社会，都必须采用反映对共同体中每一个人有平等关切的法律和制度结构，但是出于对第二条原则的尊重，它还必须坚持每个人的命运必须体现他本人的选择。

但是，对选择和环境的区分，在许多方面是有问题的。例如，一个人无法找到工资合适的工作，是因为他缺少挣钱技能，还是因为他缺少勤奋精神和适应能力，判断起来往往非常困难。在某些情况下，这种困难不仅是认识能力的问题。一些性格特征可能表现为十分显著的无能，看上去更像是残疾：其实有不少特征——比如懒惰——也许是精神疾病的表征或后果。另外，大多数人的人格资源受到有关保健、物质风险、教育、培训的既往选择和态度的极大影响，而这些选择和态度又深受无法选择的各种家庭与文化因素的影响。但是，这后一种影响因素经常是可以克服的，认为辛勤工作可以拯救每一个人，不论他的环境如何，而且一些保守派人士认为他们确实如此，这样说尽管有些荒谬，但辛勤工作和奉献精神确实能够帮助许多不这样做就找不到工作的人。这种互动关系给具有连续性的政治理论提出了一个战略性的问题。更确切地说，它应当如何区分影响一个人的命运并且他要为其承担责任的因素和共同体有责 325
任加以减少的那些影响因素？此外，如何在实践中贯彻这种区分？

三、保守派的论证

我们能够区分出两种主张取消或大大降低失业福利开支的论

证。（我所说的“失业”，包括那些不情愿地接受低工资和半就业的人。）第一种论证希望绕过刚才提到的那个战略问题。它认为，应当让那些在市场经济中挣钱的人保留他们挣到的财产，因为挣钱技能是一种资质（merit）。第二种论证接受那个战略问题，并坚持一种特殊的解决办法。它认为，长期失业主要是厌恶工作或性格中的另一些消极因素的结果，因此包括失业者在内的每一个人，最好直截了当地同意，通过自己的努力能够避免长期失业。

1. 基于资质的论证

任何具有连续性的理论都面对着我提到的战略问题，因为这些理论不打算奖励人们的包括挣钱技能在内的内在能力。根据这种假设，天生技能好属于运气好，所以不属于应当得到奖励的资质。第一种保守派的论证——基于资质的论证——不同意这种假设。它不认为那种技能是人的选择，而是认为尽管不是出于选择，仍应当得到奖励。持这种立场的保守派——许多人至少也潜意识地——坚持认为，有些人因其技能而得到的财富是他们应得的，就跟他们通过纯粹的勤奋和适应能力而挣到的东西一样。

我们必须小心地把这种主张与另一些同这里的讨论无关的观点区分开。例如在另一些文化中，人们可能会说，挣钱技能较高的人是本质上更为重要的人，他们生活得如何意义重大，因此他们应当支配更多的资源。这种立场是在挑战我们文化中的一条基本伦理原则，因为它否定了每个人的生活有着客观上平等的重要性。相反，基于资质的论证没有否定那一主张。它转而提出一个独立的资质理由：政府应当维护奖励挣钱技能的制度，这不是因为有这种技能的人有着内在的重要性，而是因为他们有着一些值得赞扬的品质。 326

基于资质的论证也不同于人们所熟悉的另一种观点：有挣钱技能的人应当得到更多，因为他们对我们的集体财富做出了更多贡献。当问题是公正的社会能够建立什么样的经济结构这个基本问题时，后一种论证便是不恰当的。只有某些结构会鼓励或允许有某种较高技能的人为全部财富做出更大贡献。例如，如果像一些社会主义国家那样对经济实行集中控制，那么我所定义的挣钱技能——生产人们实际需要的东西的技能——可能对整个财富贡献甚少。可见，挣钱技能生产财富要以特定的经济结构为前提，而不能为这种结构——使那种主张得以成立的市场结构——提供辩护。当然，也可以基于工具主义的理由——比如说功利主义的理由——去论证共同体应当采用这种经济结构。但是在这种论证中，有挣钱技能的人应当得到更多财富的要求是无效的。

这里的主张是，技能应当得到奖励，因为两者之间有某种内在关联——也就是说，有挣钱技能的人应当得到更多的财富，就像跑得最快的人应当赢得比赛一样。但是，这种类比会引起那种主张的反对。比赛或竞赛是为了使特定的品质成为一种功绩：它们之间的关系不是内在的——我们没有义务组织比赛——而是由那一时刻制造出来的。假如根本没有发明竞赛，没有任何人有权因为跑步速度而得到任何东西。但是这里的主张如果有效的话，它就必须具有内在的性质：它必须要求具备生产别人需要的东西之技能的人有资格取得财富上的成功——他们有资格参与他们能够取胜的经济竞赛。

但是当如此理解那个主张时，它似乎是站不住脚的。

首先，我们应当赞赏某些心理、爱好或身体技能的品质这一事实，并不意味着这种赞赏应当采取物质的形式。把并不贵重的奖牌颁给伟大的科学家和艺术家的社会，较之给奖牌附上一张支票的社会，并不低一等。(除非该共同体的社会用语只把金钱当作尊重的表示。但是在这种情况下，优点与具体奖励之间的关系就是偶然的而非内在的。)

其次，假设挣钱技能本身就是优点，即应当得到赞赏的品质，
327 是极不合理的。挣钱技能是个充满偶然因素的东西，直到不久以前，从远处把球投进篮筐的能力还被列入较低级的挣钱技能，使比尔·盖茨（Bill Gates）成为世界首富的头脑品质，也曾被人不屑一顾。不错，有一些更为持久的受到赞赏的心理品质，如智力、勇气和判断力这种综合性优点。但是这些品质本身包括各种因素，哪一种因素保证在市场经济中获得财富，哪一种因素只得到朋友圈的赞赏，全要取决于偶然性。无论怎么说，运气都是挣钱技能中最重要的因素之一——处境好常常比任何事情都重要，虽然我们许多人喜欢好运气，但我们都知道不应当这样。

最后，就算挣钱技能是一种优点，就算对优点的奖励应当是钞票，也很难理解为什么应当让一个商业市场来充当这种奖励的标准和载体——正确的奖励为什么应当是具有那种优点的人的税前所得呢？为什么不应当让首席执行官挣到较少但仍然相当丰厚的报酬，用他的税来减少贫困呢？根本就不存在“天然的”市场这种东西：我们用“市场”来指谓一系列经济机制，对它们要用某种方式加以

管制和规定。政府必须以某种方式管制市场，一个特定社团的官员的“判断力”的租金价值（rental value），除了大量的其他事情外，应当取决于法律是否限制垄断、为了安全和保护而管制各个产业，或用另一些与福利计划无关的方式限制企业的功能。假如在这些不同的“市场”之间不存在选择标准，怎么可以明确地认为，一个金融家的优点所得到恰当报酬，不可受到再分配性质的税收约束呢？

2. 心理学论证

第二种保守派的论证——心理学论证——接受这一战略性问题的挑战。它同意人格和环境的相互作用。但是它坚持认为，人格几乎总是处在主导因素，勇敢而充满活力的人“最大限度地利用”他们天生的能力，为自己和自己的家人创造了体面的生活。缺少这种品质的人——我们中间那些懒汉或不负责任的人——只能失败。强迫成功者为失败者提供保释金是错误的，这有两点理由。第一，让
共同体中勤奋的蚂蚁养活蝗虫是错误的。第二，这样做是不明智 328
的，因为它维护一种“依附文化”。只有当人们别无选择时，而不是当他们做不做都一样时，他们才会发现并展示自己的适应能力。结束福利对于穷人是一件好事。这是一种“严厉的爱”，有助于他们“振作起来”，使他们通过工作来养活自己，而不是无精打采地靠别人的施舍过活，从而过上更有尊严和自尊的生活。这种保守派的论证应付那个战略性问题的办法是宣布一条前提：缺少适应能力——懒散、无责任心或其他性格缺陷——是造成长期失业的原因，因此它为解决这一问题而建议的政策是，只把福利给予那些能

够彻底驳倒这一前提的人。《福利改革法案》决定在两年后终止一切失业补助，就是这种政策的落实。

由此可见，这种心理学论证依靠一系列有关福利接受者中乞讨者所占比例的假定事实，以及有关福利造成的动机和行为后果的事前判断。它还依靠一种有争议的道德观做出的判断：为了惩罚或强迫那些不需要福利的人，剥夺那些确实需要福利者的福利是可以接受的，不管他们人数多么少。自由派的回答主要就是对这些假设和预言发起挑战。但自由派的回答存在着两个缺陷。它没有提供一种有说服力的福利策略，它也没有做出任何努力以减少我刚才提到的行为责任之棘手的模糊性。它只是用它自己的相反假设来对抗保守派的假设：它假设乞讨者甚少而不是很多。我们能够制定另一种结构更为复杂的战略吗？即这样一种战略，它不那么依靠很容易被反对者否定的有争议的心理学假设，或不那么依靠易于令反对者憎恶的那些宽恕骗子的说教。我们也许会情不自禁地回到非连续性的公正理论上，因为它没采用那种引起战略性难题的区分。

四、常见的非连续性回答

1. 功利

对福利问题的功利主义分析提出的问题是，哪一种福利方案能够导致整个共同体的最大功利，它所根据的是有关何为功利的某种
329 适当概念——如“幸福”或“人们得到了他们需要的东西”。我在

第一章说过，这种适当的功利概念是根本找不到的——功利主义的任何吸引力，都不取决于对功利的含义做出具体规定，因为一旦选择某种“幸福”或“成功达到目的”的具体规定，那么显而易见，如此定义的功利最大化的目标即使可行，也是不公平的，因为至少有些人并不认为这种功利对他们的生活至关重要。

此外，即使我们不对功利的内容做任何具体规定，功利主义似乎也不适合于作为福利改革的模式，这恰恰是因为它的非连续性：它没有以政治和基本的公平性所要求的方式考虑行为和选择。大概整体功利可以通过如下方案得到改进，它允许给予那些因为喜欢闲暇而选择不工作的人实质性福利。功利主义者会回答说，深入细致的功利分析不可能得出这种结论，因为这种政策会减少社会的劳动力，降低它的财富，从而会使它的平均福利下降。可是这种回答是不能令人满意的，因为把从干活的人那儿得到的钱用来奖励选择了不工作的人，不仅仅是一个具有偶然性的错误——也就是说，当我们有理由认为这样做会造成一些不可取的社会后果时，它便不仅仅是一个错误。这种政策从本质上是错误的，因为它是不公平的。功利主义者现在也许会宣布，我们也可以不把补助懒汉视为不公平，除非我们至少是不自觉地认为，奖励他们从长远看有损于社会的整体功利。但是这种回答把我们信念的来源和内容混为一谈了。只要我们确实认为把蚂蚁的财富强制性地转移给蝗虫从本质上是不公平的，我们就不能接受有关开通偶然的经济预期为何错误的解释。

我刚才设想了功利主义分析有可能把太多的补助给予不应得到补助的人。更有可能发生的倒是它把太少的补贴给予了应当得到补助的人。因为不但可以想象并且合乎情理的是，假如建立一种有效的福利计划，为每个找不到工作或需要照看孩子的人提供像样的生活水平，美国的繁荣及其公民的平均福利就会受到损害。有说服力
330 的相反论点是难以设想的。自由派认为，忽视穷人子女的教育，或让一个说不定哪天会采取暴力的下层阶层始终存在着，其长期的消极后果超过了增加当前财富的短期收益，甚至按照功利主义标准也是如此。然而这些预言都带有很大的思辨性。它们吸引着我们，是因为我们认为剥夺成千上万名儿童过创造性生活的机会是不公正的，但反过来说就不对了。

2. 不同的原则

约翰·罗尔斯的差别原则宣布，基本物品方面的任何不平等都是不公正的，除非它改进了经济条件最差的群体的处境；接受这一原则的人可以认为，它为保守派的主张提供了一个出色的解说。但是从这个角度采用该原则，却存在着严重的困难。首先，生活最差的群体这个概念过于笼统，无法据此制订任何具体的福利计划。因为把差别原则运用于福利问题时，在我们选定多大的底层范围来构成这一群体上，很可能出现相当大的分歧。例如，改善人口中百分之十的生活最差者的前景的措施，有可能伤害百分之五的最底层的人的前景，这其中可能包括许多工资最低的人的前景，以及百分之一的生活最差者——比如有严重残疾的人和显然没有就业能力的人——的前景，因为只有单独为他们制订的计划才有可能帮助他们。差别原则，至少就其一般的表述形式而言，没有为划定这一阶

层的范围提供任何建议。

假如我们打算构想一个百分比来划定这个阶层，那么我提到的战略问题不会给差别原则带来理论上的难题，因为这一原则是非连续性的。但是，就像功利主义一样，它的非连续性妨碍了它以正确的方式研讨选择和行为。例如，比较一下这样两种福利计划：按照第一种计划，只有那些试图找工作的人会得到福利；按照第二种计划，凡是没有工作的人，不管出于什么原因，都能得到补助。在第二种计划中，没有任何群体会像第一种计划中生活最差的人那样糟，在这种情况下差别原则会建议第二种计划。对此也可以回答说，这种事根本不可能发生，因为在任何社会里，如果它的经济系统为能够工作的人提供激励工作的机制，生活最差的群体就会生活得更好一些。然而未必如此：有些人（其人数的多寡取决于如何定 331
义生活最差的群体）也许极想选择无所事事，在不惩罚这种选择的计划中他们才会有较好的生活。

此外，差别原则只关注那些基本物品最少者的处境。它要求改善他们的处境，不管这会给那些依然拥有较多的人造成什么后果。完全不在乎一项福利方案对另一些人带来的后果，似乎是不公平的：虽然无论做出怎样的定义他们都不是生活最差者，但必须努力奋斗才能保证自己家人有体面的生活，当他们好不容易挣来的一部分工资被征收并送给根本不工作的人时，他们会感到憎恨，这丝毫也不让人奇怪。差别原则似乎最适合期望值普遍提高的时代。用稳定增长的财富尽可能帮助前景特别可怜的人，似乎是很公平的，假如这种手段只会使每个人的财富增长速度有所放慢的话。但是，全球化的资本流动如今形成的威胁是，任何一个繁荣社会里的非技术和非管理层的一般工资水平将持续下降。在这种情况下，说公正理论只关心那些生活遭受最严重损失的人，尽管那些努力辛勤工作的人也受到严重伤害，这未免太不讲情理了。罗尔斯从来没有令人满意地解释过，他那个在初始位置上对自己的未来处境一无所知的人，为何会出于个人利益而选择差别原则，而有关福利问题的政治学揭示了那种理论失败在实践中的阴影。鼓吹公平对待那些“辛勤工作的中产阶级”的政治家当然是为了捞取选票，但他们的声音也表达着广泛的公正本能。

五、虚拟保险方案

1. 故事

不反映伦理观念的公正理论，无助于表达与个人责任相关的福利问题。我们能够为公正的福利方案设想一种反映伦理观念的解释吗？——它不像常见的自由派观点那样严重依靠有关因果责任的假设，也不依靠另一种无疑令人厌恶的立场，即为了确保真正需要的
332 人得到支持，辛勤工作的工薪阶层也应当补助骗子。我的起点是一个乌托邦故事。[3]设想美国正在以下述方式发生着变化。财富和其他机会在某个特定的时刻得到了公平的分配。但是在这一时刻，每个人都知道全球竞争、技术变化、不断提高的平均工资以及影响我们当前经济安全的所有其他因素。每个人都有机会购买规定的失业

收入保险或工资水平低于那一收入的保险；这种保险采取的是社会平均比率，即每个人为相同的保额支付相同的保费，因为——这仅仅是一种几乎不可能的假设——人人都承认包括他本人在内的每个人有着相同的失业可能性。人们审慎地做出个人保险的决定，也就是说，他们决定是否购买低收入保险，以及根据他们的主要愿望、担心、爱好和价值观，购买哪一个收入水平的失业保险。

过一会儿我还要设想这种假想的商业市场形式——它会制定出什么样的保险政策，以及它有什么样的保额和赔率。但是我首先要做出一项有关这会导致什么样的财富分配的重要声明。不管结果如何，都没有理由反对说，那些不应当得到任何东西的人，即那些能够工作却不工作的人，或那些本来可以自我培训或使自己更出色而没有这样做的人，是在不公平地靠工作的人养活。因为不管得到的补助是什么，都是各种不同的市场决定的结果，这些决定反映着每个人的选择对每个人的机会造成的影响。例如，假如一个购买了保险的妇女在妊娠期决定停止工作，从而得到规定的补助，因为她购买了这样的保险，谁也不能反对这种事情。她支付的保费反映着这一选择给别人造成的成本。不错，所提供的保险政策可能为欺骗制造机会：一项政策可以规定投保者有义务寻找工作，而有的人可能谎称自己这样做过。但是，另一些人虽然可以谴责他的行为，但却不能抱怨说为他提供那种机会的制度安排对自己不公平。假如一项更严格地防止说谎的政策对于保险公司从整体上有利可图，它就会以较低的保费提供这种保险，或是用来取代“说谎者”所购买的保险，或是把它附加到这种保险之中。假如这种保险事实上无利可图，

333 坚持提供这种政策的保险公司就只能通过在其他保险上增加收费来弥补自己的损失。也就是说，检验体系有漏洞，也许符合每个人的利益。

可见，在这些假想的条件下，没有人可以合理抱怨，因为那种方案补助别人，所以对他是不公平的。此外，我们可以提出这一主张，而不必提出任何有关影响人们的教育和就业机会、行为和成功的因素之分布状况的假设。没有人可以得到补助，除非他做出投保的决定：例如，假如他因缺少技能而导致失业，没有人可以抱怨说，因为是他的性格造成了他没有获得那些技能，所以不应对他给予补助。当然，抱负、性格和天生资源的综合状况，在一个人决定是否购买保险时有可能起着重要作用。假如有人决定不买保险，后来又为没有购买而懊悔，他可以抱怨说，自己的选择受到了他无法控制的一种人格紊乱的影响，所以他的社会应当把他作为就像他买了保险一样来看待。然而这不是我这里讨论的抱怨：我仅仅排除那种认为保险市场的结构对于未得到任何支付的人可能不公正的指责。

当代美国在两个关键的方面不同于我想象中的美国：财富没有在我们中间公平分配；在一部分人口中，长期失业的风险要比另一部分人大得多。但是我们可以利用这一假想的设计，问问那些在大多数美国人都有的爱好和抱负方面具有代表性的人（我们不必假设具有代表性的每个人有相同的爱好和抱负），假如他们的财富是我们中间的平均数，并且行事谨慎的话，他们会购买什么样的失业保险。我同意，对这个虚拟问题不存在唯一正确的答案。人们会得到什么样的保险机会，他们会选择什么样的机会，都取决于偶然性、市场和个人的决定，我们可以从不同的角度合理地设想这些决定。但是，假如我们能够为失业保险政策设定一个狭小的范围，能够合理假设几乎每个行为合理的美国人都会在这个范围内购买一种保险，不管他为这张保单附加上其他什么保险，那么我们就能在这种信息的基础上，设计出一种明显可以成立的福利计划的核心结构。

在那种假想的条件下，假如几乎每个人都会购买某个一般水平的失业保险，则我们可以充满信心地假设，我们现实世界中某个具 334 体的人在这方面的失败要归因于环境——这种环境要么使我们的社区得不到这种保险，要么使他没有能力购买这种保险。在我们的世界和这种假想的世界之间的差别，确定无疑地是人们的环境之间的差别——财富和教育以及社会机会之间的差别，它使我们共同体中的一部分人——一个保险类别的群体——更有可能面临投保风险。因此，资源平等的一般目标——分配应当反映选择但不应反映环境——通过这样一个福利方案得到满足，它把人们置于我们假设他们拥有的环境中，即能够按平等的条件得到保险的环境。

以这种方式产生的福利方案，还具有另一些胜过其他方案的优点。它为个人选择的作用、性格的影响以及赌博的魅力和功利留有一定空间。它不会（像更为激进的平等主义方案那样）从人们的生活中消灭一切不平等。它不会打压首创精神，使社会变得平庸，或伤害任何合理的自由观。[4]它仅仅坚持一个似乎无可否认的公正原则：当一个社会为人们已有的选择增加上在环境更为平等时他们可以得到的选择时，这个社会就更接近于平等对待每一个人。此外，它还是一个现实主义方案。由于它的计算是以对自己的资源的不同用途做出选择的现实中的人们的虚拟决定作为根据，所以那种计算绝不可能要求共同体用于福利开支的钱，多于它按照既定责任应当为其成员的生活提供另一些基本服务而支出的钱。既然用于那些福利的所得税是以那个市场中假想的保费为模式，那么这些税将既公平又可行。

2. 市场的形式

因此，我们应当设想一下这个假想世界中的失业保险市场的形式。乍一看，一种虚拟的保险方案似乎会证明（与我刚才说过的正好相反）一种完全不现实的福利水平，因为这个假想世界中的理性人会采用“最大化”战略，即尽可能提升自己的前景的战略。其实
335 谨慎的人是不会采用这种战略的。从常识的角度说，所有的保险都是不划算的交易：保费除了要提供资金用于补助以外，还必须支付保险公司的行政开支和利润，因此保费肯定要大大超过预期回报。对于失业保险来说尤其如此，它不可避免地承载着极高的“道德风险”——保险公司面对的欺诈风险，包括比如说有关努力保证就业的声明。可见，失业保险只在如下情况下才是有意义的：它所针对的不是一个人的财富比他在另一种情况下较少，而是针对一种相当差的处境，值得用技术上不划算的投资来避免任何种可能性。最大化的低收入保险对所有人都是不明智的，除非对于某个人来说它所保障的特定数量的任何下降都既突出又严重。

但是，似乎同样明显，长期失业或收入极低的结果是相当严重

的，因此大多数谨慎的普通人都会在一定水平上购买针对这种结果的保险：他们至少会购买能让他们维持有尊严的生活——为他们及其家人提供食物、体面的住处和最低限度的医疗保健——的保额。出于不同的目的，大多数国家现在都通过定义“贫困线”来计算这些生活资料，我们可以假设，几乎凡是有能力支付必要保费的人，至少都会购买他的共同体的贫困线水平的保险。在假想的共同体中，人们买得起这种保险吗？这取决于它的经济状况，但是只要整个共同体内的就业维持正常，购买基本生活资料的保额就不会占用平均收入中的一大块，所以我们可以设想大多数人会购买它。

然而，我们现在遇到了定义投保风险这个更为复杂的问题。具有普遍性的保险政策，如何定义针对失业或低工资就业而投保的风险呢？它当然不可能针对人们没有得到自己需要的工作：这种保险的保费很可能接近于保额。相反，任何能支付得起的保险，都要设想受益人会试图通过就业来缓解自己的处境。但是怎样制定和实施这种条款呢？保险理算员当然可以简单地认可人们的声明，并且在一些共同体中这也行之有效。但是让我们假设，在美国，能支付得起的保险要求比这更多的声明评估。

现在来考虑一下针对失业的四种保险政策。它们都要求投保人寻找工作，根据每一种保险的规定，如果证明投保人得到一份工作 336
但他放弃了，就停止支付福利。“严格的”保险政策又进一步规定，如果投保人不能在两年内保证找到一份工作，不管他是否有能力保证找到工作，为每次失业所支付保额就将终止，并规定，在任何情况下谁也不能要求在其一生中超过五年以上的保险补助。“宽松的”

保险政策除了规定投保人必须寻找并接受工作外，没有终止或其他形式的限制性规定。“选择性干预的”（optional-interventionist）保险政策没有规定直截了当的终止，但规定保险公司可以要求投保人在失业时参加就业培训，费用由保险公司出，并且他必须接受它所提供的或为他找到的任何职业，如果他拒绝提供给他的工作达到规定的次数，他就会失去补助。“强制性干预的”（mandatory-interventionist）政策与选择性政策相仿，但又规定保险公司必须提供培训并尽最大的可能寻找工作。

严格的政策所开出的保费，很有可能是四种政策（假设它们的保额相同）中最低的，因为它使保险公司具有两种重要的节约途径。第一，由于“乞讨者”在任何情况下都只有两年可以得到保额，所以保险公司不必把钱用于甄别这种人的既费钱又不确定的过程。第二，在那些两年内一直没有工作的人中间，有一些人并不是乞讨者，而是缺少技能或训练或在经济不安全的环境里找工作运气不好的人。因此，保险公司能够因为事实上支付的钱大大少于全部保额而节约资金——它所提供的不是针对失业的保险，而是针对次数不多的短期失业的保险。由此可见，严格的保险政策肯定比宽松的政策更便宜，它也可以比那两种干预政策更便宜——虽然这取决于另外一些事实。但是它尽管在成本方面有吸引力，却极有可能是极不受青睐的政策。我们假设，人们会购买较低水平——比如说贫困线水平——的失业保险，不是把它作为一种新式彩票，而是因为他们害怕自己所能想到的灾难。他们在那个水平上投保的动机，不是因为在保额较低时投保就变成一种很划算的投资，而是因为没有这种保险的风险太可怕。因此，他们会认为，一项没有消除最坏风险——长期失业——的保险政策是非常没有吸引力的。由此我们可以设想，严格的保险单卖不出去多少，除非其他选择的费用之高令人无法接受。

宽松的政策当然更有吸引力。和其他政策一样，它要求投保人 337
寻找并接受工作，但这一要求本身不会损害大多数人所需要的保额。但宽松的政策成本也会很高。提供这种保险的公司必须采用更严格的审查程序，如果使它们有效，费用也是极高的。它有可能发现自己是在管理一个难以对付的官僚机构。无论它的审查过程多么细致而费钱，它都会容留一部分乞讨者，他们受这种政策的吸引，恰恰是因为它给他们提供了一个不必工作的机会，保险公司用在评估自我声明和审查上的钱越少，它因为乞讨者而遭受的损失就越大。假如还提供其他形式的保险，宽松的保险政策就会受到相反的选择——只有当人们想做乞讨者或技能极为低下时他们才会产生选择这种保险的倾向——的伤害，这将迫使这种保险的价格进一步升高。

选择性干预的保险政策不会比宽松的政策更贵，因为提供前一种保险的保险公司既不会提供培训或为此出钱，也不会安排就业，除非这样做符合它的商业利益，也就是说，除非它所预期的支付节约超过了那些服务的成本。既然无论在现在还是在可以预见的未来，这种节省都很可能超过一些投保人造成的成本，那么选择性干预的政策就会比宽松的政策更便宜。对于大多数人——除那些想当乞讨者的人以外的所有人——来说，这种计划的干预特点本身会增加它的价值，因为培训有可能让他们得到报酬超过保额的工作，还因为许多人——很可能是大多数福利投保人——更喜欢有一份工作，尤其是有技能的工作。

选择性干预政策是否也比严格的政策更便宜，这取决于复杂的计算。在严格的政策下，有一些在终止点达到以前一直得到补贴的投保人，如果提供培训和就业援助的话，很可能会在这一时刻到来之前找到工作。如果在严格的政策下必须付给投保人的额外补贴的数量大于他的培训和援助计划的成本，则选择性干预政策就会比严格的政策更便宜。因此，严格政策下的终止期越长，选择性干预政
338 策就可能越便宜，而且这种政策既然在其他方面也更具吸引力，这一事实对严格的政策所设想的终止期的长度就构成了限制。因此可以说，只有这两种政策在市场上可能是最不可取的，而且很可能是最不受欢迎的政策。

强制性干预政策与选择性干预政策相比，对于大多数人来说可能更有吸引力，因为它为更好的生活提供了更多的机会。不错，从短期看，强制性干预政策对于保险公司来说成本更高。但是从长远看，这种关系很可能会发生变化：例如在一代人的时间内防止经济灾难，对于保险公司来说，当初很费钱的培训和就业计划有望比宽松的保险政策更便宜，并且接近于选择性干预的保险成本。因此，保险公司可能乐于提供规定长期义务的强制性干预政策，而且有可能证明它比选择性干预政策更受欢迎，尽管它费用较高。

3. 依赖者

希望获得失业保险的妇女，会特别愿意得到足够的保额以便照

顾尚不能自立的子女，她们在妊娠后期以及孩子很小时，希望放弃任何工作或培训。但是保险公司有可能担心，提供这种保险会提高低收入者的妊娠数量。这种疑虑——对于十几岁的单身父母的增加，福利负有相当大的责任——是福利“改革”背后的主要政治势力之一，这项改革结束了由联邦资助的《不能自立的子女之家庭援助计划》（Aid for Families with Dependent Children），并规定各州补助单身父母的期限不能超过两年。许多政治家声称，这种严厉的措施对于打破依赖怪圈是必要的，他们说，正是这种怪圈使许多少男少女对怀孕满不在乎，并且使他们中间的一些人故意这样做，以此作为离开自己不喜欢的家庭建立独立住处的手段。但是，这项“改革”的结果中虽然不太可能出现少女怀孕人数的大幅下降，却几乎肯定会给婴儿造成重大伤害，他们中间会有许多人被从父母那儿带走，成为收养计划的对象。

如果我们遵循我们这里探讨的虚拟保险方案，问一下那个假想
的共同体中的人会购买什么保险，以此为基础设计一种福利方案； 339
如果我们把自己的注意力局限于人们面对某种失业风险时有可能为自己购买的保险，我们就会得出一个令人沮丧的结论。为潜在的父母制定的保险政策，其保额足以养活他们自己和一个家庭，很可能会不允许未婚（或经济上没有资格的人）父母得到这种保额，使他们陷入受到忽视或避孕失败的风险。如果我们以那种保险作为模式制定我们的社会福利条款，这就会使现在享有某种福利的单身父母失去这种福利。至少在这种情况下，虚拟保险的办法似乎认可最近的立法的严厉性。

然而这是一种误解，因为设计这种虚拟保险方式，是想让分配反映选择和行为，以便满足一种反映伦理的公正理论之要求，因此不能把它用于根据一个群体——儿童的父母——的行为为另一个群体——那些儿童——制定分配的条件。我们必须提出一个不同的问题：针对生身父母既贫困又无职业这种风险，一个儿童会在什么条款下购买多少保险？为了回答这个问题，我们没有必要想象一个就保险政策进行谈判的胎儿。我们可以问：一个代表他的利益的谨慎的监护人，在知道根据某种长期的分期付款计划，保费将由孩子本人在以后支付的情况下，他会在什么条款下购买多少保险？似乎显而易见的是，谨慎的监护人会购买能够提供足够保额的保险，以便让婴儿能够与自己的父母一起生活，并能得到足够的医疗服务和教育，并能在适当的时候符合就业条件。保险公司会从统计学上考虑这种保险政策的设计，就像它们针对任何其他健康保险所做的事情一样，因为它们不可能在不违反保险条款的情况下根据任何人的行为对补贴做出条件限制。然而，对于阻止贫穷的未婚妇女怀孕之商业上的重要性，它们会相当敏感，并且它们很可能会理所当然地拨出它们的一部分利润用于教育计划，就像保险公司现在针对吸烟所采取的措施一样。它们也有可能在保险政策中制定一项条款，要求父母服从婴儿不能没有父母的合法权益：假如保险公司要求确定离去的父亲具有父亲身份的声明的话，这很可能发挥一种威慑作用。

4. 总结

340 虚拟保险方案试图为各种福利计划划定一个范围，理性的人或立法都会认为这个范围是两条原则所要求的：人们的生活有着同等的重要性；人人都有责任支配自己的生活。这种方法肯定了我相信大多数读者都会有的一种想法：一项没有终止条款的、可以或必须提供培训和就业援助的、根据可信的就业努力声明对补助做出限制的福利方案，要比更为严厉或更为宽松的方案更可取。假如真是这样的话，它对于保险手段来说就是一个好消息，对于那信念也是好消息，因为它们是相互依存的。

有些州其实一直在实行这种福利方案，尽管只是作为得到联邦政府批准的特殊试点计划。但是新的《福利改革法案》中的条款，并不符合这种保险手段所认可的范围。它们是以严格的保险政策作为模式，而这种政策在谨慎的保险公司中显然不受欢迎。两年后终止贫穷父母的福利，从而使子女陷入最可怕的贫困或被人收养的条款，尤其令人感到可悲。如我们所知，虚拟保险方案会谴责这些条款，不是因为它们提供了错误的答案，而是因为它们提出了错误的问题。

六、抽签的运气

我前面讨论过的保守派的观点认为，虚拟保险的设想所认可的福利方案太慷慨了。我们现在必须谈谈一种更为深刻和严肃的反对意见，与上述观点相反，它认为这种设想太平庸了。以虚拟保险为模式实行的转移，可以减少失业造成的不平等，却不能消除它，因为那种虚拟场合中谨慎的人，都不会购买保障他得到有职业者的平均工资的保险，更不用说与挣钱最多的人相等的工资了。

这种新的反对意见抱怨说，虚拟保险的设计仍然过多地依靠运气：天生挣钱技能很低的人，或出生在一个不利于锻炼挣钱技能的环境中的人，终其一生资源都会较少，即使在他们得到保险设计证
341 明为正确的补助之后依然如此。根据这种抱怨，我们需要一种更彻底而激进的福利计划。我们大概需要一种完全满足第二章讨论的“嫉妒”检验的福利计划，即让同样勤奋的人支配平等的资源，不管他们天生的技能如何。

这后一种抱负中存在着不同的理论难题，我在第二章对它们都有所讨论，我在这一章前面谈到的战略问题，则为它增加了进一步的难题，因为任何致力于使非自愿失业者的收入与有工作者的收入平等的政治计划，在实践中都将难免严重违反分配应反映选择的原则。想消除由技能造成的所有财富差别，而不同时消除由选择造成的差别，这几乎是不可能的，就像夏洛克（Shylock）[①] 想得到他的一磅鲜肉而又不流一滴血一样不可能。不过我们现在要把这些理论和实践上的难题先放一放，专注于这种反对意见带来的一个基本的原则问题。虚拟保险的设计有缺陷，是因为它给予那些真想工作但找不到工作者的补助不足吗？当我在第二章介绍这一设计时，我是有所保留的：我说过，平等主义者至少可以为这种设计所建议的补助数量进行辩护，但是我们也许能够找到另一种可以为更多的补助

① 夏洛克（Shylock）：莎士比亚《威尼斯商人》一剧中的放高利贷者，他要求无力还债的人按当初的约定割下一磅肉还他。——译注

辩护的分析工具。我们这里讨论的反对意见就提供了一个回过头来看看这个保留意见的机会。它们有多少道理？

虚拟保险战略的作用，不在于消除严酷的厄运——不是故意参与的赌博之厄运，而是来自生活本身的厄运——之恶果，而是仅仅想把它减少到谨慎的保险通常所能做到的程度。这项战略的目的是使人们处在风险平等的位置上，而不是完全消除风险。这一目的表现出对全体公民的平等关切吗？或者，真正的平等关切要求我在第二章所说的“拯救”措施，这需要共同体提供能够延长病人预期寿命的任何医疗服务，不管它多么复杂或昂贵吗？我指出，没有任何共同体能够实际遵守这种承诺而不使自身破产：它会把太多的钱用于医疗服务，再也没有多余的钱使其成员（既包括幸运者，也包括不幸者）过上美好而长久的生活。如果把拯救原则的补助不是运用于医疗而是运用于失业，就更难想象它要求什么，但是也许可以认为，它要求所有不是因为自己的过错而失业的人应当继续领到就业 342
时的最后工资，并根据通货膨胀不时进行调整。这一政策给共同体造成的成本，以及它对共同体经济的危害，都将是极为严重的。

给予人人平等关切的共同体应当如何对待风险，这种保险方案对此有着非常不同的理解。这种不同的理解在某些背景下似乎明显优于拯救原则。想象一种使人丧失能力的疾病，它既不是来自遗传，也没有阶级偏向，它会随机发生在任何人身上，但只发生在40岁以后；再假设一个财富得到公平的分配，并且其所有公民的年龄都低于40岁的共同体。保险设计要求这个共同体按照市场价格提供针对这种疾病的保险，或是通过私人保险公司，或是通过国家的一项公共计划，使每个公民都能为自己决定，是否购买这种保险以及购买多大数额的保险。这一方案对于每个人（大概除了那些行事轻率的人）来说，事先就优于拯救原则，因为它让每个人去选择自己希望用多大的牺牲——以保费的形式——得到多少未来的保护，这是他的自愿行为，他认为这样做是正确的，而不是强迫他接受任何人都不会为自己做出的集体决策。至少在这种情况下，这种保险似乎是一个给予人人平等关切的理想方式，但是它要求共同体把援助限制在只给那些后来染上此种疾病的人购买的保额（大概不包括向极轻率的人提供的家长主义援助）。如果在出现了第一个病例时这个共同体采用近似于拯救原则的政策，它实际是把一种保险制度在未来施行于每一个人，它比每个公民认为对自己来说正确而又恰当的保费昂贵得多。

现在来想象另一个故事：假设这种疾病有遗传因素——有某种遗传结构的人更容易患上这种疾病——但在没有发病之前，谁也不知道哪个具体的公民有这种危险的基因。现在我们必须区分主观利益和客观利益。共同体选择保险设计而不是拯救原则，仍然符合每个人的主观利益（他或任何其他人都知道的利益），但不符合（或不是同等地符合）每个人的客观利益。但是，为何会出现这种不同
343 呢？命运何时影响我们的生活为何是个很重要的问题呢？从公正的角度看，厄运是在做出保险决定之后发生，还是在我们不知道的情况下早就发生，这似乎没有什么不同。赌牌有各种玩法，玩牌的人把赌注下在摸到手里但未看到花色的牌，较之他们把赌注下在还没有摸的牌上的玩法，并不缺少公平性。所以，即使以这种方式改变

一下故事，保险方式似乎仍然是公平的。当共同体允许每个人按相同的条件购买自己所选择的水平上的保险时，它给予了他们平等关切，即使他们投保的厄运已经秘密发生。

现在再修改一下这个故事：想象一下预测谁有可能患病所必需的遗传信息很容易得到，因此每个人都知道谁将成为病人。当然，还得假设在共同体着手考虑采用什么样的补助政策之前，有些人已经患病。这时一般的保险市场为疾病提供保险的可能性不复存在。即使保险公司按相同的条件为每个人提供保险，也只有那些知道自己会得病的人才会购买它，这将导致保险公司破产，除非它们收取的保费高到未来的病人根本买不起。但是政府却能够采用这种虚拟保险的设计：它可以把这个故事加以改编，使它变得跟我们前面所说的两个故事一样。政府能够按照可以合理地假设第一或第二个故事中的人会购买的保险水平，为那些感染疾病或已经患病的人支付治疗费用。这种以假想的方式理解的保险设计，在这种情况下是否比另外两种情况更不恰当——更缺少对每个人的平等关切呢？

在前两个故事和第三个故事之间有两点相关差别。在前两个故事中，当政府最初决定采用保险方式而不是拯救原则时，公民不能抱怨说相反的决策对自己更有利；而在第三个故事中，有些公民就可以发出这样的指责，不管政府最初的决策出现在什么时候。此外，在前两个故事中，公民个人决定是否投保以及买多少保险，即值得冒多大的风险的决定，是他们自己做出的决定。而在第三个故事中，必须由政府为每个人做出这种集体决定，有些患病的人可能会说，假如他们有机会自己做出决定的话，他们会购买较多的保险。

344 这两种差别中的前一种似乎更为重要，然而这其实是一种幻觉，因为任何政治决策一旦做出就会不断重复。在第一个故事中，一旦出现第一个患病的人，共同体就可以改变想法，代他采用拯救政策，共同体在面对他的确定的特殊需要时决定不这样做，是一个需要新的理由的新决定。不错，第一个故事中的任何患病者，都有可能在患病之前已经从保险原则中获益——他已经从政府因为没有拨款用于拯救原则而能够为教育、创造就业的投资以及其他一些事情的开支中获益。但是第三个故事中的情况也是如此，因为即使那些天生命运不好的人，也分享着假如很久以前就采用拯救方案的话便不会发生的公共开支的利益。在第三个故事中，如果在患病者出生以前就已经采用拯救政策，他从各方面看也许会生活得更好。但是在第一个故事中，最后的结果对于患病者来说可能也是如此。正如当我们从第一个故事转向第二个故事时，客观的易患病程度之差别不会给公正所要求的事情造成差别一样，当我们从第二个故事转向第三个故事时，主观的易患病程度之差别也不会给公正所要求的事情造成任何差别。只有当我们把保险方案当作共同体的一项供个人采用的持久政策时，这一方案才是有意义的：甚至当他们和那种坏运气一起来到这个世界时，它也能为他们的这种坏运气提供保险。

我提到的另一种差别——在第三个故事中公民没有为自己做出相关的保险决定——更为重要。在前两个故事中与拯救方案相对立的保险原则的力量在于，它允许人们自己做出有关各种风险对于他们的相对重要性的决定，因此他们可以使自己的资源之用途适应他们自己的判断、抱负、爱好、信念和信仰。这使得保险政策在那两个故事中较之拯救原则有着更多的平等和自由的性质：这种办法同时促进平等与自由，因而生动地体现着本书的核心主张。但是在第三个故事中，人们是不可能为自己做出判断的。共同体必须为他们做出判断；它是本着一种反事实的精神这样做，试图对假如他们有机会的话他们有可能为自己做出的决定加以概括。但是在实践中，这不可能是一个个人化的心理学问题：我们如何判断一个了解自己 345
易患病程度的人，假如他没有这种了解的话会为自己做出什么决定呢？

一个从保险的角度理解平等关切的社会，必须把这个反事实的问题作为一个统计学而不是个人化的问题。它必须大体上问一下，在大多数人的需要、爱好和抱负不变的情况下，针对这种性质的风险，什么样的保额水平对于该共同体中大多数人或普通人来说是合理的。即使回答这样一个宽松的问题也需要判断力，并且不同的公民和官员会做出不同的回答。但是他们的回答会处在一定的范围之内。普通人会要求得到某种保险，例如它足以提供有望治愈疾病或大大缓解其后果的可靠医疗；但不会购买提供极为尖端或试验性治疗保额的“拯救”保险，因为拯救性保险的成本意味着即使他没有患上那种疾病，他也只能过一种没有喘息机会的生活。当然，这个共同体对普通人的做法无论做出什么反事实的判断，一个先天有病或有患病遗传倾向的人都会认为他会购买高于一般水平的保险，即使他不知道自己的主张。但是他几乎不可能认为他会购买接近于拯救性保险的保额；此外，既然不可能确定在那种保险以下他会购买比假想的平均保额高多少的保险，那么让他满足于后者似乎就是公平的。

但是，这一章的主题不是疾病而是失业，而这两个题目之间存在着一个重要差别。似乎可以正确地认为，疾病——即使是遗传性疾病——属于厄运，但对失业也这样认为似乎就太正确了。遗传的运气在决定一个人有多大可能找到一份合适的工作上，的确会起一定作用，因为挣钱技能在一定程度上，并且有可能在很大程度上是天生的。但是阶层和偏见却是一个不公正的问题，而非一个运气的问题，它们也对现代民主国家中的职业和收入分配起着重要作用。

但是对于我们的分析目的而言，我们必须区分这两种因素——运气和不公正。假如资源平等的核心特征能够实现的话，阶层就会
346 消失，至少会逐渐消失。如果能够制定并实施正确的公民权利法，偏见对就业的影响就会消失——在就业歧视受到禁止三十年后，与制定这一法律之前的情况相比，对妇女和少数民族的工作歧视在美国已大为减少。假如阶级和偏见不再有重要意义，我们这里讨论的那种反对保险方案的意见会更为普遍、更有相关性，因为确实仍有一些公民失业或只有工资相对较低的工作，这不是因为他们自己的过错，而是因为他们缺少适当的技能或没有处在恰当的时机和地点。这是他们运气不好，所以我们刚才阐述的在那种疾病的情况下赞成保险政策而不是拯救原则的论证，同样适用于失业。我们在这一节讨论的反对意见——保险原则没有表现平等关切——虽然可以理解，但却是错误的。

七、运气、阶层和下一代

我现在必须谈谈为何资源平等不会引起阶层差别。由于我们已经指出的原因，随着时间的流逝，这种平等观不会使公民的非人格资源达到平等，有些人因为自己选择了报酬更高的职业，或因为工作较多而休闲较少，或因为把钱用在成功而不是失败的赌博上，他们挣的钱会多于另一些人。此外，我们所研究的保险方案，目的在于让人们在交上厄运的事前风险上达到平等，而不是让他们在厄运发生后的处境上达到平等。因此，随着时间的流逝，有些公民就会变得比另一些公民更富有。按照虚拟保险方案制定的所得税，用来补助失业者和另一些纯粹因厄运而陷入不幸的人，会使收入和财富的差别不像现在美国和另一些成熟的经济体中那样突出。但是，有些公民会积累起比另一些公民更多的财富，如果他们能够把自己的财富以生前馈赠或遗产的方式自由地转移给自己的子女，这种差别就会趋于增加，并形成人们所熟悉的阶层特点。

什么样的合法政策可以阻止它发生？许多国家对馈赠或遗产征收资产转移税，这类税经常采取陡升的累进税率——在某些情况下，对富有的死者的房地产之边缘部分甚至达到100%，虽然最近几年里许多国家出现了降低这种资产转移税的趋势。但是并非显而 347
易见的是，根据资源平等的要求这种征税为何是正确的，以及假如是这样的话，它在什么水平上是正确的。如果制定并开征仿照虚拟的失业保险模式的所得税，如果这种税收所得用于向虚拟保险条件下有资格的受害者进行再分配，那么任何公民都不会拥有极不公正的税后收入。假如是这样的话，公民就可以从道德上自由地按照他们的愿望使用其财富——例如买高级轿车、艺术品或旅游——而不必进一步缴税。为何不应当让他们根据自己的愿望，在不必另外缴税的情况下，以某种特殊的方式——在活着或去世时把它用掉——利用自己的财富呢？

我们必须说：可以根据人们给予或留给另一些人的数量向他们征税，因为这种支出形式与其他支出不同，会在下一代人中间造成不公正。但是我们必须谨慎地定义不公正的含义，以及为何遗产税和其他资本转移形式的税是对这种不公正的正确修正。我们已经断定，平等的首要原则是：不是由于人们自己的选择或赌博，而是因为纯粹的厄运，使一些人在生活中可以利用的财富少于另一些人或处境不如另一些人，是不公正的。出生在相对贫穷的家庭、自私的家庭或挥霍无度的家庭，是一种厄运。为了接受这种观点，我们不必想象有些人投胎之前有着某种幽灵般的前世，这些神秘人物中有些运气甚好，投胎于勤奋、幸运而又大方的父母，而另一些则运气不济，投胎于贫穷、不幸或自私的父母。因为我们把遗传因素视为一个运气问题——人们天生就与之相伴的运气，无论它是好是坏；假如我们同意各种残疾属于不幸这一常识性的观点，我们也必须这样认为。就我们的分析目的而言，运气包括一个人的父母或亲戚的处境和品质，这就跟一个人的生理能力一样，都是运气问题。

就我们这里的目的而言，如果遗传是个运气问题，我们就可以用现在所熟悉的方式为遗产税或其他资本转移税进行辩护。在更接近于平等的社会里，他们能够购买针对遗产运气不好的保险，就像能够购买针对遗传运气不好的保险一样，所以我们可以构想另一种虚拟保险市场来为这种税收辩护，在这个虚拟市场上，人人可以按平等的条件购买这种保险。正像我们想象为残疾人订立契约的监护人和替未出生的人制定的失业保险一样，我们也可以想象订立遗产 348
保险的监护人，这种保险针对的是他们运气不好，出生在一个留给他们较少财产的父母家庭里。

但是，确定这种遗产保险的虚拟市场之性质有着更多的困难。我们首先应当问：人们为何需要这种保险，什么样的考虑会影响他们愿意为此支付的保费数量？我们可以说，这种保险所担保的损害是相对的而不是绝对的。我们假设人们已经决定购买多少健康或失业保险：我们不妨假设，他们决定，这种保险在一旦失业时能够提供有益但不十分复杂的医疗服务和略高于该共同体贫困线的收入是有意义的。他们还决定，保障更多的医疗服务或更高收入的保险，与他们付出的保费成本相比是不值的。因此，遗产保险的意义不在于保障从绝对数量角度看更高的生活水平，而在于防止处在阶层体系的底层这种不同而显著的伤害——防止生活在这样一个共同体中，那里的另一些人与他和他的子女相比非常有钱，从而也有很高的地位和很大的权势。但是，将当前的收入用于保费以防止相对劣势，对于人们来说是没有意义的，因为如我刚才所言，他们已经决定，用更多的钱保障更高的绝对收入是不明智的。

我们现在能够理解，为何以陡升的累进率征收遗产税是对这个问题的自然反应：在这种情况下，我们从熟悉的税收退回到了那种虚拟保险市场结构，它通过检验那种结构是否合理来为那种税收辩护。我们构想一个虚拟保险市场，在这个市场上，只有在投保人去世或做出自愿的馈赠之后，才支付保费，并且这时支付的保费是根据馈赠或遗赠的资产来计算的，保费比例从较少的馈赠或地产的零比率开始，对巨大财产的边缘部分则实行极高的比率。这种安排允许人们投保，其保费对他们的生活没有什么影响，也就是说，人们不必牺牲为自己及配偶制定的目的和抱负，对于他们来说一般不必为馈赠或遗产支付保费。

当然，大多数人都关心自己孩子的福利，而且经常超过对个人福利的关心，如果必要的话，他们愿意为自己的孩子节省开支甚至做出牺牲。但是这种动机有利也有弊。它使人们在付费日期来临时
349 有理由不想支付遗产保险的保费，它会用尽他去世时留下的所有财产。但是它也提供了有力的理由投保，它可使人们的生活有平等的起点，或不会因其父母的失败或运气不佳，从一开始就遭受挫折，无法为自己和子女创造美好的生活。在任何情况下，陡升的累进制保费方案都会为他们提供保障，使他们本人的工作和成功惠及子女；他们以高累进制的保费投保的唯一风险，是无法让自己子女的财富大大多于子女的同代人。

可见，人们所熟悉的遗产税的性质，确实表明一个虚拟保险市场有着反事实的合理性。此外，这个市场最合理的形式反过来也提示着遗产税应当采取的更为具体的形式：它提示遗产税既应采用累进制，也应定在相当高的水平上，以防止经济分层的形成。这就是

保险方案的要点所在。在许多国家，遗产税已从历史高水平下降，而我们的分析证明，这种下降可能是不公正的，不管它在政治上多么受欢迎。我们的阐述也向政府提议，应当如何使用从馈赠和遗产税中得到的钱。它不应当把这些钱用于支付医疗或失业福利，按我们的分析，这应当由所得税来承担。政府应当用遗产税改进公共教育、准备就业的教育和培训，以及征税之后依然存在的经济分层的影响。

八、保险与功利

为防止误解，仍需强调的是，虽然这一章阐述的平等关切的观点确实重视保险手段的事前福利，但它并没有把资源平等变成包括功利主义在内的任何形式的福利主义。用保险手段应付我们讨论的各种不同问题的共同体，与采用拯救原则的共同体相比，当然会保障更大的集体福利，无论我们选择什么样的福利观。但是这种战略的要点是针对个人而非任何集体目标的公正，因此不太可能达到以
集体功利最大化为目标的方案所建议的水平。功利主义者会认为， 350
用于再分配的税收模仿为每个人提供条件平等的保险的保险市场是不合理的。现实中的人们之间在主观风险和客观风险上的差别，在任何功利主义计算中都有着头等重要性，但是对于我们现在所理解的平等关切来说，它丝毫也不重要。

注释：

[1] Personal Responsibility and Work Opportunity Act of 1996，Public Law no. 104－193，110 Stat. 2105.《1996年个人责任和工作机会法》(Personal Responsibility and Work Opportunity Act of 1996) 以“我们所熟悉的福利的终结”这一说法而广为人知。我在本书其他部分使用的“福利”这个概念，是指它在哲学和经济学文献中获得的更为专业的含义。不过在这一章里，我从更常见的政治含义上使这个概念，它指向需要者转移资金的各种政府计划。

[2] 我在第二章和第七章详细阐述过这一区分。

[3] 下面的内容是对第二章详细阐述过的虚拟保险方案的总结和改写。

[4] 参见 Ronald Dworkin，“Do Liberty and Equity Conflict?”，*Living as Equals*，ed. Paul Barker (New York：Oxford University Press，1996)，p. 39。

第十章　言论自由、政治及民主的各个维度

一、引言

1. 世纪末的美国政治

我们的政治是不光彩的，金钱是问题的根源。我们的政治家在 351
每一轮选举中，需要、募集和花费的钱越来越多。1998 年中期选举再次证明，拥有或募集金钱最多的候选人几乎总可以获胜。一轮竞选甫一结束，官员们便开始为下次选举募款，经常把更多的时间和精力用于这项工作，而不用于当选后所应履行的职责。此外，他们把募集到的大笔竞选经费用于电视广告，它经常既消极又空洞无物，用各种口号和漂亮说辞代替论证。

政客们当选所需要的钱越多，他们就越需要富人的赞助，这些赞助者对他们当选后政治决策的影响也就越大。联邦法律确实限制公民个人和团体的政治竞选捐款数量。但是新的更大的漏洞使这些限制一年比一年失去效力。近年来，候选人和献金者找到了“软钱”（soft money）漏洞，它使献金者——不仅是个人，还有社团和工会，它们是被禁止提供政治捐款的——可以为政党或委员会提供不受限制的捐款。政党把这些捐款用于“评论式广告”（issue advocacy）的媒体战，用准确的语言说，它不是巧妙地争取支持或反对任何候选人的选票，而是以毫无节制的热情臧否候选人，最后经
352 常建议听众“告诉”受到抨击的候选人改弦易辙。这种“评论式广告”的手法使得对政治捐款长期有效的法律控制变得形同虚设。在1996年的总统选举中，两个主要政党的候选人都利用这种漏洞，不但规避捐款限制，而且规避他们的法定义务，即遵守对竞选开支的自愿限制以获得联邦资金，因此《纽约时报》把这场选举称为美国历史上最腐败的一次选举。

联邦选举委员会（Federal Election Commission）的工作人员建议强迫克林顿和罗伯特·多尔（Robert Dole）的竞选班子退还捐款，但整个委员会没有接受他们的建议，他们的决定肯定会使人们在2000年的总统选举中看到软钱（soft money）手法有增无减。两党中那些想成为总统候选人的人，已经组成他们自己的政治行动委员会，使各种社团、工会和富人能够捐出大笔金钱用于有利于他们的评论式广告，用来反对他们主要的或一般的竞选对手。

对金钱在美国政治中的重要作用感到吃惊的另一些民主国家搞

不明白，我们为何不能像它们那样，干脆为候选人可以合法使用的竞选经费设定一个上限。阻止金钱支配政治、阻止强大的社团和工会等团体从捐款中获益的最有效办法，就是减少政客对金钱的需要，而做到这一点的最有效的办法是限制政客的开支。国会在1974年水门事件后确实进行过限制。但是还不到两年，最高法院就在“巴克利诉瓦莱奥案”[1]中裁决这种经费限制违宪，因为它违反了美国宪法《第一修正案》中的规定，即国会“不得制定”剥夺言论或结社自由的法律。最高法院说，禁止政客或其他人把钱尽可能多地用于表达自己的政治信念和政策，是限制了他们的言论自由。就算最高法院赞成经费限制，管制竞选经费还是会带来许多问题。但是我刚才提到的对选举经费进行严格限制的另一些民主国家的经验表明，这种限制是可行的。

许多（虽然不是所有）宪法学家相信，禁止经费限制的“巴克利案”裁决是错误的，他们希望它以后会被推翻。但是，以为它会被彻底推翻，至少在一段时间内未免过于乐观。更为合理的设想是，随着把这项裁决视为错误的看法逐渐普及，对它有可能重新进行解释和限制，允许做出更多的管制。然而重要的是先来考虑一下这个问题：“巴克利案”是否错误？如果它是错误的，那么它错在 353
哪里？因为对这一裁决的许多批评忽视了支持它的最强大的论据。我们只有在搞清楚这些论据之后，才能理解这项裁决在许多学者和法律界人士看来为何非常错误，而在最高法院和一直为它辩护的另外许多学者和法律界人士看来，它又是如此正确。事实上，在“巴克利案”上存在着深刻而重要的法律和政治分歧，因为不管我们认为它是对还是错，这都取决于我们如何理解美国民主制度的性质和《第一修正案》在捍卫和维护这种民主中发挥的作用。我们对一个哲学问题——何为最好的民主观——的回答，不但对于我们是同意还是反对限制竞选经费，而且对于我们同意还是反对控制我们的选举过程的另一些方式，很可能有着决定性的意义。

2. 提出证据

经费限制违宪的“巴克利案”裁决所依靠的最强大的证据，是一个有关实现和维护民主的十分常见的战略性假设。我把这一假设[仿照著名的联邦大法官、博学的汉德（Learned Hand）的说法]称为“民主赌博”（democratic wager）。它认为，维护民主的最佳原则就是禁止政府为了维护民主而限制或控制政治言论。因此，它禁止采用限制有钱的候选人或政党经费而使选举更公平的法律。这一原则也许看起来令人迷惑不解：当政府认为限制政治言论的做法本身促进民主时，用阻止政府做出这种限制的办法怎么会促进民主呢？但是这种赌博假设，对政治言论的限制有可能伤害民主，即使它本来的意图或真或假是要促进民主。这就是汉德所说的“我们倾其所有”下的赌注。因此，它采用了禁止我们的政府用这种手段使我们的政治体系更民主的做法。虽然即使政府可以出于其他原因——比如为了维护国家安全或私人名誉——而管制和限制言论，但它不能基于这一特定理由而限制或控制言论。正如最高法院在“巴克利案”中所说，“为了加强我们社会中一些人的发言权而限制另一些人的言论，完全不符合《第一修正案》的精神”。

如果我们接受这种民主赌博，则我们必须承认“巴克利案”裁决的这一强大的论证。我们应当接受它吗？假如我们像许多政治理论家那样，仅仅把民主理解为一种用来贯彻多数人意志的政治安排，则我们大概应当接受它。但是，假如我们拒绝这种多数主义民主观，赞成一种有着更大抱负的民主观，即把民主理解为一种实行集体自治的伙伴关系，每个公民都有机会成为积极而平等的合伙人，那么我们就应当否定这种论证。我们应当采用一种更为精细、虽然过于严格但也更有分辨力的标准，用来判断在什么情况下应当允许政府为了民主的利益而管制政治言论。这种标准将允许对政治竞选经费进行合理的限制；它将清楚地表明，为什么“巴克利案”的裁决从原则上说是错误的，现在就应当被推翻。 354

我不认为言论自由只有工具性的价值，仅仅是达到更重要的目的的手段。相反，这种自由本身是一项基本人权。言论自由和民主之间不是一种工具性的关系，而是有着更深层的关联，因为言论自由所保护的尊严是正确理解的民主之要素。除非我们对言论自由和民主这两种价值做出统一的解释，努力理解一方在解释另一方中的作用，否则我们不可能充分理解言论自由或民主，或被正确地理解为整个宪法之一部分的《第一修正案》。[2]这两个概念以这种方式联系在一起的假设本身，就是美国宪政实践的一部分：我们认为美国宪法建立了一种独特的民主形式，我们对《第一修正案》的评价是，它有助于促成和规定这种形式。当然，言论自由还服务于另一些目的。比如，许多人和约翰·斯图尔特·密尔一样，认为采用自由市场战略的社会，较之否定或限制这种战略的社会，在发现真理上更有成效。但是言论自由和民主的关系一直是《第一修正案》的法学核心。

我想从两个方面减少这种法学讨论的抽象性。第一，我要描述一下批评者为改革美国选举法而提出的各种建议的一般形式。这些建议既可以作为我所讨论的原则的具体体现，也可用来检验这些原则；最后我们可以思考一下，假如"巴克利案"不再阻碍那些建议的落实，我们应当如何评价这些建议。虽然在目前的政治气氛中，国会不太可能采纳任何这类建议，但评价一下我将要描述的不同民
355 主观如何影响着这些不同的改革在原则上的可欲性，还是有启发意义的。第二，在下面的讨论中，我们不但要问，从抽象的政治道德角度看，哪一种民主观和言论自由的作用观在保护民主中更为优越，还要问，哪一种民主观和言论自由的作用观为美国的宪法与司法实践提供了更好的解释。因此，我要解释一下包括"巴克利案"裁决在内的一些最高法院的裁决，以此来具体说明和深化那些理论主张。

二、提议中的改革

人们所熟悉的改革建议可以概括为以下四类。

经费封顶。在每一个选举期，候选人和政党的全部经费应当被限制在规定的总数以内。经费上限必须宽松到足以使不知名的候选人和政党能够让公众注意到他（它）们和他（它）们的立场；也必

须规定得相当低，足以使没有大量资金可用的候选人和政党不至于被赶出竞技场。

捐款和协助性开支。应当继续限制个人对政治竞选运动和政党的捐款，特定候选人的竞选运动的协助性开支，必须根据这一限制来计算。为此必须规定，除了竞选班子的其他活动外，协商活动还包括候选人的广告、游说和组织工作中的顾问磋商会或恳谈会。应当堵住“软钱”漏洞。

独立经费。当然应继续允许个人和政治行动委员会把他（它）们自己的钱用于政治宣传。但是对每个人在一个选举期内用于提到某个政党或全国性公职候选人的评论式广告（advocacy）的费用，应做进一步的明确限制。个人赞助的这些评议委员会或团队在一个选举期的花费，应被计入对个人做出限制的总额。

用于政治广播的有条件的公共资金。候选人和政党应当获得慷慨的公共竞选资金，但是只应给予那些同意在选举期不从事通常的竞选商业广告宣传——在电台和电视正常节目中插播的短广告，这 356
已经成为我们的竞选主料了——的人。接受这种资金的人可以代表一个候选人或政党，在选举期内自由地进行时间更长、更有实质内容的政治广播。这种政治广播应是独立的节目而非在另一些广播中插播的商业广告，它们至少要持续 3 分钟以上，由政党候选人或官员对着镜头或麦克风做广播讲话。在这种条件限制下，应当把这种资金平等地提供给主要政党，以及按公众支持比例提供给另一些政党。

前三条建议直接针对金钱在我们的选举中的作用，要求对竞选经费和捐款进行限制。第四条建议更进一步，规定了影响电子媒体政治学的形式条件。它对言论表达的某种媒体——电视和电台——与其他媒体做了区分，其目的不仅在于减少金钱对选举的总体影响，而且要通过消除空洞的政治性商业广告，以改进政治辩论的性质和品质。因此，第四条建议比前三条似乎更麻烦一些，因为《第一修正案》特别反对管制政治言论内容的做法，而鼓励政治家用实质性论证来代替空洞说辞，就可能被认为是在管制言论内容。虽然经费封顶确实限制了政治言论的数量，但它对政治信息的形式却是中立的，因此允许把经费用于发布言论。从这个意义上说，最后一条建议设定的条件不是中立的。它对电子媒体做了特殊限制——虽不是直接禁止，而是为公共资金设定条件；做出这种限制是为了影响政治言论的形式，使其更有论辩性，尽管这不是针对任何具体的政党、立场或信念。最后一项建议导致了涉及《第一修正案》的争议，即使“巴克利案”裁决被推翻，也可以认为它有着严肃的意义。

三、民主是什么?

民主如今在全世界受到不同寻常的欢迎。但对于民主是什么，人们却存在分歧。这些分歧出现在不同的文化之间时，往往还十分
357 严重，甚至在成熟的西方民主国家，分歧也相当严重。有些美国人
相信，拥有宣布立法违宪之权力的法院对立法机构的司法审查，破

坏了民主制度；另一些人则认为司法审查有助于民主的完善。美国人和欧洲人在比例代表制、联邦制或各类选民创议权使代议制政府更民主还是更不民主上，都存在着分歧。

对民主是唯一可以接受的统治形式这一点的普遍认可，掩盖了对其性质的更深层分歧。关于如何正确理解《第一修正案》，包括限制竞选经费是否合宪的论证，在宪法学家中存在的许多分歧，完全可以被解释为这些有关民主的更一般性的分歧之结果。当然，详尽表述一种民主观的法学家甚少；他们都在依靠民主是什么的直觉。但是这些直觉式的理解也大不相同。

我们都说民主的意思是民治，而不是某个阶层、某个家族、某个暴君或将军的统治。但是对“民治”可以从两种截然不同的角度加以理解。根据一种观点——“多数至上论”的观点——它是指最大多数的人民的统治。按照这种多数至上论的观点，民主的理想在于政治决策符合多数的意志或意见的多元性。我们可以为民主的这种一般性解释构想出不同的版本。其一是民粹主义版本：按照这种版本，一个国家的政府实行的法律或政策得到了最大多数公民的赞成，它就是一个民主国家。但是这种多数至上论的民主观的一个更为复杂的版本认为，除非公民有适当的机会了解实情并做深入思考，不然多数人的意见就不能被算作他们的意志。按照这种更为复杂的解释，只有当一个国家的制度给予公民这种机会，并允许大多数公民选择官员以制定符合他们的意志的政策时，它才是一个民主国家。这种复杂的解释显然比民粹主义版本更有吸引力，而且我在这一章讨论多数至上论的民主观时，心中想到的也是这种复杂的解释。

358 我把另一种非常不同的、对立的民主观称为“合伙制”（partnership）民主观。按照这种合伙制的观点，“民”治是指全体人民的统治，他们作为充分平等的合伙人，在一项集体的自治事业中共同行动。这是一种比多数至上主义观点更抽象、更成问题的观点，而且我们就会看到，它更难以切实说明应把什么状态作为民主的理想。但是我们应当立刻指出，在多数至上论的民主观和合伙制民主观之间，存在着一个重要而又相关的差别。

在成熟的民主制度中，公民发挥着两种重要作用。首先，他们是政治竞赛的裁判，他们在正式选举、全民公决或其他形式的直接立法中做出的判断，通常有着决定性意义。“民意”意味着有这种能力的公民的相关意见。但公民也是由他们充当裁判的政治竞赛的参与者：他们是候选人和支持者，他们的行为以不同的方式促进民意的形成，决定着其他公民如何投票。多数至上论的民主观只关注这两种作用中的前一项。在我所描述的更复杂的版本中，它坚持只要行得通，最大多数人在知情和做过思考后的意见，应当决定着谁来当政以及当政后应当做些什么。但是它没有进一步顾及在形成别人的意见方面必须允许公民个人和团体发挥什么作用。合伙制的观点兼顾这两种作用，因为它假设在真正的民主制度中，公民必须作为平等的合伙人，在形成和塑造民意中起一定的作用。

四、民主和言论自由

1. 言论自由和多数至上论的理想

言论自由在多数至上论中起着显而易见的作用。对民主的这种理解，要求给予公民机会，使他们对自己的选择有尽可能充分的了解并进行思考，无论是以个人还是集体的方式。一个令人信服的战略性判断是，提供这种机会的最佳方式就是，允许每一个希望向公众表达意见的人这样做，无论他采用什么方式和投入多少时间，无 359
论政府或其他公民认为他的见解多么不受欢迎或没有价值。当然，这种战略不可能是绝对的。言论自由有时必须服从另一些价值，这包括安全，大概还包括私人的尊严权。在这种情况下，禁止或管制言论的法律，有可能造成影响公众对官员或其政策的判断力这种偶然结果。然而这是出于不同理由而做出的限制之令人遗憾的副作用，那些理由与后者没有关系。

但是，打算用来促进民主的管制手段，比如我前面谈到的那些改革选举的建议，则是要故意用某种方式改变民意。它们的目的不是让公众在任何特定选举中做出完全不同的裁决。但是既然它们抨击它们所认为的民意形成过程中的缺陷，那么它们的目的就是让民意发生本来不会发生的某种变化。例如，改革家们要限制竞选经费，因为他们认为有钱的候选人和团体左右民意的能力太强。因此，他们假设，限制富人的开支至少会使一部分公众的想法或要求发生变化。这种限制大概不会有利于某个政党或某种政治前景：用宪法学家的话说，它仍可以在观点上保持中立。但是它肯定会改革民意。这也正是他们的用意所在。可见，这种建议给多数至上的模式带来了如下问题：允许做出减少选举言论总量的法律限制，当这种限制的目的是使民意不同于没有这些限制时的情况时，它与那种民主观相符吗？

多数至上论对建议中的选举制度进行检验的办法，是问一下这种制度是否能够反映多数公民在有充分的机会进行了解和思考后做出的选择。假如我们接受这种检验方式，我们就需要更准确地说出什么条件能够提供这种最充分的机会。对于这一目标来说，什么形式的公开辩论最为理想呢？任何特定的制度在多大程度上符合这一理想？

我们可以考虑一种着眼于结果的回答：我们可以说，理想状态是这样的状态，它最有可能使公民的投票符合他们自己“真实的”或“真正的”的利益。如果我们只限于关心公民的经济利益，我们可以使这种建议具有一定意义。例如我们可以认为，有些税种或经
360 济政策的实际作用损害了大多数公民的利益，尽管我们知道有充足的钱做广告的政客有可能说服他们相信相反的意见，但我们可能理智地思考，哪一种选举管制形式最有利于防止这种欺骗。这种着眼于结果的研究有何教益，是难以预见的。例如，我们可以断定，给予所有政党和候选人平等的时间陈述己见的方案，最有可能使公民做出正确的结论。我们也可以得出更令人吃惊和更没有吸引力的结论——例如，彻底剥夺富人候选人的言论资格的方案，将能提供最

佳保护。但是我们不必讨论这种可能性，因为在任何情况下，着眼于结果的战略都不可能考虑公民本人狭义的经济自我利益以外的利益和信念——例如它们不可能考虑公民对经济公正、外交政策或人工流产所持的信念。这是因为，把具体的公民有什么“正确的”或“真实的”政治、社会或道德信念作为一个事关重大的事实，是没有意义的，这一事实不必通过他回答某个问题或进行投票就可以确定。既然只有在哪怕是最低限度的公众辩论之后，才能进行这种民意测验或投票，那么我们便无法确定什么样的辩论制度最有可能产生“正确的”回答而又不会引起有利于某种这类制度的问题。

因此，为了使多数至上论采用的检验切实可行，我们需要另一种策略；为了做到这一点，我们必须把两个领域结合在一起：首先是有关一般性出色推理之条件的假设，其次是构成多数至上论的民主观本身之基础的假设。我们从经验中知道，有些思想实践和环境比另一些更可能产生对一般问题的出色推理。例如，当科学家、历史学家和面对实际决策的人把自己的结论建立在更全面而不是有限的相关材料上，当他们长时间深入思考和检验这些结论，而不是轻率做出断言，这时他们就会做得更为出色。我们没有理由不去假定，出色推理的这些一般性条件既然适用于任何事情，那么也适用于政治判断。因此，多数至上论能够同意政府对政治过程的任何干预——例如对传播资金不足或不流行的意见给予补贴——只要它们为公众提供了接触本来得不到的信息、论证或呼吁的机会。

也可以采用一种赞成经费限制的类似论证：我们可以认为，假如公意能够听到各方意见，它就可以做出更好的推理。但是细想之 361

下，这种论点是非常脆弱的。不错，我们能够设想限制富有的候选人做广告可以防止选民犯错误的状况：譬如说，这种限制能够阻止财大气粗的候选人在许多地区做虚假广告而他们的穷对手无法一一回应的状况。但是我们也很容易想象另一种状况，这些限制会妨碍一些选民得到他们认为有价值的信息。即使在电视上无休止地重复的政治信息，在每一次重复时看它的人中间，至少总会有一些过去从来没看到它的人，因此这个信息对这些选民来说可能是有价值的。可见我们不能事先宣布，为了使所有的候选人更平等而减少政治信息的总量，一般而言可以提高选民进行清晰思考的能力。

在任何情况下，我们都不能像支持选民得到的信息越多越好这种观点那样，通过求助于有益的思考方式的一般原则来支持这种建议。没有科学家、历史学家或实际决策者，会仅仅因为赞成某种假说或决策的文献多于赞成其对手的文献，便避免阅读所有赞成那种假说或决策的材料，即使他知道生产这些文献的团体是因为某种不相干的原因而有更多的金钱。他在评价自己阅读的材料时，可以考虑到那个事实，但是他不可能为此而限制自己的阅读。他会相信自己受到约束的判断力。

诚然，在某种背景——例如上诉中的法律举证和正式辩论——下每一方都有平等的时间。但是这种背景有两点特殊性。第一，留给上诉举证或正式辩论的全部时间是固定的，因此一方占用的时间必然是另一方的损失。相反，虽然由于实践方面的原因，任何选民花在政治上的时间都是有限的，但这种限制并不是正式的或严格的，允许富有的候选人做更多的广播宣传，并不意味着选民没有能力把同样多的注意力花在较穷的候选人在经费平等的条件下所提供的广告上。第二，在法律举证和正式辩论中时间平等的规定，其主要理由是对各政党和参与者的公平性的另一种关切：使每一方为自己辩护的机会不多于另一方是公平的。对公平性的这种关切有别于对准确性或出色推理的关切。合伙制民主观认识到了这一点，但这 362
里所讨论的多数至上论的民主观则没有认识到。

可以被多数至上论用来定义政治辩论之理想条件的第二种思想体系是民主理论本身。必须让人民自由地为自己做出判断，而不是让任何官员或阶层去塑造他们的思想，这一民主要求意味着公民必须享有这种个人自由。允许立法机构——即使它代表多数的意志——向公民个人发出指示，告诉他们在考虑如何投票时应注意什么，这与那一假设是不一致的。立法机构阻止公民个人观看某个候选人愿意且有能力提供的尽可能多的政治广告，这种做法也与那一假设不一致。审理“巴克利案”的法院再次指出了这一点，因为它的裁决鲜明地赞同多数至上论。“在一个受宪法统治的自由社会，必须由人民——从个人角度说是公民和候选人，从集体角度说是各种社团和政治委员会——而不是政府掌握对政治竞选运动中公共辩论的数量和范围的支配权”。按照多数至上论，限制政治辩论数量的唯一证据是一种家长主义的、不可接受的论点，即如果政府对人民听到的东西加以限制，这能够使他们更清楚地思考。（合伙观不需要这类假设，因为它在为限制经费做辩护时，求助于对政治竞争之公平性的另一种独立关切。）

由此可见，多数至上论的支持者在赞成限制经费时可能考虑的两个理由——健全推理之条件的一般性假设和包含于多数至上论本身的一般性前提——都没有为这种限制提供任何有说服力的论证。相反，它们共同组成了一个有利于我前面提到的民主赌博，即作为“巴克利案”裁决之前提的赌博的强大证据。

2. 合伙观：民主的三个维度

多数至上论的民主观是非常流行的——它是得到政治科学家和哲学家最多赞同的观点。因此，不必惊奇，许多法学家和法官都觉得“巴克利案”反对限制经费的裁决是正确的。然而，同样普遍的
363 印象是，“巴克利案”裁决是错误的，这意味着也有许多法律界人士和普通人，至少从本能上反对这种民主观。我在别处说过，多数至上论有着严重缺陷。[3]我们几乎所有的人都认为，民主是一种有价值的甚至不可缺少的统治形式。我们认为值得为它而战，甚至值得为它而死。我们需要做出一种理解，为我们证明为何民主如此之好。多数至上论未能做到这一点，因为一个允许人民中的多数把其意志强加于少数的过程，并没有内在的价值。多数统治本身既不公平也没有价值：只有当满足某些条件时，这包括参与多数决定的政治过程的人之间的平等要求，它才是公平而有价值的。

因此，我们现在必须探讨一种相反的合伙制民主观，它坚持认为这些条件是真正的民主的要素。按合伙制民主观，允许公民通过一种人人都是积极而平等的合伙人的合伙制进行集体自治的制度，就是民主的制度。我承认这是个非常抽象的目标，它可以用非常不同的制度组合，在不同的程度上得到实现。英国的民主在结构上不

同于美国的民主，而这两种民主在结构上又不同于南非的民主。然而它们都允许一定程度的合伙制民主，尽管它们都不允许彻底的合伙制。我们在检验一个社会建立合伙制民主是否成功时，不是用单一的标准——比如我在说明多数至上的建构时构想的标准——来衡量它的各项制度，而是要根据一组包含着不同维度的更为复杂的理想。

合伙制民主的第一个维度是人民主权，它是指作为一个整体的公众与组成政府的不同官员之间的关系。合伙制民主要求人民而非官员当家做主。当18世纪现代民主出现时，要求平等的革命口号指的就是这种平等：那时民主的敌人是基于世袭或等级而享有特权的人。多数至上论也要求人民主权，但是它不把这种主权定义为全体人民同其官员的一种关系，而是定义为最大多数公民最终贯彻其想法的权力。

合伙制民主的第二个维度是公民平等。在民主制度中，公民虽 364
然享有集体主权，但是他们也作为个人参与他们共同充当裁判的竞争。公民平等要求他们成为平等的参与者。平等的这一维度的独特重要性，只是在民主后来的历史中才显现出来，那时人们已经不再争论握有最终统治权的是全体人民还是君主或独裁者，但是仍然不太清楚应当如何在作为个体的公民之间分配集体权力——在做出集体决策以及形成民意和公共文化的各种政治过程中，应当授予谁投票权和发言权。成熟的民主国家现在断定，从原则上说，全体公民几乎毫无例外地应当拥有平等的投票权。多数至上论的民主观坚持平等的普选权，因为只有这样，选举才有望反映最大多数公民的意志。合伙制民主观也坚持平等选举权，但是它要求公民不但充当政治过程的平等的裁判，而且充当这些过程的参与者。这不是说每个公民必须拥有对其他公民的思想的同等影响力。[4]一些公民，要么是其声音特别令人信服或更能打动人心，要么是因为特别讨人喜欢，要么是因为全心全意投身于政治和公共服务，要么是因为阅历丰富或投资于新闻业，所以拥有更大的影响力，这既无可避免，也是件好事。以这些方式获得的特殊影响力本身，与合伙制民主观并不矛盾。[5]（相反，我下面介绍的民主的第三个维度不可能取得成功，除非鼓励特殊的影响力。）但是，当有些公民团体由于缺少资金同富人或强大的捐赠人竞争，从而没有机会或只有极少的机会为他们的信念而呼吁时，合伙制民主便受到了伤害。当一个人因为付不起昂贵的发言价格而被排挤出政治辩论时，他无法合理地认为自己是一项自治事业中的合伙人。

民主的第三个维度是民主对话。真正的集体行动需要交流：如果以每个公民都是政治事业合伙人的方式实行人民的集体统治，那么他们在集体行动之前，就必须作为个人一起思考，这种思考必须集中于赞成或反对集体行动的各种理由。因此，那些在某个问题上
365 失败的人，能够满足于自己有机会说服别人但没有做到这一点，而不是仅仅满足于自己是少数。假如公民不能在一个鼓励人们注意其发言之优点的制度中，对共同体发表看法，民主便没有提供任何真正的自治形式。假如公众的对话受到新闻检验的限制，或蜕变为叫骂与诽谤的比拼，各方只想歪曲或压倒对手的言论，那也不可能存在集体自治，不可能存在任何形式的集体事业，它只能是以不同的

手段进行的选票大战。

当然，对合伙制民主的这一简短说明，是一个包含着三重成分的理想化说明。没有哪个国家已经或能够做到公民对官员的完美控制、公民之间完美的政治平等或不受非理性玷污的政治对话。美国不存在充分的人民主权，因为我们的政府仍然握有向我们隐瞒那些它不想让我们知道的事情的权力。我们没有充分的公民平等，因为不公正分配的金钱在政治中的作用太大了。我们甚至没有值得尊重的民主对话：我们的政治更接近于我所说的战争，而不是公民的辩论。但是，当我们判断《第一修正案》在根据合伙制观点改进民主，当我们努力让它至少更接近于那种无法实现的纯粹统治形式时可以发挥什么作用，这时我们必须牢记那个有着三重成分的理想。

3. 民主合伙制中的言论自由

按合伙制观点，一国民主制度中的这三个维度中的每一个，都受着它所制定的用来鼓励与保护政治言论的宪政和法律安排的影响。人民主权要求人民而不是官员掌握最终统治权。但是，如果允许官员把批评其决策的意见当作“煽动骚乱”加以惩罚，或允许他们禁止发表有可能导致这种批评的信息，或取缔有可能揭露其错误和罪行的新政党或报纸，则人民就失去了权力，或不能充分行使权力。因此，禁止官方进行新闻检查以保障言论自由的宪政结构，保护着公民作为主权者的民主角色。

言论自由也有助于保护公民平等。公民从原则上说能够自由表达相关意见，无论另一些公民多么反对、憎恨或害怕这些意见，这

366 是民主合伙制的关键所在。赞成检查制度的许多压力，不是来自官方想对人民保守秘密的意图，而是来自公民中某个多数因为不喜欢另一些人的看法而产生的欲望。例如，那些想通过法律禁止新纳粹游行或种族主义者的团体就有这种抱负。然而这种法律有损于民主，因为假如公民中某个多数认为其同胞的观点有危险或令人反感，就有权剥夺他表达的权利，那么这个人在权力竞争的辩论中就处在不平等的位置上。对于我们要求受到我们法律约束的每个公民，我们必须允许他们在制定这种法律的过程中有平等的发言权，即使我们对其观点的厌恶是正确的，不然我们就失去了对他实行这种法律的权利。言论自由是这一原则的落实，从而保护着公民的平等。

有些人认为，压制某个种族、群体或性别的意见——经常被称为“仇恨的言论”——的表达有损于公民平等，因为它不但侵犯了那些公民，而且伤害了他们自己平等参与政治的能力。例如，据说种族主义者的言论造成了受其攻击的少数族群“失语”。这种笼统说法的经验效力是不确定的：这种言论对他们有多大作用，并不十分清楚。但是，认为允许有心理伤害作用的政治言论自由传播侵犯了这种平等，无论如何都是对公民平等和合伙制民主观的严重误解。公民平等不能要求公民受到言论审查的保护，不受让他们的观点在公平的政治竞争中更难以引起别人注意或有损于他们自己的看法的那些信念、信仰或意见的侵扰。除非我们彻底禁止言论或意见的表达，否则我们不可能总结出这种保护权——例如对保守的基督徒就不能以这种方式加以保护。我们必须共同抨击各种成见和偏见，但不能以这种方式。

但是，公民平等确实要求，不同的公民团体在努力赢得人们对其观点的注意和尊重时，不应因为一种环境而处于不利地位，在这种环境中他们远离意见和辩论的本质，或远离正当的影响力资源，譬如财产。经验表明——最近的选举再生动不过地说明了这一点——任何团体的政治成功都直接与其经费数量尤其是用于电视和电台的经费有关，这一因素使解释政治成功的所有其他因素相形见 367
绌。这是限制政治竞选经费的民主辩论中的核心问题。

言论自由与民主的第三个维度——民主对话——之间的关系也很复杂。政府有可能愿意采用的一些言论管制措施，包括限制媒体的民调能力的法律，会因为剥夺民主对话的信息及其多样性而对它造成伤害。但是，除了喋喋不休的口号和套话外没有任何辩论的、低劣的政治商业广告，造成我们的公共对话品质下降，也有损于我们对话的辩论性质，一些间接管制对话的形式，如我开列出的最后一项建议，有可能阻止这种损害。

由此可见，在言论自由的宪政安排和有着不同维度的合伙制民主的品质之间，存在着一种复杂而微妙的关系。假如我们把这种安排作为新宪法的一部分来构想，则我们必须在三种战略之间做出选择：我前面谈到的民主赌博；允许管制政治言论的“平衡”观，这种管制有损于民主的一个维度，但能够改进其另一个维度，人们认为它的综合效果是从总体上增进了民主；或把这两种战略的要素结合在一起的更有区分性的观点。

我们应当接受一种平衡的立场吗？它允许采取对民主的一个维

度有所损害的管制，如果它从总体上促进了民主的话。抽象地说，支持这种平衡的证据似乎十分强大。保障言论自由在任何情况下都不可能是绝对的：我们不能废除为保障国家安全或个人隐私而进行的合理管制。此外，我们很可能出于一些不那么紧迫的理由而保留一些管制：我们很可能同意“时间和地点”的限制，如夜间的高音喇叭广播。如果这些限制是可以接受的，因为它们是为了一些有益的目的，并且从总体上没有损害民主，那么我们为何不应把另一些能从总体上实际促进民主的管制作为例外来对待呢？

但是，对这种论点有两个强有力的回答。第一，民主的不同维度不能被简化为一个单一的目标，它允许为了整体收益而做出有损
368 于某个维度的交易。具体而言，公民平等是个人权利的问题，我们不能用任何总量的计算为侵犯这种权利的做法进行辩护。第二，任何这样的例外都很容易被人滥用：始终存在着这样的危险，政府以民主对话或公民平等的名义，试图镇压尖刻的新政党或强大的批评者，极权主义政府就经常这样做。例如，议会或国家的立法机构可以宣布某个政党的言论引起混乱，威胁到人民主权，以此为由把它取缔。

这种担心为否定平衡观提供了理由。那么，我们是否应当接受民主赌博？我刚才讲到的危险是否大到足以让我们坚持认为，虽然政府出于一些有说服力的理由可以管制政治言论，但它绝不能按照自己的判断为了促进民主而这样做？我们可以说，我们的宪法使我们相信一个预防性的判断，即从长远看促进民主的最佳办法就是规定政府没有任何权力，通过说明人民喜欢什么以及他们经常喜欢什

么，一再用牺牲人民的自由来改进民主。安托宁·斯卡利亚（Antonin Scalia）法官在1990年用生动的语言表达了这种论点。他提到了“太多的言论是一种多数能够予以禁止的罪恶”这一观点，他宣称，这种观点“与《第一修正案》的绝对关键的真理是不相容的：不能相信政府可以通过言论检查保障民主政治辩论的‘公平性’”[6]。如果我们接受这一提醒，我们就会把民主赌博变成我们宪法之一部分。

这一赞成民主赌博的论证分为两部分。第一部分是对一种危险做出的诊断：对民主最严重的威胁，是政府想对公众可以看到、读到或学习的东西进行过滤和选择，并以这种控制是保护民主的某个方面所需作为理由，来为这种控制辩护，以此保护它自己，骗取公民的民主主权。第二部分是一条战略性的格言：它假设防止这种危险的最佳办法就是预防性的过度打击，即绝对禁止政府用那一类理由为限制言论辩护，即使它的诉求的正当性似乎显而易见。但是，尽管历史支持这种担心的合理性和这种战略的明智，我们却不再能够无视完全不受管制的政治对话的相反危险——特别是在电子时 369
代。我们必须对以下两种危险进行比较：其一是不太严格的宪政安排允许狡猾的政府利用它的信息和论证欺骗公众的危险，即使存在着保持警觉的法院阻止这种滥权；其二是相反的危险，即更严格的保护将使财富和特权获得巨大的非民主的权力，使政治对话变得毫无价值，完全失去辩论的性质。

这种堕落的迹象现在太明显了，容不得我们对它置之不理：我们有多少民主，就有多少对民主的拙劣模仿。在1996年和1998年的选举中，政治经费膨胀到了过去令人难以相信的数量，每一个级别的政客，包括总统和副总统，都不得不在捐款大亨面前表现得低三下四。甚至当政客们呼吁制定使金钱不再必要的规则时，他们仍然不停地全力投身于追逐金钱。对于许多政客来说，这种局面是一种典型的囚徒困境。每个人都想对经费加以限制，每个人都必须竭尽全力搞到尽可能多的钱。想当候选人的穷人在每个级别上都被逐出赛场，代表着不受富人欢迎的信念的团体，甚至无法着手争取广泛的政治支持。当选官员在选举后的第二天早上，就必须开始重新搞钱，这种紧张而不间断的努力严重占用了他们为公众服务的时间。这些政客募集到的金钱，是在民意调查员和顾问的指导下花出去的，而这些人对原则或政策兴趣索然，他们的本事仅仅是用喋喋不休的套话和动听的言辞去诱惑消费者。

结果是民主世界政治对话的品质极度恶化。公众对政治的参与，即使以不愿投票的公民数量来衡量，也下降到了我们无法毫无愧色地声称在实行公民统治着自身的水平。公众把自己的不满归因于这种过程本身：它反映着金钱在政治中的势力，已经使它变成一个玩世不恭的过程，粗俗的电视政治已使它百病缠身。民主赌博的预防性过度打击，如今在真正的民主中花费太大了。它现在是一种愚蠢而非精明、盲目而非聪慧的办法。

因此，我们有充分的理由去努力构想一种保护政治言论的战略，它具有一定的灵活性，但没有平衡战略所具有的危险。“区分战略”（discriminating strategy）（姑且这样称呼它）承认那种危
370 险，禁止任何有可能损害公民主权或公民平等的言论管制。例如，

它不允许政府禁止媒体讨论官员的性生活而损害人民主权，即使能够非常合理地认为民主的第三个维度——民主对话——可以因这种限制而得到改善。它认为我刚才提到的论点与公民平等是不相容的而予以否定，即为了避免“窒息”少数族群或妇女的声音，或为了改进政治对话的品质，应当禁止种族主义或性别歧视的言论。[7]

但是，如果政治言论的管制所要消除的缺陷相当严重，假如这种限制措施没有真正损害公民主权或公民平等的话，则“区分战略”确实允许能使民主的某个方面得到改进的管制。因此，如果对竞选经费规定上限有助于纠正政治中严重的公民不平等，并且这种限制的上限相当高，不会妨碍对政府的批评，不会因为排斥人们不熟悉的小党或候选人而导致新的不平等，则它也允许为竞选经费规定上限。

五、法律记录

1. 重新建构问题

我已经评价了“民主赌博”的哲学基础，最高法院对“巴克利案”的裁决就建立在这个基础上。预先防范的战略当然来自多数至上论，它认为民主的核心是政府服从多数人的知情并经过反思的意志。“巴克利案”的一些批评者说过，这一裁决代表着向“洛奇纳案”[8]精神的倒退，后者曾导致最高法院否定有进步意义的社会和经济立法，其根据是人们有权按自己的愿望利用自己的财产和花自己的钱。但是这种“洛奇纳案”的类比误解了预防性规定的真正诉求，它所依据的不是几乎受到普遍反对的观点，即应当让有钱人自由地按自己的意愿花钱；而是一个更为流行的观点，即民主意味着多数意志的统治。假如民主只有这一个维度，那就大可以认为民主赌博是个不错的赌博。

但是，多数至上论并不是唯一可以利用的民主观。合伙制民主观是一种更有吸引力的选择：这种观点至少提供了三个维度，必须用它们来检验民主，它所建议的不是民主赌博，而是我刚才说过的
371 那种对言论自由的更有区分性的解释。假如我们从头开始制定一部新宪法，我们在这样做时有充足的理由心中想着合伙制民主观，并拟定区别对待的保护言论条款。然而我们不是在草拟一部新宪法，我们是要解释我们已经拥有的宪法，以及这部宪法之下的实践和裁决的历史。所以，我们必须问：哪一种民主观为我们的宪政结构与实践提供了更好的解释？

我在别处说过，合伙制观点提供了这种解释，因为这种观点解释了宪法中有关反对民主多数的个人权利的条款，而多数至上论就做不到这一点。[9]不错，有些权利可以被解释为即使建立和维护多数至上论的民主也不可缺少的权利。[10]如果我们把《第一修正案》解读为与民主赌博相符，则我们可以把公民的言论自由权当作保护多数至上论的民主的公民权，尽管它事实上限制着民主多数的作为。但是，宪法中包含着的一些个人权利——如已被许多法院解释过的受法律平等保护的权利——无法与多数至上论的民主观协调一致。

但是，我们现在可以对这个解释问题做更狭义的构想。我们应当把自己限制在《第一修正案》的司法上，对言论自由条款的两种解读加以区分。第一种是以民主赌博为模式的预防性解读。它声称绝对不可以为了民主的利益而对政治言论加以限制或管制。第二种是根据合伙观做出的更为灵活的解读。它允许言论自由受到有利于公民平等的管制，只要这样做符合我提到过的区分战略的严格标准。就宪法中所说的言论自由，或法院做出的有关言论自由的裁决而言，这两种解读中的哪一种做出了更好的解释呢？

2. 文本与用语

在对这两种解释加以选择时，我们从宪法文本中得不到多少帮助。《第一修正案》规定，“国会不得制定损害言论自由的法律”。可以从绝对的角度把这句话解读为禁止用任何理由管制言论自由。但是，就像几乎所有的学者和法官一样，民主赌博论和区分战略都 372
否定这种绝对的解读，而这一文本本身也没有为选择这两种解读提供进一步的指导。假如文本允许管制言论以保护国家安全、和平或邻居的安宁，那么它也允许作为一种语言约束进行这种管制以保护或完善民主。

在这两个方面，司法用语也没有决定性意义。“巴克利案”直截了当地宣布，对平等的关切与《第一修正案》“无关”，如我所说，这是明确地认可了民主赌博。但是我们能够找到更著名的陈述，它们同样明确地认可相反的区分战略。路易斯·布兰德斯（Louis Brandeis）大法官在“惠特尼案”的意见书中做出了以下著名陈述：

> 为我们争取到独立的那些人相信，国家的最高目的是使人们自由发展他们的各种技能，在它的统治中深思熟虑的力量应当压倒任意的力量。他们把自由既作为一种目的，也作为一种手段。他们相信自由是幸福的奥秘所在，而勇气是自由的奥秘所在。……对自由最大的威胁是人民的惰怠；公众讨论是一项政治义务；这应当成为美国政治的基本原则。[11]

这段话承认了人民主权的重要性。但它也特别强调了民主的另一些维度：强调了公民平等的重要性，尤其强调了深思熟虑的民主对话的价值。它表明，言论自由的要点不仅在于阻止政府压迫人民，还在于允许公民个人发展自己的技能，由于这个原因，自由既是民主的目的，也是达到其他民主目标的手段，公民相互协商作为公民主权的表现，是与投票义务并列的“政治义务”。接受对《第一修正案》的不同目标的这种有力认可，却又坚持绝不应参照那些目标来解释它，或把它运用于那些目标，是一种荒谬的立场。

因此，我们必须把眼光投向文本和用语之外，把我们相互对立的解读作为对司法实践的解释加以评价。我们必须看看在两种解读发生冲突的那些案件中的实际裁决。大多数涉及《第一修正案》的
373 裁决，与两种解读都一致。这两种解读都可以用来证明，“《纽约时报》诉沙利文案”[12]、“五角大楼文件案”的裁决[13]、“斯科基案”[14]、“焚烧国旗案”[15]以及其他大多数《第一修正案》划时代案件是正确的。我要集中讨论造成两种解读直接对立的相对较少的一部分案件，看看每一个案件中哪一种解读的吸引力更大一些。判决

意见书的用语并不能解决这个问题，因为它们几乎从来不直接提及我们的问题。我们必须看看美国的法院在这些案件上实际做了些什么，以此判断哪一种解读更好地解释了它们的判决。

3. 捐款限制

如我们所知，“巴克利案”——它裁定限制经费违宪——的一部分内容只能得到预防论解读的支持，法院在为这种裁决辩解时宣布《第一修正案》的目的只限于保护人民主权——为公众提供“尽可能广泛的、来自各种各样的和对立的来源的信息传播”——并具体否定了政府能够管制言论以保护公民平等的观点。我们对“巴克利案”的一些成果——例如“科罗拉多州共和党案”[16]，它的裁决援用“巴克利案”裁决作为判例——也必须持相同的观点。

但是，另一项裁决也是“巴克利案”裁决的一部分——法院裁决允许国会对公民为他人政治竞选运动捐款的数量进行限制——而这一裁决也是宪法史的一部分。它的前提不是预防论的解读，而是区分论的解读，因为它只能用假设国会为了保护另一些人的公民平等，有权对一些人的政治活动加以限制来辩护。法院否认它的裁决中有这个理由：它宣称，阻止人们按自己的意愿通过捐款以帮助别人代他们说话这种方式间接地发表意见，不同于阻止他们把自己的钱用在为自己说话上，因此对捐款的限制与经费限制相比，是遵守着一种较低的宪法标准。但是，正如克拉伦斯·托马斯（Clarence Thomas）法官在“科罗拉多州共和党案”中指出的那样，这种区分是虚幻的。

大多数人表达自己的政治信念的最有效手段，就是为一个宣传
374 其信念或按其信念行动的组织或竞选运动捐款。限制捐款威胁人民主权的程度，不亚于——或不大于——对经费的限制。假如完全阻止富人按自己的意愿向政治竞选运动捐款，政客们将无法按其愿望经常传播他们的信息，作为主权者的公民也就不会再听到他们本来可以听到的信息。政府一旦限制政客的经费，这就会直接限制竞选信息的流动和号召力。虽然捐款者可以用其他方式多花钱，但即使允许他们这样做，出于各种原因他们也很少有人愿意这样，其中包括一个明显的事实，即独立经费不太可能得到有势力的政治官员的感谢。预防论的解读中不存在为以下做法辩护的观点：用较之限制直接开支的法律不那么严格的标准，去检验限制政治捐款的法律。

许多评论家得出的结论——审理“巴克利案”的法院试图通过禁止经费限制但同意捐款限制而取得折中——似乎是难以反驳的。然而，这是一种错误的折中，是一种方格棋盘式的折中，它把对《第一修正案》的一种解读运用于这些问题中的第一个问题，把另一种解读运用于另一个问题。“巴克利案”裁决从一个方面看是反对区分战略的最强有力的权威裁决，但从另一个方面看又是支持它的强大论证。

4. 公平原则

不但当政府阻止人们出版或传播自己的愿望时，而且当它强迫他们发表自己本来不会发表的愿望时，都会涉及《第一修正案》，因为在后一种情况下，政府是在通过改变公民可以利用的信息而干

涉政治对话，这也违反了人民主权的原则，即政府不能对人们听到的事情进行选择。但是在“红狮案”[17]中，最高法院支持了联邦通信委员会（Federal Communication Commission，FCC）当时实行的“公平原则”（fairness doctrine），它要求就有争议的问题发表评论的广播节目也要介绍对立的观点。法院指出，“《第一修正案》的目的是形成能够处理自己事务的知情的公众”，并且说政府要求节目更为持平完全符合这一目标。这一观点非常符合对《第一修正 375 案》的区分论解读。但是它与预防论的解读却格格不入，因为它依靠的恰恰是受到预防论解读谴责的判断——由同一个广播公司为公民提供对立的观点，较之让他们按自己的愿望找出对立的观点，能让公民更为知情和负责。

但是经常有人说，“红狮案”的裁决是基于所谓的“稀缺”理由：因为在任何特定的地理区域内，只能设立相对较少的广播电台，政府有更强大的利益强迫这些为数不多的言论出口发布与它们自己的意见相左的观点。如果真是这样的话，则那项裁决在电缆和卫星时代就不适用了，因为在全国范围内可以利用的言论出口已经大大增加。但是，对稀缺的关切不能以任何方式理解为那一裁决在建议一种预防论的解读，因为那种解读与稀缺无关。假如从原则上说政府试图控制公众得到的政治信息和辩论是错误的，则它试图控制出口的稀缺或由它来批准利用这些出口的事实，也与这里的问题无关。因为决定什么信息和辩论从稀缺的媒体流出的是政府，而不是个人决定的合力。既然政府可以选择批准广播波段但不做这种干涉，那么按预防论的解读，《第一修正案》将要求它这样做。

事实上，法院提到稀缺仅仅是为了支持这样的主张：进入广播媒体的费用太高——它提到了先行进入者的优势地位，它说，即使在控制范围内仍然有漏洞可以利用，这种地位也是有害的。但是，由于经济原因而无法利用电视的发言人，可以自由地寻找另一些不那么匮乏、在任何情况下也不太昂贵的媒体来表达自己的观点。法院的论证实际上依靠一个明显符合其观点的假设，即接近广播这种主流政治媒体的机会局限于——用许可证或经济势力——少数非常有权势的人，这既不公平也有悖于民主，因此政府为了使政治过程更加平等，有权进行干涉。这一裁决是以区分论的解读为前提的：
376 政治上的公民平等是《宪法》中整个民主观的核心，所以对于为了促进平等有时进行适当干预的有说服力的理由，《第一修正案》必须予以承认。

当然，即使我们接受区分论的解读，这也未必意味着审理“红狮案”的法院是正确地运用了这种解读。人们可以认为，如果因为花费太大而阻止媒体评论员发表有争议的意见，或是他们不喜欢广播那些对立的观点，那么公民主权就受到了严重损害；他们认为那一裁决是错误的，即使基于这个理由接受区分论的解读。就广播公司的情况而言，这不是个强有力的论证，但是在另一些情况下，这种论证却很有说服力。例如在“托尼洛案”[18]中，法院否决了一条佛罗里达州的法律，它要求报纸给予它们所批评的候选人平等的版面让他们做出回答。既然法官可以认为这种法律会打击报纸社论的批评热情，可见这种裁决不但符合预防论的解读，也符合区分论的解读。

5. 必须包含原则

在“特纳案”的两次裁决中[19]，最高法院支持了“必须包含”的管制条例，它要求电缆公司在某种情况下要包含广播电台。在“特纳案Ⅱ”的五票对四票的裁决中，立场居中的斯蒂芬·布莱耶尔（Stephen Breyer）法官的分析一开始就指出，《第一修正案》的意义要从该案的双方去寻找。按预防论的解读，这种主张是难以理解的。按这种解读，《第一修正案》要求国家致力于保护民主的战略，是不让政府做出决定应当把什么言论提供给公众的决策。如果是这样的话，则《第一修正案》的问题就只存在于一方——电缆公司一方，它们希望在它们做出提供什么节目的决定时不受政府的干涉。布莱耶尔所强调的考虑——它要求电缆公司也传送广播电台的节目以促进政治对话，因为它提供地方新闻和辩论，如果它不这样做，有线用户就只能从其他渠道获得——与此无关。但是根据区分论的解读，布莱耶尔是正确的，因为这种解读承认知情条件下的对 377
话对于民主的重要性，并且同意政府为了保障这种对话可以做出干预媒体的决策。当他宣布这种政策“是要促进公众讨论和知情条件下的思考，就像布兰德斯大法官多年前所指出的，这是民主政府的前提和《第一修正案》所要达到的目的”，这时他接受了区分论的解读。此外，他不但提到“惠特尼案”，也提到“红狮案”，这也使他对区分论解读的依赖变得十分明显。

布莱耶尔的意见只是针对“特纳案Ⅱ”的意见，他没有参与“特纳案Ⅰ”的审理。但是他的意见比依靠经济分析的多数派意见更有意义，例如奥康纳（O'Connor）大法官在“特纳案Ⅱ”中表达的不同意见。从整体上说，复杂的“特纳案”诉讼最好被解读为承认了区分论解读的一项最基本的要求：政府为了促进公众的政治对话，可以干预强大的电子媒体，只要这种干预既不偏袒任何观点——不管它是流行的还是不流行的——也不损害公民主权或公民平等。

6. 不允许竞选活动的投票区

在“布尔森案”[20]中，最高法院支持了国家选举法，该法禁止选举日那天在距投票地点一定范围内进行政治游说。虽然法院在为它的裁决进行辩护时，采用了《第一修正案》的预防论解读所要求的方式，但这一裁决其实只有根据区分论的解读才能得到支持。法院说，在投票亭周围一个大范围内禁止政治演说的做法并不是中立的，因为它仅仅涉及政治言论，但不涉及其他形式的言论或劝说。但是法院还说，这种管制符合严格的“紧迫性理由”（compelling justification）的标准，从而推翻《第一修正案》中禁止涉及内容的管制的规定，因为国家有强大的理由消除选举过程中的恐吓。这种论证有着支持预防论解读的正确形式，因为它在为限制政治言论辩护时，没有诉诸知情的对话或民主的任何其他维度。它只诉诸人民不应受到恐吓这一特殊权利。

但是，这一论证虽然有着正确的预防论形式，却是一个愚蠢的论证，所以约翰·保罗·史蒂文斯（John Paul Stevens）、奥康纳
378 和戴维·索特（David Souter）大法官在案件中表达异议时，对它

做了适当的嘲笑。[21] 国家没有必要为了阻止恐吓而禁止 30 000 平方英尺（有些州是 750 000 平方英尺）内的政治言论。但是，我们如果设想，法院实际上拒绝了预防论的解读而接受区分论的解读，就可以对这一裁决进行更出色的辩护。如果我们把《第一修正案》解读为允许进行言论管制，通过促进公民平等或政治对话的品质而推进它所设定的保护民主的目标，则论证就变得相当容易。不允许任何候选人或团体在投票的关键时刻发出最后呼吁这种不适宜的优势，对于作为参与者的公民更为公平，它给予公民在投票前不受强制地进行最后思考的空间，从而促进民主的思考——在摆脱政治的自由最为重要的时刻，它给予了公民这种自由。

根据区分论的解读，《第一修正案》不禁止政府用这种方式帮助公民，只要这种管制没有侵犯政治中立的核心原则或人民主权的其他方面。最高法院早先做出的一项裁决，就认识到了这一限制的重要性，它推翻了一条州法律，而这条法律乍一看似乎与它在“布尔森案”中支持的法律类似。在“米尔斯诉阿拉巴马案”[22] 中，最高法院宣布一条法律违宪，该法律禁止报纸在选举日发表支持或反对任何候选人的社论。这条法律会剥夺公民了解政治辩论和劝告的传统来源，即使在选举日他们也可以摆脱投票亭的喧闹，在家里阅读和思考它们。因此，它对消费者主权的影响更大，它对深入的思考没有任何贡献。

7. 社团竞选活动

在“奥斯汀诉密歇根商会案”中，法院支持了一条法律，它禁止社团利用其资产支持或反对某个政治候选人，虽然它允许它们把公开募集到的资金用于政治目的。法院的论证几乎明确赞成区分论的解读而拒绝预防论的解读。与“巴克利案”一致，它认为各州需要有一种“必要的理由”来证明限制政治言论的正当性，并且承认在此案中唯一的理由就是防止腐败。但是在“奥斯汀案”中法院却
379 说，各州所要防止的“腐败”类型不限于政治献金，也包括“政治竞技场上的腐败：在社团帮助下积累起来的、与公众对社团的政治理念的支持没有关系的巨大财富之有害的歪曲作用”。

这里所说的“歪曲”与人们所熟悉的那种腐败无关。它不是对人民主权的损害：把社团的捐款用于政治性商业广告这个事实，未必使这种广告中包含的信息或诉求对于观看广告的公众来说价值较少。大社团花钱的“有害”作用完全在于它对公民平等的影响，即它对“巴克利案”中《第一修正案》的预防论解释认为无关的那个民主维度的影响。从预防论解释的角度看，社团如何攫取利益是无所谓的。根据这种解释，这种利益是否影响人民的政治信念无关紧要：不管社团的捐款是来自单独的政治活动资金还是来自社团的一般资产，信息对于作为主权者的公众的价值都是不变的。然而对于区分论的解读来说，这却不是个无关紧要的事情，因为这种解读允许政府为保护公民平等而管制竞选言论，只要这种管制没有损害民主的其他维度，并且当社团可以自由利用其巨大的一般财富发挥公民个人很少能够发挥的政治影响时，公民平等受到了严重的损害。

区分论的解读不仅为“奥斯汀案”提供了有说服力的辩护，而且在这一裁决和一项早先的裁决——许多评论者觉得它与“奥斯汀

案”的精神矛盾——之间做了令人信服的区分。在“贝洛蒂案”[23]中，法院宣布一条马萨诸塞州的法律违宪，该法律禁止社团把任何资金用于支持或反对该州投票动议的运动。与“奥斯汀案”所支持的法律相比，这种限制对公民主权形成了更严重的威胁，因为它有可能使公民得不到那些他们本来可以得到的信息。许多投票动议涉及复杂的经济问题，社团经常具有个人所缺少的动机去提供一种片面的论证。“贝洛蒂案”所涉及的法律，不允许这种社团利用专门募集到的单独资金表达这种论证。相反，“奥斯汀案”涉及的法律只限于选举，政党和其他团体在选举中有着现实的利益提供支持其候选人、反对其对手的任何论证；它不允许社团用单独的资金去制 380
造它们认为别人还未制造出的任何赞成或反对一个候选人的证据。

六、认识论的论证

因此，我与合伙制民主观结合在一起的区分论解读，既符合与多数至上论结合在一起的预防论解读，也符合过去的判例。如果上一节的分析是正确的，则从整体上说它更为符合那些判例。但是，对宪法的解释不仅是个符合不符合的问题：有说服力的解释不但要符合判例，而且能为其辩护。在这个方面，预防论的还是区分论的解读更优越呢？不错，区分论的解读，至少在其边缘上更易于被希望自身不受批评或强化其地位的政府所滥用。这种政府有可能管制政治言论，它在其实只想保护自己时却宣称是要保护民主。但是，区分论的解读不会引起这种滥用的严重风险，因为与我区分出的平衡论不同，它不允许对政治言论的管制在任何重要方面损害公民主权或公民平等，而且在任何情况下，这种滥用的风险都小于预防论解读要求我们承受的明显的民主损失。

但是，由于一些不同的原因，预防论的解读似乎更有说服力。对《第一修正案》流行的推论是，言论自由不但有助于民众的统治，而且有助于发现有关最佳统治的真理。支持这一主张的人经常引用约翰·斯图尔特·密尔的论点，即不排斥任何观点的观点竞争，是发现真理的最佳方式，无论在科学还是价值领域都是如此——不仅有关人们需要什么的真理，还有他们应当需要什么的真理。预防论的解读似乎更为相信这种竞争，因为它否定任何言论管制可以促进所谓的民主利益。因此，密尔的认识论假设似乎赞成那种解读。然而，两种解读其实都可以从密尔的认识论主张中找到支持，虽然这一主张在两种解读中采取了不同的形式，并且与预防论的解读相比，它在区分论的解读中更为合理。

如果我们同意密尔的主张证明了预防论解读的正确，我们就必
381 须认为这种主张同意单纯的言论数量本身就有认识论的价值。根据这种观点，至少从长远看，通过落实言论表演（speech-act）越多越好这一原则，并拒绝旨在改进辩论品质的任何质量限制，即可增进公众辩论的价值，因此本质上相同的主张或观点的不断重复，至少从边缘上说，有益于辩论的求知前景。另外，假如我们把这种主张作为对区分论解读的辩护，则我们强调的是这样一条原则的重要性，它所坚持的不是不排斥任何言论表演，而是不排斥任何观点。

根据这种不同的观点，重要的是发表的东西之认知与情感的结合，而不是数量本身；当我们宣布任何言论都不应当因为表达了被认为有危险或冒犯他人的内容而受到审查或限制时，我们所要促进的不是数量，而是那种结合。严格落实这一原则是保障辩论向最广泛的不同意见开放的最佳方式；单纯的数量最大化是不必要的。

此外，区分论的解读允许提出一种扩展的甚至更为合理的认识论主张，即假如对对话做进一步的调整，鼓励对各种观点的优点加以检验，那么这种不正式排斥任何观点的对话更有可能维护真理。预防论的解读无法提出这种扩展的主张，因为它坚持不受管制的言论之最大数量所独有的认识论价值。在其他背景下，这种观点——质量和数量同等重要——得到普遍的接受，譬如在上诉辩护或正式辩论中，我们所坚持的是辩论，而不是多种媒体的表演。相反，预防论的模式把所有的认识论鸡蛋都放入一个不可靠的篮子里：对于认为严格执行这一模式有利于发现真理的任何主张来说，它必须依靠极令人怀疑的假设，即不受约束的辩论与受约束的、更有思想而更少言论表演的辩论相比，是更为有效的发现手段。

七、对以上建议的回顾

如果限制和管制政治言论的立法没有使公众本来可以得到的信息或辩论脱离公众，并且不偏袒政府或任何政党、意识形态和政策，也不反映有关任何信息或表现之真伪、危险性或冒犯性的假设，

382 而是更有可能通过让公民在平等基础上更多地参与，从而促进公众的政治对话之民主性或促进公众对话的品质，或者兼及两者，则对《第一修正案》的区分论解读就会允许这种限制或管制。

我们如果接受对《第一修正案》的预防论解读，就很难证明本章一开始列出的那些建议——包括已经实行的对竞选捐款的限制——的合宪性。现在我们必须根据我所捍卫的区分论解读来评价这些建议。首先，指出一点可能是有价值的：有些建议虽然在美国人看来过于激进，它们却常见于另一些民主国家。例如，采用所有这些建议会使美国的制度更类似于英国的选举制度，而从一般的国际舆论看后者一直运行得不错。当然了，在一个受着强大的政党控制的议会制度中，选举在很多方面会不同于我们这种划分行政机关和立法机关的复杂的联邦制的情况。但是这些差别并不妨碍进行比较。号召进行竞选改革的克林顿总统在 1997 年 11 月认为，托尼·布莱尔（Tony Blair）击败约翰·梅杰（John Major）的选举，要比他击败罗伯特·多尔的选举更公平，选举中有着更好的思考和辩论。[24]那些建议会使我们的选举制度更接近于另一些主要的民主国家。它们都不允许不受限制的经费，都管制电视和电台中的政治。

限制竞选经费的建议，当然与“巴克利案”裁决相反。如果根据区分论的解读推翻这种裁决，则《第一修正案》会允许把经费的上限规定得足够高，使其不会加强在职者对挑战者享有的优势，也不阻止没有名气的候选人或提出新政策的团体有足够的公共兴趣去引起记者和其他广播公司的注意。除非这些条件得到满足，否则经费限制就会损害公民平等，也会破坏人民主权，因为公众会无从了解这些候选人或团体提供的想法。区分论的解读确实不允许民主的任何一个维度受到严重伤害。

最后一项建议允许向政治竞选提供慷慨的公共资金支持，但是禁止接受这种资金的候选人在电台和电视上做政治商业广告，除非 383
采取的政治广播形式有助于辩论，消除心理暗示和非辩论性的技巧。这一建议更为新颖和令人不安，即使人们承认并接受区分论的解读，也会引起争议。这种立法不会禁止任何事情。它不过是为利用公共资金设置了某些条件，凡是想把自己有限的竞选预算用于正常的政治商业广告的政客，都允许他们有这样做的自由，不过他不能得到任何公共资金。但是，候选人和广播公司接受公共资金的压力是很大的，特别是在另一些候选人和广播公司可以得到它们的前提下，以至于设置这种条件会成为一种粗暴的打击。因此，区分论的解读要求支持这些建议的人表明，它们在实践中不会损害民主的任何一个维度。

例如有人会反对说，设置这种条件的拨款计划会侵犯公民主权，因为它会诱使政客们不以公众喜闻乐见的形式提出政治诉求。不管怎么说，大量制作 30 秒的攻击性短论的政客，他们这样做不是出于他们个人的嗜好，而是因为他们估计这种广告宣传的效力最大。但是我们必须仔细区分公众认为在政治对话中适当的东西和它实际反映的东西——广告产业主要是建立在这两种现象的差别上。我们从民意测验和政客那儿都可以了解到，公众并不赞成政治商业广告的类型，而且人们认为，这种厌恶态度要对如此之多的人脱离政治负有一部分责任。

然而，这并没有充分回答那种反对意见，因为事实仍然是，对公共经费设置条件的结果是，至少有些人会看不到以他们喜欢的数量和形式出现的、政治家本来可以提供的政治诉求。但是，认为公民主权或民主的另外两个维度要求每个公民有权得到以他喜欢的形式出现的政治信息是错误的。甚至按照预防论的解读，也允许政府管制政治诉求的时间、场合和方式。有些公民可能更喜欢在凌晨3点从家里听到宣传车上传出的政治诉求：这可能完全适合他们的作
384 息时间或日常节奏。但是民主不会因为禁止深更半夜的宣传车而受到损害，只要这种规定没有减少每个公民最终可以获得的信息。我所说的对政治广播的管制也只有相同的效果。它们不会减少公民可以利用的信息或辩论，只要他们做出合理的努力，按时间表收听收看政治广播或看看有关选举的其他一些新闻报道，即可知道某个候选人说了些什么。无论做何种解读，都很难说《第一修正案》要求那些无所用心因此根本不做这种努力的公民，在观看自己喜爱的足球队时，能够从插播的商业广告中得到便宜但不恰当的替代性信息。

但是现在也许有人会说，为了使政治更具辩论性而对公共资金用于电子媒体政治规定限制条件，是侵犯了公民平等，因为它们根本就没有中立于各种政治观点。它们有利于精英主义的政治对话形式。然而，我们必须再次保持谨慎，不要误解恰当的公民平等所要求的中立形式。它并不要求把政治过程设计成这样，能够让低劣的辩论和出色的辩论一样有效，让漂亮的口号跟真正的推理一样强大，或是让没有知识、信念或资格的候选人有充足的机会掩盖自己

的失败。我们应当追求的中立性与此几乎截然相反：它所要求的安排是，允许公民对所有的候选人及其观点的形式、优缺点和号召力做出判断，这包括那些资金最少、当初最不受欢迎的候选人及其观点，与不受管制的电视和电台政治相比，这一方案能够更有利于那种中立观。我现在不想声明，区分论的解读清楚地许诺了这种方案的前景，我只是认为这一论证可能比它乍看上去更复杂，也更合理。

八、结论

我一开始提到过一种普遍的看法，即金钱对民主为害甚烈。我们可以利用我们这里区分出的合伙制民主观的不同维度，让这种指责变得更易于理解。不受限制的竞选经费——使富人在政治上有更大的影响力，因为他们可以把钱用于大量的媒体广告战——对公民主权的侵犯并非一目了然。他们的钱是用来塑造多数意见，而不是用来规避多数意见的要求。巨大的财富失衡能够误导公众，使他们 385
认为自己需要他们狭义上的真正的经济利益并不要求的东西，对此是有争议的。但是我们没有理由认为，如果竞争经费受到限制，公众的投票就会更准确地反映他们“真实的”整体信念，这至少部分地是因为我们没有独立的途径去确定或发现那些“真实的”信念。因此，假如我们唯一关心的就是人民主权，那就似乎有理由允许公众得到任何人愿意或有能力提供的尽可能多的信息或广告宣传，然后依靠公众去压缩那些重复的和误导的信息，通过报刊和有线电视这类花钱不多的媒体寻找有关那些寂寂无闻和财力不足的候选人的信息。这种政策并没有威胁到人民主权，“巴克利案”裁决所具有的无论什么样的说服力，都取决于这种政策明显的合理性。

然而，当我们采用合伙制的民主观时，我们为民主的标准增加了两个维度，按照这两个维度中的任何一个，我们目前的民主都有明显的缺陷。当只有富人充当政治竞争的演员时，公民平等便受到损害。合伙制的观点也清楚表明了这些缺陷威胁着什么。我们为我们的统治方式有着民主的正当性而感到骄傲：我们为自己属于一个人民实行自治的国家而感到自豪。但是自治不仅意味着普选权和定期的选举，还意味着一起思考共同利益的平等的人之间的合伙关系。我们无法完全实现这一理想——任何国家都不可能。但是当政治像我们现在这样充斥着金钱时，我们的风险就不仅不完美，而且是一种伪善了。

注释：

[1] Buckey v. Valeo（巴克利诉瓦莱奥案），424 U. S. 1（1976）。

[2] 我的阐述建立在言论自由和民主之间有着概念关联性的主张上，参见 *Freedom's Law*（Cambridge，Mass.：Harvard University Press，1996）。

[3] 参见《自由的法律》的导论。

[4] 关于这个问题，以及有关影响力平等是一个民主目标的阐述，见第四章。

[5] 在财富和其他资源极不平等的社会里，有些公民会仅仅因为更加富有而有更多机会占据这些影响力大的位置，这当然是对公民平等的损害。但

是，除非对财富和财富带来的好处进行广泛的再分配，否则这种较为普遍的不公平不可能消失。富人仅仅因为能够把大笔的钱送给政客而使他们有影响力的更为具体的不公平，则可以通过经费限制这种权宜的办法加以解决。

［6］Austin v. Michigan Chamber of Commerce（奥斯汀诉密歇根商会案），494 U. S. 652，679（1990）。

［7］我在《自由的法律》一书第九章和第十章，曾用较多的篇幅论证过这一问题。

［8］Lochner v. New York（洛奇纳诉纽约案），198 U. S. 45（1905）。

［9］参见《自由的法律》的导论。

［10］John Hart Ely，*Democracy and Distrust*：*A Theory of Judicial Review*（Cambridge，Mass.：Harvard University Press，1980）。

［11］Whitney v. California（惠特尼诉加利福尼亚案），274 U. S. 357，375（1927）（布兰德斯大法官的附加意见）。

［12］New York Times v. Sullivan（《纽约时报》诉沙利文案），376 U. S. 254（1964）。

［13］New York Time Co. v. United States（《纽约时报》诉合众国案），403 U. S. 713（1971）。

［14］Collin v. Smith（柯林诉史密斯案），578 F. 2d 1197（7th Cir.），cert denied，439 U. S. 916（1978）。

［15］Texas v. Johnson（得克萨斯诉约翰逊案），491 U. S. 397（1989）；United States v. Eichman（合众国诉埃奇曼案），496 U. S. 310（1990）。

［16］Colorado Republican Federal Campaign Committee v. FEC（科罗拉多州共和党竞选委员会诉联邦选举委员会案），518 U. S. 604（1996）。

［17］Red Lion Broadcasting Co. v. FCC（红狮广播公司诉联邦通信委员会案），395 U. S. 367（1969）。

［18］Miami Herald Publishing Co. v. Tornillo（迈阿密·希拉德出版公司诉托尼洛案），418 U. S. 241（1974）。

［19］Turner Broadcasting System v. FCC（特纳广播公司诉联邦通信委员会案），512 U. S. 622（1991）。

［20］Burson v. Freeman（布尔森诉弗里曼案），504 U. S. 191（1992）。

［21］504 U. S. at 217（史蒂文斯大法官的异议书）。

［22］Mills v. Alabama（米尔斯诉阿拉巴马案），384 U. S. 214（1966）。

［23］First National Bank of Boston v. Bellotti（波士顿第一国民银行诉贝洛蒂案），435 U. S. 765（1978）。

［24］*Meet the Press*，November 9，1997.

第十一章　优待措施起作用吗？

一

在过去 30 年里，美国最好的大学一直实行考虑种族因素的入学政策，以便增加黑人、拉美裔美国人、美洲土著和其他少数民族的学生数量。[1]保守派的作家和政客虽然从开始就攻击这一“优待措施”（affirmative action）的政策，但是现在它却面临着来自政治和法律两个方面的最严重的危险。1995 年，加利福尼亚大学校务委员会以 14 票对 10 票的表决宣布，该大学的任何部门在做出录取学生的决定时，不得再考虑种族因素。1996 年，加利福尼亚州的选民赞成“209 号提案”，该提案认可并扩大了那一禁令，因为它 386

规定任何州机构不得“以种族、性别、肤色或原国籍为由，在公共就业、公共教育或公共合同中歧视或偏袒任何个人或团体”[2]。

校务委员会的决定立刻产生了效果，而且在大学的许多教职工看来是灾难性效果：伯克利的波尔特·哈尔法学院——该州最好的法学院——在过去28年里，每年平均录取24名黑人学生，而在1977年只录取了1名，并且他是前一年被录取的延期入学的学生。[3]在加利福尼亚先例的鼓励之下，反对优待措施的政治运动在其他各州继续展开。类似的禁令于1998年在华盛顿州实行，另一些州也有可能跟进。

另一种危险也许更可怕。1978年，最高法院在著名的“巴克案”中裁决，考虑种族因素的录取方案没有违反美国宪法《第十四
387 修正案》（该修正案规定，“任何州不得剥夺任何人受法律平等保护”的权利），只要这些方案没有为任何种族或团体规定不变的配额，而是仅仅把种族作为考虑因素之一。[4]但是在1996年的“霍普伍德案”中，第五巡回上诉法庭宣布得克萨斯大学法学院的录取方案违宪，在这一案件中组成多数的三位法官中的两位宣布，“巴克案”裁决已被最高法院的最新裁决推翻。[5]

第五巡回法庭的裁决也产生了立竿见影的后果：得克萨斯法学院在1996年录取了31名黑人学生，第二年却只录取了4名。最高法院没有审查第五巡回法庭的裁决，使它得以在得克萨斯州和该巡回法庭所辖的另一些州成为法律。1998年10月，在“霍普伍德案”中抨击得克萨斯大学的华盛顿个人权利中心，在密歇根州也提起类似诉讼，认为密歇根大学的录取方案也是违宪的，在另一些州也将

看到类似的诉讼。迟早会有人要求最高法院审查这类案子，如果最高法院推翻“巴克案”裁决或对它做出实质性的限制，优待措施就会在全国范围内失效。如果没有一条宪法修正案，或是最高法院没有回心转意，即使政治气氛的变化也挽救不了它。[6]

对优待措施的政治和法律抨击集中在它的后果上：批评者说，由于它允许不合格的学生享受教育的益处，从而降低了教育标准，与其说它缓和了种族紧张，不如说它加剧了种族紧张。优待措施三十年来对美国大学之实际作用的全面的统计学评价的出版，可谓适逢其时。普林斯顿大学校长威廉·G. 鲍温（William G. Bowen）和哈佛大学前校长德里克·博克（Derek Bok）的《河流的形成》（*The Shape of the River*）① 分析了一个庞大的档案数据库，即由鲍温担任主席的梅隆基金会（Mellon Foundation）在四年里收集的名为《大学及其他》（*College and Beyond*，C&B）的大学数据。[7]

这个数据库包括 28 所录取标准严格的大学在 1951 年、1976 年 388
和 1989 年录取的 80 000 多名本科生的材料。这些学校是采取优待措施的精英学校的代表，按它们录取学生的挑剔程度排序，包括布林·莫尔、耶鲁、丹尼森和北卡罗来纳（夏佩尔山）大学。[8] 在 1976 年和 1989 年的材料中，数据库记录了本科生的种族、性别、中学成绩、“学术资质测验”（SAT）得分、大学主修课程和成绩、课外活动、学位或职业学校记录以及家庭的经济和社会背景。它还包括样本中所有这些人离开大学后的经历，样本来源则是建立数据

① 后文中，作者将此书简称为《河流》。——译注

库时他们就具体问题做出的回答。在被调查的人中间，做了回答的人相当多——1976 年是 80%，1989 年是 84%。

鲍温、博克及其同事运用先进的统计技术，分析了该项研究所选定的大量变量的各自影响。他们这样做，是想勘定优待措施对每个学生和研究生、对他们的大学、对整个国家的种族关系造成的实际后果。他们的著作除了有关优待措施的具体发现外，也是一项极有价值的社会学研究，在详细的附录中，它对采用的复杂的统计技术做了说明。

当然，《河流》一书也有其局限性，它的作者也谨慎地承认这一点。一项统计研究，不管其数据多么重要或技术多么细致，都不是实验室中的试验，虽然作者在控制和核查其结论方面表现得相当精明，但正如作者指出的，某些结论难免包含着某种推测。这项研究仅限于高等教育中的优待措施，其结论对基于另一些目的的种族分类——例如在雇用人员方面，或在为少数种族拥有的企业提供的奖励性机会方面——的后果没有多少影响。大多数大学的优待措施是为了增加少数族群的录取数量，但这项研究除了对说西班牙语的学生有所讨论外，主要分析的是黑人学生的数据。此外，列在《大学及其他》中的学校，是录取条件很挑剔的大学中的代表，因此这项研究的发现可能不适用于那些不太挑剔的部门。

作者没有能力回答他们的数据带来的所有问题。例如他们承
389 认，他们没有能力充分解释一个特别令人担忧的事实，即黑人学生作为一个群体，其大学成绩低于同一所大学中有着相同学术资质测验得分或其他学术品质的白人学生。[9]但是这些局限性无损于该项

研究的成果，而且我们就会看到，其中的许多结论，与已经成为近几年有关优待措施的论战之主要依据的各种前提和断言截然相反。

为了准确评估《河流》一书的重要性和局限性，我们必须仔细区分这场论战中的两条主要线索。[10]一条路线涉及一个原则问题：针对黑人的优待措施是否因为侵犯了每个申请人的权利，即必须根据他们的个人优点做出判断，所以是不公平的？另一条路线涉及政策或实践结果的问题：优待措施是否因为录取了一些学习能力有所不及的黑人，或把黑人统统算作能力低下者，或使社会增加而非减少了种族意识，所以弊多利少？这两个问题是相互关联的，因为许多人认为，如果优待措施为那些人或全社会带来了实质性好处，它就是公平的，如果它没有做到这一点，它就是不公平的，因此它给另一些申请人（其中不仅包括白人，也包括另一些少数民族，如测验分数相对较高的亚裔美国人）的录取前景造成的伤害与这里的问题无关。然而，这是一些独立的问题，因为考虑种族的录取政策，对于取得了要求他们取得的成就也遭到拒绝的申请人或作为一个群体的黑人，可能也是不公平的。

近几年来围绕实践问题的争论更趋激烈。赞成优待措施的人常常坚持认为，如果我们从长远看希望减少或消除种族的影响，那么从短期看考虑种族因素的各类政策就是不可缺少的。这些计划最著名的批评者，无论是白人还是黑人，则回答说，优待措施从各方面看都有着反效果：它“牺牲”而不是帮助进入这种计划的黑人，因为它在白人和黑人中间强化了黑人低一等的意识，促进了黑人的分离主义和有种族意识的社会，而不是使黑人融入一个真正不讲肤色的共同体。[11]

然而，不管是批评者还是赞成者，他们都仅仅依靠粗糙的事实证
390 据来支持自己的主张。他们提到报纸上有关大学里的种族融洽——或种族不和谐——的孤立事件报道。他们根据有关获益于优待措施而得到机会的成功黑人的传奇报道，或是谴责这种措施诬蔑、羞辱或贬低黑人。他们中的大多数人都求助于有关白人或黑人“肯定”或“可能”感到什么或做出什么反应的所谓常识性假设。

但是，指责这些赞成者和反对者用这类软弱无力的证据来支持他们的重要主张却是错误的，因为对具体问题虽然做过一些出色的研究——鲍温和博克提到其中的一部分，但尚不存在符合要求的大规模研究。这就是《河流》有其重要性的原因：与过去的文献相比，它提供了更全面的统计资料和更细致的分析。它已经发挥了相当大的作用：它的发现在出版物上得到了广泛的报道和讨论。

当然，我们必须小心，不可不加批判地接受这项看起来很有说服力的研究。它所提供的统计分析，以后有可能被证明是有缺陷的。或以后有可能会发表更加全面的研究，驳倒了它的某些或全部结论。不过，假如《河流》一书没有大大改善长期的政治和法律论战的品质，那未免令人感到惊奇和可耻。它的分析大大提升了辩论的标准。印象主义的或传闻式的证据不再有效：对大学的优待措施的任何值得尊重的讨论，现在必须要么承认它的发现，要么向它发起挑战，而任何挑战都必须符合鲍温、博克及其同事所达到的广度和统计学专业标准。

二

两位前任大学校长都是谨慎精明的学者，他们对自己的研究成果能够证明什么，做了小心的限制。但是他们并不怀疑这项研究中最重要的结论。

假如最后的问题是，大多数在录取学生上最挑剔的大学是否成功地教育了相当数量的少数族裔的学生，他们已经取得了相当的成功，似乎很可能随时会占据社会的领导位置，则我们在回答这个问题时没有任何疑虑。绝对如此……

> 从整体上说，我们的结论是，大学极为成功地利用了考虑种族因素的录取政策，促进了对每个人都很重要的教育目标。[12] 391

不过，假如不提这种整体结论所依靠的大量不同的独特发现，我们也无法对它做出评估。当然，我难以充分概括所有这些发现，或是描述那些用来得出或捍卫结论的经常十分精巧的技术。我将集中讨论与政治和法律辩论似乎更为相关的发现。

优待措施接受没有资格的黑人吗？在1951年，总共只有63名黑人——每所大学的平均数只有0.8%——进入了有资料可用的19所C&B中的大学。而在1989年，在所有的C&B学校中，黑人入学的数字变成了6.7%，在大多数录取条件很挑剔的学校，这个数字为7.8%。这种增长大半要归因于考虑种族因素的录取政策。鲍温和博克在剔除了另一些变量后估计，不考虑种族因素的政策将使纳入这项研究中的所有学校的黑人入学人数减少到 2.1％～3.6％（这取决于有关多少被录取的黑人决定入学的不同假设）。

然而，认为这些“本来会遭到拒绝的”黑人都没有资格得到他们已经得到的教育，是严重错误的。[13]与申请入学的黑人相比，申请入学的白人从总体上确实有着明显更高的测验分数。但是，当我们把被录取的黑人的分数与被录取的白人中最低的十分位数加以比较时，这种差别就大大缩小了：对法学院录取记录的一项研究证明，法学 SAT 分数只有 10％的差别。在任何情况下，白人和黑人申请者之间的分数差别，用最近几十年申请录取条件挑剔的学校的白人在学术资质上不同寻常的进步——鲍温和博克把这些申请人称为资质“特别”好的申请者——而不是用任何有关黑人申请者缺少资质的假设，可以得到更好解释。在其他方面代表着所有大学的 C&B 大学中的五所大学，保留了 1989 年全部申请人的完整档案，其中 75％以上的黑人申请者的数学 SAT 得分，高于接受过测验的白人的全国平均分数。下面要讨论的来自 C&B 大学的黑人研究生在职业上取得的成功本身，也驳倒了这些黑人没有资格受那种教育的假设。

392 此外，一个惊人的事实是，在 1989 年进入录取条件苛刻的学校的黑人，SAT 平均分数高于同校 1951 年所有入学者的平均分数。如作者所说，现已中年或更老的研究生在坚持认为因优待措施而被录取的黑人不适合他们的大学之前，应当思考一下这个事实。另一个令人吃惊的事实是，本来会被拒绝的黑人——此项研究预计如果采用不考虑种族因素的标准就不会被录取的黑人——与那些会被录取的黑人的分数相比，并没有太大的差别。前者的SAT平均分数是1 145，而后者的是1 181。因此，取消优待措施会使进入录取条件苛刻的学校的黑人人数大为减少，但它并不会改善进入这种大学的学生的平均分数。

黑人浪费了为他们提供的机会吗？他们进入更适合他们、要求较低的学校是不是更好一些呢？斯特凡·泽恩斯特罗姆（Stephan Thernstrom）和阿比盖尔·泽恩斯特罗姆（Abigail Thernstrom）在近著《黑白美国》（*America in Black and White*）中报道了1984年到1987年大约300所“主要”大学的辍学率，白人学生为43%，黑人学生为66%。他们提到的《黑人高等教育杂志》（*Journal of Blacks in Higher Education*）中的一篇文章，把这个事实描述为“令人悲伤的”，他们还提到另一个事实为他们自己的结论辩护，即“采取优待措施的录取政策……确实增加了录取人数。然而，如果更大的目标是增加成功结业的非洲裔美国人的数量，则这种政策的结果是令人失望的，甚至造成了反效果”[14]。但是（假如他们把自己在那本杂志中引用的那段话后面的两段话也加以引用，这一点就会变得十分明显[15]），他们的论证是极为错误的。他们提到的数字来自“全国大学体育联合会”（National Collegiate Athletic Association，NCAA）一处的301所大学的档案，这些学校中虽然包括一些明显的“重要”学院，但也包括许多显然不重要的学院。[16]虽然这301所大学中黑人辍学的人数远远高于白人，但白人辍学的人数之高也相当惊人，这意味着优待措施不是主要问题所在。斯特凡·

泽恩斯特罗姆和阿比盖尔·泽恩斯特罗姆毕竟没有提供证据，这
393 301所大学中有多少实行了优待措施。（鲍恩和博克提到的一项研究认为，最多只有20%的四年制学院实行这种政策。）如果许多学校不实行这种政策，那么即使它在别的学校被取消，这当然也不会影响到毕业率的差别。[17]

《河流》一书的研究，比泽恩斯特罗姆提到的研究更细致也更有用。它证明在C&B学校里，黑人的辍学率低于全国标准。在1989年，C&B的黑人组中有75%在六年内从他们进入的学校毕业，而在NACC一处列出的301所大学中，只59%的白人学生毕业。即使如此，C&B学校中黑人的毕业率还是低于白人的毕业率——在1989年，前者比后者低11%。

这种差距可以用一些明显的事实来解释——例如，黑人一般来自生活较差的家庭，更有可能为了经济原因被迫离校。但并非完全可以从这个角度来解释。就处在各个SAT分数级别的黑人来说，越是在录取条件苛刻的C&B学校里，黑人的毕业率就越高。甚至处在最低的SAT分数级别（1 000分以下）的黑人，如果被C&B组群中条件更苛刻、要求更高的学校——在这里他们的分数与另一些同学的平均分数有更大的差距——录取的话，也会有较高的毕业率。[18]

鲍温和博克对这种结果的不同解释进行了思考。条件更苛刻的学校也是更富有的学校，有着更多的学术资源和各种形式的学生补助。此外，既然一张大学文凭的经济价值是随着学校的名望而增长，那么经济激励因素就会使所有的学生都愿意留在条件更苛刻的学校。这些学校也有资源建立“学业援助”和其他计划，为前期在

学习和研究技能上教育不充分的黑人提供有利于竞争的帮助，这项研究证明了那种帮助在其他方面的价值。这些发现无论如何都有着重要意义，因为它们似乎否定了泽恩斯特罗姆等人捍卫的有关“恰当性”的假设：假如取消优待措施，让黑人进入苛刻程度和竞争性较低的学校，黑人毕业的人数就会提高。

这一令人不快的假设，也与《河流》一书中的其他许多数据和分析矛盾。黑人作为一个群体，从经济或其他方面看，当他们进入条件更苛刻的学校时并没有受到伤害。在每一个 SAT 等级上，进入条件更苛刻的学校的黑人都挣钱较多，并报告说对自己的职业更 394
为满意。进入条件更苛刻的学校的大多数黑人，在回顾自己的大学经历时，没有表示不满或抱怨，或表示他们因优待措施而“蒙受损失”。C&B 大学的黑人研究生对自己的大学经历表示满意的人跟其他学生一样多——在 1989 年的人群组中，有 91%的人宣布自己“非常”或“大体”满意。此外，在每一个 SAT 等级上，进入条件更苛刻的学校——在这里，他们的 SAT 分数与学校的标准之间有着更大的差距——的黑人，都报告了更高的满意度，这与“恰当性”的假设正好相反。在最近几年有关优待措施的争论中，这种假设起着非常突出的作用：《河流》的研究——至少在它受到证据而不是以次充好的学术研究或街头传闻的挑战之前——可以结束它的这种作用。

三

优待措施是否如人们期望的那样，造就了更成功的商人、教授和社会领袖呢？如果用收入来衡量成功，回答是肯定的。从 28 所 C&B 大学毕业的 1976 年组群的黑人男性研究生，与有着和他们相同的测验分数、大学或专业教育成绩的白人同学相比，找到的工作薪水更少。[19]这一可悲的事实足以否定种族主义已在我们国家消失的想法。但是，C&B 的黑人研究生的收入要明显高于有学士文凭的黑人的平均水平：1976 年组群的黑人妇女的平均收入为平均数的 73％或 27 200 美元，高于拥有学士文凭的所有黑人妇女的平均数，该组群中的黑人男性则为平均数的 82％或 38 200 美元，也高于拥有学士文凭的所有黑人男性的平均数。

若干因素有助于解释这些差别：与一般的黑人研究生相比，C&B 组群中的黑人一般有着更好的测验分数，家庭的社会和经济背景也更好。但是他们进入的学校的录取条件的苛刻也是重要因素之一：黑人研究生的学校的入学条件越严格，他或她的预期收入就越高，即使在所有其他因素一样的情况下也是如此。正如作者指出的，“毕业于条件苛刻的大学，虽然很难确保成功的职业，但它可以开辟一些途径，使黑人报考者克服一些雇主依然坚持的陈规陋习，创造出他们本来得不到的机会”[20]。

在条件更苛刻的大学就读的黑人，其收入优势是显而易见的，
395 这不仅因为它表明这种录取政策有助于而非有损于其受益者，而且因为它提供了进一步的证据，说明这些受益者完全有资格从他们得到的教育中受益。C&B 大学的黑人研究生，假如他们的能力和教育无法使他们在与别人的竞争中，通过贡献于自己的公司或专业而挣到那些薪水，那么他们是无法得到或保持其在商业、法律和医学

界收入丰厚的地位的。

但是，在衡量优待措施的成功时，我们不能只强调薪水，或只强调那项研究证明其造成的黑人行政官员、律师、医生和教授数量的增加。鲍温和博克写到，优待措施“也受着这样一种认识的鼓舞，即国家对受过良好教育的黑人和拉美裔美国人有着迫切的需要，他们能够在自己的社区和国家生活的方方面面发挥领导作用”[21]。这项研究也提供了这方面的成功的报道。在全国范围内，黑人和白人研究生都同样乐意参与不同的公民和专业团体。但是在C&B的研究生中，黑人男性更愿意这样做，尤其是参与那些对黑人社区最重要的活动，包括社会服务、青年俱乐部和中小学教育组织。例如在1976年的组群中，参与社区服务的黑人几乎比白人多一倍。此外，在上述各类活动中，黑人男性比白人男性更有可能担任领导角色。

从亨利·刘易斯·盖茨（Henry Louis Gates）和奥兰多·帕特森（Orlando Patterson）等人所表达的一种广泛的担心来看，这些发现在是特别有意义的。他们认为，受过教育的中产阶级黑人会选择一种与关切更大的黑人社区保持距离的新生活。[22]这种担心依然存在，但是此项研究中的统计数字给人以希望。“这个组群与和它对应的白人组群相比，一直提供着更多的公民领导，这一事实说明社会献身精神和社区关切，并未在个人成功的迹象一出现时即被抛弃。”[23]

大学学生的种族多样性有助于打破陈规陋习和学生之间的敌视态度吗？如果是这样，这种收益在大学以后的生活中持久吗？或

者，种族偏好引起校园内的敌意，增加而不是减少了全社会的种族紧张吗？批评者提到广为传播的校园种族对立的事件。大学餐厅中
396 的“黑人餐桌”这类事情表明，种族多样性丝毫没有减少种族隔离和对立，甚至强化了这种现象。

验证态度和感情不是易事，但是鲍温和博克的研究提供了给人印象深刻的有关统计数字。《河流》的问卷询问它所研究的组群中的研究生：他们认为种族关系多么重要？他们是否认为自己的本科教育有助于改进自己与其他种族的关系？他们在本科阶段与另一些种族的成员关系如何？他们认为自己大学的录取政策是过分强调种族多样性，还是强调得不够或恰如其分？对这些有多种选择的问题的回答，只能部分地反映复杂的个人经验和意见，但结果仍能说明一些问题。

可以预见，认为了解另一些种族的人特别重要的黑人多于白人。在1976年的组群中，45%的白人认为了解“不同信仰”的人“非常重要”，只有43%的白人认为了解不同种族的人非常重要。在这一组群中有74%的黑人认为后者非常重要，只有42%的黑人认为前者非常重要。但是，认为种族关系非常重要的白人和黑人的数量在1989年都有所增加——黑人只增加了2%，而白人显著增加了13%。（在公民组织中占据领导地位的白人研究生增加得更多，达到59%。）

在问到他们如何看待自己大学经验在促进与另一些种族“和睦相处”的能力的价值时，1976年组群中有46%的白人和57%的黑人把这种价值定为4或5（5表示“非常重要”），有18%的白人和

30％的黑人定为5。在1989年的组群中，这些数字大为提高：63％的白人定为4或5；有70％的黑人定为4或5，有46％定为5。这两个组群中存在着重要差别：作者认为，学生在1989年可能更加意识到了种族交往的重要性，或大学可能做了更多的努力创造一种有助于这种交往的环境，或更有可能的是两者兼有。

看看这些有关多样性的主观判断在多大程度上反映在行为上，尤其是针对学生团体经常严重地相互隔绝这种广泛的看法，由此来证明这些判断是很重要的。这项研究向调查对象发出询问，他们是 397
否“十分了解”在地理和经济背景、一般政治取向和种族这些方面与他们非常不同的至少两个人。虽然黑人学生只占学生总数的不到10％（有一所学校除外，那儿他们占到12％），在1989年的组群中，有56％的白人学生说他们非常了解两个以上的黑人学生。（88％的黑人说，他们非常了解两个以上的白人学生。）作者的结论是，尽管在这些校园里肯定有一些种族自我隔离的现象，例如在俱乐部和餐厅里，但“亚群体之间的隔墙是多孔的”[24]。

这项研究向被问者提出的另一个问题是，他们是否同意，他们认为自己的学校表现出的对种族多样性的关切程度有着双重的重要性，因为这不仅有助于我们评价研究生赋予这种多样性在自己生活中的价值，而且有助于评价他们作为一般公众中的一员憎恶种族偏好的程度。1976年组群中的大多数白人认为，他们的学校过于强调毕业率、校际体育和系内研究。但是他们中间只有22％的人认为学校过于重视种族多样性，相比之下，有39％的人认为它重视得不够。这个组群的黑人在毕业率、体育和研究问题上与他们的白人同学看法一致，但可以理解，他们中间有更多的人认为，自己的学校对种族重视不够。（1989 年组群的看法与 1976 年组群的类似，但后者中的研究生与前者相比，认为他们的大学过于重视种族多样性。）

这项研究还介绍了 1951 年组群中令人感兴趣的数字，这个组群的人如今已经 60 多岁了。可以设想，他们对自己上大学时还不存在的优待措施所持的态度，会比后来的组群更保守。但是在 1951 年的组群中，有 41%的人（较之 1976 年的 37%和 1989 年的 48%）认为应当重视对种族多样性的追求。虽然有大约三分之一的人认为他们的学校重视得太多，但也有一半的人认为当前的重视是正确的，有 17%的人认为应当给予更多的重视。

似乎可以合理地假设，SAT 分数相对较低的白人学生，在被
398 录取之前，有可能更担心考虑种族因素的录取标准对他们的影响，因此会更不赞成这种政策。但是在赞成或不赞成这种政策上，SAT 的所有等级似乎没有明显差别。也许更令人吃惊的是，没有被他们首选的学校录取的白人学生，也许会把他们的失败归咎于这种种族优待，但是与他们更为成功的同学相比，他们并不更反对追求种族多样性。在 1976 年和 1989 年的 C&B 组群中曾遭到拒绝的白人研究生的人数，几乎与所有白人研究生的人数一样。

在试图评价优待措施在整个美国引起的一般性反弹时，这些统计数字是重要的。反对优待措施的政治运动，集中于雇用人员时表现出的种族偏好上，许多工人阶层的选民相信，他们有个人的理由憎恶这种偏好，有些评论家也怀疑，甚至在雇用人员方面，是否在全国范围内真正存在对优待措施的痛恨。例如刘易斯·哈里斯

(Louis Harris) 就认为，对加利福尼亚禁止一切优待措施的观点取得成功起着决定作用的，是一种错误的解释；他说，他本人的调查表明，对这一立场更为公平的解释会导致它的失败。[25]《河流》的研究毕竟提供了一些理由，让人怀疑对优待措施，尤其是大学录取政策中的优待措施，是否存在普遍而深刻的敌视。许多被拒绝的大学申请人（大概也包括我提到的那些诉讼中的原告）当然厌恶这种政策。但是这项研究估计，曾经受到拒绝而持厌恶态度的学生人数相对较少。

优待措施是否羞辱了黑人、打击了他们的自尊或歪曲了他们的形象，因而对他们有害？对优待措施最令人感动的抨击来自一些黑人，他们觉得受到了黑人需要特殊关照这种假设的侮辱或伤害。任何人，不管是黑人研究生还是任何种族的富裕或杰出家庭的子女，都会厌恶贬低其个人成就的怀疑态度，许多杰出的黑人担心优待措施助长了这种怀疑，这个事实无疑是那一政策付出的令人遗憾的代价。

然而重要的是，在评估这一代价的大小时，要确定有多少黑人持这种观点。如果有许多人这样认为，那么这一代价就是很大的。但是，假如精英学校中的大多数黑人研究生——他们有可能在职业
和人格方面受到他们的文凭或成就有水分这种假设的伤害——都坚 399
决否定这种观点；假如与此相反，大多数黑人研究生认为，通过考虑种族因素的录取政策去落实种族多样性，对于他们和他们的种族是一件好事，那么即使少数有不同意见的人真正受到了伤害，也不能认为它大到足以抵消多数人相信这个种族所得到的好处。其实，

《河流》一书论及的绝大多数黑人，都赞同他们的大学考虑种族因素的政策。他们认为自己的大学现在应当更多而不是更少地重视种族多样性，他们同意那项研究所证实的东西：不管在他们的收入方面还是在另一些非物质的方面，优待措施对他们都有好处。

如果放弃优待措施，转而采用不考虑种族因素的标准，那么这些声誉卓著的大学中的黑人的比例还会保持不变吗？《河流》根据合理的假设估计，严格实行不考虑种族因素的政策，将使 C&B 大学中的黑人人数下降 50%到 75%。[26]不考虑种族因素的政策对专业的影响是特别明显而有害的：在得到美国律师协会认可的 173 所法学院里，黑人将只占录取学生总数的 1.6%到 3.4%，假如这些学校只依靠大学成绩和测验分数，在条件最苛刻的法学院中他们将只占 1%。[27]

包括许多不在乎精英学校减少黑人学生的人在内，许多学者都建议，假如大学优待低收入申请者而不是黑人申请者，录取人数大体上会保持不变。因为有如此之多的黑人申请者是穷人。这项研究表明，这种建议建立在一种谬论上：虽然黑人申请者中的穷人特别多，贫穷的申请者仍是以白人为主，甚至以经济多样性为目的而不考虑种族因素的标准，也会减少黑人的数量。[28]

不错，这一计算假定，列在 C&B 中的大学，会乐于接受黑人在其教室中的数量大为减少，它们不会努力逃避要它们采用不考虑种族因素的标准的政治或法律决策。这一假设未必正确。波尔特·
400 哈尔学院和加利福尼亚大学的其他科系正在研究对录取程序加以改革，这包括把录取条件最不苛刻的大学中的最高成绩，看得像哈佛大学的最高成绩一样重要，更少地完全依靠测验分数。[29]

得克萨斯州的立法机构，为了对第五巡回法庭的“霍普伍德案”裁决做出回应，采取了一项新的计划，要求该州公立大学接受州中学10%成绩最高的全部毕业生：既然有些中学几乎全是黑人，这种改革就有望使该州过去条件最苛刻的大学增加对黑人的录取。就算这种改革达到了目的，可能也仅仅是用资质较差的黑人学生，代替了公开而得到承认的优待措施将会选中的学生。有些过去反对优待措施的人担心有可能出现这种情况，于是想出了另一个主意。波尔特·哈尔学院的约翰·于（John Yoo）教授曾大力赞成“209号提案”，他现在则说，他承认原有的优待措施是维持种族多样性同时又是——用他本人的话说——“减少对学术标准的危害”的一种有益方式。[30]

严格按照收入进行判断，过去30年里实行的优待措施使美国人的生活变得更好了吗？1976年组群中的700个“本来会被拒绝”的黑人中的大多数，假如采用不考虑种族因素的标准就不会被录取，他们就会进入另一些条件不太苛刻的大学。但是，这项研究在学校的苛刻程度和后者的成功之间确定了高度的相关性，在SAT分数、中学成绩和社会经济背景的每个等级上都是如此，这说明与那些研究生实际做到的相比，他们中间成为杰出的教授、医生、律师、高薪而有权势的工商业管理人员、政治家和社区服务领袖的人就要少得多。1989年组群中的1 000个“本来会被拒绝的”黑人学生已经得到了更大的成功前景。因此，我们可以把问题改一改：假如现在和下一代占有这些重要职位的黑人少了很多，美国人的生活会更好吗？认为答案是肯定的似乎难以服人。在我们的社会有阶层划分的所有方面——收入、财产、权势、声望和威信——黑人在最高层都严重缺少代言人，由此造成的分层是一种长久的耻辱、浪费和危险。假如种族分层比现在的情况更严重，假如我们没有或很少看到它正在减少的迹象，怎么能说我们会生活得更好呢？

四

401 此外，假如优待措施是不公平的，因为它侵犯了白人和其他被拒绝的候选人或觉得受到侮辱的黑人的权利，那么它就是不恰当的，即使它确实使国民生活得更好。我们在着手评价这种可能性之前应当指出，优待措施对任何落选的候选人造成的伤害都是非常小的：《河流》一书认为，假如在它所研究的一部分大学中采用不考虑种族因素的标准，从而使被录取的黑人更少，任何事实上被拒绝的白人申请者被录取的预期可能性，只能从25%提高到大约26.5%，因为测验分数和另一些条件大体相同的白人申请者的数量如此之多，所以再增加几个名额并不会大大改善他们的机会。当第五巡回法庭宣布得克萨斯法学院的录取政策违宪，并把案子发回下级法院，让它对因被拒绝而提起诉讼的白人原告进行补偿时，下级法院只给每个人补偿了1美元，因为即使采用不考虑种族因素的标准，他们也不太可能被录取。

优待措施侵犯了候选人的只应根据他们的个人资格做出判断的

权利吗？在这种背景下，哪些因素可算作资格呢？在某些竞争中，比如选美大赛或电视智力竞赛中，资格仅仅指某种生理或智力素质：获胜者应当是最漂亮或最博学的候选人。在另一些竞赛中，如图书奖或勇敢奖，资格是成就的突出：获胜者是写出最好的著作或在某种特殊品质上表现最佳的人。但是还有一些竞赛，资格涉及未来的可能而不是过去的成就或天生素质：理性的人在选择医生时不会赞美医生的技能或奖励医生过去的治疗，他在选择医生时，期待着医生在未来给自己提供最好的治疗，他会考虑这个医生的内在技能或过去的成就，这仅仅是因为它们表明这个医生在未来对于他的价值。

其实进入大学的竞赛就属于后一类竞赛。负责录取的官员，不应把空额作为对过去的成就或努力的奖励，或对内在技能或优点的奖励：他们的责任是选出这样一批学生，他们作为一个整体能够为 402
学校设定的目标做出最大的贡献。培养精英的高等教育是一种有价值的稀缺资源，虽然只有很少的学生可以得到这种教育，出钱的却是整个社会，甚至在“私立”大学中也是如此，它们得到一部分公共资金的支持，它们的“私人”捐赠者享有减税的好处。大学因此而承担着公共责任：它们所选择的目标必须惠及更大的社会，而不仅是它们自己的教员和学生。它们未必是狭义的经济、社会或政治目标；相反，我们期待着我们的所有教育机构，尤其是最有钱、最有名望的机构，为科学、艺术和哲学做出贡献，我们把这些方面的进步视为我们集体的公共责任的一部分，在选择学生和教员时会考虑这些目标。

但是，知识的进步不是我们允许或期待教育机构追求的唯一目标。我们期待着它们，尤其是那些最有钱的学校，以另一些方式，包括更为实际的方式，帮助它们的学生和社会——一所伟大的大学可以正确地决定研究艾滋病或早老性痴呆症的治疗手段，即使它知道另一种更基础性的研究会得到更多的理论收获。我们并不期待大学都追求相同的目标，或赋予它们确定的目标相同的重要性。在C&B的数据中，著名的研究性大学都有着不同于该数据库中那些较小的自由主义艺术学院的优先项目，而这两种学校又有着不同于未被列入数据库的那些很小的农学院、社区学院和其他类型的学校的目标。我们所奖励的学术自由首先意味着，每个学校在宽松的限制之下，自由地为自己制定目标和它认为最适用于这些目标的包括录取政策在内的学术计划。

所有的C&B大学都把传统观点中的中学或学院成绩，以及很高的SAT等各项测验得分，作为大学和专业教育的资格。但是它们都没有把这些特殊的学术资格视为唯一的条件：它们一再拒绝SAT分数和成绩最高的候选人——甚至黑人候选人——而偏爱另一些成绩和分数较低的学生。另一些资格为数甚多：其中包括公共服务的意愿、体育能力、不同寻常的地理背景，在某些学校中还包
403 括“前辈的身份”，这是指父母也是那所大学的毕业生。负责录取的官员对这些以及其他一些特性一一加以考虑，看它们是否表明（虽然不尽完美）一个特定申请人会对学校的传统目标有所贡献。《河流》的研究显示，而且著名美国大学在过去30年来也承认，把候选人的种族作为录取官员所要考虑的无数因素之一，至少有利于

这些传统目标中的两个。

第一，如我所说，美国的学校一直致力于学生类别的多样性。它们合理地假设，假如学生们能够和不同的地理背景、经济条件、宗教信仰、文化尤其是种族的同学一起工作并和睦相处，他们一定能更好地投身于商业和专业生活，成为多元民主社会中的一个出色的公民。批评者则认为，根据种族进行选择，是落实多样性的一种不恰当的方式，因为它错误地且具有侮辱性地假设，所有的黑人学生，而且只有黑人学生，都能带来阶层、政治态度或文化上可取的多样性。在这些批评者看来，倒不如接受无论哪个种族的父母贫穷或喜欢黑人灵歌的学生，而不是选择黑人学生，他们中间有些人的父母很富有并更喜欢听巴赫音乐。

但是这种反对意见忽略了这里所说的多样性的一个方面，它不是指种族所能反映或不能反映的因素，而是指种族本身。不幸的是，仍然毒化着美国的最恶劣的陈规陋习、怀疑、担心和仇恨，仍然是与肤色而不是阶层或文化联系在一起。黑人与白人能够更好地相互了解和赞赏，假如有些黑人能够不再具有那些被成见与他们联系在一起的阶层、文化或另一些特征，这是件十分重要的事情，它显然会加强而不是损害种族多样性的好处。

第二，我们的学校的传统目标是帮助改进共同体的集体生活，不但通过加强它的文化和科学或促进共同体的医学、商业和农业，而且通过使它的集体生活更公正、更和谐——这是我们的法学院、政治及公共行政学院的主要抱负之一，它们也应当是学院其他部门的目标之一。我们的大学当然有资格认为，美国继续受到种族、阶

层、职业的削弱和分隔，这种状况乃是公正与和谐的大敌，《河流》
404 一书最突出的结论之一就是，优待措施在逐渐打破这种分隔方面，很可能起着其他计划或政策起不到的作用。我们期待教育机构为我们的身心健康做出贡献，我们也应当期待它们做出它们能够为我们的社会和道德健康做出的贡献。

因此，优待措施在追求学生的多样性和社会公正这两个目标方面，丝毫无损于只应根据合理而恰当的素质奖励学生这一原则。学生无权因过去的成就或内在的美德、技能或其他品质而进入大学：对每个学生的判断必须结合按统一标准确定的其他品质，看其对大学合理选择的目标做出贡献的可能性。我并不是说（有些批评者指责那些维护优待措施的人这样认为）黑人的肤色本身是一种美德或优点。但是它确实是我所描述的那个意义上的一种资格。我们不把个人的身高算作一种美德或优点。但是按篮球场上的标准，有些高个子的人恰恰是因为这个原因，更有能力满足一所大学的传统目标，同样，虽然由于一些更可悲的原因，有些黑人可能因肤色而更有能力在教室和宿舍里以及在他或她后来的生涯中，为学校的另一些目标做出贡献。

那么，为何有如此多的人认为优待原则不公平呢？为何它的许多支持者也同意这是个不讨人喜欢的、尽管在他们看来必要的救治措施呢？我们必须谨慎地对这些问题的答案小心地加以区分和思考，因为每一种回答都对公众的反应起着重要的、有时是难以言喻的作用。首先，经常有人说，考虑种族因素的录取政策没有把申请人当作个人，而是把他当作那些巨大群体中的一员。这种反对意见强烈地针对着早期的、形式相对粗糙的优待措施，例如被“巴克案”裁决宣布为违宪的配额制，因为正如鲍威尔（Powell）大法官所说，一旦白人的配额用完，就再也不会有白人候选者可以与被录取的黑人在全面考虑的基础上进行比较。[31]但是在当前的大学录取优待措施下，并不使用配额制：在这个方面，那些计划就像鲍威尔明确赞成的哈佛的计划一样。负责录取的官员现在是逐一做出全面的判断，他们有时接受一个 SAT 分数比一个被拒绝的黑人分数更 405
低的白人学生。没有人完全是因为种族因素而被接受或拒绝。

许多人确实强烈地感到，即使大学应当考察大量不同的品质作为它们所承认的录取条件，但由于特殊的原因，也不应当把种族包括在内。然而，对认为种族有其特殊性的不同角度做出区分并考虑它们的不同含义是至关重要的。我们已经讨论过一个：许多人相信，考虑种族因素的录取标准加剧而不是缓和了种族紧张。但是根据《河流》一书的研究，我们可以把这一主张先放在一边，除非那项研究受到质疑。但是也有许多人相信，种族分类从原则上说永远都是错误的，甚至当这种做法有可取的结果时也是如此。他们指出，我们不会接受一所法学院的如下论点：它拒绝黑人申请者是因为它要通过培养一些能够为不欢迎黑人的地方法律事务所尽职尽责的毕业生，以此帮助社会经济。他们坚持认为，我们不能从原则上把为取得有益的结果而不公平地采用种族因素的做法与所谓“善意的”运用区分开。即使我们从原则上能做出这种区分，我们也不能在实践上真正做到这一点，因为不公平的利用很容易被伪装成善意的利用。

这些论点中的第一个更容易回答：至少从原则上说，我们能够用两种方式把优待措施和有害的利用种族因素加以区分：第一，我们可以规定一种个人权利，它能够受到恶意利用种族因素的侵犯，但不会受到正确理解的优待措施方案的侵犯：这是每个公民都应受到政府以及政府资助的学校之公平对待的基本权利，即他们应当得到平等的关切和尊重。当学校以另一些人对黑人种族有偏见而为歧视他寻找理由时，黑人公民就被剥夺了这一权利。

但是优待措施并不直接或间接地反映着对白人公民的偏见。对种族多样性的追求反映出的对白人的偏见，并不多于对地理多样性的追求反映出的对大都市居民的偏见。第二，允许大学有充分的自由去制定自己的目标虽然十分重要，但是我们也可以坚持说，大学有可能认为适当的一些目标，是不合理和不可接受的，所以我们能够取消那些怂恿和强化我们社会的种族划分的目标。

不错，这些原则性区分在实践中可能难以落实，这尤其是因为
406 它们取决于对学校动机的判断，而这种动机经常是难以辨认的。例如，我们如何判定优待某些少数族群——如黑人和西班牙语族群——的计划，其动机不是对公民中另一些测验分数很优秀、如果采取中立的录取政策就会有更多人得到录取的族群——如亚裔美国人或犹太人——的敌视呢？或者有些学校负责录取的官员，他们自己可能就是黑人，因为偏爱自己人而牺牲别人？为了防止这种可能的腐败现象，在大学录取中干脆禁止利用种族因素，不是更好吗？

在大学以外的事情中，经常有人提出这种观点，例如为了反对那些市政委员会，它们有可能受黑人的把持或依靠黑人的支持，所

以为黑人经营的公司留出一定的建筑合同份额；或是为了反对那些州议会，它可能受种族政治这样或那样的影响，以某种方式划分选区以便选出更多的黑人官员。[32]但是，这种赞成干脆禁止种族分类的论点在另一些事情中无论多么有力，在用于高等教育时都是奇怪或错误的。制定并实行考虑种族因素的录取标准的科系和学院管理者，其权力或财政支持并不是来自受益于这些标准的社区。他们的行动是要以《河流》一书证明为最有效的方式追求传统的目标。

此外，对另一些也是偏见之对象的群体受到隐蔽性敌视的怀疑，很容易加以检验，即看看在根据不考虑种族的标准下很可能被录取的人中间，这个群体的人数是否不够多。当然，这些考虑没有完全消除可以想象的不正当动机起作用的可能性。但是，根据一两所大学可能会滥用这种权力并避开检查这种微乎其微的可能性，就剥夺所有的大学按自己的想法促进多样性、社会公正和稳定的权力，这非常类似于以少数研究者有可能是剽窃者或盗用公款者为由而彻底禁止医学研究利用公共资金。

因此，我们可以不理睬这些有关原则和政策的错误论证。但是我们必须承认一个重要的心理事实：许多人认为，与由于缺少其他某种素质——如某种技能或体能，甚至由于其父母不是毕业于那所 407
学校——而被拒绝相比，因为不属于“正确的”种族而被一所大学拒绝，是一件更恶劣——更粗暴、更具侮辱性——的事情。但是，这种特别粗暴的做法是可以理解的，但这不是因为在个人认同的形而上学中种族有某种特殊的重要性——就像某些年轻人所不具有的保证他在SAT测验中取得1 400以上分数的天生能力不是出于选择一样，无论他进行多么艰苦的准备，一个人的肤色既不能选择，也没有更多的遗传原因。这是可以理解的，因为我们十分熟悉不公平的种族分类的性质和结果。

种族歧视反映着一种蔑视态度，一个人因为天生的特征而受到指责是极不公正和有害的；此外，种族歧视对受害者的生活有着彻底的破坏性——它不仅使他们失去别人可以得到的这样或那样的机会，而且几乎对他们的所有前景和愿望构成伤害。在一个种族主义社会里，人们其实是因为自己是什么人而受到绝对拒绝，因此把种族歧视视为一种特别有害的形式是很自然的。但是，不允许利用这种区分去克服确实不断造成伤害的种族主义，却是有悖情理的。种族的特殊心理特点，不是政策必须总是予以参考的一个综合性事实。它是种族主义的产物和标志，绝对不应当允许保护造成这种事实的种族主义。

我们还要谈谈为何种族是一个特殊因素的最后一个理由，这涉及道德关切和法律关切的相互关系。经常有人说，美国的社会和宪政史，使我们作为一个民族信奉不分肤色的社会，这不是我们的终极目标，却是我们应当用来达到任何目标的一个手段。根据这种观点，内战后采用的宪法修正案，包括《第十四修正案》有关“法律的平等保护”的规定，是一种国家的信念，它既是道德的也是法律的，即拒绝让任何种族因素在我们的官方事务中起作用。如果是这样的话，那么大学的优待措施从原则上说就是错误的，无论它们是否侵犯了任何个人的权利，因为它们违背了那个重要的国家信念。

但是，这种观点虽然十分常见，却没有说服力。如我们所知，有些批评优待措施的人确实认为，不考虑肤色的做法才是明智的政策抉择：从长远看，如果我们总是避免任何种族分类，即使从短期看它似乎有利于对抗种族主义，才能更出色地对付和消除种族主 408
义。但是他们没有为这种政策假设提供任何论证，而且《河流》一书似乎证明它是错误的。也没有任何理由认为，《宪法》或类似的文献要求国家采取这种政策。《第十四修正案》没有提到种族，对这一修正案的合理解释都不可能证明，它自然而然地禁止以任何种族划分来达到更大的公正。从长期存在的共识看，美国人民也没有禁止为这一目的而做出这样的划分。那个所谓的国家信念不过是一个幻觉。

可见，根据现有的最佳证据，优待措施并非没有积极的效果。相反，它似乎相当成功。优待措施也并非不公平：它没有侵犯个人权利，也没有危害道德原则。但它是否如第五巡回法庭在“霍普伍德案”中裁决的那样是违宪呢？

在第十二章，我将讨论对宪法原则的各种论证以及对那些法官所依靠的最高法院最近的裁决进行的分析。我认为，无论是原则还是过去的判例，都在继续支持着“巴克案”的原则，即正确制定的考虑种族因素的录取标准并不违宪。当然，优待措施也有其代价——失望的白人申请者和那些对他们的成功需要特殊照顾的想法表示厌恶的成功的黑人；这种政策毫无疑问也激起了更为一般的反感，尽管这种反感的范围一直不清楚。但是，禁止这种措施的道德和实践代价要大得多。过去的制度性种族歧视，造成了有权有势的地位主要为一个种族保留的国家。如果这一政策的结果依然不很确定，批评者以优待措施可能弊多利少为由而反对它就并非不负责的表现。然而国家现在就禁止这种政策却是错误的，因为大量的统计资料和分析都明确证实了它的价值。除非《河流》被更为出色的——更全面或更细致的——研究推翻，否则我们没有理由禁止大学把优待措施作为一件克服我们可悲的种族分层的武器，除非我们对这个问题漠不关心，或我们只是为它没有自动消失而感到恼怒。[33]

注释：

［1］我在这一章使用的“种族”这个概念的含义，来自我所讨论的政治和法律论战。安东尼·阿皮亚（Anthony Appiah）等人认为，这种含义混淆了“种族”和“肤色”或“人口”。参见 Anthony Appiah and Amy Gutmann, *Color Conscious*：*The Political Morality of Race*（Princeton：Princeton University Press，1996），p. 73。

［2］旧金山的一位联邦法官中止了“209 号提案”的实施，但第九巡回上诉法庭撤销了这一中止，最高法院也拒绝考虑就这一裁决提出的上诉。目前这一提案得到实施。参见 The Coalition for Economic Equity v. Wilson（经济平等基金会诉威尔逊案），122 F. 3d 692（9th Cir 1997），*Cert denied*，118 S. Ct. 397（1997）。

［3］参见 John E. Morris，“Boalt Hall's Affirmative Action Dilemma”，*American Lawyer*，November 1997，p. 4。

［4］Regents of the University of California v. Bakke（加利福尼亚大学校务委员会诉巴克案），438 U. S. 265（1978）。在这一案子中，大法官们写下了不同的意见书，推翻我在正文中提到的规定的鲍威尔大法官的意见，后来被认

为表述了五位大法官的观点，他们中间包括四位对加利福尼亚大学医学院采用配额方案表示支持的大法官。鲍威尔大法官与另外四位大法官在协商后，否决了这一方案。在我下面提到的“霍普伍德案”中，两位大法官宣布鲍威尔只代表自己说话。但是这种解释一直引起激烈争论（参见“Resent Case：Constitutional Law”，*Harvard Law Review* 110［1997］，p. 775），并且在对宪法的一般理解中是相反的观点占上风。对关于这一案子的各种不同意见的讨论，参见 Ronald Dworkin，“The Bakke Decision：Did It Decide Anything?”，*New York Review*，August 17，1978。

［5］Hopwood v. Texas（霍普伍德诉得克萨斯案），78 F. 3d 932，*cert denied*，116 S. Ct 2581（1996）。在裁决这个案子的五位法官中，有两位——史密斯（Smith）和德莫斯（DeMoss）法官——认为“巴克案”已被推翻，大学不可再采用种族分类以形成有种族多样性的学生群体。另一位——维纳（Weiner）法官——以不适于保障它所宣布的目标这个较为具体的理由，投票否决了得克萨斯法学院的计划，它被另一项有所不同的计划取代。但是他在更大的问题上不同意史密斯和德莫斯的观点，没有裁决种族多样性不是一个正当的目标。其他两位法官——主审法官波利兹（Politz）和法官金（King）——持异议。可见，五位法官中只有两人实际宣布“巴克案”被推翻，但是第五巡回法庭的全体法官均不同意复审这一案子。

［6］《第十四修正案》只适用于州政府的行为，不适用于私人行为，在有关高等教育优待措施的所有主要案子中，被告都是州大学的分支机构。但是私立大学其实也要服从同样的裁决，因为《民法》禁止接受公共资金或资助的任何大学歧视任何种族，还因为税法不允许任何有歧视行为的大学享有免税地位。最高法院认为优待措施违宪，很可能意味着它对这些规定的含义做了区分。在“霍普伍德案”裁决后，几所得克萨斯州的私立法学院不再把种族作为录取工作中的一个因素。参见“Beyond Hopwood：Texas Schools Consider New Approaches", *Dallas Morning News*, October 26, 1997。

[7] William G. Bowen and Derek Bok, *The Shape of the River: Long-Term Consequences of Considering Race in College and University Admissions* (Princeton: Princeton University Press, 1998).《河流的形成》这一书名及河流比喻，来自马克·吐温的《密西西比河上的生活》(*Life on the Mississippi*)。

[8] 这项研究按照录取申请人的条件之苛刻程度，把C&B中的学校分成三组。我列出了它们1989年组中条件苛刻的学校：在1976年的列表中苛刻性的规定中有若干变量。最苛刻的一组（按字母顺序排列）包括布林·莫尔、杜克、普林斯顿、莱斯、斯坦福、斯沃斯莫尔、威廉姆斯和耶鲁；苛刻程度稍次的一组是：巴纳德、哥伦比亚、埃默里、汉米尔顿、凯尼恩、西北、欧柏林、史密斯、塔夫茨、宾夕法尼亚大学、范德比尔特、华盛顿大学、韦尔斯利和维思。最后一个条件苛刻的组是：丹尼森、迈阿密大学（俄亥俄）、宾夕法尼亚州立大学、杜兰、密歇根（安纳·阿伯）和北卡罗来纳大学（夏佩尔山）。

[9] 作者讨论了在研究技能方面可怜的高中教育，以及在大学中依然存在的陈腐偏见，作为影响黑人辍学率的一个因素。

[10] 特别参照有关优待措施的争论而对原则问题和政策问题之区分所做的更为全面的讨论，参见Dworkin, *A Matter of Principle* (Cambridge, Mass.: Harvard University Press, 1985)。

[11] 除了《河流》中提到的材料外，另见Stephan Thernstrom and Abigail Thernstrom, *American in Black and White* (New York: Simon and Schuster, 1997)。("大学希望让少数族裔的学生有回家之感。但是随着少数族裔学生的人数显著增多，以及种族话题讨论会的建立，少数族裔学生的不适感反而增加了。") 另见Shelby Steele, "A Negative Vote on Affirmative Action", in *Debating Affirmative Action: Race, Gender, Ethnicity, and the Politics of*

Inclusion，ed. Nicolaus Mills（New York：Delta，1994）。（“优待措施——降低标准以增加黑人数量——使黑人与一种日益扩大的怀疑态度发生冲突，结果这种怀疑本身也变成了一种不被承认的偏见，它动摇了他们的表现能力，尤其是在整合的环境中。”）

[12] William G. Bowen and Derek Bok，*The Shape of the River*，pp. 284，290.

[13] 黑人和白人 SAT 平均分数之间的差距，从 1976 年到 1989 年在条件更为苛刻的学校里有了显著的缩小。（同上书，第 30 页）

[14] Thernstrom and Thernstrom，*American in Black and White*.

[15] 接下来的两句话是：“但是在一流大学里，黑人的毕业率相当高，在某些情况下接近于白人。这驳倒了如下观点：我国精英大学中的优待措施，使黑人在学校里面对学业上的危险，而且很可能辍学。”（“Graduation Rates of African-American College Students”，*Journal of Blacks in Higher Education*，Autumn 1994，p. 44）

[16] NCAA 是一个包括各种不同体育运动的大学组织。它经常被当作有关黑人毕业率的资料来源，因为它要求其成员登记包括性别和种族在内的毕业生数据。

[17] 南方教育基金会最近发表的一项研究，记录了黑人在 19 个州——尽管不是全部，但多数都是南方的州，这些地方的黑人在年轻人中占有相当高的比例——被大学录取的情况。据它报道，在这些州的公立院校中，黑人有着可悲的辍学率。入学的黑人占 17%，而毕业的只有 10%。不过这项研究也说，这些学校中有许多因为坚持不考虑种族因素的录取标准、拒绝或限制优待措施而受到尖锐的批评。参见 Ethan Bronner，“Black Gains Found Meager in the Old Segregated States”，*New York Times*，August 28，1998，p. 88。

[18]《河流》的研究也与另一种普遍的假设矛盾。它提到的一些批评者

指责说，黑人学生主修一些"黑人"科目，如"黑人研究和多元文化主义"，因为他们在这种课目上较易于取得好成绩。参见 Lino A. Gralia，"Racial Preference in Admission to Institutions of Higher Education"，in *The Imperiled Academy*，ed. Howard Dicman（New York：Transaction，1993），p. 135。其实，C&B 大学中的黑人在主修课方面的分布，和白人学生的比例大体相同。

[19] 在女性中这种差别就小一些。参见 William G. Bowen and Derek Bok，*The Shape of the River*，p. 123。

[20] 同上书，第 130 页。

[21] 同上书，第 156 页。

[22] 参见上书，第 171 页。

[23] 同上。鲍温和博克也引用了一些研究，它们证明黑人医生和说西班牙语的医生更有可能在少数族裔的居住地行医，更喜欢为少数族裔和穷人看病。

[24] 同上书，第 231 页。这项研究还提出了不同种族的学生之间的交往是从何处开始的这一问题。它报道说，在有两个以上其他种族朋友的人中间，有 93%的黑人和 80%的白人提到课堂、学习小组、宿舍或同寝室的人。在这两类人中，有大约 67%的人提到"舞会或社交"和"课外活动"。

[25] Louis Harris，"The Power of Opinion"，*Emerge*，March 1996，pp. 49－52. 有一篇重要文章对哈里斯的调查做了讨论，参见 Andrew Hacker，"Goodbye to Affirmative Action"，*New York Review*，July 11，1996。

[26] 根据一项分析，在 1989 年进入 C&B 学校的 2 171 名黑人学生中间，在真正不考虑种族因素的录取政策下，会有 1 000 名以上的学生遭到拒绝，在进入这些学校中条件最苛刻的学校的 646 名学生中，会有 473 名遭到拒绝。参见 Bowen and Bok，*The Shape of the River*，p. 350。

[27] 最近的一项研究估计，如果医学院取消录取优待政策，"全国最好

的医学院”录取的黑人“有可能下降90%之多”；参见“What If There No Affirmative Action in Medical School Admissions?”，*Journal of Black in Higher Education*，Spring 1998，p. 11。

［28］就像大多数规模巨大的大学一样，C&B学校说它们尽可能多地录取经济背景欠佳的申请者。但是不必奇怪，这种申请人一般准备得很不充分，即使在黑人中间也只有很少的人能够被精英大学录取。《河流》采用一种粗略的社会经济地位的分类发现，在有16岁到18岁子女的美国黑人家庭中，虽然有50%属于它的三类家庭中的最底层（父母都没有大学学历，家庭收入低于22 000美元），但是1989年只有14%的C&B的黑人报考者来自这个阶层，虽然只有3%的黑人家庭属于最高的一类（父母至少有一人是研究生毕业，家庭收入在70 000美元以上），却有15%的黑人申请者来自这些家庭。作者指出，精英学校对社会流动性的贡献主要是为中产阶级提供教育机会。“达到最高的社会经济地位，通常需要一代人以上的时间。”参见Bowen and Bok，*The Shape of the River*，p. 50。不过令人鼓舞的是，大约有14%的黑人申请者来自极贫困的家庭。

［29］Jeffrey Rosen，“Damage Control”，*New Yorker*，February 23 and March 2，1998.

［30］同上书，第58页。

［31］在早期的配额计划和后来更为复杂的计划之间的这种所谓的区别被夸大了——参见我的《“巴克案”裁决》（“The Bakke Decision”）一文——但这种区别现在却被牢牢地嵌入宪法之中。

［32］参见最高法院对“里奇蒙市诉科罗森公司案”［City of Richmond v. J. A. Croson Company，488 U. S. 469（1988）］的裁决，以及它对“肖诉莱诺案”［Shaw v. Reno，509 U. S. 630（1993）］和“米勒诉约翰逊案”［Miller v. Johnson，515 U. S. 900（1995）］的裁决。

［33］最高法院的一些大法官确实说过，美国的宪政理想是一个不分肤色的社会。但是他们在考虑平等保护条款提供了什么宪法权利以对抗种族区分时，并没有把它作为另一种观点的内容，即应当把宪法理解为禁止这种分类是个原则问题。法官没有权威枉顾专家的集体智慧，做出他们自己的政策判断，并利用宪法保护这种判断不受任何检验和挑战。参见 Dworkin，*Freedom's Law*（Cambridge，Mass.：Harvard University Press，1996）。

第十二章　优待措施公平吗？

一

优待措施违宪吗？如我们最好的大学 30 年来所做的那样，大学在激烈的入学竞争中给黑人和其他少数族群优待的做法，违反了《第十四修正案》中“法律的平等保护”的规定吗？1978 年，大法官刘易斯·鲍威尔在他为最高法院“巴克案”的著名裁决的意见书中断定，假如优待黑人的目的是促进学生的种族多样性，假如它没有规定混合的少数族群配额，而是把种族作为众多考虑因素之一，那么这种做法就是可以允许的。[1]既然在这一案子中的另外四位大法官甚至支持配额制，所以在九位大法官中有五位一致认为，符合 409

鲍威尔的标准的录取方案是合宪的。

但是，许多法律界人士担心最高法院很快就会重新考虑它的“巴克案”裁决，并且宣布在录取过程中的任何种族优待都是违宪的。1996年，第五巡回上诉法庭在“霍普伍德案”中否决了得克萨斯法学院的优待方案，审理此案的三位法官中有两位宣布，最近最高法院有关教育领域之外的优待措施政策的裁决，实际上已经推翻了“巴克案”的裁决，因此所有大学的优待措施都是违宪的。[2]

从得克萨斯法学院的角度看，第五巡回法庭的裁决立刻造成了可悲的后果：该校在1996年录取了31名黑人学生，而在1997年只录取了4名。最高法院拒绝审查这一裁决，但是一个设在华盛顿的组织、曾经协助过“霍普伍德案”诉讼的“个人权利中心”，1998年在密歇根发起一场新的诉讼，向密歇根大学的优待计划发
410 起挑战，可以期待另一些选区也会出现这类诉讼。最高法院很快就会再次做出有关这一问题的裁决。

假如最高法院现在推翻自己长期坚持的裁决，这不但可笑而且可悲，因为优待措施在精英高等学校中的价值，现在已经存在着显著的证据。批评这项政策的人长期以来一直认为它利少弊多，因为它强化而不是减少了种族对立，因为它损害那些被精英学校选中的少数族群的学生，在这种学校里他们必须与测验分数和其他学术素质高于他们的人竞争。但是，鲍温和博克进行的一项新研究——《河流》，根据有关学生成绩和履历的大量数据，并利用了复杂的统计技术，不但驳倒了那些主张，而且证明相反的观点是正确的。[3]根据《河流》所做的研究，优待措施取得了显著的成功：它导致黑

人大学生更高的毕业率，在工业、专业、社区和邻里服务中有更多的黑人领袖，不同种族之间更稳定的交往和友谊，如果没有这种政策，这些事情都不可能发生。（我已在第十一章详细讨论过这项研究中的发现和含义。）这项研究宣布，假如最高法院宣布优待措施违宪，那么精英大学录取的黑人就会大为减少，几乎没有黑人会被最好的法学院和医学院录取。[4]这将是种族和谐与公正方面的严重失败。最高法院是否会做出裁决说，宪法要求我们接受这种失败呢？

第五巡回法庭的法官相信，宪法会要求我们这样做，如果我们想理解他们为何有这种想法，以及为何有那么多评论者担心他们是正确的，我们就必须探讨一下最高法院在过去几十年里运用平等保护条款时，提出的一套法律信念和区分；因为这是由我们的宪政制度所形成的事例之一，它们证明美国的社会和政治未来取决于严格的法律分析。

当然，平等保护条款并不保护公民免于一切给他们带来不利的法律区分或分类。政府必须决定资助哪一些医学研究，补贴哪一些艺术创作，用关税或其他贸易政策保护哪一些产业或产品，基于环境原因管制哪一些企业，把新的军事基地或机场或核废料场设在什么地方，以及成千上万个对不同公民的命运和幸福造成非常不同影响的其他问题。官员们做出这些决定，是基于各种各样的理由。从原则上说，他们应当致力于做出这样的决策：它虽然能够惠及一些公民而不利于另一些公民，但是它符合整个共同体的普遍利益。在实践中，利益集团的政治常常起着关键作用：一种不再受到保护或 411

实行管制的产业，可能会在它的立法争夺战中失败，这不是因为换一种决策不太符合公众的利益，而是因为它在这个时机缺少政治势力迫使政府做出不同的决策。

平等保护条款受到侵犯，不在于某个群体对事情的利弊或政治失去重要的决策权，而在于它由于易受偏见、敌意或陈规陋习的伤害而在结果上失败，从而导致在政治共同体中的地位降低——它的二等公民身份。这一条款不保证每个公民能够平等地从政治决策中获益；它仅仅保证他是产生这种决策的政治过程和思考中的平等一员——他得到了平等的关切和尊重。

但是这样一来，《第十四修正案》就给贯彻它的法庭带来一个特殊难题：它要求法庭不但要判断立法给每个群体带来的后果，还要判断这种立法背后的动机。有害于这个或那个群体的法律，是一种受到禁止的偏见的产物，还是出自更为善意的动机？为一般性立法找出各种动机或态度是极为困难的，这不仅因为难以确定每个立法者和另一些官员的心理状态，而且有着更为深刻的原因，即常常搞不清楚我们如何把多少个人动机——认为立法符合其利益的那些人的动机和态度——转化为我们可以称之为那一立法之原因的整体动机。[5]

在某些情况下，似乎不难就此做出判断，至少从回顾的角度看是如此。最高法院在 1954 年裁决种族主义学校的隔离侵犯了黑人孩子的平等保护权，因为隔离标志着他们地位低下，受到了排斥。它在 1996 年又正确地裁决，科罗拉多州的一项禁止对同性恋者的
412 任何地方性反反歧视保护的州宪法修正案，侵犯了这个群体的成员

的平等保护权，因为按安东尼·肯尼迪（Anthony Kennedy）大法官的说法，“除了对受其影响的群体的敌意外，不能用任何东西来解释这一修正案”[6]。

然而，对另一些情况就非常难以评估了。例如，房租管制法令是反映着明智而公平的住房管理理论，还是反映着对作为一个群体的房主的特殊敌意呢？希望法官对受到人们挑战的每一条立法的政治社会学加以审查，这似乎是愚蠢的，因为他们既没有时间也没有条件从事这种研究。它对民主似乎也是危险的，因为法官可能根据动机不当的思考推翻民主决策。[7]

各个法院一直在努力以间接的方式，按照旨在“找出”不恰当动机的信条来处理动机问题，即专注于法律的实际后果这个显然更为客观的问题。它们把基于平等保护权而提出挑战的所有政治决策，从一开始就分成三类。假如一项决策给最高法院称为“有受害者嫌疑”的阶层（“suspect”class）——根据一条著名的定义，这个阶层“承受着这种损失，或会遭受有意的不平等待遇，或陷入政治上无权无势的地位，以至于需要受到多数主义政治过程以外的保护”[8]——带来严重的不利，对这一决策就要“严加审查”。这意味着必须把它作为违反平等保护条款而予以否决，除非能够证明这种不利是维护某种“紧迫的”统治利益“所必需”。但是，假如受到法律伤害的人没有形成这样一个“有受害者嫌疑”的阶层——假如他们只是某个特定行业、专业中的成员，或某个地区的居民，他们与其他公民同胞没有什么不同，与偏见或反感没有任何历史的关联，则对这种法律就只进行“宽松的”审查：它是合宪的，除非能够证明它毫无益处。

对任何特定法律或裁决都要进行这种分等级“审查”的最初安排几乎总是最终的。一位重要的评论家早就指出，严格的审查“从理论上是‘严格的’，其实却是粗糙的”，因为几乎没有任何利益的“紧迫性”足以证明让某个有受害者嫌疑阶层蒙受损害是正当的[9]，“宽松的”审查其实根本就不是审查，因为最无聊的立法也总是可以被赋予这样或那样的意图。

因此，思考优待措施的法律界人士自然首先会问：是否应当先
413 把这种方案划定为需要进行严格或宽松审查之列？但是他们很难回答这个问题，因为两种选择似乎都很合理。一方面，优待措施似乎应当得到宽松的审查，因为它们虽然利用了种族分类，它们所伤害的群体——申请进入大学的白人——并不构成一个“有受害者嫌疑的阶层”，即一个受偏见之害的阶层。但是，种族同偏见或偏爱有着如此紧密的关系，因此有些表面上似乎善意的种族分类，经过仔细推敲，很可能是违宪的。例如可以设想，黑人市政委员会可能出于种族团结而偏袒黑人的企业，或因为白人祖先的种族罪行而惩罚无辜的白人；可以设想，制定偏向于黑人的大学录取制度，可能是为了减少亚裔美国人或犹太人的数量。

仔细的探究几乎总是会揭示出这种不当动机——统计数字可以证明，在被优待措施排除的申请者中哪个群体受到了不恰当的对待——但宽松的审查不允许做这样的探究。另一方面，让有利于“有受害者嫌疑的”种族分类接受严格的审查标准，就像给这些群体造成进一步的伤害分类也要接受这种审查一样，似乎没有反映那

两个目标之间的重要道德差别。这样似乎还是有悖情理的，因为正如《河流》一书明确证实的，优待措施是我们用来对抗种族主义最有效的武器之一，但严格审查反对这样做。

可见，优待措施对传统的信条造成严重挑战，法学界人士和法官为应付这一挑战提出了不同的建议。最直接——我相信也是最有说服力——的回答是，宣布分级审查的办法不适用于这个问题。这种办法，如人们历来的理解和习惯于采用的情况所示，是为了确定某些立法类型，它们或者包含着不公平歧视的高风险，对这种不公平几乎必须加以推测，或者包含的风险很低，其可能性几乎不必予以考虑。考虑种族因素的计划，显然是为了帮助处境不利的群体，不属于这些范畴中的任何一个，非要把它们置于其中未免过于牵强。

当这些计划在诉讼中受到挑战时，法官还不如用个案处理的方式加以审查：就像图尔古德·马歇尔（Thurgood Marchall）大法 414
官曾经建议的那样，他们在判断种族分类反映着受到平等保护条款禁止的偏见或敌意是否有可靠的证据时，会用一种“滑尺”的办法（“liding scale” approach）。[10]除了其他相关因素外，这一办法还会考虑受益或受害群体的特点、制定并负责实施计划的官员的种族或其他特点，以及这一计划的目的——例如种族多样性——人们在传统上是否认为适用于那种机构。不错，对优待措施的这种个案处理的办法，要求更大的司法工作量，并且不能为下级法院提供可预见性和指导，至少最初是如此，直到形成新的指导规则和条例。但是，这种更大的灵活性允许对有价值的政策和不公平的政策做出更为准确的区分，其价值足以弥补最初在可预见性上的损失。

对于是否在优待措施上放弃分级审查的办法，以及如果不放弃的话选择哪一个等级，最高法院的大法官们多年来一直存在着分歧。最高法院在两个案子中试图解决这个问题，它制定了一个“中间”审查等级，要求必须证明优待措施有益于“重要的”但未必是“紧迫的”利益。[11]但是在最近的案子里，主要是通过桑德拉·戴·奥康纳大法官所写的一系列意见书，该法院决定对所有的种族分类，包括那些显然是为优待而不是损害嫌疑阶层的分类，都要进行严格审查。1986 年，在“科罗森案”中，最高法院否决了弗吉尼亚州里奇蒙市议会的一项计划，这项计划要求承包商至少要把任何合同额中的 30%转包给少数族群拥有的公司。[12]里奇蒙市把它这项计划称为“矫正性的”，并说它实行这一计划的“目的是促进少数族群的企业更广泛地参与公共项目建设”。

奥康纳裁定，只有当里奇蒙市本身因为其过去的歧视做法，是不公正的直接制造者，或它是地方建筑业的排挤制度的“被动参与者”，它才能够正确地主张，矫正“过去歧视的持续后果”是一种“紧迫的”利益[13]；她认为，该市没有证明自己仔细制定的计划，只是用来矫正它本身的歧视造成的直接或消极的后果。她说，它不
415 能通过主张建立更具种族多样性的当地建筑业这种利益，来满足严格的审查标准，因为某个种族在一个产业中的不利状况，除了过去的歧视的持续后果外，还有很多其他原因，为了种族多样性或种族比例本身而追求它，不是一个可以允许的政治目标。

第五巡回法庭的法官在“霍普伍德案”的意见书中，推翻了得

克萨斯法学院的录取方案，在为他们的大学优待措施现在违宪的主张辩护时，主要就是根据最高法院的“科罗森案”裁决。得克萨斯法学院认为，即使按照严格的审查标准，它的优待措施也是正当的，因为优待措施是形成种族多样性的学生群体——鲍威尔法官在“巴克案”中赞成这一目标——所必需的。但法官们却说，“科罗森案”和另一些案件实际上已经推翻了鲍威尔的原则。这些裁决已经建立起新的规则，任何州的学校都不能把种族分类用于任何目的，除非是为了矫正它本身的直接或间接歧视的持续后果。法官们说，这个法学院无法满足这一标准，因为它多年以前已经停止歧视少数族群了。这些法官认为，“科罗森案”和后来的案子已经形成这一显著而毁灭性的效果，他们是正确的吗？对于美国社会和教育的未来来说，这是一个关键性的问题，让公众理解最高法院的这些判例是十分重要的。

二

其实，在教科书和司法意见书中表述的严格审查标准，可以用两种非常不同的方式加以解释。一种方式（我称为“压倒的必要性”）支持第五巡回法庭法官的意见，即最高法院事实上已经宣布大学的优待措施一概违宪。另一种方式（我称为“反驳”观）否定这种意见。当我们通过区分这两种解释来审视最高法院最近的裁决时，我们就会发现，虽然最高法院现任法官中的三人——首席大法官威廉·林奎斯特（William Rehnquist）以及大法官斯卡利亚和托马斯——偏向于压倒的必要性观点，但奥康纳的主要意见却以反驳观为前提。我们还发现，反驳观远更适合其他五位大法官的意见。

416 这两种观点是建立在有关种族分类之宪法地位的显然不同的假设上。根据第一种观点，即压倒的必要性的观点，政府的任何部门为任何目的而实行的任何种族分类，都从原则上违反了平等保护条款。因此，种族分类只有在以下两种情况下才是可以容忍的：要么它是那个部门为结束过去的持续种族歧视而可以利用的唯一的、绝对必要的手段，要么它是可以预见到的某种紧急状态的危险——用斯卡利亚的话说，“一种社会紧迫状态达到了对生命和肢体构成巨大危险的程度”[14]——使我们为了避免这种危险只能忽略严重的宪法错误。假如把“科罗森案”的裁决正确地理解为同意这种严格审查的观点，则第五巡回法庭就是正确的。学生群体的种族多样性可以是学院和社会的一个重要目标，但追求这一目标却不能证明，对严重违反《第五修正案》的做法予以忽视是正确的。少数族群在一所法学院中人数不足，并不表示存在着“对生命和肢体构成了巨大的危险”。

对严格审查标准的第二种反驳观，依靠的是非常不同的前提。它不认为任何种族分类都从原则上违反了《第五修正案》，因此它也不认为任何种族分类都是不可容忍的，除非它为某些严重的紧迫状态所必需，使我们有正当理由忽视一种宪法错误。它假设，只有当种族分类是来自受到平等保护条款禁止的、不可接受的偏见或陈规陋习，它才违反了这一条款。但是它也认为，既然经常能够证明种族因素是偏见和偏袒的根据，那么让采用这种分类的学校承认举证责任就是一种明智的宪法策略，即要求学校提出证据以证明其动机得当，足以驳倒人们对它有不可接受的动机这种现实的怀疑。

这种反驳观比我说过自己所偏爱的滑尺标准更难以满足，因为反驳观把证明的标准定得很高。[15]然而它比压倒的必要性观点更灵活，因为学校是否能够通过指出它的种族分类所要满足的某种合理目标或利益，以此驳倒一切怀疑，不仅取决于那个目标抽象地讲有着内在的紧迫性，而且取决于全部具体环境。除了其他因素外，它取决于这个目标是否一直是学校传统责任的一部分——例如大学学 417
生的多样性——以及是否仔细地设计这种分类以服务于该目标，学校的所作所为是否有另一些不太值得尊重的动机；它还取决于有可能引起或消除怀疑的另一些因素。因此，最高法院裁决里奇蒙市不能通过主张它的目的是促进建筑业的种族多样性而满足严格的审查，这一裁决并未规定甚至没有明确暗示，得克萨斯法学院不能通过指出它的录取政策促进教室里的种族多样性而满足了严格审查。在这两个案子中，怀疑的根据和性质是不同的，在一个案子中无法驳倒怀疑的目标，在另一个案子中未必如此。

与压倒的必要性观点相比，反驳观的解读更易于用宪法原则来辩护。后者假设平等保护条款不言自明地禁止一切种族分类，无论它们的目的是什么，在任何合理的宪法解释理论中都不存在做出这种理解的保障。《第十四修正案》未提到种族，我们没有理由认为，起草和批准这一修正案的人是想彻底禁止一切种族分类。相反，他们中间有许多人投票赞成和批准各种种族分类，甚至包括公立学校的种族隔离。

不错，平等保护条款规定了政治道德的一条普遍原则，它的当代解释者如果想一直坚持这一普遍原则，就必须做出道德判断。[16]假如种族分类从道德本质上就是错误的，那就应当认为它们是违宪的。但是（如我在第十一章所说）种族分类，就像以生理或遗传属性为根据的分类一样，并没有本质上的错误。因此，对严格的审查标准的反驳观是最有力的观点，有理由认为它可以得到宪法文本与精神的批准：假如采用种族分类标准的合法的政府行为之环境，能够驳倒有关不当动机在起着作用的一切真正的怀疑，则法院没有理由介入终止这种行为。

但是，我提到的三位大法官——斯卡利亚、林奎斯特和托马斯——却表示，他们会坚持压倒的必要性的解读。例如，斯卡利亚
418 在“科罗森案”的意见书中说，他将承认其为紧迫理由的唯一利益，除了“生命和肢体”的紧急状态外，就是一个共同体“使非法的种族分类体系不再存在”的利益。[17]然而有大量的证据表明，另外六位现任大法官——就他们要对优待措施进行严格审查而言——会选择更接近于反驳观的解读。

奥康纳的“科罗森案”意见书显然不同于斯卡利亚的意见书。她确实说过，“以种族因素作为根据的分类，包含着一种造成恶劣伤害的危险。除非把它们严格限制在矫正环境上，它们有可能助长种族有优劣之分的观念，导致种族对抗的政治”[18]。但这是一种有着谨慎防备的用语——“有可能”不是“将要”，并且《河流》一书表明，奥康纳的关切在高等教育中是没有道理的——最好把它理

解为是对如下问题做出的解释：对于从狭义的角度看不是矫正性的种族分类，为何必须进行特别小心的评估？

断言奥康纳的意思是除非为了狭义的矫正，任何学校都不能利用种族分类，无论如何是错误的。[19]因为她清楚地表明，她所提出的严格审查不是要取代小心的、个别进行的评价，而是要用否定所有那些不符合一个简单的抽象标准的计划的规则，来“消除”不正当地利用种族分类。她说：“对这种以种族为根据的措施的正当理由不做司法研究，则根本不可能确定哪些分类是‘善意的’或‘矫正性的’，哪些分类其实有着种族优劣观或种族政治的不正当动机。”[20]

奥康纳特意指出，在她看来，里奇蒙市计划的特点让人怀疑它有着“简单的种族政治”的动机。

> 在这个案子里，黑人构成里奇蒙市人口的大约50%。市议会的九个席位中有五个是黑人。政治上的多数更易于根据不可靠的假设或片面的事实伤害少数，这种担心似乎有利于而非不利于在这个案件中采用加强司法审查的措施。[21]

她未采纳该市的主张，但不是通过一项整体性的裁决，断定它所提到的利益在任何情况下无一可被视为有着紧迫性，而是因为它提到的那些利益不足以消除因实际环境而引起的所有怀疑。例如， 419
里奇蒙市的计划不但偏向于地方少数族群的公司，而且偏向于全国任何地方的“黑人、说西班牙语的人、东方人、印度人、因纽特人或阿留申人”控制的所有企业。仅仅这一点就令人怀疑，里奇蒙市并不是在追求一种现实的市政目标，这一目标的重要性足以证明偏离通常明智的规则是有道理的，是要保护该市不受任何不正当的偏袒之害，应当把合同给予出价最低的投标人。奥康纳说："把实际上绝对不会在里奇蒙市建筑业中受到歧视伤害的种族群体随意包括进去，这表明该市的意图事实上不是要矫正过去的歧视。"[22]

在后来的"阿达兰案"的意见书（它认为小企业管理局为"黑人、说西班牙语的人、亚太裔人种、亚洲次大陆人种和美洲土著"提供特殊好处的规章，要进行严格审查）中，奥康纳甚至更加明确地不赞成对这一标准做任何死板的理解。她强烈反对这样的暗示：她的方式无法区别对待不公平的分类和真正善意的分类。她坚持认为，严格审查"考虑到了相关的差别——其实这正是它的基本目的"，并且

> 不会"以种族为根据的决策当作应不加区分地予以反对"……相反，它仔细评价政府的所有以种族为根据的决策，以便决定对哪一种决策可以从宪法上加以反对，对哪一种决策不能这样做。我们要求对种族分类进行严格审查，也就是要求法院确定政府的一项以种族为根据的分类……是合法的。

她补充说："最后我们希望驱散那种严格审查'理论上严格，其实很粗糙'的观点。在这个国家对少数族群的种族歧视做法及其后遗症的令人可悲的延续，是一个不幸的现实，政府并非没有资格对它做出反应。"[23]

这个法院的另外五位大法官甚至比奥康纳更为明确地反对机械
420 搬用严格审查。史蒂文斯法官在"科罗森案"的意见书中说，应当根据种族分类的未来作用对它们进行判断。他明确否定这样的意

思："除非作为一种矫正过去的错误的手段，否则政府以种族分类为基础的决策是绝对不能允许的。"[24]肯尼迪大法官在该案的正面意见书中同意，斯卡利亚的立场将"否决作为对非法区分的受害之矫正手段的一切不必要的优待措施，因为它会服务于重要的结构性目标，因为它能够使法院不必否决已经实施的每一项种族优待措施"。但是肯尼迪说，他相信如此严厉的政策是不必要的，他更喜欢他所谓的奥康纳的"不那么绝对的裁决"，即种族优待必须面对"最严格的审查"[25]。

除史蒂文斯之外，索特、金斯伯格（Ginsburg）和布莱耶尔三位大法官也都是"阿达兰案"中的持异议者。索特写道："本法庭早就接受的观点是，宪法授权矫正过去的歧视，并不局限于有权禁止它继续存在，且包括消除有可能继续存在的后果。"[26]金斯伯格在与布莱耶尔共同出具的意见书中强调她的观点是，法庭现在不应机械地进行严格审查，而要借助于它来发现真实的立法动机，它们因侵犯平等保护条款所要求的平等关切而不当。按照奥康纳的多数派意见的定义，严格审查的标准是要"消除貌似善意实则有害的分类"[27]。

三

可见，"霍普伍德案"中两位法官的意见书错误地假设，法庭生搬硬套地采用了使"巴克案"中的大学优待措施自然而然成为违宪行为的严格审查的标准。[28]然而不能因此便说，法院甚至也不能根据对严格审查的反驳观的解读，在如今有许多评论家已经预见到的检验性案件中推翻反映种族因素的录取标准。

因此，我们必须问一句，大学的优待措施是否以及怎样才能符合这种严格审查标准。《河流》一书为考虑种族因素的录取标准提供了两个重要的正确目的：大学本身的学生种族多样性的需要，以及在重要的政治、商业和专业位置上要有更多的少数族群成员这一共同体的需要。这些需要是否有着充分的“紧迫性”，可以证明把
421 种族作为诸多因素之一用于评价申请者是正当的呢？现有的记录是否驳倒了所有合理的怀疑——《河流》一书所研究的学校把种族用于不正当的目的？

鲍威尔本人在“巴克案”中坚持认为，对优待措施要实行严格审查，因此他做出的大学可以追求种族多样性的裁决，等于是裁决多样性是一种有着充分的紧迫性的利益，足以经受住那种审查。不错，奥康纳在另一些背景下，不但在“科罗森案”中，而且在“地铁广播公司案”中，否决了多样性的辩护。在后一个案子里，最高法院支持了联邦通信委员会（FCC）在申请新的电视和电台执照时优待少数族群的政策——FCC主张这种优待是促进节目多样性所必需的。[29]但是奥康纳的这些意见书都没有排除允许大学利用种族分类达到教室中的种族多样性。

对于严格审查的反驳观的解读而言，至关重要的问题是，学校的多样性诉求，是否足以消除有关其行动是出于受到宪法禁止的动机的一切真正的怀疑。里奇蒙市的多样性诉求难以成立，不仅是因我前面提到的那些因素，也因为多样性不是负责市政建筑合同的官

员的传统目标。相反，一个城市以地理多样性为由而让出价最低的投标人出局，会让人深刻怀疑它有腐败之嫌。奥康纳在“地铁广播公司案”中表示异议的意见书中加以指责的 FCC 条例，则会引起另一种严重的怀疑：她说，所有权的多样性为达到广播多样性所必需的论点，依据的是种族上的陈词滥调，因为它假设人们的“种族属性决定着他们的行为和言论”[30]。

奥康纳认为，所谓的节目多样性的利益，在任何情况下都“太笼统，太空泛”，不足以消除进行种族优待或偏袒的可能性。她说，FCC 可以打着这种所谓的利益的幌子确认“黑人”、“亚裔人”或“阿拉伯裔人”的观点，然后拒绝向那些它认为不太可能提供这种观点的种族群体发放执照。她特别担心，承认多样性是一种普遍的利益，会为严重的歧视性利用种族分类打开方便之门，它不会局限于特定的目标和特定的时刻，而是影响到所有的目的和所有的时刻。她说，因为定义某种具体的种族观点或评估一种观点与另一种观点有多大差异是不可能的，任何种族群体的成员，不管现在是否 422
受到 FCC 政策的优待，都有可能发现自己在政治上不吃香，因此受到了不利但“善意的”歧视。[31]

与里奇蒙市或 FCC 相比，大学处在更有利的位置上，它们可以打消人们认为它们追求种族多样性是出于不恰当的潜在动机的怀疑。大学的录取政策不是由政客制定的，后者可能是想得到种族团体的选票；这种政策是由科系教职员制定的，他们并不参与政务。他们对于多样性的利益不像里奇蒙市那样，既不新鲜也不反常，而是一种传统的、得到公认的利益：没有人反对，规模巨大、以白人为主的大学承担着社会和教育责任，应当使学生群体有着多方面的多样性；完全放弃这一目标的大学是不负责的。名牌大学现在认为，追求学生出生地、社会阶层和文化取向的多样性是不合理的，但追求种族多样性却不是这样。

其实，它们不去追求后一种多样性，会使它们对多样性的关切变成武断的行为。它们断定，《河流》一书也充分证明了它们的观点，依靠经济阶层作为种族的替代性间接因素，或是为这一可取的目的而利用另一些不那么有效的手段，无法达到种族多样性的目的。任何这样的政策不但不诚实，而且是有害的。大学也没有如奥康纳对 FCC 的做法所说的一样，依靠种族与信仰、信念、爱好、文化或态度之间的任何假设的相关性。

如我在第十一章所言，它们追求种族多样性是因为种族因素本身在当代美国的重要性，这是个不幸但无法回避的事实：每个种族的学生聚集在一起学习的重要性，不在于他们是有着态度或文化差异的学生，而在于他们是不同的种族。各级法院也不会依照“巴克案”的模式，继续允许优待措施，承担无定论、无差别的种族优待的风险。大学谨慎地运用这些计划已经有 30 多年，并没有表现出把它们扩展到合理比例以外的倾向。

此外，无论从绝对角度，还是从相对于其他可比较的学校的角度，这些学校都在学术声望上承担着严重的风险，这对于其扩大录取政策或可能威胁其声望的欲望构成重要制约。还不存在这样的风
423 险：考虑种族的录取方案会被作为借口，用于歧视其他任何特定的申请人。如我所说，这类猜疑可以用类似于《河流》采用的统计手

段加以检验，如回顾性地分析被拒绝的学生，看看他们是否属于任何数量不足的嫌疑群体之一员。

此外，有大量证据表明，就跟最高法院其他几位大法官一样，奥康纳已经同意，追求学生的种族多样性是一种紧迫的利益，可以经受住严格的审查。1986 年，最高法院在“维甘特案”中推翻了密歇根一所学校董事会集体讨价还价后达成的协议，该协议给予属于少数族群的学校老师不被临时解雇的特别保护。它拒绝了学校董事会为这种种族分类辩护的主张：这样做是为了纠正过去整个社会中的歧视的后果，或可以使黑人教员成为黑人学生能够认同的“角色楷模”。[32]奥康纳单独写了一份意见书，其中提到那个董事会并没有主张它的措施是保护教员的种族多样性，因此不应当把法院理解为否定了这种利益的紧迫性。[33]她说：“虽然它的轮廓缺少确定性，一个州在促进种族多样性上的利益一直有着足够的‘紧迫性’，至少在高等教育的背景下，支持为促进这种利益而采用种族考虑。”[34]

此外，奥康纳若干次提到鲍威尔大法官在“巴克案”中宣布高等教育中的种族多样性是一种紧迫利益的意见书，作为支持其对任何种族分类必须进行严格审查这一观点的权威意见。假如她认为鲍威尔本人并没有理解他的严格审查立场的含义，或她只是想以这种名义确定一种与她视为权威而加以引用的观点有所不同的理念，那么她几乎不可能依靠这种意见。

因此，可以强烈地主张，过去 20 年来实施的“巴克案”原则一直是一条出色的宪法，美国大学可以继续依靠这一原则，为采用考虑种族的录取政策以保障学生群体多样性的做法进行辩护。如果我在法庭上为这种方案辩护，我肯定会强调这种学生多样性的利益，仅以它本身作为理由就足以经受住严格审查。不过我必须补充说，我相信我提到的另一些学校利益——帮助纠正在政府、政治、商业和专业的关键职位上没有黑人这种可悲的状态——至少同样重要的目标，应当承认对于考虑种族的录取政策来说，也有着充分的
424 紧迫性。美国社会最严重的问题之一是事实上的种族分层，它把黑人等少数族群严重地排除在权力、财富和名望的最高层之外；过去的种族歧视，以及剥夺成功的黑人领袖的子女力争上游的恶性循环，都对这种分层起着实质性作用。

然而，不时出现在我已讨论过的最高法院的各种意见书中的许多言论，也可以这样来理解：它反对对考虑种族的录取政策做进一步的不同辩护。这也包括鲍威尔在“巴克案”中的言论，他认为医学院有可能采用优待措施，不仅仅是为了增加黑人医生的数量。

有一些大法官宣布，在为种族分类辩护时，不能说它有助于治愈过去的“社会歧视”后遗症。“维甘特案”的裁决拒绝了这样的主张：可以用它为给黑人学生提供“角色楷模”加以辩护。不过这些言论也许没有充分注意到史蒂文斯法官数次做出的区分——对作为一种补偿措施的种族分类的回顾性辩护，和认为这种分类在某种情况下可能符合整个共同体之普遍利益的前瞻性辩护。

如斯卡利亚所言，以补偿作为理由的辩护假设，为了过去施加于他们的种族或阶层的伤害，对少数族群“做出补偿”的优待措施是必要的。他正确地指出，认为一个种族“欠着”补偿另一个种族

是错误的。但是，大学和专业学校在采用考虑种族的录取标准时，不是为了对个人或群体做出补偿：优待措施是一种前瞻性而非回顾性的措施，受惠于这种措施的少数族群的学生作为个人，未必是过去的不公正的受害者。名牌大学希望培养更多的黑人和其他少数族群的学生，不是为了过去的不公正而对他们做出补偿，而是要通过清除过去我们都承受着的咒语，使每个人的未来更加美好。

奥康纳和其他大法官担心，对优待措施的任何广义的、泛泛而论的补救性辩护，过于“空洞”和“缺少确定性”，因为它允许种族优待的范围，可以扩展到每个行业、社会或专业阶层，有着和整
个国家一样的种族构成。但是，这种关切作为针对政府实施的雇佣 425
或合同条例的担心，无论是真实还是夸大，用来反对大学的优待措施显然文不对题。如果政府的部门——无论是国会还是地方的市议会——要求雇主或承包商雇用一定比例的黑人，或为黑人公司留出合同配额，它的决策就可以在就业或产业的某个部门保障一定的种族比例。只要存在着这种政府计划，它就是再自然不过的改变或形成种族结构的决策过程。在这种情况下，政府且仅仅是政府在决定着每个种族群体中有多少人得到哪一个部门或角色或机关的职业。特别担心这些决策因为出自不当动机而造成损害的法官，会不太愿意接受为这些政策做出的宽泛辩护：它们是防止这个或那个种族被排斥在权力、财富和声望之外所必需的。

但是，大学和专业学校采用考虑种族的标准，不是对中央政府的命令做出的反应，而是每个学校做出的个别决定。它们的措施不是要确定哪一个种族有多少人应当在整个经济和政治中承担什么角

色，而仅仅是要增加黑人和其他少数族群在人力资源中的人数，使另一些公民——根据自己的利益并为了自己的目的而采取行动的雇主、合伙人、病人、顾客、选民和同事——以正常方式从这一资源中选择雇员、医生、律师和政府官员。

也就是说，优待措施有助于达到的权力和地位的分配，是随着千百万人为自己做出的选择而流动和变化的。如果政策有助于促进任何少数族群的整体地位——比如《河流》一书认为它有助于促进黑人的地位——这完全是因为另一些人选择了利用这种政策的成果：具有动机、自尊和训练为自己的生活做出有效贡献的大量各种类型的毕业生，享有更大的范围和多样性。大学的优待措施以这种方式使社会的经济和社会结构更为自然，而不是更不自然；它并未引起社会分裂，而是有助于消除现在严重存在的社会断裂。

如果大法官们承认我们最好的大学除了对教育多样性的学术需
426 要之外所要达到的这一目标，他们就会为我们做出特别出色的贡献。他们将不仅作为大法官而采取行动，允许至关重要的教育创新精神继续存在，而且作为教师向国民解释了我们的种族主义历史使我们每个人付出的真正的和持续的成本，以及一种能够帮助我们达到更完美的团结的教育政策的未来。

注释：

［1］Regents of the University of California v. Bakke（加利福尼亚大学校务委员会诉巴克案），438 U. S. 265 (1978)。

［2］Hopwood v. Texas（霍普伍德诉得克萨斯案），78 F. 3d 932, cert. denied，116 S. Ct. 258 (1996)。第十一章提到过这一案子中的两份异议

书；事实上它们是一个月以后拒绝复审的异议。西塞斯（Lexis）对这个案子的报道在这一点上有误。

［3］William G. Bowen and Derek Bok，*The Shape of the River*：*Long-term Consequences of Considering Race in College and University Admission*（Princeton：Princeton University Press，1998）.

［4］阿比盖尔·泽恩斯特罗姆是优待措施的坚定反对者，他认为《河流》的研究在得出有关不考虑种族的录取政策之假设性结果的结论时，忽视了“瀑布”效应：在优待政策下一些有可能被挑剔的学校录取、但按照不考虑种族的标准会被拒绝的黑人，会转而申请不那么挑剔的学校并被录取。参见 Abigail Thernstrom，“A Flawed Defense of Preference”，*Wall Street Journal*，October 2，1998。其实，《河流》的研究让人明确注意这一效应，这清楚地反映在该书的结论中：不考虑种族的政策至少会使黑人在它所分析的学校里的数量减少一半。参见 William G. Bowen and Derek Bok，*The Shape of the River*：*Long-term Consequences of Considering Race in College and University Admission*pp，pp. 35－42，349，另见该书附表 4 和附表 5。

［5］我在《法律帝国》一书中，曾试图指明立法意图这个概念引起的各种困惑，见该书第九章。

［6］Romer v. Evans（罗默尔诉伊文斯案），488 U. S. 469 at 511（Stevens，J.）。我将在第十四章讨论这一裁决。

［7］许多宪法史的学者认为，最高法院在各个阶段提出的我在下一节就要描述谈到的一组原则，主要是对该法院推翻“新政”前后一些进步主义经济立法而引起的敌意的反应。例如，参见 K. G. Jan Pillai，“Phantom of the Strict Scrutiny”，*New England Law Review* 31（1997），p. 397。

［8］鲍威尔大法官对“圣安东尼奥独立校区诉罗德里格兹案”（San Antonio Independent School District v. Rodriguez，411 U. S. 1 at 28［1973］）的意

见。在这个案子里，法院否认穷人本身构成一个有受害者嫌疑的阶层。有受害者嫌疑的阶层这个概念本身并没有严重的困难和模糊性；我在第十四章讨论了这一概念的这些困难。不过这些问题与优待措施的争论没有多大关系。

［9］Gerald Gunther，“The Supreme Court，1971 Term—Foreword：In Search of Evolving Doctrine on a Changing Court：A Model for a Newer Equal Protection”，*Harvard Law Review* 86（1972），p. 8. 少数例外——“日侨拘留营案”，最高法院在这些案子中支持在第二次世界大战中拘留日裔美国人——是不幸的。参见 Korematsu v. United States（克雷马苏诉美国），323 U. S. 214（1944），另见 Hirabayashi v. United States（平林诉美国），320 U. S. 81（1943）。

［10］马歇尔在其“圣安东尼奥诉罗德里格兹案”（San Antonio v. Rodriguez，411 U. S. at 98－99）的异议书中同意“滑尺”办法。另见 Fruman v. Georgia（弗鲁曼诉佐治亚州案），408 U. S. 238，330（1972）；Dandridge v. Williams（丹德里奇诉威廉姆斯案），397 U. S. 471 at 520－521（1970）。

［11］参见 Fullilove v. Klutznick（福利洛夫诉科鲁兹尼克案），448 U. S. 448（1980）；Metro Broadcasting Inc. v. FCC（地铁广播公司诉联邦通信委员会案），497 U. S. 547（1990）。这一审查的“中间”标准被运用于有关性别歧视的以下案子中：Mississipi University for Women v. Hogan（密西西比大学妇女诉霍根），458 U. S. 718，722（1982）；Califano v. Webster（加里法诺诉韦伯斯特），430 U. S. 313，322（1977）；Craig v. Boren（克雷格诉博伦），429 U. S. 190，197（1976）；Clark v. Jeter（克拉克诉杰特），486 U. S. 456（1988）。

［12］City of Richmond v. J. A. Croson Company（里奇蒙市诉科罗森案），488 U. S. 469（1988）。

［13］同上书，第 492 页。

［14］同上书，第521页。第五巡回法庭的法官提到了斯卡利亚意见书中的这段话；参见“霍普伍德案”，78 F. 3d at 945，n. 26。

［15］奥康纳在“科罗森案”中清楚地表示，对每一种善意的种族分类进行严格审查这一要求，从宪法理论的角度说，部分地反映着美国人对一切种族分类的疑虑和厌恶。对严格审查的反驳观就表达着这种疑虑和厌恶，这使那些感到必须利用这种分类的机构承担着沉重的举证负担。如我所说，我认为即使是反驳观，也让正在应付事实上存在于产业和政界的种族隔离这类棘手问题的从国会到市议会的政府之各个机构和部门，背上了过于沉重的负担。我区分严格审查的反驳观和压倒观的要点不在于赞同前者，虽然它比后者更可取，而在于澄清法院的实际裁决的内容，以及它过去的裁决会对将来的案子有何影响。

［16］参见 Ronald Dworkin，*Freedom's Law*（Cambridge，Mass.：Harvard University Press，1996）。

［17］里奇蒙市诉科罗森案，488U. S. 469（1988），第524页。

［18］同上书，第493页。

［19］其实，奥康纳提到鲍威尔在“巴克案”中的意见书，作为他所引用的言论的权威意见，它同意大学有紧迫的理由录取种族多样化的学生，无论这种做法本身在过去是否属于歧视。

［20］同上书，第493页。

［21］同上书，第481页。反对这一计划的人声明，采用这种计划将导致里奇蒙市的少数族裔的少数公司大发横财。

［22］同上书，第506页。

［23］Adarand Constructors Inc. v. Pena（阿达兰建筑公司诉佩纳案），515 U. S. 200 at 228，237（1995）。

［24］里奇蒙市诉科罗森案，488U. S. 469（1988），第511页。

[25] 同上书，第 518－519 页。

[26] 阿达兰建筑公司诉佩纳案，515U. S. 200 (1995)，第 269 页。

[27] 同上书，第 275 页。

[28] 第五巡回法庭的法官们确实同意，大学科系可以采用优待措施结束它自己过去对少数族裔申请者的歧视。但是这种例外并没有实践上的重要性：如第五巡回法庭的法官们所说，得克萨斯法学院就像其他所有精英大学一样，很久以前就停止了对少数族裔的歧视。

[29] Metro Broadcasting Inc. v. FCC（地铁广播公司诉联邦通信委员会），497 U. S. 547 (1990)。

[30] 同上书，第 602 页。

[31] 同上书，第 615 页。

[32] Wygant v. Jackson Board of Education（维甘特诉杰克逊教育委员会案），476 U. S. 267 (1986)。

[33] 她说："下级法庭讨论的提供'角色楷模'这一目标，不可混同于在大学科系中促进种族多样性这一非常不同的目标。"（同上书，第 288 页）

[34] 同上书，第 289 页。两位法官的"霍普伍德案"意见书把这一陈述贬低为仅仅是"描述性的"。这未免令人奇怪，因为这份意见书也提到了奥康纳的另一陈述［"现代的平等保护只承认一种（紧迫的州）利益：纠正种族歧视的后果"］作为其立场的根据；这一陈述表面看来至少同样是"描述性的"，假如它是要表达两位法官的意见书所要表达的意思，那么它就是错误的，因为"巴克案"承认多样性是这种利益，就像奥康纳本人数次宣布的一样。无论如何，奥康纳几乎不可能认为，作为她的论证——该法院在优待措施上不存在深刻分歧——之重要内容的陈述，没有被用来表达她本人对这一法律的观点。

第十三章　玩弄上帝：基因、克隆和运气

一、导论

包括宇宙学在内，我们的科学研究中近几十年来最令人兴奋的
学科莫过于遗传学了，人们距离预先知道我们子孙后代的生命属性的时刻已经为期不远。对遗传学之基础科学中这些急的变化，以及这一基础科学不断发展的新技术在医学诊断、预测和治疗之中的运用，我们需要增进我们的理解。我们必须更好地评估政府和商业界——从确定授予权、专利政策到法律上的禁令和管制等各方面的互动关系——如何促动、制约和形成这些发展。

我们首先需要确定并评价这种新技术给新世纪带来的种类繁多的道德、社会和政治问题。从某种程度上说，这些问题现在既明显

又紧迫。可以确定疾病的遗传先兆或预先处置疾病的检验方法，正在加速度地出现。因此，我们已面对极为棘手的难题，即应当在多大程度上以及在什么时候允许、要求或禁止进行这种检验，以及在多大程度上应当允许雇主和保险公司要求得到或询问这种检验结果。有些问题更具推测性，因为只有当科学沿着某个特定方向发展时，我们才会遇到它们。比如说，假如克隆人或改变早期胎儿的染色体以使后来的孩子更加聪明或更少进攻性成为可能，则人们必须决定这种发明是否不可取，或在什么下情况下不可取，如果不可取，是否应通过法律加以禁止。

428 我将集中讨论遗传学可能给 21 世纪带来的一些明显的或推测性的道德和政治问题。我不会讨论所有这些问题：我尤其不会过多地讨论政府对研究和商业进行管制的可行性、适当性或性质。我只想讨论在我看来带有根本性和普遍性的问题。

我将利用至少从我所采用的角度看以往的道德或哲学文献讨论不多的一种区分，因此我要在此对它做一介绍。它是对我们在评价新技术的含义时可能提到的两类价值的区分。[1]第一类价值我称之为派生价值（derivative values），它寄生于特定之人的利益之中。在考虑是否应当允许、管制或禁止某种新技术时，我们必须问一下这种决定对个人利益可能造成的影响。从这种决定中获益的是谁？受损的是谁？然后我们必须从这个角度评价这种技术的含义：我们必须问：任何特定的决策或实践能否取得“成本-收益的效用”？根据人际比较的某种尺度，一些人的收益是否大于另一些人的损失？我们还得问：这个方面的产出是否“公平”或“公正”？——它使一些人获益另一些人受损是否正当?

我们论证中的第二类价值，是由我所称的“超然”价值（detached values）组成的：它们不是从特定之人的利益中派生出来的价值，而是以某种方式内在于事物本身的价值。许多人认为，伟大的艺术作品有超然的价值，它们的价值不取决于它们是否真正能够提供愉快或享受。许多人认为，动物有超然的价值：他们认为，当一种动物灭绝时，这本身就是一种错误，它的恶劣性与它对人们的影响无关。

有关流产的争论揭示了分歧的重要性。我在别处说过，假如早期胎儿没有自身的权益，那么，说流产因为侵犯了一个人的权益所以是错误的，就是站不住脚的。但是许多人认为，流产在道德上是成问题的，因为它侵犯了某种内在的或超然的价值——任何形式的人类生命的“神圣性”——这种观点并非毫无道理。如我们所知，遗传学的进步导致了许多有关派生利益的问题：它们是效用和公正 429
的问题。但是我认为，最好不要把人们和政府对更具推测性的遗传技术，尤其是克隆和基因工程的极为消极的反应，理解为诉诸那一类派生价值，虽然它们经常如此；倒不如把它们不尽恰当地理解为披着这样的伪装。最好是把它们理解为诉诸内在的超然价值。

二、诊断与预测

1. 应当提供检查吗?

（第八章部分地谈到过的）一个大问题是，社会应当把多少钱通过公共或私人渠道用于保健，把多少钱用于研究而不是治疗或公众健康，把多少钱用于研究特殊的医疗技术或疾病。无疑有许多人基于成本的考虑，反对染色体组计划之类的大规模遗传研究：他们认为把这些钱花在别的事情上更有益。不过我的讨论仅限于人们在认为不应发展对疾病的遗传学检查或疾病预测或即使发展出这种检查方法也不应使其得到广泛利用时，提出的与资金投入无关的理由。

能够通过遗传学检查加以预测——它可能相当准确，也可能有着超过正常水平的极高的概率——的一些疾病，可以用不同的方式治疗：某种治疗或监测手段，或改变饮食和生活方式，能够减少这种疾病的发病率或严重程度。这包括一些脏器的癌症和苯丙酮酸尿症这类较罕见的疾病。很难想象有什么理由去反对让这些疾病从法律上很容易得到检查。不错，这种检查的存在，有可能进一步加剧富人对穷人的优势，这要么因为只有富人付得起这种检查的费用，要么因为治疗本身——频繁的结肠镜检查或很昂贵的特殊饮食——对于一些人来说花费太大。此外，检查的结果确实有可能被他者——雇主或保险公司——掌握从而使病人受到损害。然而这些弊端不能抵消增加预期寿命的价值。可是，遗传学检查还能指出罹患另一些疾病的确定性或可能性，如亨廷顿氏舞蹈症和某些乳腺癌，
430 至少在目前的医学知识条件下它们是无法治愈或缓解的。就这些疾病而言，我们必须考虑遗传学检查没有好处甚至有害的观点，因为这种死刑判决很可能使人意志消沉，也因为这种信息要是被当事人不希望其知道的雇主、保险公司或其他人掌握，经常是灾难性的。

不过我本人的观点是，希望做这种检查的成年人，在使其清楚地知道后果和被别人利用的风险的情况下，必须允许他们这样做。有些人——例如其家族患过亨廷顿氏舞蹈症的人——已经担心自己可能成为患病者，因此必须允许他们自己做出判断，是否值得为了得到阴性检查结果如释重负而冒险得到灾难性的阳性结果。还有许多人想知道他们是否注定短命，以便更真实地估计其短暂生命的价值，应当允许这些人得到这一机会。我们就会看到，我们有更多的一般性理由限制第三方利用这种遗传学检查。但是，对第三方利用做出无论什么样的可行或可取的限制，都必须允许成年病人自己评判可能出现的危险。

但是，如何对待子女呢？应当允许出生不久——假如不是出生之前的话——就进行能够揭示任何遗传反常的全面遗传学检查吗？让孩子在一个别人知道其命运不幸的世界里成长似乎是不公平的，即使知道这种信息的只限于他的家人，他们肯定会以不同的方式对待他。但是，不让家庭得到这种信息正确吗？他们不但可以利用这种信息筹划自己的生活，并且能够避免由此给家庭其他成员造成的最糟糕的后果。此外，从法律上禁止全面的检查，可能对研究造成有害后果，阻碍对现在难以治愈的疾病疗法的研究。从平衡的角度看，我认为应当允许那些家庭对婴儿进行全面检查，不过这种做法需要对遗传信息的撒播进行有效的限制。

2. 孕期检查

对孕期检查的主要反对意见是担心流产或出于错误的理由而流

产。当然，父母可能希望得到胎儿的尽可能完整的遗传学材料，就像现在有许多人出于不太令人担心的理由而很想知道其性别一样。
431 然而流产是主要的担心，所以我们必须面对一个特别困难而可怕的问题。按照美国的现行法律，还有另一些民主社会至少在实践中，并不禁止出于任何原因的早期流产，在近期也不太可能实行更严格的法律限制。在这种情况下，最激烈反对流产的人觉得，使人们得不到有可能增加流产数量的信息是特别重要的。他们认为——既然他们有那样的信念，这就是可以理解的——包括禁止科学发现在内的任何手段，只要能减少被他们视为谋杀的行为，就都是正当的。但是我们中间还有一些反对这种一般性立场的人，因为我们并不认为胎儿在有知觉前也有自身的权益这种假设是有意义的，所以他们就更难做出选择。我们面对着一系列问题。流产是一种道德上的错误吗？如果回答是肯定的，那么假如我们多数人同意的话，通过刑法来贯彻流产是错误的这种信念恰当吗？假如恰当，这里所讨论的手段——限制妇女知道与她正在怀着的胎儿有关的事实——是落实这种信念的恰当手段吗？

我们必须切记，按照早期的胎儿没有权益的假设，我们是在从我区分出的第二个维度来谈论一个道德问题：一个超然的而非派生的价值问题。关于这些价值的各种看法，甚至在一种特定的民主文化中也千差万别，这主要是因为它们反映着共存于这种文化中的非常不同的宗教信仰。我本人相信，当流产没有表现出对每一个生命的内在价值的尊重时，无论它采取什么形式或发生在什么阶段，它在道德上都是错误的。因此，一次流产在道德上的对与错，大大取决于它的动机。[2]在两种情况下，流产从原则上对人类生命表现出了恰当的尊重：第一，孩子的生活有可能挫折重重，即正常生活中各种一般性的抱负——这包括免于痛苦的自由、充足的体力、智力和感情生活的能力，以及筹划并落实计划的能力——的实现程度极低时；第二，可以预见孕期的孩子有可能对别人——例如母亲或家庭中的其他孩子——生活的成功造成灾难性影响，这时就可以合理地认为，对后者的生活之内在价值的关切要重于对除了生物学因素尚未做出其他付出的胎儿之生命的关切。

这两种情况中的第二种虽然在道德和政治上有着突出的重要意 432
义，但并不是这里要讨论的问题。第一种情况区分出两种条件：一是未来的生命受到严重威胁的条件，这为出于对那个生命之价值的关切而做的流产提供了正当性；二是不存在这种严重威胁的条件。如何做出这种区分呢？直接可知的、肯定会导致早夭的灾难性遗传缺陷，在我看来不是问题。我本人将把那些在以后的生活中才会使人致残或有致命性发作的疾病包括其中，虽然发病时期几乎每个人活到某个年龄都会发病，例如亨廷顿氏舞蹈症，但不包括许多人在任何情况都不会患的疾病，如许多癌症和心脏疾病。我将把能给智力和感情发展造成严重障碍的疾病包括在内，如先天性痴呆。这种引起激烈的意见分歧的疾病使我们必须记住，我们正在讨论的是，流产在什么情况下是一种道德错误，而不是在讨论什么情况下不流产是一种道德错误，后者是个非常不同的问题。一些有着低于平均身高属性的人，有时怨恨这种属性，但它显然不符合我的说明，所以我也不把它包括在其中。我当然也不会把性别包括其中。不管一个人多么想要一个某种性别的孩子，把这种性别作为目的都是对生命不够尊重的表现。

我区分出两种问题：一是出于某些动机的流产是否错误；二是假如这样做不对，国家予以禁止是否正确。我本人的观点是，当国家禁止一种重要的自由的唯一理由是保护某种有着宗教性质的超然价值时，国家的禁止就是不正当的，无论其动机是什么。假如这是正确的，则国家也无权通过不让人们得到信息而间接地禁止它不能直接禁止的事情。我要强调的是，我认为国家有权其实也有责任教育和敦促其成员负责任地做出有关超然价值的决定，所以官员可以有力地表达他们的意见：歧视某种性别的流产，或以另一些不恰当的考虑作为动机的流产，尽管不违法，却是错误的。

3. 胚胎选择

试管授精需要选择某些受精卵加以培养，让另一些受精卵死
433 亡。有些反对流产的人认为受精卵都是人，所以也谴责这种做法。可是，没有这种信念的人还是必须做出区分。假如——有些人会说——我们在几次细胞分裂后就能准备一份完备的受精卵基因组，我们可以正当地利用这种信息选择培养对象吗？似乎显而易见，假如我们在候选胚胎中看到一种严重的遗传缺陷，把有这种缺陷的胎儿打掉从道德上说是可以允许的。因此，淘汰这种胚胎从道德上说也是可以允许的，甚至从道德上说是必需的。然而相反的观点同样正确：假如把预期身高达不到正常标准或性别不合意的胎儿打掉是错误的，那么淘汰有那些性质的胚胎不是也不对吗？

未必如此。我们接受试管授精作为一种生育技术，是因为我们不认为让一个受精卵死去表现出对包含于其中的人类生命的不尊重，因为创造和杀死这个受精卵的过程，同时也培养了一个不然便不会存在的人类生命。当培养一个受精卵时，以它是女性为由而决定终止它的生命，就是对其生命的蔑视，因为这时的问题是，是继续还是终止一个唯一的、独立的人类生命。但是，在培养之前一些受精卵难免死亡，以性别为由似乎不比以偶然性为由更不尊重生命。我不是说，不存在其他一些原因不允许以性别或其他一些属性作为选择的理由。我们下面讨论基因工程时还会谈到这些原因。

4. 谁可能知道？

现在我必须谈谈另一组非常不同的问题。对当事人之外的人利用遗传信息应当做出什么限制？批评遗传检查的人提到传播检查结果可能造成各种各样的害处。假如人们普遍知道，有些人可能死得很早，或特别易罹患某种疾病，别人就会以不同的态度对待这个人。例如，他们可能认为，与此人结婚或建立友谊非常不可取。在相反的一极，人们可能表现出过分的关爱，这种行为可能同样不可取。在某些情况下，特别是就雇主和保险公司而言，其结果可能是一场经济灾难：另一些人知道他的基因的结果是，除了受到歧视和 434
受到禁止的工作外，他可能找不到任何他中意的工作，或买不到保险。这种灾难性后果怎么能是公平的呢？

我们首先应当承认，这种不公平已经是我们生活中的一部分了。明显没有能力的人因此而遭受社会和感情上的伤害，雇主和保险公司也有权询问有关就医史的信息并以此为根据采取措施。但是，得到完整的遗传学档案，甚至有关患癌症、心脏病、侵犯行为或——只要艾滋病继续存在——性行为之遗传倾向的信息，会大大增加许多人受到各种歧视的可能性。

有些人对这种危险的本能的第一反应是假设遗传信息的传播必须只由其主人加以控制。但是这种要求甚至从原则上说也似乎过分了，而且在现实中即使不是不可能，也是极其难办。不应当把DNA证据用于刑事侦查和起诉吗？令人悲哀的“辛普森案”，至少让公众知道了这类证据的力量和脆弱性。但是我们在完全放弃这种证据方面，还是应当三思而后行，这尤其是因为作为一种存储和检查技术它正在变得更为可靠。该如何看待对公众有严重威胁的疾病倾向——例如一名飞行员犯心脏病的倾向，或总统患任何严重疾病的倾向？给保险公司实际上造成非常不同的风险的那些人，在为自己购买保险时应当支付和别人一样的保费，这真的公平吗？这不等于是让一些人补助另一些人吗？我们认为，吸烟的人应当为人寿保险支付更多的钱是公正的。假设我们发现了一组等位基因，它会让一些人倾向于尼古丁成瘾。这时还要让吸烟者支付更高的保费公正吗？如果不公正，那么由已经表现在可见行为上而不是仍潜存于染色体中的遗传因素引起的危险这个事实，为何要求区别对待呢？

我们在实践中如何区分对遗传信息的正确和不正确的利用呢？假设禁止人寿或健康保险公司要求以遗传检查作为投保条件，或询问申请人是否做过这种检查，这时保险公司就会被“相反的选择”摧垮：做过遗传检查的人投保于风险最大的事情而对风险很小的事情根本不买保险，这将导致保险公司破产。应当允许保险公司向做过检查的保险申请人索要信息吗？大多数人会因此而不愿做这种检 435 查。他们本人以及公众的健康会因此受害（这可以称为“保险困境”）。

这些问题和讨论只是隐约显示了问题的复杂性，它以更为醒目的形式，表现在我们过去一直有但未予以充分理解或面对的关于社会公正的困惑之中。至少在遗传学的背景下，我们需要从两条战线向这个问题发动攻击。第一①，我们需要继续建立由胜任的机构加以落实的公平就业标准，以此判断公共利益和商业利益之别。应当允许航空公司要求飞行员用公司的钱进行适当的检查，因为对公众利益的权衡偏向于这种检查。但是，虽然没有多少企业愿意雇用和培训它们知道有可能在壮年死于亨廷顿氏舞蹈症的人，我们却要阻止雇主索要揭示这种疾病倾向的信息。永久失业对已经注定死亡的短暂生命的影响太严重了，所以必须要求雇主继续承担他们已经承担的风险，尽管遗传学的进步现在使他们有可能从技术上减少这种风险。

保险问题将受到更直接的攻击。我认为，保险困境提供了一个说到底无可辩驳的论点，即基本的健康和人寿保险不应再交给私营部门经营。在富裕的民主国家中，美国是还未认识到这一健康保险教训的唯一国家。（人寿保险的重要性稍次，但也有不可忽视的作用，在大多数国家它仍归私人经营。）随着遗传信息更有可能得到

---

① 原文只有“第一”（First），未见“第二”（Second）。——译注

利用，保险困境也会变得越来越难以解决，假如我的这个观点是正确的，则遗传研究有可能导致对公正有利的一种更普遍的打击这一不可预期然而可取的后果。必须为人人提供基本的健康保险，并且必须用税款支付，支付方式是通过虚拟保险市场的模式加以计算，按照每个保险申请人面对的平均风险的价格，以“社会评定分数”（community rating）为人人提供保险。（这一保健模式的方案是第八章的主题。）遗传信息在计算社会评定分数时是极有价值的，但不应用它来对人群体进行区分。是否应当允许私人保险公司按市场价格提供基本保额以外的健康或人寿保险呢？我认为应当如此，而
436 且这种可能性证明了下面所讨论的确定一个公平而充分的基本保额这一问题的重要性。应当允许保险公司在为这种额外保险确定有差别的价格时，提出遗传检查的要求吗？我认为应当允许。

5. 公正与遗传医学

完全用税款为人人提供健康保险的国家，不应当仅仅因为它有能力通过遗传检查那样做，就对遗传不幸者加以歧视。（对吸烟之类的造成较大风险的行为与引起这类风险的遗传倾向如何加以区分，是个很有意思的问题。不过这里我先把这个问题放在一边。）由此便出现了另一个问题：全民健康保险是否不仅应当为那些可以通过遗传检查而预知其风险的疾病提供标准的治疗，对有这种患病倾向的人不加歧视，还应当提供遗传学研究和商业性开发带来的无疑更为昂贵的新诊断技术和治疗？

可以利用的遗传医学包括新的诊断技术，例如它们能帮助医生

判断病人患了哪一种癌症，以及引起癌症的基因与他的基因组的其他部分如何相互作用，这样就可以更有效地设计并指导化疗和基因疗法。科学家正在发展出革命性的技术，其中一些可能有着显著的疗效，比如从病人身上取出细胞，经过工程处理后使其产生更好的基因组，再把它植入病人体内。应当使人人都可以利用这些新的诊断和治疗技术吗？我们可能情不自禁地想说，凡是能拯救生命的办法，都必须尽可能使每个人都可利用；由于共同体不愿支付拯救生命所必需的金钱而造成生命的损失，是可耻的事情。

但是如我的第八章所说，一个真想采用（而不是口头上同意实践中忽视）“拯救原则”的共同体，会把资源统统耗费在保健上，没有资源用于教育、职业培训和文化，最终只会使公民在痛苦中活得更久一点儿。假如我们接受这个可悲的事实，以费用太高为由放弃某些能够拯救生命的治疗，那么应当允许那些能够为昂贵治疗付 437
钱的人给自己购买这种治疗吗？还是应当剥夺他们的这种机会，以防止财富不平等造成的不公正变得更严重呢？

我们若想充分地讨论这些问题，就得再回过头去看看我一开始置于一旁的问题。国家应当把多少钱用于保健，以及这些钱应当如何分配才算是公平的？我将在这里概述一下我在第八章做出的回答。考虑一下这个思维试验。假设一个政治社会的全体公民，有着既定的爱好和抱负，平等地拥有这个社会的财产，对于在想象的条件下基因工程可能带给他们的好处以及在这种情况下提供该技术的保险成本，他们有着充分而及时的了解。如果我们认为，公民为了得到一种治疗——比如说当他们需要时能够改进化疗的遗传检查——而普遍购买保险，那么我们就应坚持让全民保健提供这种治疗。相反，假如我们认为公民不会购买某种治疗——比如说为了他们可能生下的身材太矮的孩子提供增高治疗——的保险，因为他们不太可能需要那种治疗，所以愿意把这笔保费花在更好的用途上，那就应当把集体财富花在别的事情上。可是我本人的看法仍然是，应当允许富人按市场价格购买按这种考虑提供给每个人的保险以外的治疗。我们不想降低平均水平来追求普遍平等，甚至对特殊治疗的极少需求也会激励研究工作，它有可能带来不可预见的普遍利益，如果不这样做的话，这种研究也许就不会出现。

三、克隆和生物工程

1. 为何不呢?

前面我们在一个新的背景下，讨论了个人公正和社会公正问题：这些问题更为棘手，但其性质并没有因为遗传学的发现和发明而发生根本的改变。除了我们对流产做过的简短讨论外，我们还关
438 心我所说的派生价值而不是超然价值。我们一直关心为了保护人们的利益，如何对新技术加以利用和管制。我们下面的讨论要把重点颠倒一下：我们接下来主要讨论全新的问题和不同的超然价值。

遗传学家目前正在开发的最引人注目的可能性，将使科学家和医生能够选择哪一种人可以出生。从宽泛而粗陋的角度说，人们很久以前就拥有这种能力了，他们知道允许这些人而不是另一些人交

配，会生出某种类型的孩子。得到萧伯纳（George Bernard Show）、奥列弗·温德尔·霍尔姆斯（Oliver Wendell Holmes）还有阿道夫·希特勒支持的优生学，就是建立在这种简单的见解之上。但是现在，至少作为一种可以理解的幻想，遗传学提供了按照详细蓝图一个一个地创造特殊人类，或通过胚胎创造出具有选定的遗传属性的人类以改变人类的可能性。

当这种技术最初得到描述时，即使作为幻想，它也引起了人们的震惊和愤怒。当苏格兰科学家克隆了一头成年羊，另一些科学家和政论家考虑可以把此项技术用来克隆人类时，这种震惊变得十分具体。政府和国际机构匆匆忙忙成立的各种委员会，立刻对这种念头发出谴责。克林顿总统下令不得把联邦资金用于克隆人类的研究，美国参议院正在考虑通过非常极端的、慌不择路的立法，来禁止任何这类研究。完备的基因工程——改变受精卵的遗传因素以产生某些可取的生理、精神和感情属性——的可能性，也引起了巨大的恐慌和反感，类似于创造出绵羊多莉的情况，对哺乳动物的基因工程研究的任何成功，无疑都会引起类似的官方反应。（在这里的讨论中，我所采用的“工程”一词，经常包括全面的遗传改变和人类克隆，后者是前者的一种特殊类型。当然，基因工程和克隆是非常不同的技术，但是它们引起的许多社会和道德问题却是相同的。）

在对基因工程的前景做出的反应中，欧洲议会的说法并非没有典型性。这个机构在它的关于克隆人类胚胎的决议中宣布，它“坚信，克隆人类，无论是在试验室里还是在为器官移植或任何其他目的而进行的人工授精手术和胚胎植入前的诊断，都违反伦理和道 439

德，有悖于对人的尊重，是对基本人权的严重侵犯，这在任何情况下都是不正当和不可接受的”。我们该如何为这种草率的反应进行辩护或解释？我们可以利用三种经常被人提到的反对理由。第一，据说遗传学研究引起巨大的危险，所以需要慎之又慎。比如说，如果克隆人类或另一些完备的基因工程成为可能，对它的研究或尝试就有可能造成一些不可允许的失败或生下不可接受的畸形儿。第二，有些人以社会公正为由反对基因工程研究。假如能够进行克隆，它在相当长的时间内肯定非常昂贵，因此可能只有富人出于虚荣而需要用这种技术来克隆自己，这加剧了不公正的财富优势。[对克隆前景感到恐惧的反对者还提到有成千上万个鲁伯特·默多克（Rupert Murdoch）和唐纳德·特朗普（Donald Trump）① 这种凶兆。] 第三，许多对立的反应源于超然而合理的美学价值。假如基因工程有了可行性，它就有可能被用来维持一些如今受到偏爱的特征，如身高、智力、肤色和个性，这个世界将被剥夺多样性，而后者对于丰富多彩和变化无常的生活是不可缺少的。我们必须逐一讨论这些禁止研究与开发的理由，但是在我看来，无论是单独看还是综合起来看，它们都没有解释我所描述的那种反应的顽强性。

安全。在预测多莉的试验给克隆人带来的可能后果时，现在还不是很清楚，要在多大程度上以这一事例为依据。一方面，技术很有可能会得到改进；另一方面，克隆人有可能被证明要比克隆羊不知困难多少倍。为克隆一只羊要做数百次尝试，但是据我所知，其

---

① 鲁伯特·默多克（Rupert Murdoch）：澳大利亚媒体巨头，为当今西方世界多家重要传媒的所有人。唐纳德·特朗普（Donald Trump）：美国第 45 任总统。——译注

他所有尝试都失败了，连畸形的羊都没有生出来。也没有多少理由认为，克隆或基因工程会产生使数代人有畸形的种系损伤，或几代人都不会出现的畸形。然而，这些危险本身不足以证明禁止进一步的研究是正确的，这种研究可以使我们更细致地评价它们，大概还能加强我们预先阻止或减少确实存在的危险的能力。不错，突然出 440
现在报纸头条或电视上，许诺可以用极高的价格克隆任何人的理查德·塞德（Richard Seed）博士[①]，足以让任何人感到恐怖。但是，不必彻底终止研究，就可以用管制来使他以及数千个从事克隆的牛仔住手。此外，假如我们正在评估的是试验或检查可以造成的破坏性风险，我们还要考虑基因工程的技术进步和精致化会大大减少现在出生的婴儿或肯定会发生在他们生长过程中的缺陷和畸形的数量。对风险的权衡似乎倾向于赞成试验。

公正。我们很容易想象基因工程成为富人的特殊待遇，从而使富国和穷国之间已经很严酷的不公正更为加剧。可是这种技术也有着满足虚荣以外的用途，即使我们断定虚荣是一种不恰当的、不能允许的动机，它们还是可以为研究和试验提供正当理由。我们前面说过通过有选择的工程手段已经取得的重要的医疗收益，而且更为完备的工程肯定能够大大扩展这种收益。克隆可以被证明有着特别突出的医疗价值。身患绝症的孩子的父母可能需要另一个孩子，他们有可能像爱另一个孩子一样爱他，但这个用病儿克隆出来的孩子的血液或骨髓能够拯救那个前者的生命。克隆一个人的干细胞，不

① 理查德·塞德（Richard Seed）：大力主张克隆人的美国江湖医生，他 20 世纪末在媒体上的有关言论引起了广泛争论。——译注

是为了培养整个机体，而是为了培养用于移植的某个器官，这甚至有着更为明显的好处。从癌症患者身上取出的细胞经过处理后再进行大量克隆，当把克隆体植入病人时，有可能证明能够治愈这种癌症。我们还要考虑医学之外的好处。例如，无子女的夫妻、单身的女性或男性，可能希望利用克隆生殖，他们有可能认为这优于其他可能的选择。或他们根本没有其他选择。

大概我们能够从基因工程中杜绝未得到批准的动机。如果有可能做到这一点，那么即使我们假设没有其他反对意见，公正是否要求这样做呢？我不这样认为。如我所说，我们不应当用降低平均水平来促进平等，就像更为传统的遗传医学所示，一度只能被非常富有的人利用的技术，经常会导致一些对每个人有着更为普遍的价值的发现。矫正不公正的办法是再分配，不是剥夺一些人的好处而又不能使另一些人获益。

441 **美学**。我们已经有克隆体了——遗传学上相同的多胞胎（由于对不孕症的治疗而越来越多）生产的克隆体；遗传学上相同的孩子的历史显示，相同的基因并没有造成相同的表现型生物群（phenotypes）。过去的岁月里我们也许低估了自然，但后天的培育仍然很重要，对基因工程前景的反应也低估了它的重要性。不过人们确实担心，假如我们用基因工程的生殖取代遗传“摸彩游戏”，可取的人类类型的多样性就会被受时尚支配的千人一面取代。当然，在某种程度上，更大的一致性无疑是可欲的：不论从审美方面还是从其他方面说，有些人注定生活艰困或寿命短暂这一事实是没有价值的。但是人们普遍认为，人们最好是面貌不同、行为不同，而这可能是不同的等位基因（alleles）的结果。这种观点诉诸派生价值：生活在一个有差异的世界里对每个人都是好事。不过也可以认为它诉诸超然价值：许多人认为多样性本身就是一种价值，所以即使人们出于某种原因喜欢一致性，它仍然是有价值的。

不那么明显的是，假如能够自由而便宜地利用基因工程，它对可取的多样性实际会构成多大威胁。假如能够选择的话，所有的父母都有可能希望自己的孩子具备现在我们视为正常，甚至我们现在认为较优秀的智力水平和其他技能。但是我们不能认为这是不可取的：无论是作为正常活动还是矫正手段，教育的目的是全面促进智力和技能水平。我们有没有充分的理由担心，假如父母有选择的可能，他们往往会选择克隆自己中间的一个——或克隆一个第三者——而不是生育一个有着两人基因的孩子吗？或者，他们可能基于排除有害等位基因以外的理由，或因为没有能力进行性生殖而选择克隆。这似乎不太可能。例如，我们有理由担心（许多人确实担心）父母会对生殖性受精卵进行处理使它成为男性而不是女性吗？诚然，在某些社会——例如在印度北部——人们确实喜欢男孩胜过喜欢女孩。但是这种偏爱与文化偏见和经济环境似乎有着很大关系，因此没有理由认为这个世界会突然出现受男性支配的一代。由于羊膜穿刺术的存在和自由的流产法，至今一直可以做选择性别的流产，但似乎并未形成这种趋势。我们似乎根本没有理由根据这些 442
考虑而彻底终止试验。

但是，人们的担心远不限于性别失衡：人们担心某种生物表现型——例如白肤碧眼金发、美貌、性情温和、高个子、音乐天分和诙谐机智——会支配特别喜爱它的文化。我们应当注意这种担心中包含的科学假设：它假设不但有可能进行完备的遗传设计，而且受到偏爱的表现型的各种属性，也能通过这种设计被组合到同一个人身上，仿佛每一种属性都是单一等位基因的产物，拥有这种等位基因至少可以使属性极为相似，并且能对它们做出具体描述，不必依靠另一些等位基因的描述或表现型就能导致那种结果。这些假设中的每一条似乎都站不住脚，综合起来看更是如此。更有可能的情况是，甚至可以利用最新基因工程的父母，也只有很少的组合可以选择，却要承受培育的影响和试验的更大风险。他们要根据他们之间非常大的差异做出不同的选择。他们的后代可能为了追求个性化而做出的不同的个人选择，将会扩大那些差异。

此外，引起这种担心的基本假设，作为科学假设似乎同样不可信。大多数人喜欢生殖的神秘性——这种价值正是我们这里所讨论的反对意见之根基——并且许多人（很可能是极多的人）会认为基因工程没有价值而予以摒弃，除非为了消除明显的缺陷和残障。假如事情就是如此，则审美角度的反对意见就是夸张的或至少是不成熟的。在对那些反对意见所依据的假设做出判断之前，我们需要只有通过研究和试验才能得到的更多信息，因此依靠那些反对意见去禁止研究是不合理的。

2. 玩弄上帝

我们前面讨论的论点和反对意见，并没有为我说过的那种直接

443 而相当顽固的厌恶态度提供 T. S. 艾略特（T. S. Eliot）所说的“客

观的相关性”。人们觉得这种厌恶态度有着非常深刻且更为自然的理由，即使他们没有或无法充分地表达这种理由，而是只能采用激烈的、不合逻辑的语言，例如我前面提到的欧洲议会决议中奇怪地诉诸“基本人权”。我们只有更好地理解了那个更为深刻的理由，才有可能正确评价对基因工程的政治和社会反抗。我们可以先来看看另一种常见的陈词滥调。尤其在发现需要提出人们更为熟悉的反对意见之后，人们说，玩弄上帝是错误的。

这种反对意见诉求于我所说的超然价值而非派生价值。人们认为玩弄上帝本身就是错误的，这与它将会或可能给任何人造成的结果无关。然而这种禁令的真实含义是什么却非常不清楚——人们不清楚玩弄上帝是指什么，以及它到底错在哪里。它不可能是指，人类抵抗自然灾害或改进自然赋予他们的技能的努力永远都是错误的。人们在任何时候都做着这种事情。在发明青霉素和为了治疗青霉素无法治愈的更可怕的疾病而加工和克隆基因之间，有什么区别呢？让你的孩子奋发锻炼以减少或增加体重，与为了相同的目的而改变他的基因，这两者之间又有什么区别呢？

这不是用语上的问题。我们必须尝试回答它们，但是在我们的道德和伦理经验的整体结构中，我们一开始必须与它们拉开一定的距离。因为这种结构大大依靠对两种事情的基本划分：一是我们作为个人或集体，要对自己的行为或决定承担的责任；另一是我们无法改变的、我们的行为和决定的背景。对于古希腊人来说，这是他们自身与他们的命运之间的区分，后者掌握在诸神手中。对于今天有着虔诚信仰的人来说，这是在上帝如何设计包括我们的自然条件在内的世界，与也是由上帝创造的自由意志之间的区分。头脑更为复杂的人把科学语言用于同样的目的：在他们看来，基本区分是包括进化过程在内的自然利用粒子、能量和基因已经创造的东西与我们利用这些基因在这个世界上所做的事情之间的区分。但是
444 对于每个人来说，不管他们怎样描述，这种区分是我们是谁和是什么（为此负责的要么是神的意志，要么是一种盲目的过程）与我们用这种遗产做了什么（我们当然作为个人或集体要对此负责）之间的区分。

在机遇和选择之间的这种关键区分，是我们的伦理学和道德观的基石，这一分界线的任何巨大变化都会引起严重的混乱。例如，我们对生活幸福的看法，基本上是由人类寿命上限的假设性的既定条件形成的。假如人们突然可以指望比我们现在多活数百年，那么我们会彻底修改我们关于可能造成事故性死亡风险的行为——如驾车——对别人的影响从道德上说是可以允许的观点。我们这个时代的历史已经提供了有关科学的变化造成价值混乱的虽不醒目但十分深刻的事例。当科学家做到了原子裂变，人们有关指挥员在战争中要不惜代价保护其士兵的牢固信念便发生了改变，因为这一技术使可以用那种信念来证明其正确的屠杀数量大为增加。当临终医学大大加强了医生把对于病人已经毫无意义的生命加以延长的能力时，人们有关安乐死和自杀的牢固信念也随之发生改变。道德观稳定的时期无论如何都会被道德观不可靠的时期取代。它揭示了在这两种时刻，人们都会找出“玩弄上帝”的说法：一方面指责那些使我们战胜自然的能力大为增加的科学家，因为他们破坏了一直被

视为上帝的基本设计的东西；另一方面批评那些垂死的病人，他们做出了因医学的过去局限性人们很容易认为只有上帝能够做出的决定。

我的假设是，遗传学突然使我们意识到，有可能出现一种类似的但更无定论的道德混乱。我们对某些人设计另一些人这种前景感到恐惧，因为这种可能性本身改变了——比另一些事例更为显著——为我们的全部价值提供基础的机遇和选择之间的界限。这种变化没有威胁到我们目前派生的或超然的价值，相反，它的危险在于会使这些价值中的很大一部分突然变得陈旧过时。我们的生理存在——为每个人提供生理基础的大脑和肉体，长久以来一直是对我们生死攸关的绝对范式，并且它的原初形态是我们无力改变的，所以无论作为个人还是作为集体，它都不属于我们的责任范围。人们所熟知的“遗传如摸彩票”，揭示了我们如下信念的核心内容：我 445
们从根本上说是什么，属于一个机遇而非选择的问题。我不是说遗传的连续性为人格之唯一性这个技术哲学问题提供了答案，尽管有些哲学家确实这样认为。我是想指出一个心理学问题：人们认为在上帝或自然提供的东西与他们因自己造成而承担责任的东西之间的区分，是从生理学的角度规定的，其根据是“基因”或更为陈旧的科学中所说的“血缘”。

如果我们严肃看待我们正在讨论的这种可能性——科学家真的获得了创造他们或他们预期的父母所选择的任何表现型的人类的能力——那么我们能够测知，我们牢固的道德和伦理态度的毁灭会发生在几乎任何地方。例如，我们采用机遇和选择的区分，不仅是用来规定对处境或事件的责任，而且用于我们对自豪感——包括对自然赋予我们的东西的自豪感——的评价。一个突出的现象是，现在人们为一些不是他们创造或选择的生理属性感到自豪，例如相貌或强健的体魄，但是当它们是另一些人努力的结果，而他们并未参与这种努力时，他们就不会这样想了。一个把自己交给整容医生的妇女，可能为手术的结果感到愉快，但不可能为它感到自豪；她肯定不会像她天生丽质那样感到自豪。假如它们不是我们可以自豪的自然结果，而是我们的父母及其雇用的遗传学家决定的结果，这会给我们对生理属性的自豪感带来什么影响呢？

但是，对机遇和选择的区分最引人注目的利用，在于对个人和集体责任的确定。道德不安全的危险在这里最大。我们现在同意，我们出生于其中的境况是我们责任的一个参数——我们必须尽力使它达到最佳——但并不把它本身作为可耻的潜在根源，除非在某些特殊情况下，如人们的吸烟或吸毒之类的行为——这是比较晚近的发现——改变了胚胎的成长。我们虽然可以像驼背理查（Richard Crookback）那样诅咒自己的命运，但我们不可以指责任何人。至少对于大多数人和许多深入思考的道德哲学家来说，这种区分同样
446 适用于社会责任。与我们对天生有遗传缺陷的人、被闪电击中或受到法律界和保险公司所谓的“上帝作为”伤害的人的感觉相比，我们觉得有更大的责任补助工业事故和种族偏见的受害者以及因不同原因而成为社会牺牲品的人。假如每个人的特征都是由别人（包括那些不打算干涉而是让自然发挥作用的父母）决定的，所有这些事情会发生什么变化？

变化是肯定的。但是，怎样变？为何要变？这些问题也不是言辞上的问题。我不知道答案，也很难对它们做出猜测。然而麻烦就在这里。我们许多人在思考基因工程时感到的恐惧，不是对错误的恐惧，而是对我们失去把握错误的能力的恐惧。我们没有资格——那将是一种严重的混乱——认为，甚至机遇与选择之界线的最重大的变化是在挑战道德观本身：有一天不会再有对错之分。但是我们确实有资格担心，我们的大部分牢固信念都会被动摇，我们在道德上将处于自由落体状态之中，我们将必须根据新的背景、带着不确定的结论重新思考。玩弄上帝无异于玩火。

这种假设，至少就它可能得到纠正和改进而言，我们不妨设想它是有意义的，并且解释了人们对基因工程之情绪化反应中的强大非理性因素，它是我们一开始评价的那些互无关联的理由无法解释的。这样一来，我们是否即可找到对那种反对意见的解释和辩护，对“不要玩弄上帝”做出解读，它至少在这件事上证明我们不应当那样做呢？我不这样认为。我们将看到一种我们必须应付的挑战，而不是一种逃避的理由。因为我们的假设根本不涉及价值——无论是派生的还是超然的价值。它仅仅揭示我们这两种当代价值为何有可能错误或至少是不周全的。如果我们承担着道德和伦理责任，那么假如我们发现这些价值的一些最基本的前提是错误的，我们不能转身离去。玩弄上帝当然是玩火。然而这正是我们这些凡人自普罗米修斯这位从事危险发现的圣人以来一直在做的事情。我们玩火并承担后果，因为除此之外只有面对未知世界时的懦弱。

四、附言：伦理个人主义的影响

克隆和基因工程这种神奇的技术，即使如许多生物学家所认为的那样，完全是科幻小说，它们也已成为十分流行的小说，公众以
447 道德和伦理信念为根据的反对，可能会阻碍独立的和真正的科学进步。即使根本不可能克隆完整的人，对克隆过程的研究也可能带来许多医学收益——例如把用病人体细胞克隆的不会产生免疫排斥的器官再移植给病人。然而民众的反对态度却不分青红皂白，这有可能导致对所有这类研究的全面禁止，因此讨论一下这个问题是有益的：即使如普遍的想象所担心的那样，确实出现了最惊人的结果，道德和伦理的反对是否能为终止研究提供恰当的理由？此外，克隆和惊人的基因工程的幽灵引起的问题有着道德上的启发意义，即使这些技术没有真正的可行性。这种技术一旦流行，就能给公认的传统假设提供有价值的新检验方式。例如，我们许多人认为生育自由是一项基本人权。即使我们仅仅认识到一种可能性，即一旦认可这项权利，它就会扩大到克隆自己或根据某种假设的完美标准设计孩子的自由，这时我们还能坚持那种信念吗？

这些问题是否重要，大概要取决于人们对道德观之性质的看法。有些人对道德信念持实用主义态度，他们认为道德观是面对潜在冲突时以有益或和平方式调整我们行为的一种手段。这些人不会认为，对我们的协作行为做出可以理解的但不会维持很多年、更不

是永远必要的调整表示担心，是没有意义的。还有人认为，道德观有着更为独立的地位和权威性：他们不太愿意把任何论证，哪怕是有着直接的实践后果的论证，建立在生育自主这类原则有着压倒的权威性这种主张上，尽管他们必须同意，在想象的或极不可能的环境中他们并不赞成那一原则。我相信大多数人对于他们的道德原则和信念采取后一种——哲学家称之为“现实主义的”——态度，而不是前一种更为工具主义的态度，我对极力反对更为惊人的基因技术的理由做出的解释，也是以后一种态度作为前提。

我认为，甚至对我们孩子的遗传结构加以控制的纯粹可能性，也会动摇我们有关以下两种事情之界限的最基本的假设：我们因做 448
出选择而承担责任的事情，和由机遇、自然或上帝决定且无论好坏我们都无法控制的事情。我们的基因身份——我们以及我们的孩子是谁——一直是由自然而不是由我们负责的典型事例，把这种决定纳入我们自己的责任的任何实质性变化，都会大大动摇我们的传统道德。一旦我们认识到，我们得自己决定是否允许并鼓励我们的科学家追求这种技术上的可能性，以及是否利用他们发展出的技术，那时再想回到原来的界限就太迟了，因为摆脱科学已经取得的成就这种决定本身就有可能是我们会做出的不同选择。无论好坏，当基因工程的可能性迫近我们时，我们传统的道德观和态度中的基本假设便受到挑战，我们将陷入我所谓道德自由落体这种危险的状态之中。

假如我们想对这种危险做回应，我们必须依靠我们的道德观中更具批判性和更抽象的因素。我们必须努力找出我们可以称之为关键性的道德背景的东西：当我们视为理所当然的实践和假设受到挑战时，我们希望能起指导作用的一组基本信念。大家不是都有一组强调个人自由的背景性假设吗？在你们打算赞成对基因检查、研究和试验做出法律限制之前，你们不是会要求有确凿的证明，它对健康或安全有严重的威胁吗？或者，你们的本能反应更为保守：在你们同意一种检查方案或研究方向时，你们不会要求确凿的证明，它是安全的或有益的吗？当然，这两种作为背景的立场只是粗糙的范式；任何实际的背景性道德观都有可能更为复杂，有着更深层的理由，更难以做出清晰的表述。不过这种关键性的道德背景或潜意识是不可缺少的。

我本人的关键性道德观建立在两个人道主义伦理理想上，我把它们称为伦理个人主义，它们规定了与人类生命有关的价值。第一条原则规定，任何人类生命一旦开始，它的成功而不是失败——这一生命的潜能得到实现而不被浪费——便有着客观的重要性，并且每一个人类生命都有着同等的客观重要性。我说“客观”重要性，是为了强调一个人类生命的成功不仅对拥有这一生命的那个人或与他关系密切的人是重要的。我们都有理由关心任何人类生命的命
449 运，即使他是陌生人，我们希望他有成功的生活。第二条原则承认这一客观重要性，但是认为一个人——拥有这一生命的人——对其生命承担着特殊责任，根据这种特殊责任，他或她有权做出关于何为成功生活的基本决定。如果我们把这两条伦理个人主义原则作为建立政治道德观理论的基本指南，它就会是一种平等主义的理论，因为它会坚持政府必须把它所统治的每个人的生命视为有着平等的

重要性，根据平等原则建立其经济结构和政策；它也会是一种自由主义理论，因为它将坚持政府必须让人们自由地为自己做出最后决定，以确定他们的生活成功的标准。

本书就是要描述这两条原则对于政治道德观的一般含义。在这一段附言中，我想谈谈它们对于本章更为具体的含义。我将再次利用对两种问题——“派生的价值”和“超然的价值”的问题——的区分。当政府必须决定保护特殊人群的利益的最佳方式是什么，以及如何公平解决这些利益之间的冲突，这时就出现了派生价值的问题。应当向公众提供可以揭示某种疾病之遗传倾向的检查吗？有些令人关切的原因。例如，检查可以由“牛仔”公司以邮寄订单的方式提供，这些公司不会提供有关它们的检查之可靠性或意义的非常准确的信息，例如，它们不会提供任何咨询，帮助一个妇女做出是否进行患乳腺癌倾向的基因检查的决定，或帮助她如何对待阳性检查结果。可以通过正确的检查加以预测的一些疾病属于不治之症。应当鼓励人们做有可能使其知道自己几乎肯定会患上亨廷顿氏舞蹈症的检查吗？在另一些情况下，试验数据证明检查结果非常不可靠：例如，研究有可能只是在人口分类的基础上确定概率，它有可能被更为精确、使概率发生很大差异的分类推翻。

我们在遇到这种难题时，可以在以下两者之间选择不同的政策：至少在研究取得进一步发展之前彻底禁止遗传检查，或从商业上彻底放开，允许任何小贩在完全不加管制的市场上提供这种检查。如果这两种极端做法都没有道理，那么我们应当选择处在两者之间的哪一种政策呢？我们的回答很可能取决于我们作为背景的关 450

键性道德观。我所赞成的特殊责任原则反对任何严厉的家长主义，因此它主张进行管制而非完全禁止，这种管制要准确地公开和颁发执照，而不是进行哪怕有限的禁止。这一原则同意，这种检查只应当由训练有素、经验丰富的医生提供，他们要有专业能力提供咨询和解释。但是它不会同意仅仅因为检查的准确性具有推测性质而禁止有资格的人进行检查，假如这种推测性得到充分揭示的话。

应当要求进行这种检查吗？特殊责任原则似乎不允许。但是，这种检查有时保护的是别人的利益，而不是那些人们认为必须得到其同意的人的利益。比如说，假设既有可能通过基因工程也有可能通过更传统的手术，修正胚胎中的各种严重遗传缺陷。这时特殊责任原则将不再能够为孕妇不接受可以发现她所怀胎儿的缺陷的检查提供辩护。伦理人道主义的第一条原则——对任何生命一旦开始就应当获得成功的客观关切——会建议强制性的检查。现代民主制度确实不喜欢要求她去做她所反对的检查，尤其当这种反对的理由是宗教信仰时。但是，这一有关身体之整体性的简单原则，也可能是传统道德观中的一条人为原则，它在遗传医学暗示各种可能性难以想象之前也许有道理，但在这之后就没有道理了。假如我们接受关心每个人的生命这一更为根本的原则，则有一天也许必须对身体之整体性的原则加以限制。

假如遗传检查变得非常普及，影响到保险市场的经济学时，我们该如何修正我们对公平的保险市场的态度呢？是否应当允许人寿保险公司要求其客户进行遗传检查，因为它们认为这可以很好地预测他们的预期寿命？或允许它们要求拒绝做检查的人支付更高的保费？假如不能允许这种事情，那么是否应当允许它们询问保险申请人是否做过这种检查并要求提供检查结果？英国保险业协会决定，对低于10万英镑的保险，当它与约束性义务联系在一起时，不要求进行检查或询问申请人是否做过检查。但是这只是暂时的和自愿 451
的限制。应当把它变为强制性的和永久的政策吗？应当把它用于一切保险吗？

这是个派生价值的问题，因为它涉及如何恰当地解决两种人之间的利益冲突：一方是遗传上很幸运的人，假如保费反映遗传性疾病倾向，他们在保险上会花钱较少；另一方是遗传上不幸因而花钱较多的人。有若干可供选择的原则来解决这一冲突。第一可被称为保险精算准确性原则（principle of actuarial accuracy），它反对在保险决策中采用遗传检查，理由是保险公司会依靠粗糙的遗传预测分类，因为细化这种分类以建立更细致的保费等级，在管理成本上花费太大。这将要求许多人支付更高的保费，其数量就他们患某种病的实际可能性而言是没有道理的。然而，即使公平性只要求人们按比例为风险付款而不管发现这种风险要花多少钱，这也是不公平的。这似乎是对公平性的不合理的定义，因为按照这种解释，公平的制度会是一个经济上非常浪费的制度。假如公平性真是指每个申请人应按比例向他的保险池内注入前期开支，那么这种开支必须包括管理和其他成本。因此，把实际属于不同的遗传风险类型的人混在一起，无论如何不能算是不公平。假如这种做法在你看来不公平，那么你实际上可能已经否定了这样的观点：公平性要求风险较高的人——虽然这不是他们自己的过错——应当为整个保费支付较大的份额。

伦理个人主义的默认制要求平等关切每个人的处境，它建议对公平性做出另一种解释。它认为，风险和收益的公平分配要反映不同的人做出的选择，但不反映他们天生的坏运气，包括在目前的技术阶段他们的依然属于遗传彩票（genetic lottery）的运气。（当然，对公平保险的这一分析，假如遗传工程最惊人的前景成为现实的话，有可能必须根据其他有关公平性的全部具体判断加以修改。那时，处在“道德自由落体”状态的我们必须考虑，对于子女，应当在多大程度上根据他们父母做出的选择进行考虑。）因此，让吸烟
452 者为健康或人寿保险支付较多的钱虽然是公平的——假如我们发现某些基因“强迫”人们吸烟，就像另一些基因“强迫”人们生病一样，我先不谈可能由此带来的问题——但是让人们因其染色体中包含可能患上乳腺癌或前列腺癌的等位基因而支付更多的钱，却是不公平的。按照伦理个人主义的理解，公平性在面对有关患病之基因背景的发现时，会要求实行“社会评定分数”（community rating）：保费应当以相关社会的平均风险为基础，应当为每个人规定相同的保费（只根据已知风险和自愿接受进行调整）。

但是，假如保险公司规定社会评定分数，并允许申请人通过受到恰当管制的遗传检查去发现自己的遗传状态，则申请人就会做出保险公司所谓的“逆选择”（adverse selection）。风险最大的人会购买高额保险，而风险最小的人根本不会投保。保险公司不得不大大提高它们的保费（这实际上会再次引入分类），不然就会破产。另外，假如允许保险公司让投保前选择了进行检查并知道自己有遗传

缺陷的申请人支付较高的保费，这会使人们不敢做检查，从而使那些本来可以通过检查得救或治愈的个人遭受厄运。我前面说过，这种“保险困境”唯一的解决办法，就是在那些尚未采取这一步骤的社会里，把保险——寿险和医疗险——国有化。

对于因克隆和另一些惊人的基因工程而引起的超然价值的问题，甚至出现了更为深刻的分歧。这些问题属于超然价值的问题，因为它们主要不涉及具体人群的利益，而是关系到由此会产生哪一类人。应当让这个领域的科学研究走多远、进展多快？伦理个人主义在这方面也可以提供指南。使未来的人类寿命更长、更有才华、取得更大的成就，这种超然的抱负本身没有错。相反，假如玩弄上帝意味着努力完善我们人类，在上帝有意或自然盲目创造出来的东西中加入我们自觉的设计，则伦理个人主义的第一条原则会同意这种努力，它的第二条原则，在不存在有关危险性的确凿证据时，也禁止阻碍那些愿意充当领头人的科学家和医生。

注释：

[1] 我在《生活的领域》（*Life's Dominion*，New York：Alfred A. Knopf，1993）里对这种区分做过阐述。

[2] 下面对流产的讨论总结了《生活的领域》中的某些结论，所以应当根据它的背景来理解。

第十四章　性行为、死亡和法院

一

453 某个“道德上的多数”，除了不赞成公民的个人选择外没有更好的理由，就可以限制他们的个人自由吗？几乎所有的美国人都同意从某种意义上说人的生命是神圣的，但是对于人们即便为了避免可怕的痛苦或失去尊严，即便他已处在垂危之际，也不可杀死自己，他们却存在着分歧。有些人认为，即使在那种情况下，过早地结束生命也是对生命的践踏；还有些人认为，当再活下去令人恐怖时，不能有尊严地死去是对生命的践踏。应当让个人做出这种决定，让每个人根据自己的信念做出有关自己生命的决定吗？或者，应当以集体方式做出这种决定，从而把多数的信念强加于另一些人，从而使他们最基本的信念做出让步吗？[1]

性道德观对于人们的生活和人格也至关重要。成年人的性行为决定如果对别人没有直接影响，应当允许他们自由做出这种决定吗？假如应当这样，另一些作为私人的个人，在选择雇员、合作者或他们的子女的教师时，应当享有多大的自由，去表达他们对那些决定的反对态度呢？美国人同意，有些私人歧视行为属于公共问题，在许多领域里，法律应当保障平等对待黑人、妇女和残疾人。为什么对同性恋者就不应当这样做呢？性行为不同于种族、性别或残疾，说到底是个选择问题吗？对于遗传因素在多大程度上决定着性行为，科学家是有分歧的，尽管无可否认的是，它们至少起着相当大的作用。无论如何，放弃同性间的性行为，对于许多人来说意 454
味着根本没有性生活或生活在谎言之中。对于拒绝做出需要付出这种代价的选择的人，社会应当允许歧视他们吗？

这些问题在美国——以及在其他许多跟我们一样建立宪法权利的国家和国际社会——也是法律问题，因为美国宪法规定，个人享有一些多数不得侵犯的权利。这些权利最抽象的根源是《第十四修正案》，它规定各州不经“正当的法律程序”，不得限制公民的自由，各州也不得剥夺任何人享有的“法律的平等保护”。正当程序的条款严禁损害某些基本权利，除非有特别紧迫的理由。平等保护条款只要求各州在它所允许的各种自由和权利方面，不得有不公平的歧视。这些条款一直被解释为至少赋予了公民为自己做出个人道德抉择的某些权利。例如，在1963年①的“罗耶诉瓦德案”[2]中，最高法院裁定正当程序条款赋予妇女在怀孕早期流产的权利；1996年，它援用平等保护条款否定了科罗拉多州宪法的一项修正案，此修正案规定，该州城镇允许保护同性恋者不受歧视的做法为非法。但是在1997年，它拒绝宣布禁止医生协助垂死病人自杀的州法律违宪：它拒绝承认正当程序条款或平等保护条款赋予了公民支配自己死亡方式的权利。[3]

对于正当程序条款把哪一些自由视为基本自由，平等保护条款把哪一类歧视视为不公平，法官们该如何做出判断呢？在过去100年里，一直有两种尖锐对立的观点从事着一场宪法“玫瑰战争”②，先是一方暂时得势，后来是另一方暂时得势。希望限制法官裁决道德问题的权力的一方认为，正当程序和平等保护的条款只为有限的一部分权利提供法律保护，它们是在美国内战后的历史中一直得到公认和落实的权利。最高法院在1986年对“巴威尔诉哈德威克案”[4]的裁决中，没有推翻佐治亚州把自愿的成年人之间的鸡奸定为犯罪的法律，拜伦·怀特大法官在一段话中陈述了对正当程序条款的这种见解，而他的这段话已成为历史上这一派的护身符。他的观点是，这一条款只保护那些“深深扎根于这个国家的历史和传统中的”权利，并说必须坚决反对同性恋有所谓鸡奸自由的权利，所
455 以直到1961年以前美国五十个州都把这种性行为定为非法；他说，

① 注释中的时间为1973年。——译注

② 玫瑰战争（War of Roses）：1455年至1485年英国贵族为争夺王位而进行的战争，因参战一方兰开斯特家族的族徽为红玫瑰而得名。——译注

认为“采取这种行动的权利”符合那两条标准的想法“是荒唐可笑的”。[5]

根据这种观点，在确定宪法权利时，原则的逻辑性和一致性几乎不起作用。最高法院承认一种权利——例如流产的权利——这个事实，并没有给它为何也应承认另一些权利——如同性恋的性自由权利或垂死病人支配自己死亡的权利——提供理由，即不存在原则性理由，为何人们应享有前一种权利但不应享有后一种权利。唯一的问题是，这些具体的权利是否在历史上得到了承认，那种标准必须分别运用于每一种主张的权利。如怀特明确所言，只有以这种方式，才能削减以一致性名义扩及宪法权利的法官权力。他说：“我们也不想以更为宽泛的观点看待我们的权威，要去发现包含在‘正当程序条款’中的基本权利。不然的话，法官必然在不反映宪法权威的情况下，把自己的权威扩展到统治国家。”[6]根据这种观点，最好是容忍最高法院所承认的权利的不一致性，而不是扩大那些权利的数量。

在这场宪法之争中，对立的一派——整体派——否认那种优先顺序。它坚持认为，如果承认某个群体享有的宪法权利以更为一般性的原则为前提，而这些原则支持另一些群体的另一些宪法权利，则必须也承认和落实后者的权利。[7] 1961 年，一位保守派大法官——约翰·哈兰（John Harlan）——为这种观点提供了最有力的司法阐述，正如怀特法官在“巴威尔案”中的阐述已经成为历史派的圣歌一样，哈兰的阐述也被整体派奉为圭臬。哈兰说，正当程序条款所保护的自由，“不是一系列相互独立的东西……而是一个合理的连续体，大体上说，它包括免于一切实质性的任意强制和无目的的限制的自由”[8]。虽然哈兰是在表达异议的意见书中做出这种阐述的，但是最高法院在后来的裁决中经常引用它。例如，在1993年的“卡塞诉宾夕法尼亚州父母身份计划案”[9]中，肯尼迪、奥康纳和索特几位大法官在其关键性的多数派意见书中，在解释为何最高法院在“罗耶诉瓦德案”中承认流产权利时，就依靠了他的言论，虽然在这项裁决之前的数十年里，大多数州一直把流产定为非法。我们在评价我提到的最高法院有关同性恋和协助自杀的两项
456 最新裁决时，切莫忘记这些重要的原则性争论。

二

对于同性恋者在自己国家中遭受的法律、经济和社会上的不利地位，许多美国人已经感到羞愧和困惑。最近二三十年来，他们支持通过法律、产业和学校规章禁止或限制这种歧视。例如，科罗拉多州的阿斯本市、波尔多市和丹佛市，都实施了保护同性恋者、少数族群和妇女在住房、教育、就业、保健和福利方面不受歧视的法律。然而，科罗拉多州的另一些选民却被这种法律中包含的同性恋是一种正当生活方式的观点激怒。在1992年该州的全民公决中，他们为州宪法补充上了《第二修正案》，这一法案的标题是“男女同性恋者或双性取向的人不是受保护的根据”。它宣布：

无论科罗拉多州的任何分支机构或部门，或它的代理机

构、政治下属部门或市政当局，皆不得实施、采用或贯彻任何法律、条例、命令或政策，使男女同性恋者或有双性取向者的行为、实践或关系构成一种任何个人或某一类人的资格或基础，使他们能够拥有或主张一种少数族群的地位、配额、优待、受保护的地位或特权要求。

这一规定如果生效，会给科罗拉多州的同性恋者的政治处境造成灾难性后果。它会取消一些城市已经提供的保护，禁止该州的任何政府下属机构，当然也包括州政府本身，在未来实施任何保护性立法。今后同性恋者要想得到反歧视立法的保障，就只能通过对州宪法本身做进一步的修正以废止或修改《第二修正案》。该州以及该州以外的许多人都觉得这是极不公平的。他们认为这种明显的歧视行为肯定违反了美国宪法，科罗拉多州的一批同性恋者和其他人，在丹佛一个法庭的“伊文斯诉罗默尔案”中提出诉讼，要求法庭做出这种裁决。然而许多宪法专家却对他们能否获胜表示怀疑。最高法院多年的判例似乎表明，《第二修正案》既没有违反正当程 457
序条款，也没有违反平等保护条款。

我们需要某种理论史的知识，以便理解为何法学家怀疑最高法院会裁决《第二修正案》违反了正当程序条款。当诉讼当事人以正当程序条款为根据对某条法律提出挑战时，法官在裁决这一挑战时通常会提出两个问题。第一，这条法律损害“自由的权益”——从原则上受到宪法保护的、州不得侵犯的权利吗？第二，如果是这样，这一法律的目的和效果是否非常重要，足以证明州侵犯那种权益有其正当性？第一个问题引起了我所说的历史派和整体派之间的分歧：前者认为权利仅限于历史上得到正确认可的权利，而后者坚持这些权利也包括虽然尚未得到承认，但是从为历史上得到认可的权利提供了正当性的原则中也可推导出的权利。第二个问题只有在人们断定该法律确实损害一种宪法权利时才会出现，对它需要进行权衡。法院必须评估这种权利的分量，考虑州所主张的利益是否重要到足以证明损害那种权利为正当。

因此，我提到的“巴威尔案”裁决，似乎断然否定了《第二修正案》违反正当程序条款的主张。怀特明确宣布，同性恋者甚至从原则上说也不享有一种宪法权利，当州把同性恋行为定为犯罪时它便侵犯了这种权利。因此，似乎不可能认为他们享有一种宪法权利，它禁止《第二修正案》做出的那种并不太严重的伤害，因为这一修正案仅仅阻止他们得到对他们有利的特殊立法。[10]正如哥伦比亚地区第五巡回法庭在 1987 年所言，“假如本庭……不愿意否定规定了那一类别的行为为犯罪的州法律，很难因此……得出结论说，鼓励针对这类行为的歧视的州是不公平的。无论如何，对一种行为的最明显的歧视，莫过于把这类行为定为犯罪”[11]。在平等保护条款中，似乎有着更为合理的根据去挑战《第二修正案》，因为这一法律剥夺了同性恋者和其他群体所享有的政治机会——用地方立法保护他们的基本利益。但是，判例再次妨碍了利用平等保护条款消
458 除这种歧视；我们仍然需要从历史的角度去理解其中的原因。州不可剥夺任何人“受法律平等保护”的权利这一规定，可以被理解为只是对州提出了非常宽松的要求：它们只有先颁布描述并批准区分的法律后，才能够对公民进行区分。但是这种陈腐的解读会使各州

自由地建立一种等级制度，黑人（譬如说）在这种制度中被剥夺所有公民的或法律的权利，只要它通过公开的立法这样做。既然《第十四修正案》的实施是在内战以后，人们希望用它来阻止任何进一步的种族等级制，所以第一种解读是无法接受的。但是，相反的解读同样如此，它将宣布各州绝对不得实施对公民团体以任何方式进行区分、给一方提供好处而牺牲另一方的法律。因为几乎每一条国家或州法律都肯定有这种后果——《北美自由贸易协定》会损害一些工人的利益而有利于另一些工人的利益，环境立法会损害一些产业但未必损害另一些产业，国家有关金融、保险和专业性的立法有益于一些人而有损于另一些人。于是最高法院对平等保护条款提出了一种较为复杂的解读，它避免了这些更为极端和不可接受的解读。它这样做是通过一组原则和区分，它们共同形成了一种有吸引力的政治平等观。[12]

这些原则和区分的基本理由，是一种有关民主制度运行良好的理论，在这种民主制度中，政治竞争中的失败者不能抱怨程序上的不平等或不公平，但是如果它有缺陷，便不能认为一些团体的失败是公平的。在日常政治的正常情况下，失败的团体——例如因环境立法而有可能遭受损失的木材产业——有公平的机会表达自己的境况，对其结果施加与其人数比例和利益份额大体相当的影响。法院因此会以“宽松的”方式，仔细审查以平等保护为由而受到挑战的正常立法：只有当它发现这种立法对受益者和受害者的区分明显不合理时，它才会宣布其违宪，因为即使从复杂而有问题的角度看，这种立法也无助于政府的任何正当目的。譬如说，法院会同意让眼科医师和验光师服从不同的管制的法律，即使它无法为这种区别对待提供非常有说服力的理由。其实，违反这种“宽松的”合理性检验的法律是非常罕见的。

459 但是在有些情况下，有关政治过程是以公平方式进行的一般性推测是不可信的。这种推测不能拯救这样的立法：它剥夺某个团体为了公平参与那一过程而非常需要——例如当立法减少某个群体的投票权力，使其政治影响小于其人数所应享有的水平时——的政治权利。法院于是针对造成这种结果的法律，制定了另一种“严格的”或“加强的”审查标准。即使这种法律与州的某种正当目的有着合理的关联，它仍宣布它们违宪，除非能证明必须用它们来阻止某种无法用其他合理方式加以避免的严重后果。例如，最高法院在其一系列有关“重新分区”的裁决中就采用了这种严格标准，在这些裁决中法院以一人一票为根据，推翻了州的选区划分方案，因为它导致对全体公民的平等作用的否定。[13]

当遭受损失的群体是历史上的偏见或陈规陋习的受害者，使他们的利益有可能受到另一些选民的伤害时，对公平的政治过程的推测也是令人怀疑的。例如，黑人经常在政治中失利，不是因为他们的自身利益在公平竞争中抵不过另一些人的利益，而是另外两个原因的共同作用：因为他们在经济上和社会上被边缘化了，他们缺少让政客和其他选民注意他们的训练与手段；因为许多白人公民投票赞成歧视性法律，不仅因为他们要保护自己的利益，还因为他们瞧不起黑人，希望他们老实听话。于是法院又确定了一个需要“更高标准的”审查的特殊类别：它宣布黑人是个“有受害者嫌疑的”阶层，必须推翻一切给他们造成特殊伤害的立法，除非能证明它有益于极为迫切的目的。很少有符合这种严格标准的情况。法院在这份“有受害者嫌疑”因而需要特殊保护的阶层的名单中加上了另一些群体：少数族群和移民。此外，它还确定了另一类“准受害者嫌疑的”阶层——现在包括妇女和非婚生子女——并宣布对不利于这一阶层的立法也要“加强”（但不像真正的“有受害者嫌疑的”阶层那样“严格”）审查。

因此，基于平等保护而对任何立法发起的挑战，必须要么证明进行这种立法“加强审查”的有恰当的理由，要么证明这种立法的 460
不合理性是因为它与正当的政治目标甚至缺少抽象的关联。假如处境不利的群体被算作“有受害者嫌疑”或“准受害者嫌疑”的群体，加强审查就是恰当的，而同性恋者显然是偏见与不合理的仇恨的对象。但是在“巴威尔案”裁决之后的几年里，一些联邦法庭认为不能把同性恋算作有受害者嫌疑或准受害者嫌疑的阶层。它们说，有受害者嫌疑的群体，是指缺少必要的政治权力，因而无法使政治过程对于他们公平而民主的群体。但是一个群体有可能由于我前面提到黑人时区分出的两种原因而缺少这种权力。

第一，它有可能在经济、社会和政治上被边缘化，缺少吸引政客和选民关注其利益的手段，因此无法在投票、在与另一些群体的结盟或精明的妥协中，行使同其人数相符的权力。第二，它有可能是偏见、仇恨和陈规陋习的严重受害者，以至于某个多数就是出于这种原因而要限制它或惩罚它，即使这种做法对于另一些群体更可尊重的或正当的利益没有任何益处。[14] 有理由认为，最高法院作为有受害者嫌疑或准受害者嫌疑的阶层看待的黑人和另一些群体，同时受害于这两种体制性的损害，因此没有必要确定这两种损害之一是否足以证明“受害者嫌疑”的分类是否正当。但是（至少在那些就这一问题上表达过看法的法官看来）同性恋者只受到后一种伤害。[15]斯卡利亚大法官认为，同性恋者至少享有与他们的人数相符的政治权力。他说：“有同性恋行为的人，倾向于以不成比例的人数居住在某些社区中……他们有很高的可支配收入……当然比一般公众更热心地关注同性恋权利的问题，他们拥有比他们的人数更大的政治权力，无论从地方还是全州范围看都是如此。”[16]他说，像科罗拉多这样的州如果拒绝同性恋者的要求，这并不是因为他们没有机会做出有组织的政治努力或向其公民同胞有效表达自己的看法，而是因为尽管他们有这种机会，多数仍然反对他们。

因此，关键在于确定第二种不利处境——某个潜在多数的偏见和蔑视态度——是不是功能正常的民主制度中一个单独的缺陷，它
461 的严重程度足以为对经受这种偏见的人有害的立法加强审查提供正当性，而“巴威尔案”对这个问题做出了否定的回答。在这一案子中，对佐治亚州的反鸡奸法提出挑战的群体认为，当一个州的唯一理由就是多数人在道德上反对被它定为犯罪的行为时，它无权对这种行为实施刑法。怀特回答说：“然而，法律历来就是建立在道德观上的，假如本质上表达着道德选择的所有法律都可以在‘正当程序条款’下失效，那么法院将忙得不亦乐乎。”怀特的回答是不得要领的。一个共同体实施的大多数刑法条款，当然都反映着一定的道德选择：禁止杀人的法律反映着对这种行为的谴责。这些挑战者

只赞成狭义的原则，即假如刑法的实施只是为了从道德上谴责某些人而不保护任何人的直接利益，它就是违宪的。禁止杀人的法律不仅谴责杀人者，还保护无辜者的最基本的利益。但是，把成年人自愿的鸡奸行为定为犯罪，并不能为道德谴责之外的利益带来好处，那些对佐治亚州的反鸡奸法律提出挑战的人认为，这不是做出刑事惩罚的正当理由。

但是怀特清楚地表示，他也拒绝狭义的原则，因此“巴威尔案”所支持的原则是，政府禁止私人性行为中的选择自由是可以允许的，即使这种行为没有以任何方式伤害别人，只要谴责之声表达着大众的道德观。因此，自“巴威尔案”以来，法官们一致拒绝这样的建议：从平等保护的目标说，同性恋者是一个有受害者嫌疑或准受害者嫌疑的群体，在“伊文斯诉罗默尔案”的诉讼过程中，对这个问题发表意见的全体法官对此都表示同意。但正如我们一开始就指出的那样，还有另一类立法也需要受到“加强审查”的检验：有损于基本政治权利的立法。有关《第二修正案》侵犯了基本政治权利的主张，并不依靠同性恋是一个受害者嫌疑或准受害者嫌疑的群体的假设。相反，只有证明像《第二修正案》对待同性恋者那样对待任何公民群体——例如与房主对立的租房者——的做法违宪，才能坚持这种主张。但正是由于这个原因，定义这里的权利是指什么极为困难。

丹佛市审理这一案子的初审法官杰弗瑞·贝勒斯（Jeffrey Bayless）的裁决是，这一修正案侵犯了基本权利：“私人偏好无须经过州的同意和规定”的权利。然而这恰恰就是怀特在“巴威尔案”中 462

所说的任何人都不享有的权利。因此，当科罗拉多州把主审法官的裁决上诉到科罗拉多州最高法院时，该法院维持了主审法官的裁决，但是提到另一种基本权利——所有群体“平等参与政治过程”的权利。但是这一主张中存在着明显的难题。《第二修正案》并没有剥夺或削弱任何人的投票权。它把一个特殊的群体——同性恋者——置于一种法律上的不利地位：他们必须再次修改州宪法以获得特别关系到他们的立法。但是任何人都没有不去修改宪法以获得对他有利或他认为需要的立法的权利。例如，从原则上说，科罗拉多州宪法禁止市政机构制定控制租金的立法不可能不违宪，即使这会给租房者带来特殊问题。其实，国家宪法有着同样的缺陷：强烈要求在他们的学校里恢复祈祷的团体，在向地方学校董事会发起请愿时，必须诉诸《第一修正案》。

当科罗拉多州从它的最高法院上诉到全国最高法院时，法律界许多人士都担心，即使多数大法官想推翻《第二修正案》，他们在他们自己建立的理论和判例的架构内，也找不到这样做的根据。但是，由美国最杰出的宪法学家组成的一支全明星队，作为“法院之友”(amici curiae)，在一份聪明的简报中为这个理论难题指出了一条出路。[17]这份学术简报绕过我前面谈到的那些有关有受害者嫌疑的群体、基本权利和不同审查水平的分类和区分，坚持认为只要州政府声明，某个公民群体无资格得到平等保护以免受到任何形式的歧视的可怕伤害，它便自动违反了平等保护条款。简报说，这种声明实际上使这个群体失去了法律保护，而平等保护条款的关键就是防止这种等级划分。

简报说，这一论证没有假设同性恋者是个有受害者嫌疑的阶层；它说，如果州宪法的条款禁止保护某个公民群体不受任何歧视侵害的一切立法，它就违反了平等保护条款。它提供了一个例子：如果州宪法规定，保护出租人（他们当然不是一个有受害者嫌疑的阶层）不遭受任何可以想象的伤害或损失的任何地方法规或州法规无效，它就没有为出租住房的人提供平等保护。但是这种比喻暴露 463
了那份简报提出的论点是多么有限，以及它在提出这种论点以应付那个具体案件中的事实时是多么牵强。它使《第二修正案》的违宪性取决于它的覆盖面，而且如出租住房的例子所示，它的论证不会使针对同性恋者的更有限但更具破坏性的州宪法条款失效。因为这份简报同意，州宪法禁止给予出租人特定形式的保护——例如它禁止租金管制的立法——并非自动违反了平等保护条款。同理，宪法禁止单一形式的反歧视立法——例如禁止在雇工或就医方面歧视同性恋者的地方法律——也不是自动违反了平等保护条款。我们也许想说，这是些非常不同的问题：禁止租金管制的规定可能反映某种经济理论，而禁止具体的甚至有限的帮助同性恋者的形式，只反映着偏见。不过，这份学术简报出于我所表明的原因，其论证小心地避免依靠这种区分，因为这等于宣布同性恋者是一个有受害者嫌疑的群体，或等于肯定了贝勒斯提出的但最高法院不想认可的权利——免于受针对一个群体的偏见作为动机的法律约束的权利。

当最高法院在 1996 年 5 月做出人们期待已久的判决时，安东尼·肯尼迪大法官代表六位法官组成的多数出具的意见书令人惊奇地勇敢——比下级法院和那份学术简报的看法还要勇敢。（斯卡利亚法官嘲讽地说，该法院与别的法官和律师不同，它在推翻自己的判例方面太放肆了。）肯尼迪大体上接受学术简报中的论点。和那份简报一样，他强调《第二修正案》在给同性恋者造成潜在伤害的绝对广度方面是史无前例的，因为它使他们失去了得到保护不受任何严重的或错误的歧视的任何机会，除非他们修改州宪法。然而，大概是认识到了这一论点的局限性，他说《第二修正案》甚至不符合平等保护论的最宽松的审查形式，因为它根本没有道理。“在通常情况下，”肯尼迪说，“如果能够说明一条法律可以促进政府的正当利益，则应维持这一法律，即使它看起来不明智或有损于某个群
464 体，或它的理由似乎很牵强。”但是他又说：“《第二修正案》的绝对覆盖面与为此提供的理由太不相符了，因此除了针对这一群体的敌意外，对这一修正案无法用任何理由加以解释；它同州的正当利益缺少合理的关系。”[18]

这一陈述极为重要，因为它与怀特在“巴威尔案”中的关键性假设截然对立。各位记得否？怀特宣布，州政府损害特定群体以表达多数对那个群体之作为的道德厌恶是正当的，即使除此之外这无益于别的适当理由，例如保护每个人的经济利益或安全利益。肯尼迪在刚才引述的那段话中又说，这是不正当的。不错，怀特的言论是着眼于道德不赞成，而肯尼迪是着眼于“敌意”（animus）。但是在这一背景下这两个用语之间并无差别。[19]科罗拉多州当然可以怀着善意宣布，这一修正案的“绝对覆盖面”可由公民对同性恋的道德不赞成的强度来辩护。它可以说，除了从法律上彻底禁止同性恋是一种可以接受的性结合方式这种观点外，没有任何手段足以表达

多数人拒绝这种道德观点的强度。肯尼迪把这种辩护描述为诉诸“敌意”并宣布它不合法，由此回到了贝勒斯法官在初审法院中做出的一审裁决，他从“巴威尔案”的立场上撤退，甚至连提都不提它。

肯尼迪没有把同性恋者置于一个像他们假如被设定为有受害者嫌疑或准受害者嫌疑群体时那样安全的位置上。他们承担着举证责任，要证明对他们造成伤害的特定法规或法律无益于政治的目的，它仅仅是一种表达敌意的不正当的法律；他们有可能发现，在许多情况下难以承担这种责任——比如说，对军队反对留用公开的同性恋士兵的规定发起挑战。但是他们很有可能发现不难证明，把一切同性恋性行为统统定为犯罪的做法，除了不正当的目的外，不会有益于任何目的。斯卡利亚在其尖酸刻薄的异议中正确地指出，把“罗默尔案”和“巴威尔案”的结论结合在一起是荒唐可笑的：实际的同性恋者会被投入监狱，但不会在选举中处于包括宗教激进主义者在内的其他许多群体所处的那种不利地位上。但是，解决这种矛盾的必要手段也许不是他愿意选择的。在“罗默尔诉伊文斯案”中的多数所做的事情，也许不仅是忽略“巴威尔案”：他们有可能开启了一个孤立从而最终推翻这一案例的过程，这件事有可能不但对同性恋者的公民自由权利，而且对宪法理论，产生重大影响。

在“巴威尔案”的十年历史中，历史派的主要裁决经常受到学者和评论家的指责，说它有损于有关自由社会是什么和做什么的观 465
点。在这次 5 票对 4 票的裁决中，打破平衡的鲍威尔法官在退休后说，他的投票是自己平生犯下的一个最糟糕的错误。这一微弱多数中的另一人奥康纳法官，在“罗默尔案”中与肯尼迪表达了相同的意见，这表明她也改变了自己的看法。如果现在直接挑战“巴威尔案”，大概只能赢得 3 票：斯卡利亚和林奎斯特，他们也是“巴威尔案”初审中多数派的成员；还有在“罗默尔诉伊文斯案”中与斯卡利亚一起表达了异议的托马斯。这一裁决无论怎么说都是整体派的胜利，是平等不仅是公正之原则而且是宪法之原则这种信念的胜利。

三

最高法院有关协助自杀的最新裁决，是对历史派有所补偿的胜利吗？在这一裁决中，最高法院推翻了两个巡回上诉法庭关于把协助自杀定为犯罪的法律并不违宪的裁决：第九巡回法庭说，这种法律违反了正当程序条款，因为垂死的病人有控制自己的死亡时刻和方式的自由权利；第二巡回法庭说，这种法律违反了平等保护条款，因为最高法院在 1990 年的“科鲁赞案”裁决[20]中认为，依靠生命维持系统活着的病人，享有终止这种维持方式的宪法权利，而禁止那些没有维持生命系统的病人选择加快其死亡的法律，使他们没有得到平等的对待。在“同情案”中，最高法院以 9 票对 0 票的压倒多数推翻了这两个巡回法庭的裁决，但全体一致的投票是有欺骗性的。在写出意见书的六位大法官中有五位清楚地表示，他们并非完全反对垂死的病人享有让医生帮助其加快死亡的宪法权利这种主张。这说明该法院在将来的案件中，当这种权利之实际影响的更多证据可以利用时，有可能改变其看法。

六位大法官的意见书最充分、最直率地记录了几十年来历史派和整体派在理解正当程序条款方面的分歧。首席大法官威廉·林奎斯特在代表他本人和其他四位大法官出具的意见书中，坚持历史派的观点。[21]他认为正当程序条款只保护美国历史上得到尊重的特定 466
自由。他说，这一条款保护公民免于接受不必要或侵犯性的医疗，因为大多数州的普通法长期以来都一直认可这种保护，但它并不反对禁止医生协助极为痛苦的垂死者加快死亡的法律，因为几乎所有的州长期以来都一直禁止协助死亡。林奎斯特承认，他的历史主义立场也可以导致对原则的歪曲，因为在美国各州历史上保护的各种自由与它们已经否定的权利之间，有可能做出原则上的区分。他说，最高法院在其先前的“科鲁赞案”中的意见，即正当程序条款规定人们有权把拯救生命的设备从自己身上拿开，仅仅采用了普遍法的实践，并不是“从个人自主性的抽象观念中简单推导出来的。……在别人协助下自杀的决定，就像拒绝不需要的治疗的决定一样，是个人的内心决定，但它从未得到法律的保护”。

另外，戴维·索特法官在其单独的意见书与林奎斯特的多数派意见书一致，但并未合并在后者之中。他提供了一种典型的整体派观点。他说，国家的历史和传统不仅包括过去一直得到承认的特定权利，而且包括我们在为了理解这些权利所反映的更为一般性的政治道德原则而解释它们时所揭示的“基本价值”。他说，各州也许并不总是完全相信这些价值，但甚至一些最古老的法律实践，例如对流产的长期禁止，现在可以被视为违反了那些价值，从而也违反了正当程序条款。他说，法官必须审慎地判断哪一条政治道德原则有着美国历史的基础，因为这些原则能够在非常不同的普遍性水平上加以确认，法官对它们的陈述不得比正确的解释所能证明的更为宽泛。他同意，在正确的普遍性水平上确定原则，不是一项“机械的工作”。在这些可能的描述中做出选择要求“推理判断，找出包含在我们的司法传统中的具体的特权和禁令所反映的哪一条更具普遍性的原则最适合具体案件中提出的具体主张”。他根据自己对正当程序条款的理解，在协助自杀问题上得出了与林奎斯特法官非常不同的结论。索特说，假如我们把理性的判断运用于协助自杀，我们可以为他所谓的“承认医生有协助自杀的某种权利”提供更为强有力的理由。

467 他说，其中最有力的论证，依据了一条体现在传统中的普遍原则，即保障“在死亡临近时，在知情而负责的选择这一受到限制的条件下，进行医疗和协商的权利。……有关医生协助的最有力的主张，莫过于在垂死之际，该州对加快死亡所必需的医学手段（即撤除生命维持系统，允许加快死亡以解脱痛苦）的合法性的承认中包含的道德判断”。

可见，林奎斯特和索特的正当程序条款观有着显著的不同：前者只保护个人不服从少数州认为有理由实施的法律，但是对于历史上常见的对个人自由的侵犯根本不提供保护；后者则认为有这样的可能性，即使通行已久且有民意的法律，如禁止协助自杀，当能够认为其侵犯了更普遍的、既定的自由原则时，也可以被判定为违宪。因此，准确估计这两种观点目前在最高法院里得到赞成的程度是很重要的。如我所说，林奎斯特毫不犹豫地站在其历史主义立场上，拒不承认在外人协助下自杀的任何权利。另外四位大法官——安东尼·肯尼迪、桑德拉·戴·奥康纳、安托宁·斯卡利亚和克拉伦斯·托马斯——与林奎斯特的意见相同，而且我们可以放心地假设，斯卡利亚和托马斯对这一意见有着历史主义的假设。

然而，在 1992 年有关流产的"卡塞案"的裁决中，奥康纳和肯尼迪是共同出具意见书的三位法官中的两位。这一裁决认可了索特在这个案子里维护的正当程序的解释性观点，因此令人困惑的是，他们为何与林奎斯特联署意见书。也许他们这样做是出于体制内的礼貌，于是一个人的意见——林奎斯特的意见——能够吸引 5 票，由此可以成为法院的意见，避免了没有少数派意见的全体一致裁决这种不得体的后果。但是毕竟奥康纳单独写了一份意见书，她清楚地表明，自己不接受林奎斯特对正当程序条款的历史主义解释。她认为这个案子引起的问题是，"经受着极大痛苦的神志清醒的人，是否享有得到宪法承认的权利，控制自己临死时的处境"。她说，她看不到有必要对这个问题做出裁决，因为就算病人有这种权利，在这一案子中受到挑战的州法律也没有侵犯这种权利，因为它允许医生管制减轻痛苦的药物，即使它们会加快死亡。也就是 468
说，对于历史主义的理解会做出直接的否定性回答的这一关键问题——病人是否有权控制自己的死亡——她不做裁决。肯尼迪没有单独撰写意见书，但是不仅从他在"卡塞案"中的意见书，而且从他在"罗默尔案"中对平等保护条款的解读来看，他也不太可能接受历史主义的解释。

金斯伯格只是简单地说，她与奥康纳意见一致。布莱耶尔则直截了当地说，他加入奥康纳的意见书，“除非它追随多数”。他补充说，与林奎斯特不同，他将把此类案子中病人的主张，用“‘有尊严地死去’这类说法”加以表述；他说：“我们的法律传统可以为这种权利提供更大的支持。”他补充说，他不必就正当程序条款是否真的要求法官承认这种权利的问题做出裁决，因为“避免（与死亡联系在一起的）严重的生理痛苦，必须成为任何成功的主张的基本内容”，他同意奥康纳法官的意见，在该院正在审议的这些法规之下，痛苦是可以避免的，因为这些法规并未禁止加快死亡的减轻痛苦的治疗。他在结论中提出的重要观点是，假如各州确实干涉“对避免死亡前的痛苦所必需的药物的管理”，那么“正如奥康纳法官所言，该法院也许必须重新考虑它在这些案子中的裁决”。

另一位大法官——史蒂文斯——单独写了一份很有说服力的意见书，解释他投票推翻下级法院的裁决是基于过去的判例而非实质性的理由。他说，作为这些案件原告的病人，既然在最高法院做出裁决前皆已死亡，因此法院所面对的问题，就不是当垂死的病人要求解脱时，把反对协助自杀的法律运用于他们是否合宪。他说，倒不如说一旦病人已经死亡，这种案件要求法院裁决的就是，禁止自杀的法律能否符合宪法地适用于任何人，例如包括那些意志消沉希望死亡的健康人。既然他认为州政府可以正确地阻止医生协助那些想死的人，那么他投票支持这种法律，认为它“表面上看”并未失效。但是他的意见几乎不会让人怀疑，在他认为适当的案子中，他将投票推翻阻止医生帮助神智健全且知情的垂死病人——而不仅仅是那些不这样做无法解除痛苦的病人——加快死亡的法律。他强调说，对于哪一种死亡方式最尊重他们的生命价值，不同的人有不同 469
的宗教和伦理信念，个人自由要求允许垂死的病人根据他们自己的信念死亡。他最后做出了毫不妥协的陈述：“据我的判断……（该州）所谓的‘维护人类生命的无条件的利益’，其本身显然不足以压倒一种自由的权利，它可以证明维护垂死者的尊严并消除不堪忍受的痛苦的唯一可能手段的正当性。”史蒂文斯的意见书虽然从技术上反对那些向禁令发起挑战的人，其实是赞成他们提出的所有要求。可见，对正当程序条款之狭隘的历史主义观点，现在很可能只限于目前最高法院中三位最保守的成员——林奎斯特、斯卡利亚和托马斯——组成的核心团体，对于那些支持美国公民相对于政府而享有的个人权利的人来说，这是个可喜的消息。虽然最高法院在这些案子中拒绝承认医生协助自杀的权利，但是五位大法官却谨慎地没有排除今后继续有关这种权利的宪法争论，这也是一个可喜的好消息。

四

所以，不能把有关协助自杀的裁决算作历史派的胜利。史蒂文斯宣布，他的解读承认在出现恰当的案子以前一直未得到承认的协助自杀的权利。索特的意见书再三说明，他的投票只适用于“这个时刻”。奥康纳和布莱耶尔都说，环境的变化有可能使他们重新做出考虑。而参与了奥康纳的意见书而不是法院意见书的金斯伯格，也清楚地表示她同意这一观点。因此，这些法官中除史蒂文斯以外，为何都没有“在这个时刻”承认这一权利，考虑一下这一点是重要的。

如我所说，奥康纳、金斯伯格和布莱耶尔认为，任何宪法权利都将只限于摆脱痛苦。但是这种限制似乎有着随意性，其原因如下。这些大法官没有解释，如果正如索特指出的，许多人非常害怕药物引起的知觉消失，合理地认为这是对他们尊严的侵犯，那么布莱耶尔所谓“有尊严地”死去的权利为何仅仅指无痛苦的死亡。[22] 虽然这些大法官宣布，他们满足于认为只在很少的情况下能够阻止那种痛苦，但是他们不想回答史蒂文斯提供的相反的实质性证据。
470 他们似乎也不太可能在他们自己没有为那份简报有力申辩的事实性主张提供任何论证的情况下，通过诉诸这种主张去推翻经过下级联邦法庭审慎考虑做出的有关医生协助自杀之有限权利的裁决。

这些大法官也没有解释，除非使其失去意识，不然无法摆脱痛苦的人，无论他们人数是多是少，为何不享有在医生的协助下死亡的权利。布莱耶尔确实承认，许多病人，尤其贫穷的病人，没有得到使他们获益的缓解痛苦的治疗，这种治疗通常费用很高。但是他说，这是由于“一些似乎有可能克服的制度上的原因，或一些不当措施和障碍”。然而，认为贫穷的病人即使在极为痛苦的垂死之际，由于他们的州能够提供事实上它并未提供的缓解痛苦的昂贵治疗，便没有权利在医生协助下死亡，这是说不过去的。

索特为这一时刻不承认任何宪法权利提供了一些更为细致的理由。他引用了反对医生协助自杀的人所强调的论点，即根本无法设计出任何严格的控制体系，保护那些并没有临近死亡或其实不想死的人在亲属或医院——因其不想承担使他们活下去的费用——或怀着同情心认为他们最好死亡的医生诱导下自杀。他特别提到了一些著作和文章，它们都是要证明医生协助自杀和安乐死的唯一的成文计划——荷兰的计划——未能阻止许多这样的错误。他指出，对荷兰的案例的这些分析受到另一些报告的驳斥，许多作者确实认为各州能够制定出有效的规章，把错误降低到任何严格的医疗手段都难以避免的水平。但是他说，法官们不应当根据有争议的事实判断，尤其当立法者在评估事实方面处于比法官更好的位置的情况下，宣布几乎所有的州都在实施的法律违宪。因此，他的结论是，法院“在这个时刻”不应宣布禁止医生协助自杀的法律违宪，尽管当以后有了更好的证据或更有说服力的研究时，它可以正确地这样做。

从原则上说这似乎是合理的。但是正如索特坦率承认的，最高
法院假设垂死的病人享有终止生命维持系统的宪法权利，即使这意 471
味着他们会立刻死亡；在这里存在着非常大的危险，即这些病人会在诱导下请求服用致命的药丸而死亡，尤其是因为生命维持技术一般费用极高。[23]在任何情况下，一个事实问题对于做出裁决的法官来说是否过于困难或不确定，因此他们应当推迟做出法律裁决，这本身就是个复杂而困难的问题，法院只有在非常仔细地审查证据之后才能对它做出回答，当这危及公认的公民基本权利时就更应如此。此外，在有关协助自杀的争论中，严格的审查尤其重要，因为

收集相关证据的许多社会科学家有着强烈的伦理学观点，这包括各种宗教信念和有关医学伦理的信念，这可能有损于他们的科学独立性。许多反对协助自杀的人认为，在荷兰——在那里，帮助病人死亡的医生如果遵守得到法院批准的步骤，就不会被起诉——用精神病学家赫伯特·亨丁（Herbert Hendin）的话说，人们一直被诱导“死亡”。[24]（亨丁是一家名为“自杀基金会”的组织的执行主席，他在自己的书中却把这个组织描述为“致力于阻止自杀”[25]。）索特引用亨丁等人的著作来支持他本人的论点：美国法院现在没有处在漠视此书捍卫的观点的立场上。

然而不清楚的是，即使亨丁和另一些批评者对“荷兰经验”的看法是正确的，为何比荷兰法院实行更为严格的管制的美国各州，就不能为被迫死亡的病人提供更多的保护呢？还有一件事也不清楚：更为仔细地考量批评荷兰医学实践的著作，是否会发现它有严重的方法论缺陷？格罗宁根大学的三位荷兰学者——约翰·格里菲斯（John Criffiths）、亚列克斯·布德（Alex Bood）和海伦·维耶尔斯（Heleen Weyers）——对荷兰的做法做了持平而有一定批评性的解释，他们的建议提出了一些方法，可以使法院认可的安乐死步骤得到改进。[26]但是他们强烈批评亨丁的方法。他们认为他的著作中有许多错误，他的许多论证建立在他同一些荷兰医生的交谈记录上，而他对这些交谈做了错误的解释。[27]

索特特别提到了亨丁的一个声明，荷兰的医生在完全有意识的病人未提出请求的情况下结束他们的生命。林奎斯特也提到了一个
472 令人人吃惊的事实：“荷兰政府的研究表明，在 1990 年有……超过

1 000 例安乐死没有得到明确的请求。”事实上，这项研究的官方报告于 1992 年在英国出版，索特和林奎斯特都没有提到它。它表明“病人没有提出请求的”被描述为安乐死的案例，属于许多不同的类型。例如，其中包括一些因处在临死前的剧痛中而没有表示同意的病人，医生用药物造成的死亡，只是把死亡过程提前了几分钟；还有一些例子是病人先前表达了死的愿望，但不符合有着严格技术要求的荷兰标准；还有一些例子是刚刚出生并在数日内就会死亡的婴儿，在父母请求下加快其死亡免除了父母的极大痛苦。[28] 如果美国各州认为这种做法违法而不可取，它们可以直接用法律加以禁止，很难理解，允许提出请求的人在有严格的规章和报告的条件下通过医生的协助自杀，怎么会使这种做法更易于发生。我不想说格罗宁根大学的学者对亨丁的批评是正确的。但令人遗憾的是，对于那些提出了大法官现在无法解决的问题的著作，索特和另一些法官在做出判断之前，并没有更全面地研究一下亨丁和他们提到的另一些批评者的著作的研究技术。也许事实上没有可靠的研究表明，荷兰的经验证明了这些作者指出的危险。

无论如何，这些醒目的事实问题有可能使宪法争论继续下去。最高法院的裁决在这段时间内会带来什么效果呢？最高法院清楚地表示公民可以自由地表达意见，促进以正常方式对目前的法律进行改革，比如通过立法机构或全民公决；此外，既然垂死的病人应当享有让医生帮助他们安乐死的机会这种看法依然十分流行，那么这类努力将来也许会在一些州取得成功。但是最高法院的裁决更为直接的后果，可能是医学的而非政治的：把我提到的那些意见加以总结，强烈地暗示着最高法院很有可能承认垂死的病人有权用药物解脱痛苦，如果这是终止痛苦所必需的话。当然，对于在消除痛苦的大剂量用药上取得一致的医生和病人，其目的是引起死亡还是仅仅为了缓解痛苦，判断起来非常困难。但是有成千上万的医生已经为
473 他们认识并信任其家人的垂死病人开过这种死亡处方。[29]目前的裁决之作用，也许不但会肯定而且会扩大这种做法。

令人尴尬的是，对大剂量的吗啡和另一些药物的管理并没有以允许协助自杀的任何州所需要的方式进行管制。能够在美国实行的协助自杀的法规，要求对希望得到这种协助的病人有充分的了解，并且要得到他们在知情条件下的同意。它还会要求医院让管理当局放心，所有的治疗和缓解手段都向病人做了交代。这种方案有可能改进这些病人的处境，并且有可能延长他们的生命。鼓励有财政资助的医院为了缓解痛苦这一表面目的而常规性地建议服用可能导致死亡之剂量的吗啡的政策，不必服从任何特定的管制性规章，这似乎没有违反既有的医疗惯例。但是它很难为处在痛苦的垂死状态中的贫穷病人减少危险，他们的亲属或医生可能更愿意让他立刻死亡。

注释：

[1] 我对这些问题有详细的讨论，参见 Dworkin，*Life's Dominion*（New York：Alfred A. Knopf，1993）。

[2] Roe v. Wade（罗耶诉瓦德案），410 U. S. 113（1973）。

[3] 最高法院有关协助自杀的裁决，也出现在两个相似的案件中：Washington et al. v. Glucksberg（华盛顿等诉格鲁克斯伯格案），521 U. S. 702

(1997)；Vacco v. Quill（瓦科诉奎尔案），521 U. S. 793（1997）。

[4] Bowers v. Hardwick（巴威尔诉哈德威克案），478 U. S. 186（1986）。

[5] 同上书，第 191 页，第 194 页。

[6] 同上书，第 195 页。

[7] 我在《自由的法律》一书中认为，这种立场是坚持对宪法的"道德解读"，并且针对历史派认为它不民主的反对意见，我试图对它加以捍卫。

[8] Poe v. Ullman（波诉厄尔曼），367 U. S. 497，543（1961）。

[9] 505 U. S. 833（1992）.

[10] 向《第二修正案》发起挑战的这个群体认为，推翻这一修正案可以与"巴威尔案"相一致，因为那一裁决虽然允许各州把鸡奸这种同性恋行为定为非法，但《第二修正案》不仅适用于实际的同性恋者，也适用于有同性恋倾向的每一个人，因此它使人们处于不利处境的根据是他们的心理状态或倾向而不是他们的行为。科罗拉多州回答说，这一修正案的不同部分是可以相互独立的，并认为科罗拉多州最高法院只能宣布如下内容违宪：它禁止有利于非实践的同性恋者的反歧视立法，而对有利于"男女同性恋和双性倾向的行为、实践或关系"的禁令留有余地。但科罗拉多州法院明确表示，它有关这一修正案违宪的裁决适用于其全部内容，包括它禁止针对实际的同性恋者的反歧视立法的规定，最高法院在考虑这一上诉时就是以此为根据的。

[11] Padula v. Webster（帕杜拉诉韦伯斯特案），822 F. 2d 97，103（1987）。

[12] 最高法院对平等保护条款的细致解释，我在第十二章做过讨论。

[13] 例如参见 Reynolds v. Sims（雷诺德诉西姆案），377 U. S. 533（1964）。

[14] 我曾对可能指导着民主社会选民的两类偏好做了区分：一是"个人"偏好，它关系到选民个人生活的抱负；二是"外部"偏好，即他对于别

人应当如何生活或应当有何处境的偏好。参见 *Taking Rights Seriously* (Cambridge, Mass.: Harvard University Press, 1977); *A Matter of Principle* (Cambridge, Mass.: Harvard University Press, 1985)。我认为，当人们因为外部偏好受到指责而在政治上遭受损失时，就是不公平和不民主的，应当把平等保护条款解释为保护公民免于这种遭遇。如正文所示，“巴威尔案”采取了相反的观点。

[15] 例如参见 High Tech Gays v. Defense Indus. Sec. Clearance Office (高技术同性恋者诉国防工业部许可局), 895 F. 2d 563 (1990)。

[16] Romer v. Evans (罗默尔诉伊文斯案), 488 U. S. 620, 645 (1966)。

[17] 哈佛大学法学院的劳伦斯·特里伯 (Laurence Tribe) 教授是法律顾问，与他意见一致的还有斯坦福大学法学院的约翰·哈特·伊利 (John Hart Ely)、吉拉德·巩特 (Gerald Gunther)、凯瑟琳·沙利文 (Kathleen Sullivan) 教授，以及已故的芝加哥大学法学院的教授菲利普·B. 库兰 (Philip B. Kurlandd)。

[18] 517 U. S. at 632.

[19] 表达了异议的斯卡利亚也同意这一点。“可以说，这是此一问题中唯一的‘敌意’：对同性恋行为的道德反对，与我们在‘巴威尔案’中视为合宪的、数百年里形成刑法的道德反对属于同一类。”(同上书，第 644 页)

[20] Cruzan v. Director, Missouri Dept. of Health (科鲁赞诉密苏里州保健局案), 497 U. S. 261 (1990)。

[21] 值得指出的是，林奎斯特并未像法律界的另一些保守派人士那样，根据那些撰写并实施《第十四修正案》的人的“最初意图”来维护历史主义立场。他捍卫它是基于另一种理由，而且我认为是更为常见的理由：以这种方式削弱正当程序条款，减少了法官与一个州的多数公民的愿望和信念对抗的权力。对这一论点的评价，参见我的《自由的法律》一书。

［22］当然，用麻醉可以解除一切痛苦。但是我假设法官的意思是，在几乎所有的情况下它都能解除痛苦，同时又能让病人处在多少有意识的状态。许多人会认为，在完全麻醉状态下度过余生还不如死了好。

［23］索特在一条脚注中认为，对于阻止撤除生命维持系统后的死亡，该州的兴趣不是很高，因为撤除以后“自然”将导致死亡。参见“格鲁克斯伯格案”，第785页。当问题仅仅涉及病人的请求是真实的还是被迫的时，这种区分是没有意义的。他在同一条脚注中还说，因为生命维持系统是一种身体侵扰，所以与请求得到致死药剂的人相比，没有更多的理由担心当撤除的结果是死亡时，请求撤除它的人没有承担完全的责任。这似乎是不合逻辑的推理：人们常常请求终止生命维持系统，不是因为他们觉得它的存在特别令人厌恶，而是因为他们想死，人们在诱骗之下做出这种决定的危险，在这两种情况下似乎一样大。

［24］Herbert Hendin，*Seduced by Death：Doctors，Patients and the Dutch Cure*（New York：W. W. Norton，1997）．该书与我本人就它的主题所做的论述之间存在分歧。

［25］同上书，第223页。

［26］John Griffiths，Alex Bood，and Heleen Weyers，*Euthanasia and Law in the Netherlands*（Amsterdam：Amsterdam University Press，1997）.

［27］五位医生——其中有四位被亨丁称为他的研究的“重要来源”——共同致函最初发表他的文章（后来的书名与该文章的题目相同）的杂志，它的部分内容如下：“下列接受过亨丁博士访谈的人员……希望表明，访谈的文字……没有对访谈做忠实的记录。那些文字包含着若干错误和有缺陷的解释。”他们要求把他们的信和那篇文章一起发表。亨丁虽在发表前对文章做了一些修改，但是这些修改据格罗宁根大学的学者和我曾与之通过电话的三位医生说，并未纠正那些错误的解释，在他们看来，这些错误的解释在亨丁后

来的著作中依然存在。

[28] 参见马斯（P. J. van der Maas）等人的文章《安乐死与涉及结束生命的其他医疗决定》（P. J. van der Maas，J. J. M. van Delden，and I. Pijnenborg，"Euthanasia and Other Medical Decision Concerning the End of Life"）。此文被翻译过来并成为《第 22 号保健政策》（1992）的附录 1 和附录 2。

[29]《纽约时报》1997 年的一篇文章谈到过这种做法，并引用了加利福尼亚大学一位医学和麻醉学教授的话："这种事情随时发生。"参见吉娜·科拉塔（Gina Kolata）的文章《当吗啡没有致人死亡时》（"When Morphine Fails to Kill"，*New York Times*，July 23，1997）。此文报道了几位医生的意见，缓慢增加吗啡剂量的病人，最后能够忍受极高的剂量。但并未证明所有的病人都是如此，而且它也难以推翻医生的如下决定：很快就无法控制痛苦，除非使用事实上会导致死亡的剂量。医生在这个问题上之各种大不相同的意见的一个例子，参见《缓解疗法杂志》（*Journal of Palliative Care*）1996 年第 4 期的一组文章。

索　引[1]

---

[1] 按译名汉语拼音排序，索引中页码见本书边码。

Sovereign Virtue: The Theory and Practice of Equality

By Ronald Dworkin

Published by arrangement with Harvard University Press

through Bardon-Chinese Media Agency

图书在版编目（CIP）数据

至上的美德：平等的理论与实践/（美）罗纳德·德沃金（Ronald Dworkin）著；冯克利译. --北京：中国人民大学出版社，2022.12

ISBN 978-7-300-31261-3

Ⅰ.①至… Ⅱ.①罗… ②冯… Ⅲ.①平等—理论研究—文集 Ⅳ.①D081-53

中国版本图书馆 CIP 数据核字（2022）第 221814 号

至上的美德

——平等的理论与实践

［美］罗纳德·德沃金（Ronald Dworkin） 著

冯克利 译

Zhishang De Meide

出版发行	中国人民大学出版社		
社　　址	北京中关村大街 31 号	**邮政编码**	100080
电　　话	010－62511242（总编室）		010－62511770（质管部）
	010－82501766（邮购部）		010－62514148（门市部）
	010－62515195（发行公司）		010－62515275（盗版举报）
网　　址	http://www.crup.com.cn		
经　　销	新华书店		
印　　刷	涿州市星河印刷有限公司		
规　　格	148 mm×210 mm　32 开本	**版　　次**	2022 年 12 月第 1 版
印　　张	21 插页 4	**印　　次**	2022 年 12 月第 1 次印刷
字　　数	453 000	**定　　价**	118.00 元